十三經注疏

注 趙岐 疏 孫奭

공동번역 崔彩基 梁基正

현토감수 吳圭根

譯註 孟子注疏 5

맹자주소

전통문화연구회

飜譯委員

企劃編輯　東洋古典飜譯編輯委員會
飜譯研究管理　朴相水
共同飜譯　崔彩基 梁基正
懸吐監修　吳圭根
潤　文　李承俊
校　訂　李承俊
編輯出版　白俊哲

東洋古典現代化와 十三經注疏 譯註

본회가 東洋古典의 飜譯과 教育, 情報化 등 古典現代化 사업을 시작한 지 어느덧 25년이 되었다. 그간 우리나라의 고전국역 상황을 보면, 東洋古典에 대한 번역문제는 1960년 중반에 한국고전번역을 정부에서 추진하면서 우선 四書五經 등 기본고전을 모범 번역하자는 논의가 있었지만 우리 고전이 아니라고 무산되었다.

1980년대에 韓國學 연구와 한국고전번역의 先決課題는 물론, 國際政治 관계나 經濟상의 이유로도 필요하다는 논의가 제기되었다. 그 후 1988년 본회가 발족하면서 東洋古典 번역을 착수하여, 1990년대 말경 본회에서 소위 '新注'의 四書三經을 註까지 懸吐完譯함으로써 東洋學과 韓國學徒들의 袖珍本이 되고 教育界와 文化界까지 파급되었다.

그 후 본회 창립 20주년이 되면서 다시 대화의 과제와 목표를 논의하면서, 단순한 韓國學의 선결과제를 넘어 東洋文化에 대한 源泉的이며 體系的인 檢討의 필요성이 대두되었으니, 이제 우리는 東洋文化의 先導的 역할을 담당할 준비를 갖추고 21세기에 先進文化强國 건설로 새 歷史를 이루자는 것이었다.

일반적으로 十三經은 核心的 儒家經典의 總稱이지만, 이는 東洋文化의 뿌리라 하겠다. 우리 역사상으로 十三經은 저 멀리 삼국시대에 이미 高句麗의 太學에서 기본 교과로 채택하였고, 百濟에서는 五經博士 制度를 두었고, 新羅 薛聰은 九經을 方言으로 읽었고, 高麗에서는 國子監이나 九齋學堂에서 교육하였으며, 朝鮮朝 成均館과 鄕校, 書堂과 書院에서는 四書五經 등을 교육하여 人材 등용과 국가정책에 절대적 영향을 끼쳤다.

이 十三經의 代表的 註釋書는 漢·唐 시기의 '古注'라 일컬어지는 十三經注疏와, 그 후 宋代의 朱子的 世界觀이 반영된 '集註'와 '集傳' 등의 '新注'가 두 개의 軸이라 할 수 있다.

그런데 우리는 조선조에서부터 朱子學 일변도의 學風으로 경도되어, 그 偏向性이 오늘에까지 이르렀음은 심히 不幸이라 하겠다. 中國에서는 明·淸 시기에 訓詁學, 考證學이라는 學風이 일어 十三經注疏가 經學硏究의 標準이 되었고, 日本에서는 反朱子的 見解와 陽明學의 영향을 받아 明治維新 때 이미 漢文大系 등의 古典整理 사업으로 '古注' 연구가 一般化된 사실을 간과해서는 안 되겠다.

이에 東洋文化의 核心이라 할 수 있는 十三經注疏를 譯註하고, 이를 통해 우리 文化의 傳統에 대해 體系的으로 이해하고 復元함으로써, 그간 편협했던 학술 風土를 넘어 多樣性과 客觀性을 모색하고, 아울러 古典現代化의 水準을 높이고 融合的이고 自生的인 韓國學을 진작시켜야 할 것이다.

오늘날 중국과 일본에서 번역하지 못한 십삼경주소를 본회에서 130여 책으로 10년 안에 完譯하고, 이와 이울러 韓中日 三國의 東洋古典語彙 情報網을 구축함으로써, 우리의 東洋學과 韓國學 연구에 礎石과 架橋가 되어 우리나라가 先進文化强國으로 昇華되고 世界文化 발전에까지 기여하기를 기대한다.

이 十三經注疏의 번역은 三經과 三禮와 春秋三傳과 ≪論語≫, ≪孟子≫, ≪孝經≫, ≪爾雅≫ 등의 十三經을 經은 물론이요 注와 疏까지 譯註하는 것으로, 原典의 傳統性과 번역의 現代性을 기본으로 하여 漢學元老와 新進學者의 協同硏究飜譯으로 추진하고자 한다.

또한 註釋은 宋代의 소위 '新注'와 비교하고, 明淸代의 注와 韓國 先賢의 注와 見解, 그리고 日本의 注를 가급적 반영하며, 深度 있는 硏究解題를 하기로 하였다. 한편 古典의 우리식 讀解文法인 懸吐를 經과 注에 달고 방대한 疏에는 편의상 構文을 이해할 수 있는 標點을 달며, 經·注·疏 전체에 대한 內容索引을 할 계획이다.

끝으로 오랫동안 飜譯과 校閱에 종사하여 오신 元老漢學者와 10여 년 이상 漢學을 연수한 新進學者로서, 이 십삼경주소의 연구번역에 참여하여 難解한 注疏의 譯註에 헌신하시는 모든 분들께 무한한 감사를 드린다.

또한 고전현대화에 대한 政府의 지대한 關心과 支援에 감사를 드리며, 그간 직간접으로 지도편달하여 주신 학계와 교육계 및 문화계 인사 여러분께 심심한 謝意를 표하며, 앞으로도 따뜻한 관심과 엄정한 叱正을 부탁드리며 내내 평강과 행복을 기원한다.

社團法人 傳統文化硏究會 理事長 李啓晃

目 次

凡 例

1. 본서는 十三經注疏 중 ≪譯註 孟子注疏≫의 제5책이다.
2. 본서의 底本은 阮元 校刻本 ≪孟子注疏≫(淸 嘉慶 21년(1816) 阮元 校刻 十三經注疏, 中華書局, 2009, 이하 '阮刻本'으로 약칭)로 하되, 北京大 整理本 ≪孟子注疏≫(十三經注疏整理委員會 整理, 北京大學出版社, 2000, 이하 '北京大本'으로 약칭)를 참고하였다.
3. 본서는 원전의 傳統性과 번역의 現代性을 구현하기 위해 노력하였다.
4. 原文의 經과 注는 우리나라 전통 방식으로 懸吐하고, 疏는 간략히 標點만 하였다.
5. 原文은 저본의 體制에 따라 經, 注, 疏를 구분하고, 經은 大字로 표기하고 注과 疏는【注】와【疏】로 표시하여 구분하였다.
6. 原文의 分節은, 經과 注는 저본의 분절을 따르고, 疏는 단락이 길 경우 의미 단락에 따라 역자 재량으로 분절하였다.
7. 저본의 反切 注는 생략하되, 문맥을 이해하기 위해 필요한 경우에만 살리고, 讀音이 특수하거나 僻字인 경우에는 ( ) 속에 한글로 音을 달아주었다.
8. 疏에서 설명 대상으로 인용한 經과 注의 단어나 구절은 번역하지 않고 원문 그대로 〔 〕 속에 넣어주었다.

   예 〔孟子見梁惠王〕 맹자가 齊나라에서 梁으로 가서 惠王을 만난 것이다.
9. 飜譯은 原義에 충실하게 하되, 이해가 어려운 부분은 意譯 또는 補充譯을 하였다.
10. 飜譯文은 한글과 漢字를 混用하였으며, 맞춤법과 띄어쓰기는 한글 맞춤법과 표준어 규정을 따르는 것을 원칙으로 하였다.
11. 譯註는 故事, 官職, 校勘, 難解語, 역사적 사건, 人物, 인용문의 出典, 전문용어, 制度, 異說 등에 관한 사항을 밝혔다.
12. 校勘은 원문의 誤字, 脫字, 衍字, 倒文 등을 대상으로 하였다.
13. 校勘은 저본인 阮刻本의 校勘記 중 꼭 필요한 것만 선택하여 譯註에 반영하였다. 그 외에도 北京大本을 비롯한 여러 原典 자료를 참고하였으며, 이를 譯註에 밝혔다.

14. 阮刻本에서 校勘에 참고한 書目의 略稱은 다음과 같으며, 본서의 校勘註에도 약칭으로 표기하였다.

- 監本 : 明나라 神宗(1563~1620) 시기 北國子監 刊行本
- 孔本 : 淸나라 乾隆 38년(1773) 孔繼涵・微波榭 刊行本
- 毛本 : 明나라 崇禎(1628~1644) 연간 毛晉의 汲古閣 校刊本
- 閩本 : 明나라 嘉靖(1522~1566) 연간 福建巡撫 李元陽이 宋十行本을 바탕으로 重刊한 본
- 北宋蜀大字本 : 章邱 李氏 所藏本을 何焯(1661~1722)이 校正한 本
- 宋本 : 宋나라 劉氏 丹桂堂 巾箱本을 何焯(1661~1722)이 校正한 本
- 宋石經殘本 : 南宋 孝宗 淳熙 4년(1177)에 완성한 石刻本의 殘本
- 宋十行本 : 南宋(1127~1279) 시기 刊行本
- 岳本 : 相州 岳氏 刊行本을 何焯(1661~1722)이 校正한 本
- 廖本 : 元나라 때 重刊한 廖氏 世綵堂本을 何煌(1668~1745)이 校正한 本
- 日本國古本 : 日本 享保 15년(1735) 物觀이 지은 ≪七經孟子考文補遺≫에서 인용
- 足利本 : 日本 享保 15년(1735) 物觀이 지은 ≪七經孟子考文補遺≫에서 인용
- 韓本 : 淸나라 乾隆 46년(1781) 韓岱雲 刊行本

15. 본서의 校勘에 사용된 符號는 다음과 같다.

( )〔 〕: (저본의 誤字)〔교감한 正字〕

〔 〕: 저본의 脫字 보충

( ) : 저본의 衍字 삭제

16. 본서에 사용된 주요 符號는 다음과 같다.

" " : 對話, 각종 引用

' ' : " " 안에서 再引用, 强調

「 」: ' ' 안에서 再引用, 强調

( ) : 원문에서는 讀音이 특수한 글자나 僻字의 音
번역문에서는 간단한 譯註

〔 〕: 번역문과 뜻은 같으나 音이 다른 漢字나 句節, 譯註에서 인용한 原文, 疏에서 설명 대상으로 제시한 經이나 傳의 단어나 구절

≪ ≫ : 書名이나 典據

< > : 篇章名, 作品名, 補充譯
【 】: 傳과 疏의 표시
○ : 저본에 사용된 단락 구분 표시 遵用

17. 본서의 標點은 한국에서 재래로 사용해오던 방식을 보완하여, 文理의 이해를 돕는 정도로 간략히 하였다. 본서에 사용된 標點符號는 다음과 같다.
. : 문장의 종결
, : 한 문장 안에서 句나 節의 구분이 필요한 곳
· : 대등한 명사나 구절의 병렬
“ ” : 1차 인용, 대화
‘ ’ : 2차 인용, 대화, 강조, 經과 注의 단어나 구절을 인용한 부분
「 」: 3차 인용, 2차 인용 안에서 대화·강조
: : 疏 내용을 포괄하는 ‘正義曰’ 뒤에 사용

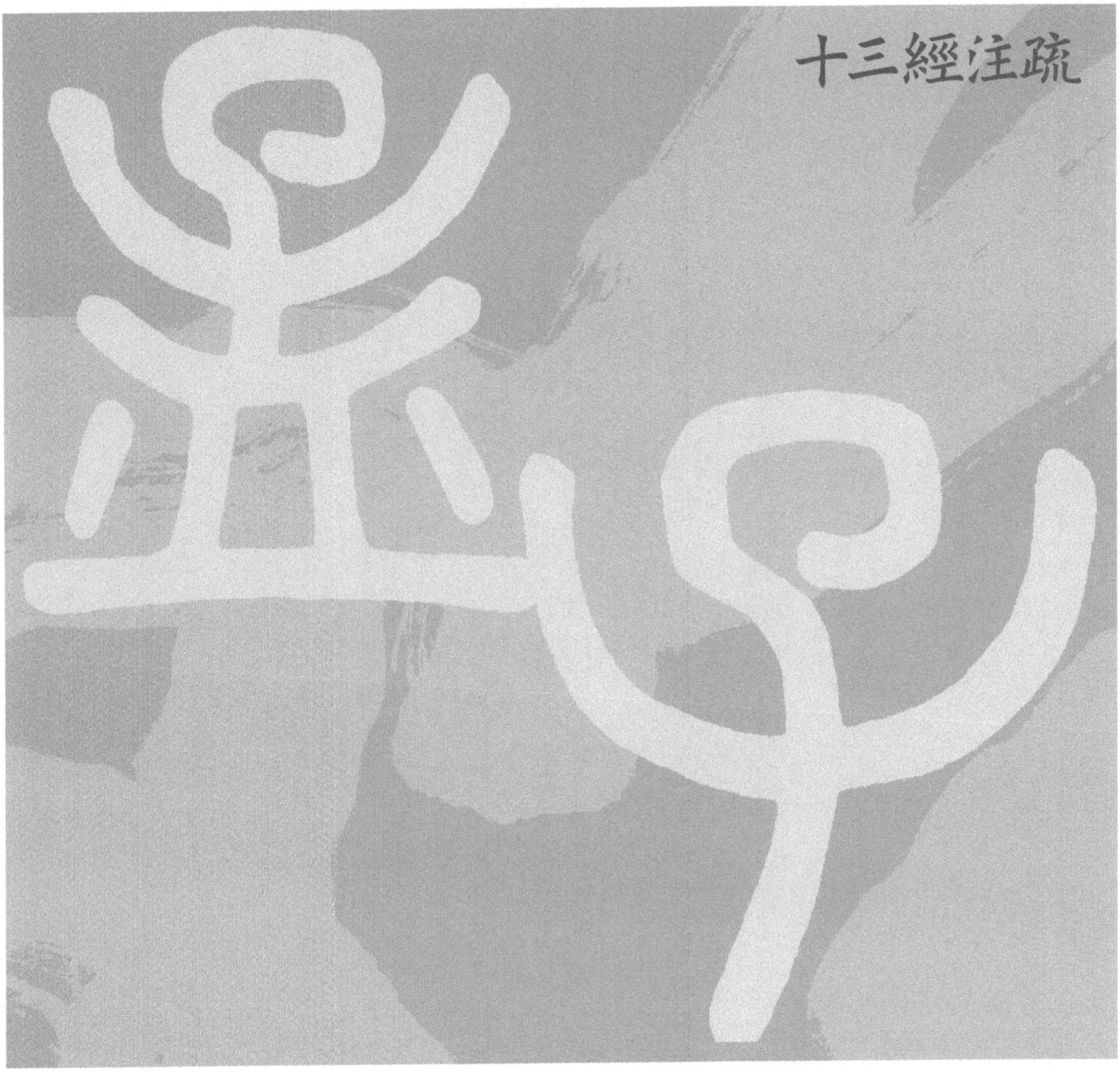

譯註 孟子注疏 5

맹자주소

孟子注疏解經 卷第十二 上

告子章句 下

凡十六章

모두 16章이다.

趙氏 注 孫奭 疏

【疏】 ○ 正義曰：此卷趙氏分爲下卷者也. 此卷十有六章. 其一章言臨事量宜, 權其輕重, 以禮爲先, 食色爲後, 若有偏殊, 從其大者. 二章言天下大道, 人病不由, 不患不能, 是以曹交請學, 孟子辭焉. 三章言生之膝下, 一體而分, 當親而疏, 怨慕號天, 是以小弁之怨, 未足以爲愆也. 四章言上之所欲, 下以爲俗. 五章言君子交接, 動不違道, 享見之儀, 亢答不差. 其六章見幾而作, 不俟終日, 孔子將行, 冕不及稅. 七章言王道浸衰, 轉爲罪人. 八章言招携懷遠, 貴以德禮, 義勝爲上, 戰勝爲下. 九章言善爲國者, 必藏於民, 賊民以往, 其餘何觀. 十章言先王典禮, 萬世可遵, 什一供貢, 下富上尊. 十一章言君子除害, 普爲人也. 十二章言民無信不立. 十三章言好善從人, 聖人一概. 十四章言仕雖正道, 亦有量宜, 聽言爲上, 禮貌次之, 困而免死, 斯爲下矣. 十五章言聖賢困窮, 天堅其志, 次賢感激, 乃奮其意. 十六章言學而見賤, 恥之大者, 敎誨之方, 或(析)〔折〕[1]或引. 凡此十六章, 合上卷二十章, 是告子之篇有三十六章矣.

1) (析)〔折〕: 저본에는 '析'으로 되어 있으나, 아래 16장의 章指에 의거하여 '折'로 바로잡았다.

○ 正義曰 : 이 卷은 趙氏가 나누어 下卷으로 만든 것으로, 16장으로 이루어져 있다. 제1장에서는 "일에 임하여 어떻게 하는 것이 적절한지 헤아릴 때에는 그 輕重을 따져 禮를 우선 하고 食과 色을 뒤로 하며, 치우치게 차이가 나면 중대한 것을 따른다."라고 말하였다. 제2장에서는 "천하의 大道를 사람들이 말미암지 않는 것을 문제로 여기지, 능하지 못한 것을 근심하지 않는다. 그런 까닭에 曹交가 배움을 청하자 맹자가 사

양했던 것이다."라고 말하였다. 제3장에서는 "滕下에서 태어나면서 한 몸에서 분리된다. 親愛해야 하는데 소원해지니, 원망하면서도 사모하여 하늘에 울부짖는다. 이러하기 때문에 〈小弁〉의 원망은 허물이 될 수 없는 것이다."라고 말하였다. 제4장에서는 "윗사람이 하고자 하는 것을 아랫사람이 풍속으로 삼는다."라고 말하였다. 제5장에서는 "君子가 交際할 때에 행동이 道를 어기지 않으니, 폐백을 올리는 儀法에 따라 응답하는 것에 착오가 없다."라고 말하였다. 제6장에서는 "機微를 보고 움직일 때에는 하루가 다 가기를 기다리지 않는 법이다. 孔子께서 떠나실 때 면류관도 벗지 않으셨다."라고 말하였다. 제7장에서는 "王道가 점차 쇠하여 〈사람들이〉 죄인이 되어갔다."라고 말하였다. 제8장에서는 "離叛한 나라를 부르고 먼 곳의 나라를 懷柔할 때에는 德과 禮를 귀하게 여기며, 의로운 計策으로 이기는 것을 上等으로 여기고 싸워서 이기는 것을 下等으로 여긴다."라고 말하였다. 제9장에서는 "나라를 잘 다스리는 사람은 반드시 〈재물을〉 백성에게 보관한다. 백성을 해치는 행위 이하를 저지르는 나머지 자들에게 무슨 볼 것이 있겠는가."라고 말하였다. 제10장에서는 "先王의 典禮는 萬世토록 따를 수 있는 것이니, 10분의 1을 세금으로 바치게 하면 아랫사람은 부유해지고 윗사람은 존중받게 된다."라고 말하였다. 제11장에서는 "君子가 災害를 제거하는 것은 널리 사람을 위한 것이다."라고 말하였다. 제12장에서는 신의가 없으면 존립할 수 없음을 말하였다. 제13장에서는 "善을 좋아하고 남을 따르는 것은 聖人이 다 똑같았다."라고 말하였다. 제14장에서는 "벼슬을 할 때에는, 비록 正道이더라도 또한 時宜를 헤아린다. 進言을 들어주는 것이 으뜸이고, 禮遇와 태도가 그 다음이고, 곤궁하여 죽음을 면하게 해주는 것이 가장 아래이다."라고 말하였다. 제15장에서는 "聖賢이 곤궁함은 하늘이 그 의지를 강인하게 해주려는 것이며, 그 다음 가는 賢者는 감격하여야 그 뜻을 발휘한다."라고 말하였다. 제16장에서는 "배우면서 천하게 여겨지는 것은 큰 수치이다. 교육은 방법에 따라 꺾기도 하고 끌어주기도 한다."라고 하였다. 이 卷의 16장과 上卷의 20장을 합하여 〈告子〉 편은 총 36장이다.

1. 任人이 有問屋廬子曰 禮與食이 孰重고

어떤 任나라 사람이 屋廬子에게 물었다. "禮와 食 중에 어느 것이 더 중요합니까?"

【注】任國之人이 問孟子弟子屋廬連이니 問 二者에 何者爲重고

任나라 사람이 맹자 제자인 屋廬連에게 물은 것이니, 두 가지 중에 어느 것이 중요한지 물은 것이다.

曰 禮重이니라

屋廬子가 대답하였다. "禮가 중요합니다."

【注】答曰 禮重이라

"禮가 중요하다."라고 답한 것이다.

色與禮 孰重고 **曰 禮重**이니라

任나라 사람이 물었다. "禮와 色 중에 어느 것이 더 중요합니까?" 屋廬子가 대답하였다. "禮가 중요합니다."

【注】重如上也라

거듭 위와 같이 묻고 대답한 것이다.

曰 以禮食이면 **則饑而死**하고 **不以禮食**이면 **則得食**이라도 **必以禮乎**아 **親迎**이면 **則不得妻**하고 **不親迎**이면 **則得妻**라도 **必親迎乎**아

任나라 사람이 말하였다. "禮대로 먹으면 굶어 죽고, 禮대로 먹지 않으면 먹을 것을 얻을 수 있는 경우라도 반드시 禮대로 해야 합니까? 親迎의 禮를 갖추면 아내를 얻지 못하고 親迎의 禮를 갖추지 않으면 아내를 얻는 경우라도 반드시 親迎의 禮를 갖추어야 합니까?"

【注】任人이 難屋廬子하니 云若是則必待禮乎아

任나라 사람이 屋廬子에게 詰問한 것이니, "이러하다면 반드시 禮를 갖추기를 기다릴 것인가?"라고 말한 것이다.

屋廬子不能對하여 **明日**에 **之鄒**하여 **以告孟子**한대 **孟子曰 於**(오)라 **答是也**에 **何有**[1)]리오

1) 於 答是也 何有 : 趙岐는 '於'를 감탄사로 보고 '何有'를 '何有爲不可答也'로 풀이하였다. 朱熹를 비롯한 후인들은 일반적으로 '於'를 본래의 의미로 풀이하고, '何有'를 '不難'의 의미로 풀이하였다. 朱熹의 풀이에 따르면 "이것을 대답함에 있어 무슨 어려움이 있겠느냐."로 번역된다.

屋廬子가 대답할 수 없어서 다음날 鄒나라로 가서 맹자에게 아뢰자, 맹자가 말하였다. "아니, 이것을 대답할 때에 어찌하여 대답하지 못할 것이 있었는가?

【注】於(오)는 音이 烏니 歎辭也라 何有爲不可答也라

於는 음이 烏이니 감탄사이다. "어찌하여 대답하지 못할 것이 있었는가?"라는 말이다.

不揣(췌)**其本 而齊其末**이면 **方寸之木**을 **可使高於岑**(잠)**樓**[1)]니라 **金重於羽者**는 **豈謂一鉤金與一輿羽之謂哉**리오 **取食之重者**와 **與禮之輕者而比之**면 **奚翅**(시)**食重**이며 **取色之重者**와 **與禮之輕者而比之**면 **奚翅色重**이리오

1) 岑(잠)樓 : 趙岐는 '山之銳嶺者' 즉 '산봉우리'라고 보았으나, 朱熹는 '樓之高銳似山者' 즉 '산처럼 생긴 누각의 높고 뾰쪽한 지붕'이라고 보았다.

그 근본을 헤아리지 않고 그 끝만 가지런히 한다면 方寸의 나무를 산봉우리보다 높게 만들 수 있다. 쇠가 깃털보다 무겁다는 것이 어찌 띠 고리 한 개의 쇠와 수레 한 짐의 깃털을 두고 말한 것이겠는가. 食의 중요한 측면을 취하여 禮의 가벼운 측면과 비교한다면 어찌 食이 무거울 뿐이겠으며, 色의 중요한 측면을 취하여 禮의 가벼운 측면과 비교한다면 어찌 色이 무거울 뿐이겠는가.

【注】孟子言 夫物當揣量其本하여 以齊等其末이라야 知其大小輕重하여 乃可言也라 不節其數하고 累積方寸之木하면 可使高於岑樓하니-岑樓는 山之銳嶺者라- 寧可謂寸木高於山邪리오 金重於羽는 謂多少同而金重耳니 一帶鉤之金이 豈重一車羽邪리오 如取食色之重者하여 比禮之輕者면 何翅食色重哉리오 翅는 辭也니 若言何其(不)[1)]重也라

1) (不) : 저본에는 '不'이 있으나, 阮元의 〈校勘記〉에 의거하여 衍文으로 처리하였다.

맹자가 "무릇 사물은 마땅히 그 근본을 헤아려서 그 끝을 가지런하게 해야 그 大小와 輕重을 알 수 있어서 비로소 말할 수 있다. 개수를 조절하지 아니하고 方寸의 나무를 쌓는다면 산봉우리보다 높게 만들 수 있으니,-岑樓는 산의 봉우리이다.- 어찌 方寸의 나무가 산보다 높을 수 있다고 말할 수 있겠는가. 쇠가 깃털보다 무거운 것은 부피가 같은 경우에 쇠가 무겁다는 것일 뿐이니, 띠 고리 한 개의 쇠가 어찌 수레 한 짐의 깃털보다 무겁겠는가. 만일 食과 色의 중요한 측면을 취하여 禮의 가벼운 측면과 비교한다면, 어찌 食과 色이 중요할 뿐이겠는가."라고 말한 것이다. 翅는 語辭이니, "〈食과 色이〉 어찌 그리도 중요한가."라고 말하는 것과 같다.

往應之曰 紾(진)**兄之臂而奪之食**이면 **則得食**하고 **不紾**이면 **則不得食**이라도 **則將紾之乎**아 **踰東家牆而摟其處子**면 **則得妻**하고 **不摟**면 **則不得妻**라도 **則將摟之乎**아하라

그대는 가서 '형의 팔을 비틀어 먹을 것을 빼앗으면 먹을 것을 얻을 수 있고, 형의 팔을 비틀지 않으면 먹을 것을 얻지 못하는 경우라도 형의 팔을 비틀겠는가? 동쪽 집의 담장을 넘어가서 그 집의 處子를 납치해오면 아내를 얻고, 납치해오지 않으면 아내를 얻지 못하는 경우라도 그 집의 處子를 납치해오겠는가?'라고 대답하라."

【注】 教屋廬子往應任人如是라 紾은 戾也요 摟는 牽也라 處子는 處女也라 則是禮重食色輕者也라

屋廬子에게 가서 任나라 사람에게 이와 같이 대답하라고 가르쳐준 것이다. 紾은 비틂이고, 摟는 납치함이다. 處子는 處女이다. 이것은 禮는 중요하고 食과 色은 가벼운 측면이다.

【疏】 '任人'至'摟之乎' ○ 正義曰 : 此章言臨事量宜, 稱其輕重, 以禮爲先, 食·色爲後者也.[1] '任人有問屋廬子曰 禮與食孰重', 任人, 任國之人. 任國之人有問屋廬子曰"禮與食二者, 何者爲重." '曰禮重', 屋廬子答之以爲禮重. 屋廬子, 孟子弟子也. 任人又問色與禮二者孰重. '曰禮重', 屋廬子又答之以爲禮重. '曰 以禮食則饑而死'至'必親迎乎', 任人又問之曰"人若待有禮然後食, 則饑餓而死, 不待禮而食者, 則得其食而不見饑餓, 必待以禮然後食乎", 任人意以爲不待禮而食也. "行親迎婚之禮, 則不得其妻, 不待親迎之禮, 則得其妻, 必待親迎之禮", 任人意又以爲不待親迎也. 所謂禮食者, 案禮云"主人親饋則客祭, 主人不親饋則客不祭. 故君子苟無禮, 雖美不食焉"[2], 凡此之謂. 所謂親迎者, 又案禮云"夏氏迎於庭, 商人迎於室, 周人(述)〔迎〕[3]於戶"[4], 凡此是也. 今任人不知此爲重, 故以食・色竝而問之. '屋廬子不能對 明日之鄒 以告孟子', 屋廬子未有言以答應, 故不能對任人之問. 乃明日之鄒國, 以任人此言告於孟子. '孟子曰 於答是也何有'至'則將摟之乎', 孟子見廬子不能答此言, 乃而歎之曰"答此之言, 何有難乎. 何爲不可答也." 言凡物有常, 如不揣量其本, 但齊等其末, 則雖方寸之木, 可令高於岑樓. 岑樓, 山之銳峰也. 此乃齊等其末, 而不量其本之謂也. 言雖可謂之, 一帶鉤之金與一車羽毛之謂哉, 是亦不揣其本, 而齊其末之謂也. 以其揣之以本, 則方寸之木不能過於岑樓, 一帶鉤之金不能重於一車之羽也. 如不揣其本, 則取食之重者與禮之輕者比喩之, 何啻食爲重也. 取色之重者與禮之輕者比竝之, 則何啻爲色重也. 如此, 是猶積累方寸之木, 可使高於岑樓, 積疊一車之羽毛, 可使重於一鉤金也. 是則任人不揣其本, 而齊其末也. 且爲(不)[5]以禮食則饑而死, 則人誰不以食爲重也, 不親迎則得妻, 則人誰不以色爲重也. 故孟子所以於此又敎之屋廬子, 使往應於任人曰"紾戾其兄之臂而奪之食, 則得其食, 不紾戾之則不得其食, 則將可以紾戾兄之臂乎. 踰越東家之牆而牽其處女, 則得爲之妻, 不牽之則不得爲之妻, 則將可以牽處女乎." 言不可如是也, 故以"乎"言之. 所謂東家則託此言之矣, 如謂隣家也. 然而隣亦有西・南・北, 何不言之, 蓋言東, 則西・南・北不言而在矣.

1) 此章言臨事量宜……食色爲後者也 : 北京大本에는 章指를 "이 장의 章指는 다음과 같다. 일에 임하여 어떻게 하는 것이 적절한지 헤아릴 때에는 그 輕重을 따져 禮를 우선 하고 食과 色을 뒤로 하며, 치우치게 차이가 나면 중대한 것을 따른다. 玉廬子가 이해하지 못하였으므로 處子를 납치하는 것과 형의 팔을 비트는 것으로 비유한 것이다.〔此章指言臨事量宜 權其輕重 以禮爲先 食色爲後 若有偏殊 從其大者 屋廬子未達 故譬摟紾也〕"라고 하였다.

2) 主人親饋則客祭……雖美不食焉 : ≪禮記≫ 〈坊記〉에 나온다.

3) (述)〔迎〕: 저본에는 '述'로 되어 있으나, 閩本・監本・毛本에 의거하여 '迎'으로 바로

잡았다.(阮元의 〈校勘記〉 참조)

4) 夏氏迎於庭 商人迎於室 周人迎於戶 : ≪通典≫ 권58 〈天子納妃后〉에 "夏나라 때에는 뜰에서 親迎하였고, 殷나라 때에는 집안에서 親迎하였다. 周나라 제도는 남녀가 혼인하는 나이를 제한하고 혼인할 시기를 제정하였으며, 문에서 親迎하였다.〔夏親迎於庭 殷於堂 周制限男女之歲 定婚姻之時 親迎於戶〕"라는 말이 나온다.

5) (不) : 저본에는 '不'이 있으나, 경문의 내용에 의거하여 衍文으로 처리하였다.

經의 〔任人〕에서 〔摟之乎〕까지

○ 正義曰 : 이 장에서는 "일에 임하여 어떻게 하는 것이 적절한지 헤아릴 때에는 그 輕重을 따져 禮를 우선 하고 食과 色을 뒤로 한다."라고 말하였다.

〔任人有問屋廬子曰 禮與食孰重〕 任人은 임나라 사람이다. 임나라의 사람이 옥려자에게 "禮와 食 두 가지 중에 어느 것이 더 중요합니까?"라고 물은 것이다.

〔曰禮重〕 屋廬子가 그에게 "禮가 중요합니다."라고 대답한 것이다. 屋廬子는 맹자의 제자이다. 任나라 사람이 다시 色과 禮 두 가지 중에 어느 것이 더 중요한지 물었다.

〔曰禮重〕 屋廬子가 다시 그에게 "禮가 중요합니다."라고 대답한 것이다.

〔曰 以禮食則饑而死〕에서 〔必親迎乎〕까지

任나라 사람이 다시 "사람이 만일 禮가 있기를 기다렸다가 먹는다면 굶어서 죽고, 禮를 기다리지 않고 먹는다면 먹을 것을 얻어 굶주림을 당하지 않는 경우라도 반드시 禮를 기다린 뒤에야 먹겠는가?"라고 물었으니, 任나라 사람은 禮를 기다리지 않고 먹을 것이라고 생각한 것이다. "親迎의 婚禮를 행하면 아내를 얻지 못하고 親迎의 禮를 기다리지 않으면 아내를 얻는 경우라도 반드시 親迎의 禮를 기다리겠는가?"라고 물었으니, 任나라 사람은 親迎을 기다리지 않고 아내를 얻을 것이라고 여긴 것이다. 이른바 '禮대로 먹는다'는 것을 禮에서 상고하니 "주인이 직접 음식을 건네면 고수레를 하고, 주인이 직접 음식을 건네지 않으면 손님이 고수레를 하지 않는다. 그러므로 君子는 禮가 없으면 아무리 잘 차린 맛난 음식이라도 먹지 않는 것이다."라고 하였는데, 이 경우를 일컫은 것이다. 이른바 '親迎한다'는 것을 다시 禮에서 상고하니 "夏氏는 뜰에서 맞이하였고, 商나라 사람은 집안에서 맞이하였고, 周나라 사람은 문에서 맞이하였다."라고 하였는데, 바로 이것이다. 지금 任나라 사람이 이것이 중요하다는 것을 알지 못하였으므로 食과 色을 가지고 아울러 물어본 것이다.

〔屋廬子不能對 明日之鄒 以告孟子〕 屋廬子가 대답할 말이 없었으므로 任나라 사람의 물음에 대답하지 못하였다. 이에 다음날 鄒나라로 가서 任나라 사람이 했던 이 말을

맹자에게 고하였다.

〔孟子曰 於 答是也何有〕에서 〔則將摟之乎〕까지

맹자가 屋廬子가 그 말에 대답하지 못한 것을 알고서 이에 탄식하여 말하기를 "그 말에 대답하는 것에 무슨 어려움이 있기에 왜 대답하지 못했는가?"라고 한 것이다. "모든 사물에는 일정한 이치가 있는데, 만일 그 근본을 헤아리지 않고 그 끝만 가지런하게 한다면 비록 方寸의 나무라도 산봉우리보다 높게 만들 수 있다."라고 한 것이니, 岑樓는 산의 봉우리이다. 이것이 바로 그 끝만 가지런히 하고 그 근본은 헤아리지 않은 사례를 말한 것이다. "비록 〈쇠가 깃털보다 무겁다고〉 말할 수 있으나, 어찌 띠 고리 한 개의 쇠와 수레 한 짐의 깃털을 두고 말한 것이겠는가."라고 한 것이니, 이 또한 그 근본을 헤아리지 아니하고 그 끝만 가지런하게 한 사례를 말한 것이다. 근본을 가지고 헤아려보면 方寸의 나무가 산봉우리를 넘어설 수 없으며, 띠 고리 한 개의 쇠가 수레 한 짐의 깃털보다 무거울 수 없기 때문이다. 만일 그 근본을 헤아리지 않고서 食의 중요한 측면을 취하여 禮의 가벼운 측면과 비교한다면, 어찌 다만 食이 중요한 뿐이겠는가. 色의 중요한 측면을 취하여 禮의 가벼운 측면과 비교한다면, 어찌 다만 色이 중요할 뿐이겠는가. 이와 같다면, 이는 方寸의 나무를 쌓아 산봉우리보다 높게 만들 수 있는 것과 같으며, 수레 한 짐의 깃털을 쌓아 띠 고리 한 개의 쇠보다 무겁게 만들 수 있는 것과 같다. 이것은 任나라 사람이 그 근본을 헤아리지 않고 그 끝을 가지런하게 만든 것이다. 그리고 禮대로 먹을 경우에는 굶어 죽는다면 누군들 食을 중요하게 여기지 않겠으며, 親迎을 하지 않는 경우에 아내를 얻는다면 누군들 色을 중요하게 여기지 않겠는가. 그러므로 맹자가 이에 다시 屋廬子를 가르쳐주고서 그로 하여금 任나라 사람에게 가서 "형의 팔을 비틀어 먹을 것을 빼앗으면 먹을 것을 얻을 수 있고, 비틀어 빼앗지 않으면 먹을 것을 얻을 수 없다면, 형의 팔을 비틀 수 있겠는가? 동쪽 집의 담장을 넘어가 그 집 處女를 납치하면 아내로 삼을 수 있고, 납치하지 않으면 아내를 얻을 수 없다면 처녀를 납치할 수 있겠는가"라고 대답하게 했던 것이다. 不可한 것이 이와 같음을 말한 것이므로 '乎'를 써서 말하였다. 이른바 '동쪽 집'이라는 것은 이것을 가탁하여 말한 것이니, '이웃집'이라고 말하는 것과 같다. 하지만 이웃에도 서쪽, 남쪽, 북쪽은 어째서 말하지 않았는가? 동쪽을 말하면, 서쪽, 남쪽, 북쪽을 말하지 않더라도 그 속에 들어있기 때문이다.

【疏】 ○ 注'任國' ○ 正義曰：任, 薛同姓之國, 在齊楚之間. 後亦有案文, 在孟子居鄒之

段.[1)]

1) 孟子居鄒之段 : 아래 제5장을 가리킨다.

○ 注의〔任國〕

○ 正義曰 : 任나라는 薛나라와 同姓의 나라이니, 齊나라와 楚나라의 사이에 있다. 뒤에도 詳考한 글이 "孟子居鄒" 章에 실려 있다.

【疏】 ○ 注'岑樓 山之銳嶺' ○ 正義曰 : 釋云"山小而高者曰岑", 是知岑樓卽知爲銳嶺之峰也. 曰樓者, 蓋重屋曰樓, 亦取其重高之意也.

○ 注의〔岑樓 山之銳嶺〕

○ 正義曰 : 풀이에 "산이 작고 높은 것을 '岑'이라고 한다."라고 하였는데, 이를 통해 '岑樓'라는 것이 뾰쪽한 봉우리로 인식되었음을 알 수 있다. '樓'라고 하는 것은, 대개 중첩된 지붕을 '樓'라고 하니, 또한 중첩되고 높은 의미를 취한 것이다.

【疏】 ○ 注云'處女' ○ 正義曰 : 未嫁者也.

○ 注의〔處女〕

○ 正義曰 : 아직 시집가지 않은 사람이다.

2. 曹交問曰 人皆可以爲堯舜이라하니 有諸잇가 孟子曰 然하다

曹交가 물었다. "사람은 모두 堯舜처럼 될 수 있다고 하는데, 정말로 그럴 수 있습니까?" 맹자가 말하였다. "그렇습니다."

【注】 曹交는 曹君之弟니 交는 名也라 答曰 然者는 言人皆有仁義之心이로되 堯舜은 行仁義而已라

曹交는 曹나라 군주의 동생이니, 交는 이름이다. "그렇다."라고 대답한 것은 사람은 모두 仁義의 마음을 지니고 있는데, 堯舜은 仁義를 실천한 것뿐임을 말한 것이다.

交는 聞文王은 十尺이요 湯은 九尺이라하니 今交는 九尺四寸以長이로되 食粟而已로니 如何則可니잇고

曹交가 말하였다. "제가 들으니, 文王은 키가 10척이고 湯王은 9척이라 하는데, 지금 저는 9척 4촌이나 되면서도 곡식만 축낼 뿐이니, 어떻게 하면 좋겠습니까?"

【注】 交는 聞文王與湯은 皆長而聖이라하니 今交도 亦長이로되 獨但食粟而已로니 當如之何잇고

제가 들으니, 文王과 湯王은 모두 長身이면서 聖人이었다고 합니다. 지금 저도 長身이지만 곡식만 축낼 뿐이니, 어떻게 하면 좋겠습니까?

曰 奚有於是리오 亦爲之而已矣니라 有人於此하니 力不能勝一匹雛면 則爲無力人矣요 今曰擧百鈞이면 則爲有力人矣니 然則擧烏獲之任이면 是亦爲烏獲而已矣니라 夫人은 豈以不勝爲患哉리오 弗爲耳니라

맹자가 말하였다. "이것과 무슨 관계가 있겠습니까. 또한 실천할 뿐입니다. 여기에 어떤 사람이 있는데, 그의 힘이 병아리 한 마리도 들지 못한 다면 힘이 없는 사람이 되는 것이고, 이제 100균을 든다고 말한다면 힘이 있는 사람이 되는 것입니다. 그렇다면 烏獲이 들던 짐을 들어 올릴 경우, 이 사람 역시 오확이 되는 것일 뿐입니다. 사람들은 〈병아리 한 마리도 들지 않으면서〉 어찌 들지 못할 것을 근심한단 말입니까. 실천하지 않을 뿐입니다.

【注】 孟子曰 何有於是言乎리오 仁義之道를 亦當爲之라야 乃爲賢耳라 人言我力不能勝一小雛면 則謂之無力之人이요 言我能擧百鈞이면-百鈞은 三千斤也라- 則謂之有力之人이라 烏獲은 古之有力人也니 能移擧千鈞이라 人能擧其所任이면 是爲烏獲才也라 夫一匹雛도 不擧하니 豈患不能勝哉리오 但不爲之耳라

맹자가 "이 말과 무슨 관계가 있겠는가. 仁義의 道를 또한 마땅히 실천해야 賢人이 되는 것이다. 사람이 '나의 힘은 작은 병아리 한 마리도 들지 못한다.'라고 하면 그를 힘이 없는 사람이라 일컫고, '나는 100鈞을 들 수 있다.'라고 하면-100鈞은 3,000斤이다.- 그를 힘이 있는 사람이라고 일컫는다. 烏獲은 옛날에 힘이 있던 사람으로 1,000鈞을 들어 옮길 수 있는 사람이었다. 사람이 그가 들었던 짐을 들면 烏獲의 재주를 가진 것이 된다. 저 병아리 한 마리도 들지 않으면서 어찌 들지 못하는 것을 근심한단

말인가. 실천하지 않는 것일 뿐이다."라고 말한 것이다.

徐行後長者를 謂之弟요 疾行先長者를 〔謂〕[1]之不弟니 夫徐行者는 豈人所不能哉리오 所不爲也라

1)〔謂〕: 저본에는 '謂'가 없으나, 四庫全書本 등 여타 板本에 의거하여 보충하였다.

천천히 걸어서 어른을 뒤따르는 것을 '공손하다'고 하고, 빨리 걸어서 어른을 앞서가는 것을 '공손하지 못하다'고 하는데, 천천히 걸어가는 것이 어찌 사람들이 할 수 없는 것이겠습니까. 하지 않는 것입니다.

【注】長者는 老者也라 弟는 順也라 人誰不能徐行者니 患不肯爲也라

長者는 늙은 사람이다. 弟는 순종함이다. "사람 중에 누가 천천히 걸어갈 수 없겠는가."라고 한 것이니, 사람들이 하려고 하지 않음을 근심한 것이다.

堯舜之道는 孝悌而已矣니라 子服堯之服하며 誦堯之言하며 行堯之行면 是堯而已矣요 子服桀之服하며 誦桀之言하며 行桀之行이면 是桀而已矣니라

堯舜의 道는 부모에게 효도하고 어른에게 공경하는 것일 뿐입니다. 그대가 堯의 옷을 입고, 堯의 말씀을 외고, 堯의 행동을 한다면 堯가 되는 것이며, 그대가 桀의 옷을 입고, 桀의 말을 외고, 桀의 행동을 하면 桀이 되는 것입니다."

【注】孝悌而已니 人所能也라 堯服은 衣服不踰禮也라 堯言은 仁義之言이요 堯行은 孝悌之行이라 桀服은 譎詭非常之服이요 桀言은 不行仁義之言이요 桀行은 淫虐之行이라 爲堯면 似堯하고 爲桀이면 似桀而已矣라

효도하고 공경하는 것일 뿐이니, 사람이 능히 실천할 수 있는 것이다. 堯의 옷으로 말하자면, 衣服이 禮를 넘어서지 않는다. 堯의 말은 仁義의 말이고, 堯의 행동은 孝悌의 행동이다. 桀의 옷은 괴이하고 정상이 아닌 옷이고, 桀의 말은 仁義를 행하지 않는 말이고, 桀의 행동은 음탕하고 포학한 행동이다. 堯를 따라 하면 堯처럼 되고, 桀을 따라 하면 桀처럼 될 뿐이다.

曰 交得見於鄒君이면 可以假館이니 願留而受業於門하노이다

曹交가 말하였다. "제가 鄒나라 임금을 알현하면 館舍를 빌릴 수 있을 것이니, 여기에 머물며 문하에서 수학하기를 원합니다."

【注】交欲學於孟子하여 願因鄒君假館舍하여 備門徒也라

曹交가 맹자에게 배우고자 하여 鄒나라 임금을 통해 館舍를 빌려 門徒가 되려고 했던 것이다.

曰 夫道若大路然하니 豈難知哉리오 人病不求耳니 子歸而求之면 有餘師리라

맹자가 말하였다. "道는 大路와 같으니, 어찌 알기 어렵겠습니까. 사람들이 찾으려 하지 않는 것이 문제일 뿐이니, 그대가 돌아가 그 길을 찾는다면 많은 스승이 있을 것입니다."

【注】孟子言堯舜之道는 較然若大路하니 豈有難知리오 人苦不肯求耳라 子歸曹而求行其道면 有餘師하여 師不少也니 不必留館學也라

맹자가 "堯舜의 道는 환하여 마치 大路와 같으니, 어찌 알기 어렵겠는가. 사람들이 찾으려 하지 않는 것이 문제일 뿐이다. 그대가 曹나라로 돌아가 그 道를 찾아 행한다면 많은 스승이 있어 스승이 적지 않을 것이니, 館舍에 머물며 배울 필요가 없다."라고 말한 것이다.

【疏】'曹交'至'餘師' ○ 正義曰：此章言天下大道, 人病不求, 不患不能. 是以曹交請學, 孟子辭之者也[1] '曹交問曰 人皆可以爲堯舜 有諸', 曹交, 曹君之弟也, 姓曹名交. (然)[2]曹交問孟子曰"凡人皆可以爲堯舜二帝, 有諸否乎." '孟子曰然', 孟子答之以爲誠如是也. '交聞文王十尺'至'如何則可'者, 曹交又言"交嘗聞文王身長十尺, 湯王身長九尺, 今交身亦長九尺四寸, 但獨食粟而已, 當如之何則可以爲堯・舜." '曰奚有於是'至'是桀而已矣', 孟子答之曰"何有於此言之謂乎. 言非論身長・短之謂也. 所以爲堯舜者, 是亦爲之而已. 且託有人於此, 其力不能擧任一匹雛之小, 是則爲無筋力之人也. 今又曰'能擧任三千鈞之重', 則爲有筋力之人也. 如是言之, 則能擧烏獲千鈞之重任者,此亦足爲烏獲之徒而已矣. 且夫人豈以不能舉勝一匹(夫)[3]之雛小爲憂患哉. 但不爲之耳. 如用力舉之, 則勝矣. 以言人之所欲爲堯舜者, 豈患其不能爲之哉. 亦但不爲之耳. 且以徐緩而行, 後於長者, 是謂之悌順, 急疾而行, 先於長者, 謂之不悌順. 夫徐緩而行者, 豈凡人所不能如是哉, 但所不爲徐行之矣. 夫堯舜二帝之道, 〔孝悌〕[4]而已. 子今若身服堯之法服, 以衣服不越禮, 口誦堯之法言, 以其言有法度, 所行則行堯所行(堯所行)[5]之跡, 以其行不淫虐, 如此, 是亦爲堯之徒矣. 若子於今身乃服桀非常之服, 口誦詭懦之言, 所行乃行桀淫虐之行, 如此, 是亦爲桀而已矣." '交得見於鄒君'至'於門', 曹交聞孟子言至此, 乃曰"交得見鄒君, 可以因而假館舍, 願留止而受業於夫子之門, 而學於孟子也." '曰 夫道若大路'至'餘師', 孟子乃答之曰"夫道若大路, 較然易行也, 豈爲難知者哉. 言不難知也. 但人病不求之耳. 子歸曹而自能求之而行其道, 亦不少師也, 何必願受業於我." 孟子所以答之此者, 蓋爲曹交欲挾鄒君而問, 是挾貴而問者也. 是以辭之而已, 抑亦不屑教誨[6]之謂也.

1) 此章言天下大道……孟子辭之者也 : 北京大本에는 章指를 "이 장의 章指는 다음과 같다. 천하의 大道는 사람이 함께 따라야 하는 것이어서 행하지 않는 것을 문제로 여기지, 능하지 못한 것을 근심하지 않는다. 그런 까닭에 曹交가 배움을 청하자 맹자가 사양했던 것이다. 이는 ≪詩≫삼백 편을 한 마디 말로 단정한 것이다.〔此章指言天下大道 人幷由之 病於不爲 不患不能 是以曹交請學 孟子辭焉 蓋詩三百 一言以蔽之〕"라고 하였다.
2) (然) : 저본에는 '然'이 있으나, 四庫全書本에 의거하여 衍文으로 처리하였다.
3) (夫) : 저본에는 '夫'가 있으나, 四庫全書本에 의거하여 衍文으로 처리하였다.
4) 〔孝悌〕 : 저본에는 '孝悌'가 없으나, 閩本·監本·毛本에 의거하여 보충하였다.(阮元의 〈校勘記〉 참조)
5) (堯所行) : 저본에는 '堯所行'이 있으나, 閩本·監本·毛本에 의거하여 衍文으로 처리하였다.(阮元의 〈校勘記〉 참조)
6) 不屑教誨 : 가르치는 것을 탐탁하게 여기지 않음으로써 도리어 그 사람에게 교훈을 주는 것을 말한다. 아래 제16장에 "가르침에는 또한 방법이 많은데, 내가 탐탁하게 여기지 않음으로써 가르치는 것도 가르치는 것이다.〔教亦多術矣 予不屑之教誨也者 是亦教誨之而已矣〕"라는 말이 나온다.

經의 〔曹交〕에서 〔餘師〕까지

○ 正義曰 : 이 장에서는 "천하의 大道를 사람들이 찾지 않는 것을 문제로 여기지, 능하지 못한 것을 근심하지 않는다. 그런 까닭에 曹交가 배움을 청하자 맹자가 사양했

던 것이다."라고 말하였다.

〔曹交問曰 人皆可以爲堯舜 有諸〕 曹交는 曹나라 군주의 동생이니, 성이 曹이고 이름이 交이다. 曹交가 맹자에게 "보통 사람이 모두 堯舜 二帝처럼 될 수 있다는데, 그럴 수 있습니까?"라고 물은 것이다.

〔孟子曰然〕 맹자가 정말 그렇다고 대답한 것이다.

〔交聞文王十尺〕에서 〔如何則可〕까지

曹交가 다시 "제가 일찍이 文王은 키가 10척이고 湯王은 키가 9척이라고 들었습니다. 지금 저는 키가 9척 4촌이나 되면서 곡식만 축내고 있으니, 어떻게 해야 堯舜처럼 될 수 있습니까?"라고 말한 것이다.

〔曰奚有於是〕에서 〔是桀而已矣〕까지

맹자가 "이 말과 무슨 관계가 있겠는가.-身長의 長短을 논한 것이 아님을 말한 것이다.- 堯舜처럼 될 수 있는 까닭은 또한 실천하는 것일 뿐이다. 그리고 가령 여기 어떤 사람이 있는데, 그의 힘이 병아리 한 마리처럼 작은 것도 들지 못한다면 이는 힘이 없는 사람이 된다. 지금 다시 '3,000鈞의 무게를 들 수 있다'고 하면 힘이 있는 사람이 된다. 이와 같이 말한다면, 烏獲이 들었던 1,000鈞의 무거운 짐을 들 수 있는 사람은 또한 충분히 烏獲의 무리가 될 수 있는 것이다. 사람들은 어찌하여 병아리 한 마리처럼 작은 것을 들지 못하는 것을 근심으로 여긴단 말인가. 실천하지 않을 뿐이다. 또 천천히 걸어서 어른을 뒤따르는 것을 '공손하다'고 하고, 빨리 걸어서 어른을 앞서가는 것을 '공손하지 못하다'고 하는데, 천천히 걸어가는 것이 어찌 보통 사람이 그렇게 할 수 없는 것이겠는가. 단지 천천히 가지 않는 것일 뿐이다. 堯舜 二帝의 道는 부모에게 효도하고 어른에게 공경하는 것일 뿐이다. 그대가 지금 만일 몸에 堯의 法服을 입고서 옷이 禮를 넘어서지 않으며, 입으로는 堯의 法言을 외어 그 말에 법도가 있으며, 행동은 堯가 행했던 자취를 행하여 그 행실이 음탕하거나 포악하지 않다면, 그렇다면 또한 堯의 門徒가 되는 것이다. 만일 그대가 지금 몸에 桀이 입던 정상이 아닌 옷을 입고, 입으로는 괴이한 말을 외고, 행동은 桀이 했던 음탕하고 포학한 행동을 한다면, 그렇다면 또한 桀이 되는 것이다."라고 대답한 것이다.

〔交得見於鄒君〕에서 〔於門〕까지

曹交가 맹자의 말을 듣고 여기에 이르러 "제가 鄒나라 임금을 알현하면 그를 통해 館舍를 빌릴 수 있을 것이니, 거기 머물며 선생님의 문하에서 수업하면서 맹자의 학문을 배우고자 합니다."라고 말한 것이다.

〔曰 夫道若大路〕에서 〔餘師〕까지

맹자가 이에 "道는 大路와 같아서 환하여 행하기 쉬우니, 어찌 알기 어렵겠는가.- 알기 어렵지 않음을 말한 것이다.- 다만 사람이 찾지 않는 것이 문제일 뿐이다. 그대가 曹나라로 돌아가 스스로 그 道를 구하여 행할 수 있다면 또한 스승이 적지 않을 것이니, 어찌 꼭 나에게 수학하기를 바라는가."라고 말한 것이다. 맹자가 이렇게 대답한 것은 曹交가 鄒나라 임금과의 친분을 믿고 물었기 때문이니, 이는 높은 신분을 믿고 물은 것이다. 그러므로 사양했을 뿐이니, 또한 탐탁하게 여기지 않는 가르침이라 하겠다.

【疏】 ○ 注'百鈞 三千斤' ○ 正義曰：已前篇[1]說之矣.

1) 前篇：〈梁惠王 上〉 제7장을 가리킨다.

○ 注의 〔百鈞 三千斤〕

○ 正義曰：이미 前篇에서 설명하였다.

【疏】 ○ 注'烏獲 有力人也' ○ 正義曰：案皇甫士安帝王世紀[1]云"秦武王好多力之士, 烏獲之徒竝皆歸焉. 秦王於洛陽擧周鼎, 烏獲兩目血出", 六國時人也. 孟子假是而開闢曹交之蔽而已矣.

1) 皇甫士安帝王世紀：≪帝王世紀≫는 西晉 때 皇甫謐(215~282)이 지은 역사서이다. 三皇 이후 漢魏에 이르기까지 역대 帝王의 世系, 年譜, 事蹟을 기술하였다. 原書는 逸失되었다. 皇甫謐은 자가 士安, 호가 玄晏으로, 儒家 經典과 諸子百家에 정통하였다고 한다.

○ 注의 〔烏獲 有力人也〕

○ 正義曰：皇甫士安의 ≪帝王世紀≫에 "秦 武王이 힘센 力士를 좋아하니, 烏獲의 무리가 모두 그에게 귀의하였다. 秦나라 왕이 洛陽에서 周나라의 솥을 들게 하니, 烏獲의 두 눈에서 피가 흘러나왔다."라고 하였으니, 六國 때의 사람이다. 맹자가 이것을 빌려와서 曹交의 몽매함을 열어주었을 뿐이다.

3. 公孫丑問曰 高子曰 小弁(반)은 小人之詩也라하더이다 孟子曰 何以言之오

曰 怨이니이다

公孫丑가 물었다. "高子가 '〈小弁〉은 小人의 詩이다.'라고 말했습니다." 맹자가 말하였다. "어찌하여 그렇게 말하는가?" 公孫丑가 말하였다. "원망하였기 때문입니다."

【注】高子는 齊人也라 小弁은 小雅之篇이니 伯奇之詩也라 怨者는 怨親之過라 故로 謂之小人이라

告子는 齊나라 사람이다. 〈小弁〉은 小雅篇이니, 伯奇가 지은 시이다. 원망한다는 것은 어버이를 원망함이 지나친 것이다. 그러므로 小人이라고 일컬은 것이다.

曰 固哉라 高叟之爲詩也여 有人於此하니 越人이 關(만)弓而射之어든 則己談笑而道之는 無他라 疏之也요 其兄이 關弓而射之어든 則己垂涕泣而道之는 無他라 戚之也니 小弁之怨은 親親也라 親親은 仁也니 固矣夫라 高叟之爲詩也여

맹자가 말하였다. "고루하구나, 高老人이 詩를 해석한 것이! 여기에 어떤 사람이 있는데, 越나라 사람이 활을 당겨 그를 쏘려 하면 자기가 웃으며 타이를 것이니, 이는 다름이 아니라 越나라 사람을 소원하게 여기기 때문이다. 그런데 자기 형이 활을 당겨 그를 쏘려 하면 자기가 눈물을 흘리며 형을 타이를 것이니, 이는 다름이 아니라 형을 親愛하기 때문이다. 〈小弁〉의 원망은 어버이를 親愛하기 때문에 생긴 것이다. 어버이를 親愛하는 것은 仁이다. 고루하구나, 高老人의 시 해석은."

【注】固는 陋也라 高子年長하니 孟子曰 陋哉라 高父之爲詩也여라하다 疏越人이라 故로 談笑라 戚은 親也라 親其兄이라 故로 號泣而道之하니 怪怨之意也라 伯奇는 仁人而父虐之라 故로 作小弁之詩하여 曰 何辜於天고라하니 親親而悲怨之辭也라 重言固陋는 傷高叟不達詩人之意也라

固는 고루함이다. 高子가 나이가 많으니, 맹자가 "고루하구나, 高老人이 詩를 해석한 것이!"라고 말한 것이다. 越나라 사람을 소원하게 여기기 때문에 웃으며 말하는 것

이다. 戚은 親愛함이다. 자기 형을 親愛하기 때문에 울면서 타이르는 것이니, 괴이하게 여기면서 원망하는 뜻이다. 伯奇는 어진 사람인데, 부친이 그를 학대하였다. 그래서 〈小弁〉의 시를 지어 "하늘에 무슨 죄를 지었는고?"라고 하였으니, 어버이를 親愛하면서도 슬퍼하고 원망하는 말이다. 거듭 고루하다고 말한 것은 高老人이 詩人의 뜻을 이해하지 못한 것을 안타까워한 것이다.

曰 凱風은 何以不怨이니잇고

공손추가 말하였다. "〈凱風〉은 어찌하여 원망하지 않았습니까?"

【注】詩邶風凱風之篇也라 公孫丑曰 凱風도 亦孝子之詩어늘 何以獨不怨이니잇고

≪詩經≫ 〈邶風〉의 〈凱風〉 편이다. 公孫丑가 "〈凱風〉도 孝子가 지은 시인데, 어찌하여 유독 원망하지 않았습니까?"라고 말한 것이다.

曰 凱風은 親之過小者也요 小弁은 親之過大者也니 親之過大而不怨이면 是는 愈疏也요 親之過小而怨이면 是는 不可磯也니 愈疏도 不孝也요 不可磯도 亦不孝也니라 孔子曰 舜은 其至孝矣신저 五十而慕라하시니라

맹자가 말하였다. "〈凱風〉은 어버이의 과실이 작은 것이고 〈小弁〉은 어버이의 과실이 큰 것이다. 어버이의 과실이 큰데도 원망하지 않는다면 이는 더욱 관계가 소원하게 되는 것이고, 어버이의 과실이 작은데도 원망한다면 이는 감정이 격해져서는 안 되는 상황이다. 부모와 자식의 관계가 더욱 소원해지는 것도 불효이고, 감정이 격해져서는 안 되는 상황까지 가는 것도 불효이다. 공자께서는 '舜은 지극한 효자라 하겠다. 나이 오십이 되어도 어버이를 사모하셨다.'라고 말씀하셨다."

【注】孟子曰 凱風言莫慰母心이라하니 母心不悅也니 知親之過小也요 小弁曰 行有死人이어든 尙或墐之어늘 而曾不(關)〔閔〕[1]己하니 知親之過大也라 愈는 益也라 過已大矣로되 而孝子不怨思其親之意何爲如是면 是는 益疏之道也라 故로 曰不孝라하니라 磯는 激也라 過小耳로되 而孝子感激하여 輒怨其親이면 是亦不孝也라 孔子는 以舜年五十而慕其親不(殆)〔怠〕[2]로

稱曰孝之至矣라 孝之不可以已也니 知高叟譏小弁爲不得矣라

1) (關)〔関〕: 저본에는 '關'으로 되어 있으나, 廖本·孔本·韓本·考文古本에 의거하여 '関'으로 바로잡았다.(阮元의 〈校勘記〉 참조)
2) (殆)〔怠〕: 저본에는 '殆'로 되어 있으나, 孔本·韓本·岳本에 의거하여 '怠'로 바로잡았다.(阮元의 〈校勘記〉 참조)

맹자가 "〈凱風〉에서 '어머니 마음을 편안하게 하지 못하네.'라고 하였으니, 어머니의 마음이 기쁘지 않은 것이다. 이는 어버이의 과실이 작은 경우이다. 〈小弁〉에서 '길가에 죽은 사람이 있으면 오히려 이를 묻어주기도 한다.'라고 하였는데, 어버이가 일찍이 자기를 불쌍히 여기지 않았다. 이는 어버이의 잘못이 큰 것이다."라고 말한 것이다. 愈는 더함이다. 잘못이 너무 큰데도 孝子가 어버이의 뜻이 어째서 그러한지를 원망하며 생각하지 않으면, 이는 더욱 소원하게 되는 길이다. 그러므로 不孝라고 한 것이다. 磯는 感激함이다. 잘못이 작을 뿐인데도 孝子의 감정이 격해져서 어버이를 문득 원망하게 되면 이것 또한 不孝이다. 孔子는 舜이 50세가 되었어도 어버이를 사모하는 것이 해이해지지 않았으므로 지극한 효성이라고 칭송하였던 것이다. 孝는 그칠 수 없는 것이니, 이를 통해 高老人이 〈小弁〉을 비판한 것이 옳지 않다는 것을 알 수 있다.

【疏】'公孫丑'至'而慕' ○ 正義曰：此章言生之膝下, 一體而分, 喘息呼吸, 氣通於親, 當親而疏, 怨慕號天, 是以小弁之怨, 未足以爲愆也. '公孫丑問曰 高子曰 小弁 小人之詩也', 高子, 齊人也, 公孫丑問孟子曰"高子有云'小弁之詩是小人之詩也.'" '孟子曰 何以言之', 孟子又問孫丑以謂"高子何以言爲小人之詩." '曰怨', 孫丑又答之曰爲其有怨也. '曰 固哉 高叟之爲詩也'又至'爲詩也', 固, 陋矣, 高子老, 孟子稱曰叟, 蓋叟, 長老之稱也. 孟子曰"陋哉, 高叟之謂此詩爲小人之詩也. 今且託以有人於此, 是爲越南蠻人, 被人彎弓而射之, 則己見之, 則但談笑而道之也, 此無他, 是與越人疏也. 其兄如被人彎弓而射之, 則己見之, 必垂涕淚, 號泣而道之, 此無他, 是與兄爲親也. 小弁之詩, 其辭有怨, 是親親之故也. 親親, 仁道也. 陋矣夫, 高子之謂此詩爲小人之詩也." 然孟子所以重言之, 深誚高子不達詩人之意之甚者也. '曰凱風何以不怨', 公孫丑再問孟子, 然則凱風亦孝子之詩也, 何以獨不怨. 凱風, 邶風之詩也. '曰凱風 親之過小者也'至'五十而慕'者, 孟子又答之曰"凱風之詩, 是親之過小者也, 以詩觀之, 有曰'有子七人, 莫慰母心', 是爲親之過小者也. 小弁之詩, 是親之過大者也, 以詩觀之, 有曰'何辜於天, 我罪伊何', 是則怨以責己, 爲親之過大者也. 親之過大而不怨慕之, 是益疏其親也. 親之過小而怨之, 是磯其親也, 是謂父母不可以磯激之者也." 是親之過大者, 以其幽王信褒姒讒言, 疏太子宜臼之親, 非特放之, 又將以殺之, 是以小弁爲太子之傅作焉, 而著父之過爲大者也. 親之過小者, 以其先王制禮, 夫死, 妻稚子幼, 然後其妻始與適人, 今七子之母, 則非稚齒子幼者也, 乃反不安其室而欲去嫁, 是以凱風美孝子, 以著母之過爲小者也. 故曰益疏其親而不怨慕之者, 是不孝者也, 謂父母不可激之者, 是亦不爲孝也. 云磯者, 蓋磯, 激也, 若微切以感激之, 以幾諫者也, 譬如石之激水, 順其流而激之耳. 今乃謂親之不可幾諫, 安得謂孝子乎. 所以云愈疏不孝也, 不可磯亦不孝也. 又引孔子有云舜其爲至孝者耳, 以其但亦五十之年, 尙能慕親矣. 孟子又引以此, 蓋謂至孝則當怨慕之也. 然則小弁之怨, 安得謂爲小人乎. 宜高子所以見誚於吾孟子矣.

經의 〔公孫丑〕에서 〔而慕〕까지

○ 正義曰 : 이 장에서는 "膝下에서 태어나면서 한 몸에서 분리되어 들숨과 날숨을 쉬며 어버이와 氣를 통한다. 親愛해야 하는데 소원해지니, 원망하면서도 사모하여 하늘에 울부짖는다. 이러하기 때문에 〈小弁〉의 원망은 허물이 될 수 없는 것이다."라고 말하였다.

〔公孫丑問曰 高子曰 小弁 小人之詩也〕 高子는 齊나라 사람이다. 公孫丑가 맹자에게 "高子가 '〈小弁〉 시는 小人의 시이다.'라고 말했습니다."라고 물은 것이다.

〔孟子曰 何以言之〕 맹자가 다시 公孫丑에게 "高子는 어찌하여 小人의 시라고 말하는가?"라고 물은 것이다.

〔曰怨〕 公孫丑가 다시 "원망하였기 때문입니다."라고 대답한 것이다.

〔曰 固哉 高叟之爲詩也〕에서 아래의 〔爲詩也〕까지

고는 고루함이다. 고자가 연로하여 맹자가 '수'라고 부른 것이니, 수는 어른에 대한 호칭이다. 맹자가 "고루하구나, 高老人이 이 詩를 小人의 詩라고 해석한 것이! 여기에 어떤 사람이 있다고 가정할 때, 越나라 남쪽 오랑캐 사람을 누가 활을 당겨 쏘려고 하면 자기가 보고는 단지 웃으며 타이를 것이니, 이는 다름이 아니라 越나라 사람과 소원하기 때문이다. 그런데 자기 형을 누가 만약 활을 당겨 쏘려고 하면 자기가 보고는 반드시 눈물을 흘리고 울면서 타이를 것이니, 이는 다름이 아니라 형과 親愛하기 때문이다. 〈小弁〉 시는 그 말에 원망이 있는데, 이는 어버이를 親愛하기 때문이다. 어버이를 親愛하는 것은 仁道이다. 고루하구나, 高老人이 이 詩를 小人의 詩라고 해석한 것이!"라고 말한 것이다. 하지만 맹자가 거듭 말한 것은 高子가 詩人의 뜻을 너무 이해하지 못한 것을 깊이 꾸짖은 것이다.

〔曰凱風何以不怨〕 公孫丑가 다시 맹자에게 "그렇다면 〈凱風〉도 孝子의 시인데 어찌하여 유독 원망하지 않았습니까?"라고 물은 것이다. 〈凱風〉은 邶風의 시이다.

〔曰凱風 親之過小者也〕부터 〔五十而慕〕까지

맹자가 다시 "〈凱風〉 시는 어버이의 과실이 작은 것이다. 그 시를 보면 '일곱 아들이 있어도 어머니 마음을 편안하게 하지 못하네.'라고 하였으니, 이는 어버이의 잘못이 작기 때문이다. 〈小弁〉 시는 어버이의 잘못이 큰 것이다. 그 시를 보면 '하늘에 무슨 죄를 지었는가. 나의 죄는 무엇인가.'라고 하였으니, 이는 원망하여 자신을 책망한 것으로 어버이의 잘못이 크기 때문이다. 어버이의 과실이 큰데도 원망하며 사모하지 않는다면 이는 어버이와의 관계를 더욱 소원하게 하는 것이고, 어버이의 과실이 작은데도 원망한다면 이는 어버이를 원망하는 것이니, 이는 '어버이를 감격시킬 수 없다.'라고 말하는 것이다."라고 대답한 것이다. 어버이의 잘못이 큰 경우는, 幽王이 褒姒의 참소를 믿고 太子 宜臼와의 친밀한 관계를 소원하게 만들어 추방하였을 뿐만 아니라 다시 죽이려고 했기 때문이다. 그래서 〈小弁〉을 太子의 師傅가 지은 것으로 삼아 부친의 잘못이 큰 것을 드러낸 것이다. 어버이의 잘못이 작은 경우는 다음과 같다. 先王이 제정한 禮法에 따르면, 남편이 죽었을 때 아내가 젊고 자식이 어리다는 조건이 충족되어야 그 아내가 비로소 改嫁할 수 있다. 지금 일곱 아들의 어머니는 나이가 젊고 자식이 어린 경우가 아닌데도 도리어 집을 편안히 여기지 못하고 改嫁하려고 하였다. 그런 까닭에 〈凱風〉으로써 孝子를 찬미하고 어머니의 작은 잘못을 드러내었던 것이다. 그러므로 "어버이와 더욱 소원해졌는데도 원망하며 사모하지 않는 것도 불효이고, 어버이를 감격시킬 수 없다고 하는 것도 불효이다."라고 한 것이다. '磯'라고 한 것으로 말하면, 磯는 感激이다. 완곡하게 諷刺하여 感激시키는 것과 같으니, 완곡하게 諫하는 방법을 쓰는 것이다. 비유하면 바위가 물을 激動시킬 때에 그 흐름을 따라 激動시키는 것과 같다. 지금 어버이에게 완곡하게 諫할 수 없다고 한다면 어찌 孝子라고 할 수 있겠는가. 그러므로 "더욱 소원해지는 것도 불효이고, 감격시키지 못하는 것도 불효이다."라고 하는 것이다. 또 孔子가 "舜이 지극한 孝가 되는 것은 단지 50세의 나이에도 오히려 어버이를 사모할 수 있었기 때문이다."라고 하였는데, 맹자가 다시 이것을 인용하였으니, 지극한 孝는 마땅히 어버이를 원망하며 사모해야 한다고 여긴 것이다. 그렇다면 〈小弁〉의 원망을 두고 어찌 小人이라고 말할 수 있겠는가. 高子가 우리 맹자에게 비판을 받은 것은 당연하다.

【疏】 ○ 注'伯奇仁人 而父虐之'至'何辜於天' ○ 正義曰：按史記云"幽王嬖愛褒姒，姒生子伯服，幽王欲廢太子．太子母申侯女而爲后．後幽王得褒姒愛之，欲廢申后，竝去太子宜臼，以褒〔姒〕[1]爲后，以伯服爲太子．" 後立爲平王者，是宜臼者也．以此推之，則伯奇，宜臼也．故小弁之詩注云"幽王娶申女，生太子宜臼．又娶褒姒，生子伯服，立以爲后，而放宜臼，將殺之"，故也．

1) 〔姒〕：저본에는 '姒'가 없으나, 監本・毛本에 의거하여 보충하였다.(阮元의 〈校勘記〉 참조)

○ 注의 〔伯奇仁人 而父虐之〕에서 〔何辜於天〕까지

○ 正義曰：≪史記≫에 "幽王이 褒姒를 총애하여 褒姒가 伯服을 낳으니 幽王이 太子를 폐하려고 하였다. 太子의 모친은 申侯의 딸로서 왕비가 되었다. 나중에 幽王이 褒姒를 얻어 총애하게 되자, 申后를 폐하고 아울러 太子 宜臼를 제거한 뒤에 褒姒를 왕후로 삼고 伯服을 太子로 삼고자 하였다."라고 하였다. 나중에 즉위하여 平王이 된 사람이 바로 宜臼이다. 이것으로 미루어보면, 伯奇는 宜臼이다. 그러므로 〈小弁〉 시의 注에 "幽王이 申女를 아내로 맞아 太子 宜臼를 낳았다. 다시 褒姒를 아내로 맞아 伯服을 낳으니, 褒姒를 왕후로 삼고 宜臼를 추방하였다가 죽이려고 하였다."라고 하였던 것이다.

【疏】 ○ 注'凱風'至'小弁曰行有死人 尙或墐之' ○ 正義曰：凱風，美孝子之詩也．云"莫慰母心"者，注云"慰，安也．言有子七人，無以安母之心也．" 云"行有死人，尙或墐之"者，注云"墐，路塚也"．箋云"相，視，投，掩(之)[1]，行，道也．視彼人將(小)〔掩〕[2]兔，尙有先驅走之者，道中有死人，尙有覆(墐)〔掩〕[3]之成其墐者，言其心所不忍也．"

1) (之)：저본에는 '之'가 있으나, 四庫全書本과 ≪毛詩注疏≫에 의거하여 衍文으로 처리하였다.

2) (小)〔掩〕：저본에는 '小'로 되어 있으나, 四庫全書本과 ≪毛詩注疏≫에 의거하여 '掩'으로 바로잡았다.

3) (墐)〔掩〕：저본에는 '墐'으로 되어 있으나, 四庫全書本과 ≪毛詩注疏≫에 의거하여

'掩'으로 바로잡았다.

○ 注의 〔凱風〕에서 〔小弁曰行有死人 尙或墐之〕까지

○ 正義曰 : 〈凱風〉은 孝子를 찬미한 시이다. "어머니 마음을 편안하게 하지 못하네."라고 한 것의 注에 "慰는 편안하게 함이다. 일곱 아들이 있는데, 어머니의 마음을 편안하게 하지 못함을 말한 것이다."라고 하였다. "길가에 죽은 사람이 있으면 오히려 이를 묻어주기도 한다."라고 한 것의 注에 "墐은 길가의 무덤이다."라고 하였고, 箋에 "相은 봄이고, 投는 달아나 숨음이고, 行은 길이다. 사람이 달아나 숨는 토끼를 보고 오히려 먼저 달아나게 해주는 경우가 있으며, 길에 죽은 사람이 있으면 오히려 흙으로 덮어 가려 무덤을 만들어 주는 경우도 있으니, 그 마음이 차마 두고 볼 수 없음을 말한 것이다."라고 하였다.

4. 宋牼이 將之楚러니 孟子遇於石丘하여 曰 先生은 將何之오

宋牼이 楚나라로 가고 있었는데, 맹자가 石丘에서 그를 만나 말하였다. "선생은 어디를 가려 하십니까?"

【注】 宋牼은 宋人이니 名이 牼이라 學士年長者라 故로 謂之先生이라 石丘는 地名也라 道遇하여 問欲何之也라

宋牼은 宋나라 사람이니, 이름이 牼이다. 學者로 연장자였으므로 '先生'이라고 부른 것이다. 石丘는 지명이다. 길에서 만나 어디로 가려는지 물은 것이다.

曰 吾聞秦楚構兵이라하니 我將見楚王하여 說(세)而罷之하되 楚王不悅이어든 我將見秦王하여 說而罷之하리니 二王에 我將有所遇焉이리라

宋牼이 말하였다. "저는 秦나라와 楚나라가 지금 전쟁을 하려고 한다는 소문을 들었습니다. 제가 楚나라 왕을 만나 설득하여 전쟁을 그만두게 하려고 합니다. 楚나라 왕이 좋아하지 않으면, 저는 秦나라 왕을 만나 설득하여 전쟁을 그만두게 할 것입니다. 두 왕 중에 저와 뜻이 맞는 사람이 있을 것입니다."

【注】牼이 自謂往說二王이면 必有所遇하여 得從其志也라

宋牼이 스스로 "두 왕에게 가서 설득하면 반드시 뜻이 맞는 사람이 있어 자신의 뜻을 따르게 할 수 있을 것이다."라고 생각한 것이다.

曰 軻也는 請無問其詳이요 願聞其指하노니 說之將何如오

맹자가 말하였다. "저 軻가 그 자세한 내용은 묻지 않겠습니다만, 그 취지를 듣고 싶습니다. 어떻게 그들을 설득하려고 하십니까?"

【注】孟子敬宋牼하여 自稱其名曰 軻不敢詳問이요 〔願聞〕[1)]其指하노니 欲如何說之오

1) 〔願聞〕: 저본에는 '願聞'이 없으나, 岳本·孔本·韓本·考文古本에 의거하여 보충하였다.(阮元의 〈校勘記〉 참조)

맹자가 宋牼을 존경하였으므로 자기 이름을 칭하여 "저 軻가 감히 자세히 묻지는 않겠습니다만, 그 취지를 듣고 싶습니다. 어떻게 설득하고자 하십니까?"라고 말한 것이다.

曰 我將言其不利也하리라

宋牼이 말하였다. "저는 전쟁이 이롭지 못하다는 것을 말할 것입니다."

【注】牼曰 我將爲二王言興兵之不利也호리라

宋牼이 "저는 두 왕에게 군대를 일으키는 것의 이롭지 못함을 말할 것입니다."라고 말한 것이다.

曰 先生之志則大矣어니와 先生之號則不可하다 先生이 以利說秦楚之王이면 秦楚之王이 悅於利하여 以罷三軍之師하리니 是는 三軍之士樂罷而悅於利也라 爲人臣者懷利以事其君하며 爲人子者懷利以事其父하며 爲人弟者懷利以事其兄이면 是는 君臣父子兄弟終去仁義하고 懷利以相接이니 然而不亡者未之有也니라

맹자가 말하였다. "선생의 뜻은 훌륭합니다만, 선생께서 내건 명분은 쓸 수 없습니다. 선생께서 이익으로 秦나라 왕과 楚나라 왕을 설득하시면, 秦나라 왕과 楚나라 왕이 그 이익을 기뻐하여 三軍의 군대를 중지시킬 것입니다. 이렇게 되면 三軍의 兵士들이 전쟁이 중지된 것을 반기면서 그 이익을 기뻐할 것입니다. 신하 된 자가 이익을 생각하면서 그 임금을 섬기고, 자식 된 자가 이익을 생각하면서 그 부모를 섬기고, 아우 된 자가 이익을 생각하면서 그 형을 섬기게 된다면, 이는 君臣, 父子, 兄弟가 결국 仁義를 버리고 이익을 생각하면서 서로를 대하는 것이니, 이렇게 하고도 망하지 않은 경우는 없었습니다.

【注】孟子曰 先生志는 誠大矣어니와 所稱名號는 不可用也라 二王이 悅利하여 罷三軍하고 三軍士도 樂之而悅利면 則擧國이 尙利以相接待하고 而忘仁義하리니 則其國從而亡矣리라

맹자가 "선생의 뜻은 참으로 훌륭합니다만, 내건 명분은 쓸 수 없습니다. 두 왕이 이익을 기뻐하여 三軍을 중지하고 三軍의 병사도 반기면서 이익을 기뻐하면, 온 나라가 이익을 숭상하면서 서로를 대하고 仁義를 망각할 것이니, 그렇게 되면 나라도 따라서 망할 것입니다."라고 말한 것이다.

先生이 **以仁義**로 **說秦楚之王**이면 **秦楚之王**이 **悅於仁義**하여 **而罷三軍之師**하리니 **是**는 **三軍之士樂罷而悅於仁義也**라 **爲人臣者懷仁義以事其君**하며 **爲人子者懷仁義以事其父**하며 **爲人弟者懷仁義以事其兄**이면 **是**는 **君臣父子兄弟去利**하고 **懷仁義以相接也**니 **然而不王者未之有也**니 **何必曰利**리오

선생께서 仁義로 秦나라 왕과 楚나라 왕을 설득하시면, 秦나라 왕과 楚나라 왕이 仁義를 기뻐하여 三軍의 군대를 중지시킬 것입니다. 이렇게 되면 三軍의 兵士들이 전쟁이 중지된 것을 반기면서 仁義를 기뻐할 것입니다. 신하 된 자가 仁義를 생각하면서 그 임금을 섬기고, 자식 된 자가 仁義를 생각하면서 그 부모를 섬기고, 아우 된 자가 仁義를 생각하면서 그 형을 섬기게 된다면, 이는 君臣, 父子, 兄弟가 이익을 버리고 仁義를 생각하면서 서로를 대하는 것이니, 이렇게 하고도 천하의 왕이 되지 못하는 경우는 없었습니다. 어찌 굳이 이익을 말씀하십니까."

【注】以仁義之道로 不忍興兵하니 三軍之士悅하고 國人이 化之하여 咸以仁義相接하여 可以致王이니 何必以利爲名也리오

仁義의 道를 써서 차마 군대를 일으키지 못하니, 三軍의 병사가 기뻐하고 백성이 감화되어 모두 仁義로 서로 대하여 王天下에 이를 수 있으니, 어찌 굳이 이익으로 명분을 삼겠는가.

【疏】'宋牼'至'何必曰利' ○ 正義曰：此章言上之所欲, 下以爲俗, 俗化於善, 久而致平, 俗化於惡, 久而致傾者也. '宋牼將之楚 孟子遇於石丘 曰先生將何之', 宋牼, 宋國之人, 姓宋, 名牼. 孟子尊老之曰先生. 宋牼將欲往楚國, 孟子相逢於石丘之地. 石丘則宋國地也. 孟子乃問之曰"先生將何往." '曰 吾聞秦楚構兵'至'我將有遇焉', 宋牼答孟子曰"我聞秦・楚二國交兵. 我將見楚王說而罷之. 如楚王不悅我說, 我將又見秦王說而罷之. 秦・楚二王, 我將有所得從其志也." '曰軻也'至'將何如', 孟子敬宋牼, 故自稱名, 曰"軻也請無敢問其詳悉, 願聞其指意, 說之將如何說之." '曰 我將言其不利也', 牼答之曰"我將說之, 以言其興兵之不利也." '曰先生之志則大矣'至'何必曰利', 孟子又答之曰"先生之志則誠爲大矣, 先生之名號則不可用也. 先生今以利說秦・楚二王, 秦・楚二王悅於利, 是必罷三軍之衆. 萬二千五百人爲軍, 三軍之衆乃三萬七千五百人也. 如此, 是三軍之士卒樂罷兵而悅利也. 爲人臣者, 苟懷抱其利以奉君, 爲人子者, 又懷抱利以事其父, 爲人弟者, 又懷抱利以奉其兄, 是則君臣・父子・兄弟終皆亡去仁義之道, 特懷利以相接待. 君臣・父子・兄弟皆以利相接待, 然而不身亡者, 未之有也. 言必亡其身矣. 先生將以仁義之道說秦・楚之王, 秦・楚之王悅從仁義而罷去三軍之衆也. 如此, 是三軍之士卒樂罷兵而悅從於仁義也. 爲人臣者, 懷抱仁義之道以奉其君, 爲人子者, 懷抱仁義之道以奉其父, 爲人弟者, 懷抱仁義之道以奉其兄, 是則君臣・父子・兄弟乃去其利, 而抱仁義相接待也. 既懷抱仁義而相接待, 則父父子子・君君臣臣・兄兄弟弟, 如此則不爲王者, 未之有也. 言如此則可以爲王矣, 何必曰利以說之乎." 蓋爲利則其害至於亡身, 爲仁義則其利至於王, 故曰何必曰利也. 此孟子所以持仁義之道教宋牼事其秦・楚, 譏其欲以利說秦・楚也.

1) 此章言上之所欲……久而致傾者也：北京大本에는 章指를 "이 장의 章指는 다음과 같다. 윗사람이 하고자 하는 것을 아랫사람이 풍속으로 삼으니, 풍속이 善에 교화되어

오래되면 太平에 이르고, 풍속이 惡에 물들어 오래되면 亡國에 이른다. 이런 까닭에 君子가 創業할 때에 명분으로 삼는 것을 신중하게 하는 것이다.〔此章指言上之所欲 下以爲俗 俗化於善 久而致平 俗化於惡 久而致傾 是以君子創業 愼其所以爲名也〕"라고 하였다.

經의 〔宋牼〕에서 〔何必曰利〕까지

○ 正義曰 : 이 장에서는 "윗사람이 하고자 하는 것을 아랫사람이 풍속으로 삼으니, 풍속이 善에 교화되어 오래되면 太平에 이르고, 풍속이 惡에 물들어 오래되면 亡國에 이른다."라고 말하였다.

〔宋牼將之楚 孟子遇於石丘 曰先生將何之〕 宋牼은 宋나라 사람이니, 성이 宋이고 이름이 牼이다. 맹자가 존경하고 노인으로 대접하여 '先生'이라고 한 것이다. 宋牼이 楚나라로 가려고 할 때에 맹자가 石丘 땅에서 그를 만났다. 石丘는 宋나라 땅이다. 맹자가 이에 그에게 "선생은 어디를 가려고 하십니까?"라고 물은 것이다.

〔曰 吾聞秦楚構兵〕에서 〔我將有遇焉〕까지

宋牼이 맹자에게 "저는 秦나라와 楚나라 두 나라가 전쟁을 하려고 한다는 소문을 들었습니다. 제가 楚나라 왕을 만나 설득하여 전쟁을 그만두게 하려고 합니다. 楚나라 왕이 저의 설득을 좋아하지 않으면, 저는 다시 秦나라 왕을 만나 설득하여 전쟁을 그만두게 할 것입니다. 秦나라와 楚나라 두 왕 중에 저의 뜻을 따르게 만들 사람이 있을 것입니다."라고 대답한 것이다.

〔曰軻也〕에서 〔將何如〕까지

맹자가 宋牼을 존경하였으므로 스스로 자기 이름을 칭하여 "저 軻가 그 자세한 내용은 감히 묻지 않겠습니다만, 그 취지를 듣고 싶습니다. 그들을 설득할 때에 어떻게 설득하려고 하십니까?"라고 말한 것이다.

〔曰 我將言其不利也〕

宋牼이 "저는 그들을 설득하여 군대를 일으키는 것의 이롭지 못함을 말할 것입니다."라고 대답한 것이다.

〔曰先生之志則大矣〕에서 何必曰利〕까지

맹자가 다시 "선생의 뜻은 참으로 훌륭합니다만, 선생께서 내건 명분은 쓸 수 없습니다. 선생께서 지금 이익으로 秦나라와 楚나라의 두 왕을 설득하시면, 秦나라와 楚나라의 두 왕이 이익을 기뻐하여 반드시 三軍의 군대를 중지시킬 것입니다.-12,500人이 1軍이니, 三軍의 군대는 37,500人이다.- 이렇게 되면 三軍의 兵士들이 전쟁이 중지된 것을 반기면서 이익을 기뻐할 것입니다. 신하 된 자가 이익을 생각하면서 그 임금을 섬기고, 자식 된 자도 이익을 생각하면서 그 부모를 섬기고, 아우 된 자도 이익을 생각하면서 그 형을 섬기게 된다면, 이는 君臣, 父子, 兄弟가 결국 모두 仁義의 道를 버리고 이익을 생각하면서 서로를 대하는 것입니다. 君臣, 父子, 兄弟가 모두 이익을 생각하며 서로를 대하는데도 몸을 망치지 않은 경우는 없었습니다.-반드시 그 몸을 망치게 됨을 말한 것이다.- 선생께서 仁義의 道를 가지고 秦나라와 楚나라 왕을 설득하시면, 秦나라와 楚나라 왕이 仁義를 기뻐서 따르면서 三軍의 군대를 중지시킬 것입니다. 이렇게 되면 三軍의 兵士들이 전쟁이 중지된 것을 반기면서 仁義를 기뻐서 따를 것입니다. 신하 된 자가 仁義의 道를 생각하면서 그 임금을 섬기고, 자식 된 자가 仁義의 道를 생각하면서 그 부모를 섬기고, 아우 된 자가 仁義의 道를 생각하면서 그 형을 섬기게 된다면, 이는 君臣, 父子, 兄弟가 이익을 버리고 仁義를 생각하면서 서로를 대하는 것입니다. 이미 仁義를 생각하면서 서로를 대한다면, 부모는 부모답고 자식은 자식다우며, 임금은 임금답고 신하는 신하다우며, 형은 형답고 동생은 동생다울 것입니다. 이렇게 하고도 천하의 왕이 되지 못하는 경우는 없었습니다.-이렇게 하면 王天下할 수 있음을 말한 것이다.- 어찌 굳이 이익을 말하여 설득하고자 하십니까."라고 대답한 것이다. 대개 이익을 추구하면 그 폐해가 몸을 망치는 데에 이르고, 仁義를 행하면 그 이익이 王天下하는 데에 이른다. 그러므로 "어찌 굳이 이익을 말씀하십니까."라고 말한 것이다. 이것이 맹자가 仁義의 道를 가지고 宋牼으로 하여금 秦나라와 楚나라의 왕을 섬기게 한 까닭이고, 이익을 가지고 秦나라와 楚나라 왕을 설득하려던 것을 비판한 까닭이다.

【疏】 ○注'宋牼 宋人 名牼' ○正義曰：案荀卿非十二子云"不知壹天下, 建國家之權稱. 曾不足以容辨異, 懸君臣. 然而其持之有故, 其言之成理, 足以欺惑愚衆, 是宋鈃也." 楊倞[1)]云"宋鈃, 宋人, 與孟子・尹文子・彭蒙・愼到同時. 孟子作宋牼. 牼與鈃同, 口莖反"是也.

1) 楊倞 : 唐나라 때의 文人이다. ≪荀子≫의 최초 주석서인 ≪荀子注≫를 지었다.

○ 注의 〔宋牼 宋人 名牼〕

○ 正義曰 : 荀卿이 지은 ≪荀子≫ 〈非十二子〉에 "천하를 통일하여 국가의 법도를 세울 줄 모른다. 애당초 사람들 상호간에 분별이 허용되지 않고 君臣 간의 등급이 차이가 나지 않는다. 하지만 그들의 持論에 근거가 있고 또 그들의 말에 조리가 있어 충분히 어리석은 대중을 속이고 현혹시킬 수 있으니, 이 사람이 바로 宋鈃이다."라고 하였

다. 이에 대해 楊倞이 "宋鈃은 宋나라 사람으로, 孟子, 尹文子, 彭蒙, 愼到와 동시대 사람이다. ≪맹자≫에서는 '宋牼'이라고 하였다. 牼과 鈃은 같으니, 音은 口와 莖의 反切이다."라고 한 것이 이것이다.

5. 孟子居鄒하실새 季任이 爲任處守러니 以幣交어늘 受之而不報하시고 處於平陸하실새 儲子爲相이러니 以幣交어늘 受之而不報하시다

맹자가 鄒나라에 거처할 때에, 季任이 任나라에 머물면서 國政을 대리하고 있었는데, 그가 폐백을 보내어 교제하기를 청하자, 맹자는 폐백을 받고 답례하지 않았다. 맹자가 平陸에 거처할 때에, 儲子가 齊나라의 재상으로 있었는데, 그가 폐백을 보내어 교제하기를 청하자, 맹자는 폐백을 받고 답례하지 않았다.

【注】任은 薛之同姓小國也라 季任은 任君季弟也라 任君이 朝會於隣國할새 季任爲之居守其國이러니 致幣帛之禮하여 以交孟子어늘 受之而不報하다 平陸은 齊下邑也라 儲子는 齊相也라 亦致禮以交於孟子어늘 孟子(而)〔亦〕[1]不答之也하다

1) (而)〔亦〕: 저본에는 '而'로 되어 있으나, 四庫全書本에 의거하여 '亦'으로 바로잡았다.

任은 薛나라와 同姓인 小國이다. 季任은 任나라 군주의 막내 동생이다. 任나라 군주가 이웃 나라에 조회를 갔을 때에 季任이 그를 위해 나라에 머물면서 國政을 지켰는데, 맹자에게 幣帛의 禮物을 보내어 교제를 청하자, 맹자가 禮物을 받고 답례하지 않았다. 平陸은 齊나라의 下邑이다. 儲子는 齊나라 재상이다. 그도 맹자에게 禮物을 보내 교제를 청하였는데, 맹자가 그에게도 답례하지 않았다.

他日에 由鄒之任하사 見季子하시고 由平陸之齊하사 不見儲子하신대 屋廬子喜曰 連이 得間矣로라 問曰 夫子之任하사 見季子하시고 之齊하사 不見儲子하시니 爲其爲相與잇가

훗날 맹자가 鄒나라에서 任나라로 가서는 季子(季任)를 만나보고, 平陸에서 齊나라로 가서는 儲子를 만나보지 않았다. 屋廬子가 기뻐하며 "내가 기회를 얻었다."라고 하고는, 묻기를 "夫子께서 任나라로 가셔서는 季子를 만나보시고, 齊나

라에 가셔서는 儲子를 만나보지 않으셨는데, 儲子가 재상이기 때문입니까?"

【注】連은 屋廬子名也라 見孟子答此二人有異라 故로 喜曰 連이 今日乃得一見夫子與之間隙也라 俱答二人어늘 獨見季子하고 不見儲子者는 以季子當君國子民之處하고 儲子爲相이라 故로 輕之邪아

連은 屋廬子의 이름이다. 맹자가 이 두 사람에게 답례하는 것에 차이가 있는 것을 보았다. 그래서 기뻐하며 "내가 오늘에야 夫子를 한 번 뵙고 함께 대화할 기회를 얻었다."라고 말하고는, "두 사람에게 다 답례를 하면서 유독 季子는 만나보고 儲子는 만나보지 않으신 것은 季子는 임금이 백성을 다스리는 자리를 맡고 있기 때문이고 儲子는 재상이라서 그를 경시하였기 때문입니까?"라고 물은 것이다.

曰 非也라 **書曰 享**은 **多儀**하니 **儀不及物**이면 **曰不享**이니 **惟不役志於享**이라하니 **爲其不成享也**니라

맹자가 말하였다. "아니다. ≪書≫에 '폐백을 올릴 때에는 儀法이 많다. 儀法이 禮物에 미치지 않으면 폐백의 禮儀를 갖추지 못했다고 하니, 이는 폐백을 올리는 데에 마음을 쓰지 않았기 때문이다.'라고 하였으니, 내가 儲子를 만나지 않은 것은 폐백을 올리는 데에 禮儀를 갖추지 않았기 때문이다."

【注】孟子曰 非也라 非以儲子爲相故不見이라 尙書洛誥篇曰 享多儀라하니 言享見之禮에 多儀法也라 物은 事也라 儀不及事를 謂有闕也라 故로 曰不成享禮라 儲子本禮不足이라 故로 我不見也니라

맹자가 "아니다. 儲子가 재상이기 때문에 만나지 않은 것이 아니다."라고 말한 것이다. ≪尙書≫ 〈洛誥〉 편에 "享에는 儀法이 많다."라고 하였으니, 폐백을 올리는 禮儀에 儀法이 많다는 말이다. 物은 일이다. 儀法이 일에 미치지 못하는 것을 모자람이 있다고 한다. 그러므로 "폐백의 禮儀를 갖추지 못했다."라고 한 것이다. "儲子는 본래 禮儀가 부족하였다. 그러므로 내가 만나지 않은 것이다."라고 말한 것이다.

屋廬子悅이어늘 **或問之**한대 **屋廬子曰 季子**는 **不得之鄒**요 **儲子**는 **得之平陸**일새니라

屋廬子가 기뻐하자, 어떤 사람이 그 이유를 물었다. 屋廬子가 대답하였다. "季子는 鄒나라에 갈 수 없는 상황이었고, 儲子는 평륙에 갈 수 있었기 때문이다."

【注】 屋廬子已曉其意하고 聞義〔則〕[1)]服이라 故悅也라 人問之曰 何爲若是오 屋廬子曰 季子는 守國하여 不得越境至鄒하니 不身造孟子라도 可也요 儲子는 爲相하여 得循行國中이나 但遙交禮하니 爲其不尊賢이라 故로 禮答而不見之也시니라

1)〔則〕: 저본에는 '則'이 없으나, 阮元의 〈校勘記〉에 의거하여 보충하였다.

屋廬子가 그 뜻을 이해하고 의미를 듣고 심복하였으므로 기뻐한 것이다. 어떤 사람이 "어째서 그러합니까?"라고 묻자, 屋廬子가 "季子는 國政을 지키고 있었으므로 國境을 넘어 鄒나라로 올 수 없었으니, 맹자를 몸소 만나러 오지 않았어도 괜찮았다. 儲子는 재상으로서 나라 안을 순행할 수 있었으나, 단지 멀리서 禮物만 보내왔으니 賢者를 존경하지 않았기 때문이다. 그러므로 答禮는 하셨으나, 그를 만나보지 않으셨던 것이다."라고 대답한 것이다.

【疏】 '孟子居鄒'至'平陸' ○ 正義曰：此章言君子交接, 動不違禮, 享見之儀, 亢答不差, 是以孟子或見或否, 各以其宜者也. '孟子居鄒'至'而不報', 言孟子居處鄒國, 季任爲任國居守者也. 以其任國之君朝會於隣國, 季任爲居守其國也. 季任爲居守, 以幣帛之禮以交孟子, 孟子受而不答. 孟子爲齊卿相之時, 居處於平陸, 齊之下邑. 儲子爲齊相, 以幣帛交孟子, 孟子亦受之而不答. '他日 由鄒之任'至'不見儲子', 言孟子異日自鄒之任國, 乃見其季子, 自平陸往齊國, 乃不見儲子. '屋廬子喜曰'至'爲相與', 屋廬子見孟子於此二人見與不見, 故喜而言曰"連於今日得間隙與夫子爲語矣." 故問孟子曰"夫子往任國乃見季子, 往齊國乃不見儲子, 是爲其儲子爲齊相, 故欲輕之歟." '曰非也'至'爲其不成享也', 孟子答之曰"非爲其爲相, 故不見而輕之耳. 以其尙書洛誥篇有云'享多儀', 言享見之禮多儀法也. 如儀不及享獻之物, 是曰不享. 以其無儀法, 雖有物以享之, 但亦如不享耳. 惟在上者, 不役使下之志於享也. 是以我不見儲子者, 爲其儀不及物, 不成享也, 我所以受之幣而不見答也." '屋廬子悅'至'得之平陸', 屋廬子已曉, 故聞孟子言而喜悅. 或人見屋廬子, 故問之曰"此洛誥云, 是何之謂." 屋廬子答之曰"季子以其守國, 故不得越境親至鄒國見孟子. 故但以幣交孟子, 孟子所以往而見答也. 儲子爲齊相, 得循行國中, 可以親至平陸見孟子. 然以不親見之, 但亦以幣交之, 是其不尊賢者也. 是所謂儀不及物, 爲不成享也, 孟子所以之齊, 故不見而答之也."

經의 〔孟子居鄒〕에서 〔平陸〕까지

○ 正義曰 : 이 장에서는 "君子가 交際할 때에 행동이 禮儀를 어기지 않으니, 폐백을 올리는 儀法에 따라 응답하는 것에 착오가 없다. 그러므로 맹자가 사람을 만나기도 하고 만나지 않기도 하는 것을 각기 마땅하게 하였던 것이다."라고 말하였다.

〔孟子居鄒〕에서 〔而不報〕까지

다음과 같은 내용이다. 맹자가 鄒나라에 거처할 때에, 季任은 任나라에 머물면서 國政을 지키고 있었다. 任나라의 군주가 이웃 나라에 조회하러 갔으므로 季任이 머물면서 나라를 지켜야 했기 때문이다. 季任이 임나라에 머물면서 지킬 때에 폐백을 올리는 禮法으로 맹자에게 交際하기를 청하자, 맹자는 폐백을 받고 답례하지 않았다. 맹자가 齊나라의 卿相이 되었을 때에는 齊나라의 下邑인 平陸에 거처하였다. 儲子가 齊나라의 재상이 되어 맹자에게 폐백을 보내 交際하기를 청하자, 맹자는 역시 폐백을 받고 답례하지 않았다.

〔他日 由鄒之任〕에서 〔不見儲子〕까지

맹자가 훗날 鄒나라에서 任나라로 가서 季子를 만났고, 平陸에서 齊나라로 가서는 儲子를 만나지 않았다고 말한 것이다.

〔屋廬子喜曰〕에서 〔爲相與〕까지

屋廬子가 맹자가 이 두 사람을 만난 것과 만나지 않은 것을 보았다. 이에 기뻐하면서 "내가 오늘 기회를 얻어 夫子와 대화를 나눌 수 있게 되었다."라고 말하고는, 맹자에게 "夫子께서 任나라로 가셔서는 季子를 만나보시고, 齊나라에 가셔서는 儲子를 만나보지 않으셨는데, 儲子가 재상이기 때문에 그를 경시하려고 그러신 것입니까?"라고 대답한 것이다.

〔曰非也〕에서 〔爲其不成享也〕까지

맹자가 "그가 재상이기 때문에 만나지 않고 경시한 것이 아니다. ≪尙書≫ 〈洛誥〉편에 '享에는 儀法이 많다.'라는 말이 있는데, 폐백을 올리는 禮儀에 儀法이 많다는 말이다. 만약 儀法이 올리는 禮物에 미치지 못하면 이를 '폐백의 禮儀를 갖추지 못했다.'라고 하니, 儀法이 없으면 비록 禮物로 폐백을 올리더라도 또한 폐백의 禮儀를 갖추지 못한 것과 같기 때문이다. 윗자리에 있는 사람이 아랫사람이 폐백을 올리는 데에 마음을 쓰게 하지 못하였다. 그러므로 내가 儲子를 만나지 않은 것은 儀法이 禮物에 미치지 못하여 폐백의 禮儀를 갖추지 못했기 때문이니, 이것이 내가 폐백을 받고서도 만나보지 않은 이유이다."라고 대답한 것이다.

〔屋廬子悅〕에서 〔得之平陸〕까지

屋廬子가 이미 깨달았으므로 맹자의 말을 듣고는 기뻐하였다. 어떤 사람이 屋廬子를 만나 "이 〈洛誥〉 편의 말은 무슨 의미입니까?"라고 물으니, 屋廬子가 "季子는 나라를 지키고 있었으므로 國境을 넘어 몸소 鄒나라로 와서 맹자를 만날 수 없었다. 그러므로 단지 폐백으로만 맹자에게 교제를 청하였으니, 맹자가 그 때문에 가서 만나보아 답하신 것이다. 儲子는 齊나라 재상으로서 나라 안을 순행할 수 있었으니, 몸소 平陸에 이르러 맹자를 만날 수 있었다. 하지만 몸소 만나러 오지 않고 다만 역시 폐백으로 교제를 청하였으니, 이는 賢者를 존경하지 않은 것이다. 이것이 이른바 '儀法이 禮物에 미치지 못하면 폐백의 禮儀를 갖추지 못한 것이다.'라는 것이니, 맹자가 그 때문에 제나라에 가서 일부러 만나지 않는 것으로 답한 것이다."라고 대답하였다.

【疏】 ○ 注'任 薛之同姓' ○ 正義曰：案魯隱公十一年左傳云"滕侯・薛侯來朝, 爭長. 公使羽父請於薛侯曰'周之宗盟, 異姓爲後. 寡人若朝於薛, 不敢與諸任齒.' 杜預云'薛, 任姓也. 齒, 列也', 是知薛與任爲同姓也.

○ 注의 〔任 薛之同姓〕

○ 正義曰：≪春秋左氏傳≫ 魯隱公 11년에 "滕侯와 薛侯가 와서 朝見하면서 儀典의 優位를 다투었다. 隱公이 羽父를 보내 薛侯에게 부탁하여 말하기를 '周나라가 주관하는 盟約에서는 異姓의 제후가 뒤가 됩니다. 과인이 만약 薛나라로 조견하러 간다면 여러 任姓 제후들과 감히 나란히 서지 않겠습니다."라고 하였다. 이에 대해 杜預는 "薛나라는 任姓이다. 齒는 나란함이다."라고 하였으니, 이를 통해 薛나라와 任나라가 同姓이라는 것을 알 수 있다.

【疏】 ○ 注'尚書洛誥篇云'. ○ 正義曰：此篇召公旣相宅, 周公往營成周, 使來告卜, 作此洛誥之篇也. 孔安國云"旣成洛邑, 將欲成王告以居洛之義也." 云'享多儀'至'惟不役志於享'者, 案安國傳云"奉上謂之享, 言奉上之道多威儀, 威儀不及於禮物, 惟曰'不奉上'. 人君惟不役志於奉上, 則凡人化之. 惟曰'不奉上矣'."

○ 注의 〔尙書洛誥篇云〕

○ 正義曰 : 이 편은, 召公이 땅을 살펴 정하고 周公이 成周로 가서 경영한 뒤에 使者를 보내와 점괘를 고하니, 〈그것을 바탕으로〉 이 〈洛誥〉 편을 지은 것이 그 유래이다. 孔安國은 "洛邑을 완성하고 나서 成王으로 하여금 洛邑에 거주하려는 뜻을 고하게 하고자 한 것이다."라고 하였다.

〔享多儀〕에서 〔惟不役志於享〕까지

孔安國의 傳에 "奉上하는 것을 '享'이라고 한다. '奉上하는 방법에 威儀가 많은데, 威儀가 禮物에 미치지 못하면 「奉上하지 않았다.」라고 한다. 임금이 奉上에 마음을 쓰지 않는다면, 일반 백성들이 그것에 물들어 「奉上할 필요가 없다.」라고 할 것이다.'라는 말이다."라고 하였다.

6. 淳于髡(곤)曰 先名實者는 爲人也요 後名實者는 自爲也니 夫子在三卿[1]之中하사 名實未加於上下而去之하시니 仁者도 固如此乎잇가

1) 三卿 : 上卿, 亞卿, 下卿을 가리킨다는 설과 相, 將, 客卿을 가리킨다는 설이 있다. 맹자는 客卿이었을 것으로 추정된다.

淳于髡이 말하였다. "명성과 업적을 중시하는 사람은 백성을 위하는 것이고, 명성과 업적을 경시하는 사람은 자신을 위하는 것입니다. 夫子께서는 三卿 가운데 한 자리에 계셨으나, 명성과 업적이 위아래에 베풀어지지 않은 상태에서 떠나셨으니, 仁者도 진실로 이렇게 합니까?"

【注】 淳于는 姓이오 髡은 名也니 齊之辨士라 名者는 有道德之名이오 實者는 治國惠民之功實也라 齊는 大國이니 有三卿이라 謂孟子嘗處此三卿之中矣하되 未聞名實이 下濟於民이오 上匡其君而速去之하니 仁者之道固當然邪아

淳于는 姓이고 髡은 이름이니, 齊나라의 辯士이다. 名이라는 것은 道德의 명성을 지닌 것이고 實이라는 것은 나라를 잘 다스리고 백성에게 은택을 베푼 업적이다. 齊나라는 大國이니 三卿이 있었다. "맹자가 일찍이 이 三卿 가운데 한 자리에 있었으나, 명성과 업적이 아래로 백성에게 베풀어지고 위로 군주를 바로잡았다는 소식이 아직 들리지도 않은 상황에서 齊나라를 바삐 떠났으니, 仁者의 道가 진실로 그러한가?"라고 말

한 것이다.

孟子曰 居下位하여 不以賢事不肖者는 伯夷也요 五就湯하며 五就桀者는 伊尹也요 不惡汙君하며 不辭小官者는 柳下惠也니 三子者는 不同道하나 其趨는 一也라

맹자가 말하였다. "아랫자리에 있으면서 賢者로서 불초한 군주를 섬기지 않은 사람은 伯夷였고, 다섯 번이나 湯王에게 나아가고 다섯 번이나 桀王에게 나아간 사람은 伊尹이었고, 無道한 군주를 싫어하지 않고 작은 관직도 사양하지 않은 사람은 柳下惠였습니다. 이 세 분은 道는 같지 않았으나, 그 지향은 하나였습니다.

【注】伊尹爲湯見貢於桀한대 〔桀〕[1]不用而歸湯하니 湯復貢之하여 如(何)〔此〕[2]者五라 思濟民하여 冀得施行其道也라 此三人은 雖異道나 所(屨)〔履〕[3]則一也라

1) 〔桀〕 : 저본에는 '桀'이 없으나, 廖本・孔本・韓本・考文古本에 의거하여 보충하였다.(阮元의 〈校勘記〉 참조)
2) (何)〔此〕 : 저본에는 '何'로 되어 있으나, 岳本・孔本・韓本에 의거하여 '此'로 바로잡았다.(阮元의 〈校勘記〉 참조)
3) (屨)〔履〕 : 저본에는 '屨'로 되어 있으나, 監本・毛本에 의거하여 '履'로 바로잡았다.(阮元의 〈校勘記〉 참조)

伊尹이 湯에 의해 桀에게 천거되었으나 桀이 쓰지 못하고 湯에게 돌려보내니, 湯이 다시 그를 천거하였는데, 그렇게 한 것이 다섯 번이었다. 伊尹은 백성을 구제할 것을 생각하여 道를 시행할 수 있기를 바랐다. 이 세 사람은 道는 비록 달랐으나, 실천한 것은 하나였다.

一者는 何也[1]잇고

1) 一者何也 : 趙岐와 孫奭은 이 구절을 淳于髡의 말로 풀이하였으나, 일반적으로 아래 구절과 아울러 모두 맹자의 말로 풀이한다.

淳于髡이 말하였다. "그 하나는 무엇입니까?"

【注】髡問一者는 何也잇고

淳于髡이 그 하나는 무엇인지 물은 것이다.

曰 仁也라 君子는 亦仁而已矣니 何必同이리오

맹자가 말하였다. "仁입니다. 君子는 또한 仁을 행할 뿐이니, 어찌 굳이 길이 같을 필요가 있겠습니까."

【注】孟子言君子進退行止未必同也니 趨於(屢)〔履〕[1]仁而已라 髡(爲)〔譏〕其速去이라 故로 引三子以喩意也라

1) (屢)〔履〕: 저본에는 '屢'로 되어 있으나, 監本·毛本에 의거하여 '履'로 바로잡았다. (阮元의 〈校勘記〉 참조)

2) (爲)〔譏〕: 저본에는 '爲'로 되어 있으나, 廖本·孔本·韓本·考文古本에 의거하여 '譏'로 바로잡았다.(阮元의 〈校勘記〉 참조)

맹자가 "君子가 나아가고 물러나고 움직이고 멈추는 것이 반드시 같지는 않으니, 仁을 실천하는 것을 지향할 뿐이다."라고 말한 것이다. 淳于髡이 맹자가 바삐 떠난 것을 비판하였으므로 세 사람을 인용하여 뜻을 표명한 것이다.

曰 魯繆公之時에 公儀子爲政하고 子柳子思爲臣이로되 魯之削也滋甚하니 若是乎면 賢者之無益於國也니이다

淳于髡이 말하였다. "魯 繆公 때에 公儀子가 國政을 맡고, 子柳와 子思가 신하로 있었는데도 魯나라의 영토가 침탈된 것이 더욱 심하였습니다. 이와 같다면, 賢者는 국가에 무익한 것입니다."

【注】髡曰 魯繆公時에 公儀休爲執政之卿하고 子柳-泄柳也라- 子思-孔子之孫伋也라- 二人爲師傅之臣이로되 不能救魯之見削奪하니 亡其土地者多라 若是면 賢者無所益於國家者니 何用賢爲리오

淳于髡이 "魯 繆公 때에 公儀休가 國政을 잡은 卿이고, 子柳와-泄柳이다- 子思-孔子의 손자인 伋이다.- 두 사람이 師傅를 맡은 신하로 있었는데도 魯나라가 침탈되는 것을 구

제하지 못하여 영토를 잃은 것이 많았다. 이와 같다면 賢者는 국가에 무익한 것이니, 어찌 賢者를 등용할 필요가 있겠는가."라고 말한 것이다.

曰 虞不用百里奚而亡하고 **秦繆公**이 **用之而霸**하니 **不用賢則亡**이니 **削**을 **何可得歟**리오

맹자가 말하였다. "虞나라는 百里奚를 등용하지 않아 망하였고, 秦 繆公은 그를 등용하여 霸業을 이루었습니다. 賢者를 쓰지 않으면 나라가 망하니, 어찌 영토가 침탈되는 정도에서 그치겠습니까."

【注】 孟子云 百里奚所去國亡하고 所在國霸하니 無賢이면 國亡이니 何但得削이리오 豈可不用賢也리오

맹자가 "百里奚가 떠난 나라는 망하였고, 있었던 나라는 霸業을 이루었다. 賢者가 없으면 나라가 망하니, 어찌 영토가 침탈되는 정도에서 그치겠는가. 그러니 어찌 賢者를 쓰지 않을 수 있겠는가."라고 말한 것이다.

曰 昔者에 **王豹處於淇**에 **而河西善謳**하고 **緜駒處於高唐**에 **而齊右善歌**하고 **華周杞梁之妻善哭其夫**에 **而變國俗**하니 **有諸內**면 **必形諸外**하나니 **爲其事而無其功者**를 **髡**이 **未嘗睹之也**로니 **是故**로 **無賢者也**니 **有則髡必識之**니이다

淳于髡이 말하였다. "옛날에 王豹가 淇水 가에 거주하자, 河西의 사람들이 노래를 잘 부르게 되었고, 緜駒가 高唐에 거주하자, 齊나라 서부 지역 사람들이 노래를 잘 부르게 되었고, 華周와 杞梁의 아내가 남편의 喪에 哭을 잘하자, 나라의 풍속을 변화시켰습니다. 내면에 능력을 지니고 있으면 반드시 밖으로 드러나는 법이니, 어떤 일을 하고도 功效가 없는 경우를 저는 본 적이 없습니다. 그러므로 지금 세상에는 賢者가 없는 것이니, 있다면 제가 반드시 알았을 것입니다."

【注】 王豹는 衛之善謳者라 淇는 水名이라 衛詩竹竿之篇에 〔曰〕[1] 泉源在左요 淇水在右라하고 碩人之篇에 曰 河水洋洋하여 北流活活이라하니 衛地는 濱於淇水하여 在北流河之西라 故로 曰 處淇水而河西善謳라하니 所謂鄭衛之聲也라 緜駒도 善歌者也라 高唐은 齊西邑이니 緜

駒處之라 故로 曰 齊右善歌라 華周는 華旋也요 杞梁은 杞殖也라 二人은 齊大夫니 死於戎事者라 其妻哭之哀러니 城爲之崩하고 國俗化之하니 則效其哭이라 髡曰 如是歌哭者도 尙能變俗하니 有中이면 則見外라 爲之而無功者를 髡不聞也라 有功이라야 乃爲賢者니 不見其功이라 故로 謂之無賢者也니 如有之면 則髡必識之矣니이다

1) 〔曰〕: 저본에는 '曰'이 없으나, 廖本·孔本·韓本·考文古本에 의거하여 보충하였다.(阮元의 〈校勘記〉 참조)

王豹는 衛나라에서 노래를 잘 부르는 사람이다. 淇는 물의 이름이다. 衛詩 〈竹竿〉편에 "泉源은 왼쪽에 있고, 淇水는 오른쪽에 있네."라고 하였고, 〈碩人〉 편에 "河水가 넘실넘실 흘러, 북쪽으로 콸콸 흘러가네."라고 하였으니, 衛나라 땅은 淇水에 접해 있으면서 북쪽으로 흐르는 河水의 서쪽에 있는 것이다. 그러므로 "淇水에 거처하자 西河 사람들이 노래를 잘하게 되었다."라고 한 것이니, 이른바 "鄭나라와 衛나라의 음악"이라는 것이다. 緜駒도 노래를 잘하는 사람이다. 高唐은 齊나라 서쪽의 邑이니, 緜駒가 거기에 거처하였다. 그러므로 "齊나라의 서부 지역이 노래를 잘하게 되었다."라고 한 것이다. 華周는 華旋이고, 杞梁은 杞殖이다. 두 사람은 齊나라 大夫이니 전쟁에서 전사한 사람들이다. 그들의 아내들이 구슬프게 哭하자 城이 그로 인해 무너지고 나라의 풍속이 감화되니, 사람들이 그들의 哭을 본받았다. 淳于髡이 "이처럼 노래와 哭을 잘한 사람도 오히려 풍속을 변화시켰으니, 내면에 지니고 있으면 외면에 드러나는 법이다. 어떤 일을 해서 功效가 없는 경우를 나는 들어보지 못했다. 功效가 있어야 賢者가 되는 것이니, 그 功效를 보지 못하였으므로 賢者가 없다고 하는 것이다. 만약 賢者가 있다면 내가 반드시 알았을 것이다."라고 말한 것이다.

曰 孔子爲魯司寇러시니 不用하고 從而祭에 燔肉이 不至어늘 不稅(탈)冕而行하시니 不知者는 以爲爲肉也라하고 其知者는 以爲爲無禮也라하니 乃孔子則欲以微罪行하사 不欲爲苟去하시니 君子之所爲를 衆人이 固不識也니라

맹자가 말하였다. "孔子께서 魯나라의 司寇가 되셨으나 그 道가 쓰이지 않았고, 임금을 따라 제사를 지낸 뒤에 제사 고기가 이르지 않자 면류관을 벗지도 않고 魯나라를 떠나셨습니다. 孔子를 모르는 자들은 제사 고기 때문에 떠났다고 하고, 孔子를 아는 자들은 〈임금이〉 무례했기 때문에 떠났다고 합니다. 하지만

孔子께서는 〈자신의〉 작은 죄를 구실로 떠나려고 하시면서 구차하게 떠나고 싶지는 않으셨던 것입니다. 이처럼 君子가 하는 행동을 보통사람은 본래 알 수 없는 것입니다.”

【注】 孟子言孔子爲魯賢臣이러시니 不用하고-不能用其道也라- 從魯君而祭於宗廟에 當賜大夫以胙로되 燔肉不至어늘-膊炙者爲燔이니 詩云 燔炙芬芬이라- 反歸其舍하사 未及稅冕而行하사 出適他國하시니 不知者는 以爲不得燔肉而慍也라하고 知者는 以爲爲君無禮하여 乃欲以微罪行라하다 燔肉不至我黨하니 從祭之禮不備하여 有微罪乎인저하시니 乃聖人之妙旨라 不欲爲는 誠欲急去也라 衆人固不識君子之所爲는 謂髡不能知賢者之志也라

맹자가 “孔子께서 魯나라의 賢臣이 되셨으나 쓰이지 못하였고,-道가 쓰이지 못한 것이다.- 魯나라 임금을 따라 宗廟에 제사를 지냈을 때에 大夫에게 제사 고기가 하사되어야 하는데도 제사 고기가 이르지 않자,-脯를 구운 것이 燔이니, ≪詩≫에 ‘구운 고기가 향기롭네.’라고 한 것이다.- 집으로 돌아와 면류관을 벗지도 않고 다른 나라로 떠나셨다. 孔子를 모르는 자들은 제사 고기를 받지 못해 화가 났다고 하고, 孔子를 아는 자들은 임금이 무례했기 때문에 孔子가 작은 죄를 구실로 떠났다고 한다. 〈하지만 孔子께서는〉 ‘제사 고기가 우리들에게 이르지 않았으니, 이는 우리가 임금을 수행하여 제사를 지낼 때에 禮를 갖추지 못하여 작은 죄를 지었기 때문이리라.’라고 여기신 것이니, 이것이 바로 聖人의 은미한 뜻이다.”라고 말한 것이다. 구차하게 떠나고 싶지 않았다는 것은 진실로 급히 떠나고 싶었다는 것이다. 보통사람은 본래 君子가 하는 행동을 알 수 없다는 것은 淳于髡이 賢者의 뜻을 알지 못한다는 의미이다.

【疏】 ‘淳于’至‘不識也’ ○ 正義曰：此章言見機而作，不俟終日，孔子將行，冕不及稅. 庸人不識，課以功實. 淳于雖辨，終亦屈服，正者勝也. ‘淳于髡曰’至‘固如是乎’，淳于髡，齊國之辨士也. 淳于髡問孟子曰“先名實者，爲人也，後名實者，自爲也.” 言名生於實者也，有功利之實，斯有功利之名. 進而治國濟民，則名利在所先，故先名實者爲人. 退而獨善其身，則功利在所後，故後名實者爲自爲. “今夫子嘗處於三卿之中，而名實未加及於上下而去之，仁人固肯如是乎.” 髡之意以爲仁人必不如是也，故以此譏之. 蓋名實未加於上下，以其上無以輔佐君而治國，下無以惠澤而濟於民也. ‘孟子曰’至‘其趨〔一〕[1]也’者，孟子乃答曰“居臣下之位，不肯以賢而奉事不肖者，是伯夷也，所謂‘伯夷非其君不事'是矣. 五就於湯, 五就於桀者, 是伊尹也, 所謂'何事非君, 治亦進, 亂亦進'是矣. 不恥惡汙君, 不辭小官者, 謂柳下惠也, 所謂'爾爲爾, 我爲我, 爾焉能浼我哉. 阨窮而不憫, 遺佚而不怨'是矣. 此三子者, 雖進退之道不同, 然其所履則一而已." '一者 何也', 髡又問孟子所謂其趨一者是何也. '曰 仁也 君子亦仁而已矣 何必同', 孟子又答曰"其一者, 是一於仁也." 言三子進退行止皆一於仁也. 伯夷之仁, 則見於必退以爲淸, 伊尹之仁, 則見於必進而爲任, 下惠之仁, 則見於不必進亦不必退而爲和. 如此, 則君子進退行止, 亦履仁而已, 何用同其進退行止然後爲仁也. 孟子所以引此三子而喩者, 蓋謂之去齊是亦伯夷之淸者也, 是亦有仁而已, 故以是答淳于髡. '曰 魯繆公之時 公儀子爲政'至'無益於國也', 髡又曰"魯繆公之時, 公儀休爲執政之卿, 泄柳・孔伋爲師傅之臣, 而魯國爲敵國所侵削益甚. 如此, 是賢者不能拯救之, 是賢者無所益於國家也." '曰 虞不用百里奚而亡'至'何可得歟'者, 孟子又答之曰"虞君不能信用百里奚而亡其國, 秦繆公任用之而得爲霸. 是則不能用賢則國亡矣, 何特止於見削歟." 故曰"削何可得歟." 蓋百里奚知虞公之不可諫而去之秦, 而穆公釋其囚, 授之以國政, 號曰五羖大夫, 是其事也. 又說於萬章首卷之末詳矣. '曰 昔者王豹處於淇上'至'識之'者, 髡又曰"往日衛之善謳詠者王豹居於淇水, 而(西河)〔河西〕[2]之人皆善謳, 齊之善謳詠者綿駒居於高唐, 而齊右之人皆能善歌. 凡此是皆以謳相尙故然也. 齊之二大夫華周・杞梁皆死於戎事, 其二人妻哭哀, 城爲之崩, 國俗化之, 而皆效其哭, 是以如此歌哭者尙能變化其俗, 則有諸中必見於外. 如無其功者, 髡未曾見之也. 如此是故無賢者也, 有賢者則髡必知之矣." 淳于髡所以又言之此者, 以其不知繆公不能師公儀休・泄柳・子思三子之道, 徒疑之以爲不賢, 又以此明孟子名實未加於上下而去之亦若是矣. 故引而言之, 復譏於孟子. 淇水・河西・高唐・齊右, 皆地名也. '曰孔子爲魯司寇'至'衆人固不識也', 孟子又答曰"孔子嘗爲魯國司寇之官, 不得用其道, 從魯君祭於宗廟, 當賜大夫以胙, 燔肉且不至孔子. 孔子遂反歸其舍, 未及脫祭祀之冕而適他國. 不知孔子者, 以謂孔子不得燔肉, 故爲此而行也, 其知孔子者, 以謂爲君無禮, 乃欲以微罪行. 微罪, 以其孔子爲司寇大夫之官, 凡有祭, 則大夫之黨(黨)〔當〕[3]從君祭, 旣從祭之, 禮有不備, 所以有罪矣. 然則君子之所爲者, 庸衆之人固不能識而知也." 孟子言此者, 又有以譏誚髡也, 意謂吾之去齊, 是亦君子之道也, 豈淳于髡所識也.

1)〔一〕: 저본에는 '一'이 없으나, 閩本・監本・毛本에 의거하여 보충하였다.(阮元의 〈校

勘記〉 참조)

2) (西河)〔河西〕 : 저본에는 '西河'로 되어 있으나, 經文과 四庫全書本에 의거하여 '河西'로 바로잡았다.

3) (黨)〔當〕 : 저본에는 '黨'으로 되어 있으나, 監本·毛本에 의거하여 '當'으로 바로잡았다.(阮元의 〈校勘記〉 참조)

經의 〔淳于〕에서 〔不識也〕까지

○ 正義曰 : 이 장에서는 "機微를 보고 움직일 때에는 하루가 다 가기를 기다리지 않는 법이다. 孔子께서 떠나실 때 면류관도 벗지 않으셨는데, 보통사람은 그 뜻을 알지 못하고 功績을 따진다. 淳于髡이 비록 변론하였으나 끝내 또한 굴복하였으니, 바른 것이 이긴 것이다."라고 말하였다.

〔淳于髡曰〕에서 〔固如是乎〕까지

淳于髡은 齊나라의 辯士이다. 淳于髡이 맹자에게 "명성과 업적을 중시하는 사람은 백성을 위하는 것이고, 명성과 업적을 경시하는 사람은 자신을 위하는 것이다."라고 한 것이니, 이는 "명성은 업적에서 나오니, 功利의 실제가 있으면 功利의 명성이 있게 된다. 세상에 나아가 나라를 다스리고 백성을 구제하면 名利를 중시하게 되므로 명성과 업적을 중시하는 사람은 백성을 위하는 것이다. 세상에서 물러나 홀로 자신을 수양하면 功利를 경시하게 되므로 명성과 업적을 경시하는 사람은 자신을 위하는 것이다."라는 말이다. 또 "지금 夫子께서는 三卿 가운데 한 자리에 계셨으나, 명성과 업적이 위아래에 베풀어지지 않은 상태에서 떠나셨으니, 어진 사람도 진실로 이렇게 하고자 하는가?"라고 물은 것이니, 淳于髡의 뜻은 어진 사람은 반드시 이렇지 않을 것이라고 여긴 것이다. 그래서 이것으로 비판한 것이다. 명성과 업적이 위아래에 베풀어지지 않은 것은, 위로는 군주를 보좌하여 나라를 다스리는 일이 없었고 아래로는 혜택을 베풀어 백성을 구제하는 일이 없었기 때문이다.

〔孟子曰〕에서 〔其趨一也〕까지

맹자가 이에 "신하의 자리에 있으면서 자신의 현명함으로 不肖한 군주를 섬기지 않은 사람은 伯夷였으니, 이른바 '伯夷는 자신이 좋아하는 임금이 아니면 섬기지 않았다.'라는 것이 이것이다. 다섯 번이나 湯王에게 나아가고 다섯 번이나 桀王에게 나아간 사람은 伊尹이었으니, 이른바 '누구를 섬긴들 임금이 아닌가. 다스려져도 나아가고 어지러워도 나아갔다.'라는 것이 이것이다. 無道한 군주를 부끄러워하거나 싫어하지 않고 작은 관직도 사양하지 않은 사람은 柳下惠였으니, 이른바 '너고 나는 나다. 네가 어찌 나를 더럽힐 수 있겠느냐. 곤란을 당해도 근심하지 않았고, 버림을 받아도 원망하지 않았다.'라는 것이 이것이다. 이 세 분은 비록 세상에 나아가거나 세상에서 물러난 道는 같지 않았으나, 실천한 것은 하나였다."라고 대답한 것이다.

〔一者 何也〕 淳于髡이 다시 맹자가 "그 지향은 하나였다."라고 한 말이 무슨 의미인지 물은 것이다.

〔曰 仁也 君子亦仁而已矣 何必同〕 맹자가 다시 "그 하나라는 것은 仁의 관점에서 동일하다는 것이다."라고 답한 것이다. 이는 다음과 같은 의미이다. 세 분이 나아가고 물러나고 움직이고 멈춘 것은 모두 仁의 관점에서 동일하다. 伯夷의 仁은 반드시 물러나는 것을 청렴하다고 여기는 것에서 드러났고, 伊尹의 仁은 반드시 나아가 임무를 행하는 것에서 드러났으며, 柳下惠의 仁은 나아가는 것을 기필하지 않고 또 물러나는 것을 기필하지 않으면서 조화로움을 행하는 것에서 드러났다. 이와 같다면 君子가 나아가고 물러나고 움직이고 멈추는 것도 仁을 실천하는 것일 뿐이니, 어찌 나아가고 물러나고 움직이고 멈추는 것을 똑같이 한 뒤에야 仁을 실천하는 것이겠는가. 맹자가 이 세 분을 인용하여 깨우쳐준 까닭은 "齊나라를 떠난 것도 伯夷의 청렴함과 같은 것이니, 나의 이 행동도 仁을 내포하고 있다."라고 여겼기 때문이다. 그러므로 이 말로 淳于髡에게 대답하였던 것이다.

〔曰 魯繆公之時 公儀子爲政〕에서 〔無益於國也〕까지

淳于髡이 다시 "魯 繆公 때에 公儀休가 國政을 잡은 卿이고, 泄柳와 孔伋이 師傅를 맡은 신하로 있었는데도 魯나라가 敵國에 침탈된 것이 더욱 심하였다. 이와 같다면, 賢者는 그것을 구제하지 못하는 것이며, 賢者는 국가에 무익한 것이다."라고 말한 것이다.

〔曰 虞不用百里奚而亡〕에서 〔何可得歟〕까지

맹자가 다시 "虞나라 임금은 百里奚를 믿고 쓰지 않아 나라를 망하게 하였고, 秦 繆公은 그를 임용하여 霸業을 이루었다. 그렇다면 賢者를 쓰지 않으면 나라가 망하는 것이니, 어찌 다만 영토가 침탈되는 정도에서 그치겠는가."라고 대답한 것이다. 그러므로 "어찌 영토가 침탈되는 정도에서 그치겠는가."라고 말한 것이다. 百里奚가 虞公에게 諫할 수 없다는 것을 알고서 虞나라를 떠나 秦나라로 가자, 繆公이 갇혀 있던 그를 풀어준 뒤에 國政을 맡기고는 '五羖大夫'라고 불렀으니, 바로 이 일이다. 또한 〈萬章〉 首卷의 말미에 설명이 자세하다.

〔曰昔者王豹處於淇上〕에서 〔識之〕까지

淳于髡이 다시 "옛날에 衛나라에서 노래를 잘 부르던 사람인 王豹가 淇水 가에 거주하자, 河西의 사람들이 모두 노래를 잘 부르게 되었고, 齊나라에서 노래를 잘 부르던 사람인 綿駒가 高唐에 거주하자, 齊나라 서부 지역 사람들이 모두 노래를 잘 부르게 되었다. 무릇 이것은 모두 노래 잘 부르는 것을 서로 추앙하였기 때문에 그렇게 된 것이다. 齊나라의 두 大夫인 華周와 杞梁은 모두 전쟁에서 죽었는데, 이 두 사람의 아내가 哭하는 소리가 슬퍼서 그로 인해 城이 무너졌으며 나라의 풍속이 감화되어 모두 그들이 哭하는 것을 본받았다. 그러므로 이렇게 노래를 잘 부르고 哭을 잘하는 사람들조차도 풍속을 능히 변화시킬 수 있으니, 내면에 지니고 있으면 반드시 외면으로 드러나는 것이다. 〈어떤 일을 하고도〉 功效가 없는 경우를 나는 본 적이 없다. 이러한 까닭에 〈세상에〉 賢者가 없는 것이니, 賢者가 있다면 내가 반드시 알았을 것이다."라고 말한 것이다. 淳于髡이 이렇게 말한 까닭은, 그가 繆公이 公儀休, 泄柳, 子思 세 분의 道를 제대로 배우지 못한 채 공연히 그들을 의심하여 어질지 못하다고 여겼던 사실을 알지 못하는 상황에서, 또한 이 말로써 맹자가 명성과 업적이 위아래에 베풀어지기도 전에 떠난 것도 이와 같은 경우임을 밝히려고 했기 때문이다. 그래서 이 고사를 인용해 말함으로써 맹자를 다시 꾸짖었던 것이다. 淇水, 河西, 高唐, 齊右는 모두 지명이다.

〔曰孔子爲魯司寇〕에서 〔衆人固不識也〕까지

맹자가 다시 "孔子가 일찍이 魯나라의 司寇가 되었으나 그 道가 쓰이지 않았고, 魯나라 임금을 수행하여 宗廟에 제사를 지낸 뒤에는 마땅히 大夫에게 제사 고기가 하사되어야 했는데, 제사 고기도 孔子에게 이르지 않았다. 孔子는 마침내 집으로 돌아와 제사 지낼 때 썼던 면류관을 벗지도 않고 다른 나라로 떠났다. 孔子를 모르는 자들은 孔子가 제사 고기를 얻지 못하였기 때문에 이로 인해 떠났다고 하고, 孔子를 아는 자들은 임금이 무례했기 때문에 작은 죄를 구실로 떠나고자 했다고 한다. 작은 죄라는 것은, 孔子가 大夫의 관직인 司寇가 되었을 때에 무릇 제사가 있으면 大夫의 무리가 임금을 수행하여 제사를 지내야 했는데, 임금을 수행하여 제사를 지내면서 禮를 갖추지 못한 점이 있어 죄를 짓게 되었던 것이다. 그러니 君子가 하는 행동을 보통사람은 본래 알 수 없는 것이다."라고 말한 것이다. 맹자가 이렇게 말한 것은 다시 淳于髡을 꾸짖는 것이었으니, "내가 齊나라를 떠난 것도 君子의 道이니, 어찌 淳于髡이 알 수 있는 것이겠는가."라는 의미이다.

【疏】○ 注'淳于髡'至'然也' ○ 正義曰：案史記列傳云"淳于髡者，齊之贅婿也．長不滿七尺，滑稽多辨，數使諸侯，未嘗屈辱．齊威之時喜隱，好爲淫樂長夜之飮酒，不治，委政於卿大夫．百官荒亂，諸侯竝侵，國且危之，左右莫敢諫．淳于髡曰'國中有大鳥[1)]'"云云．文恐煩，更不具述．

1) 國中有大鳥：이해를 돕기 위해 이어지는 내용을 소개하면 다음과 같다. "淳于髡이 '나라 안에 큰 새가 있습니다. 대궐 뜰에 머물면서 3년 동안 날지도 않고 울지도 않는데, 왕께서는 이 새가 무슨 새인 줄 아십니까?〔國中有大鳥 止王之庭 三年不蜚 又不鳴 王知此鳥何也〕'라고 하자, 威王이 '이 새는 날지 않으면 날지 않았지 한번 날면 하늘 높이 날아오르고, 울지 않으면 울지 않았지 한번 울면 사람들을 놀라게 한다.〔此鳥不飛則已 一飛沖天 不鳴則已 一鳴驚人〕'라고 대답하였다. 그리고는 바로 齊나라 境內 각 縣의 우두머리 72인을 조회하게 하여 1명에게는 상을 내리고 1명은 誅罰하였으며, 군사를 일으켜 출병하니 제후들이 놀라서 모두 침탈했던 齊나라 땅을 돌려주었다." (≪史記≫ 〈滑稽列傳〉)

○ 注의 〔淳于髡〕에서 〔然也〕까지

○ 正義曰：≪史記≫ 〈滑稽列傳〉에 "淳于髡이라는 사람은 齊나라의 데릴사위였다. 신장이 7척이 못되었으나, 말이 유창하고 언변이 좋아 여러 차례 제후국에 사신을 갔어도 굴욕을 당한 적이 없었다. 齊 威王 때에 威王은 隱語를 좋아하고 음란하게 놀면서 밤새도록 술 마시는 것을 즐겨서 國政을 다스리지 않고 政事를 卿大夫에게 맡겼다. 百官들이 문란해지자 제후들이 모두 침입하여 나라가 위태롭게 되었는데도 좌우의 신하들이 감히 諫하지 못하였다. 淳于髡이 〈威王에게〉 '나라 안에 큰 새가 있습니다.……'"라고 하였다. 글이 번다해질까 두려워 다시 갖추어 적지 않는다.

【疏】○ 注'髡曰魯繆公'至'賢爲' ○ 正義曰：云'公儀休爲執政之卿'者，案史記云"公儀休，魯博士．以高弟爲魯相，奉法循理，無所變更，百官自正．使食祿者不得與下民爭利，受大者不得取小．" 漢書曰："公儀子相魯，之其家見織帛，怒而出其妻，〔食〕[1)]於舍而茹葵，慍而拔其葵，曰'吾以食祿，又奪園夫・織女利乎．'" 是公儀休執政之事也．云'子柳 泄柳也'，檀弓云"子柳"，[2)] 鄭注云"子柳，魯(敬)〔叔〕[2)]仲皮之子，子碩兄也．" '子思 孔伋'，已說於前矣．

1)〔食〕: 저본에는 '食'이 없으나, ≪漢書≫ 〈董仲舒傳〉에 의거하여 보충하였다.
2) 檀弓云子柳 : ≪禮記≫ 〈檀弓 上〉에 "子柳의 모친이 죽자, 子碩이 葬禮 용품을 장만할 것을 청하였다. 子柳가 '무엇을 가지고 장만하려는가?'라고 하니, 子碩이 '庶弟의 어미를 팔겠습니다.'라고 하였다. 그러자 子柳가 '어떻게 남의 모친을 팔아서 자기 모친의 장례를 치른단 말이냐. 안 된다.'라고 하였다. 장례를 치른 뒤에 子碩이 쓰고 남은 賻儀를 가지고 祭器를 장만하려고 하니, 子柳가 '안 된다. 나는, 君子는 喪事로 인해 家財를 마련하지 않는다고 들었다. 여러 형제들 중에 가난한 이에게 나누어 주도록 하라.'라고 하였다.〔子柳之母死 子碩請具 子柳曰 何以哉 子碩曰 請粥庶弟之母 子柳曰 '如之何其粥人之母以葬其母也 不可 旣葬 子碩欲以賻布之餘具祭器 子柳曰 不可 吾聞之也 君子不家於喪 請班諸兄弟之貧者〕"라고 한 것을 가리킨다.
3)(敬)〔叔〕: 저본에는 '敬'으로 되어 있으나, ≪禮記注疏≫ 〈檀弓 上〉에 의거하여 '叔'으로 바로잡았다.

○ 注의 〔淳于髡〕에서 〔然也〕까지

○ 正義曰 : 〔公儀休爲執政之卿〕 ≪史記≫ 〈循吏列傳〉을 상고하니 "公儀休는 魯나라 博士이다. 뛰어난 공적으로 魯나라 재상이 되었다. 법령을 준수하고 도리를 좇아 옛 법도를 변경하지 않으니 百官이 저절로 바르게 되었다. 祿을 먹는 관리가 下民들과 이익을 다투지 않게 하였으며, 큰 이익을 얻는 자들이 작은 이익을 취하지 못하게 하였다."라고 하였다. ≪漢書≫ 〈董仲舒傳〉을 상고하니 "公儀子가 魯나라 재상이 되었을 때, 집에 가서 비단을 짜는 것을 보고 노하여 아내를 내쫓았고, 집에서 밥을 먹을 때 아욱을 먹게 되자 화가 나서 아욱을 뽑아버리고 말하기를 '내가 祿을 먹으면서 어찌 다시 농부와 베 짜는 아낙의 이익을 빼앗겠느냐.' 하였다."라고 하였다. 이것이 公儀休가 정권을 잡았을 때의 일이다.

〔子柳 泄柳也〕 ≪禮記≫ 〈檀弓〉에 "子柳"라고 하였는데, 鄭玄의 注에 "子柳는 魯나라 叔仲皮의 아들이자 子碩의 형이다."라고 하였다.

〔子思 孔伋〕 앞에서 이미 설명하였다.

【疏】 ○ 注'孟子云百里奚去國'至'賢也' ○ 正義曰 : 云'百里奚所去國亡 所在國霸'者, 卽經所謂"知虞之將亡而先去之", "相秦而霸其君"[1)]是也. 云'何但得削'者, 如楊子云"或人問魯用儒而削, 雄曰'魯不用眞儒故也, 如用眞儒, 無敵於天下, 安得削'", 亦是意也.

1) 知虞之將亡而先去之 相秦而霸其君 : 본서 〈萬章 上〉에 "虞公이 장차 망할 것을 알고 먼저 그곳을 떠났으니, 지혜롭지 않다고 할 수 없다. 그 당시 秦나라에 등용되어 穆公

이 큰일을 함께 할 수 있는 인물임을 알고 도왔으니, 지혜롭지 않다고 할 수 있겠는가. 秦나라를 도와 그 임금을 천하에 드러내어 후세에까지 전해지게 하였으니, 현명하지 않고서야 그렇게 할 수 있었겠는가.〔知虞公之將亡而先去之 不可謂不智也 時擧於秦 知穆公之可與有行也而相之 可謂不智乎 相秦而顯其君於天下 可傳於後世 不賢而能之乎〕"라고 한 것을 가리킨다.

○ 注의 〔孟子云百里奚去國〕에서 〔賢也〕까지

○ 正義曰：〔百里奚所去國亡 所在國霸〕 經文에서 이른바 "虞가 장차 망할 것을 알고 먼저 그곳을 떠났다."라고 한 것과 "秦나라를 도와 그 임금을 霸者로 만들었다."라고 한 것이 이것이다.

〔何但得削〕 ≪揚子法言≫에 "或者가 魯나라가 儒者를 등용했으면서도 영토가 침탈된 이유를 묻자, 揚雄이 말하기를 '魯나라가 진짜 儒者를 등용하지 않았기 때문이다. 만약 진짜 儒者를 등용하였다면 천하에 적수가 없었을 것이니, 어찌 영토가 침탈되었겠는가.' 하였다."라고 한 것도 이러한 의미이다.

【疏】 ○ 注'王豹 衛之善謳'至'知之' ○ 正義曰：'王豹 衛之善謳'者, 注案衛詩, 以淇水在衛地. 說文云"淇水出河內(其)〔共〕[1]北山, 東入河." 又晉世家云"晉西有河西, 與秦接境, 北邊翟, 東至河內"是也. 竹竿・碩人, 皆衛國之詩也. 云'高唐 齊西邑', 案齊莊公元年, 晉伐齊, 至高唐, 杜氏曰"高唐在祝阿縣西北"是也. 云'華周 華旋也 杞梁 杞殖也', 二人, 齊大夫. 案魯襄公二十三年"齊莊公旋自晉, 不入, 遂襲莒. 杞梁・華旋載甲, 夜入宿於莒郊. 明日, 先遇莒子於蒲侯氏." 杜注云"近莒之邑也." "莒子重賂之, 使無死, 曰'請有盟.' 華周對曰'貪貨棄命, 亦君所惡也. 昏而受命, 日未中而棄之, 何以事君.' 莒子親鼓之, 從而伐之, 獲杞梁. 莒人行成. 齊侯歸, 〔遇〕[2]杞梁之妻於郊. 使吊之, 辭曰'殖之有罪, 何辱命焉. 若免於罪, 猶有先人之敝廬在, 下妾不得與郊吊.' 齊侯吊諸室." 杜注云"杞梁, 杞殖也. 華周卽華旋也." 或云"齊莊公襲莒, 逐而死, 其妻孟姜向城而哭, 城爲之崩."

1) (其)〔共〕: 저본에는 '其'로 되어 있으나, ≪說文解字≫에 의거하여 '共'으로 바로잡았다.
2) 〔遇〕: 저본에는 '遇'가 없으나, ≪春秋左氏傳≫ 襄公 23년에 의거하여 보충하였다.

○ 注의 〔王豹 衛之善謳〕에서 〔知之〕까지

○ 正義曰：〔王豹 衛之善謳〕 注에서 ≪詩經≫의 衛詩를 상고한 것은 淇水가 衛나라

땅에 있기 때문이다. ≪說文解字≫에 "淇水는 河內 共縣의 北山에서 발원하여 동쪽으로 河水에 흘러든다."라고 하였으며, 또한 ≪史記≫ 〈晉世家〉에 "晉나라는 서쪽으로 河西를 차지하여 秦나라와 국경을 접했고, 북쪽으로는 翟까지 이르고, 동쪽으로는 河內에 이르렀다."라고 한 것이 이것이다. 〈竹竿〉과 〈碩人〉은 모두 衛나라의 시이다.

〔高唐 齊西邑〕 상고해보니 齊 莊公 원년에 晉나라가 齊나라를 정벌하여 高唐에 이른 것에 대해 杜預가 "高唐은 祝阿縣 서북쪽에 있다."라고 한 것이 이것이다.

〔華周 華旋也 杞梁 杞殖也〕 두 사람은 齊나라 大夫이다. 상고해보니 ≪春秋左氏傳≫ 魯 襄公 23년에 "齊 莊公이 晉나라에서 돌아와 國都로 들어가지 않고 드디어 莒나라를 襲擊하였다. 杞殖과 華旋이 수레에 甲士를 싣고 와서 밤에 莒나라의 郊外에서 宿營하였다. 이튿날 杞殖과 華旋이 先發隊로 가다가 蒲侯氏에서 莒子를 만났다."라고 하였는데, 杜預의 注에 "〈蒲侯氏는〉 莒의 都城에서 가까운 邑이다."라고 하였다. 또 "莒子가 이들에게 많은 뇌물을 주고 戰鬪하지 말게 하며 '結盟하기를 청한다.'라고 하자, 華周가 대답하기를 '財物을 貪하여 임금의 命을 저버리는 것은 莒君께서도 싫어하실 것입니다. 저녁에 命을 받고 다음날 正午도 되기 전에 그 命을 저버린다면 어떻게 임금을 섬길 수 있겠습니까.' 하였다. 莒子가 직접 북을 치며 그들을 追擊하여 杞梁을 잡아 죽였다. 莒人이 齊나라와 和親하였다. 齊侯가 돌아오다가 杞梁의 아내를 郊外에서 만났다. 齊侯가 사람을 보내어 弔問하니, 杞梁의 아내가 사양하며 말하기를 '杞殖에게 罪가 있다면 어찌 감히 임금님의 弔問을 받겠습니까. 만약 罪가 없다면 先人의 낡은 집이 있으니 賤妾은 郊外에서 弔問을 받을 수 없습니다.' 하였다. 齊侯가 그 집으로 가서 弔喪하였다."라고 하였는데, 杜預의 注에 "杞梁은 杞殖이다. 周華는 周旋이다."라고 하였다. 혹자는 "齊 莊公이 莒를 습격했을 때에 〈杞梁이〉 적을 추격하다가 전사하자, 그 아내 孟姜이 城을 향해 哭하니 城이 그로 인해 무너졌다."라고 하였다.

【疏】 ○ 注'孔子爲魯賢臣　從魯君而祭於宗廟　燔肉不至者' ○ 正義曰：案孔子世家云"魯定九年, 孔子爲中都宰, 一年四方皆則之. 由中都宰爲司空, 由司空爲大司寇. 定公十三年, 季氏將墮費. 十四年, 孔子由大司寇攝行相事, 有喜色. 門人〔曰〕[1]'聞君子禍至不懼, 福至不喜.' 孔子曰'有是言也.' 於是誅大夫亂政者少正卯. 齊人歸女樂, 定公有怠政事. 子路曰'夫子可以行矣.' 孔子曰'魯今且郊, 如致燔於大夫, 則吾猶可止.' 於是不致燔俎於大夫, 孔子遂行, 宿於(此)〔屯〕.[2]-(此)〔屯〕,[3] 魯國之南地也. 王肅曰"燔, 祭肉也."- 孔子因適衛矣."

1)〔曰〕: 저본에는 '曰'이 없으나, ≪史記≫ 〈孔子世家〉에 의거하여 보충하였다.
2) (此)〔乇〕: 저본에는 '此'로 되어 있으나, 監本 · 毛本 · 四庫全書本 및 ≪史記≫ 〈孔子世家〉에 의거하여 '乇'으로 바로잡았다.(阮元의 〈校勘記〉 참조)
3) (此)〔乇〕: 저본에는 '此'로 되어 있으나, 監本 · 毛本 · 四庫全書本에 의거하여 '乇'으로 바로잡았다.(阮元의 〈校勘記〉 참조)

○ 注의 〔孔子爲魯賢臣 從魯君而祭於宗廟 燔肉不至者〕

○ 正義曰 : ≪史記≫ 〈孔子世家〉를 상고하니 "魯 定公 9년에 孔子가 中都의 邑宰가 되었는데, 1년 만에 四方에서 모두 그를 본받았다. 中都의 邑宰에서 司空이 되었으며, 司空에서 大司寇가 되었다. 定公 13년에 季氏가 費邑의 성벽을 허물고자 하였다. 14년에 孔子가 大司寇의 자리에서 宰相의 일을 攝行하였는데, 기뻐하는 기색이 있었다. 門人이 '君子는 禍가 닥쳐도 두려워하지 않고, 福이 이르러도 기뻐하지 않는다고 들었습니다.'라고 하자, 孔子가 '그런 말이 있다.'라고 하고는 政事를 어지럽히는 大夫 少正卯를 誅殺하였다. 齊나라 사람이 女人으로 구성된 樂團을 보내오자 定公이 政事를 게을리하였다. 子路가 '夫子께서는 떠나실 수 있겠습니다.' 하니, 孔子가 '魯나라에 이제 郊祭가 있을 것이니, 만일 大夫에게 燔肉을 보내온다면 내가 그래도 머무를 수 있다.'라고 하였다. 마침내 大夫에게 燔肉을 보내오지 않자 孔子가 魯나라를 떠나 乇에서 묵었다.-乇은 魯나라의 남쪽 지방이다. 王肅은 "燔은 祭肉이다."라고 하였다.- 孔子가 이로 인해 衛나라로 갔다."라고 하였다.

孟子注疏解經 卷第十二 下

告子章句 下

凡十六章

모두 16章이다.

趙氏 注 孫奭 疏

7. 孟子曰 五霸者는 三王之罪人也요

맹자가 말하였다. "다섯 霸者는 三王의 죄인이고,

【注】五霸者는 大國秉直道하여 以率諸侯니 齊桓晉文秦繆宋襄楚莊이 是也라 三王은 夏禹商湯周文王이 是也라

다섯 霸者라는 것은 大國이 直道를 잡고 제후를 이끌던 자들이니, 齊 桓公, 晉 文公, 秦 繆公, 宋 襄公, 楚 莊王이 그들이다. 三王은 夏나라의 禹王, 商나라의 湯王, 周나라의 文王이 그들이다.

今之諸侯는 五霸之罪人也요 今之大夫는 今之諸侯之罪人也니라

오늘날의 제후는 다섯 霸者의 죄인이며, 지금의 大夫는 오늘날 제후의 죄인이다.

【注】謂當孟子之時하여 諸侯及大夫也라 諸侯臣을 總謂之大夫라 罪人之事는 下別言之라

맹자 당시의 제후와 大夫를 말한 것이다. 제후의 신하를 총괄하여 大夫라고 한 것이다. 죄인의 일은 아래에 따로 언급하였다.

天子適諸侯曰巡狩요 諸侯朝於天子曰述職이니 春省耕而補不足하며 秋省斂而助不給하나니 入其疆하니 土地辟하며 田野治하며 養老尊賢하며 俊傑이 在位하면

則有慶이니 **慶以地**하고 **入其疆**하니 **土地荒蕪**하며 **遺老失賢**하며 **掊克**이 **在位**하면 **則有讓**이니 **一不朝則貶其爵**하고 **再不朝則削其地**하고 **三不朝則六師**로 **移之**라 **是故**로 **天子**는 **討而不伐**하고 **諸侯**는 **伐而不討**하나니 **五霸者**는 **摟諸侯**하여 **以伐諸侯者也**라 **故**로 **曰 五霸者**는 **三王之罪人也**라하노라

천자가 제후에게 가는 것을 巡狩라고 하고, 제후가 천자에게 朝會하는 것을 述職이라고 한다. 〈천자가 巡狩하는 것은〉 봄에는 경작한 상황을 살펴 부족한 것을 보조해 주고, 가을에는 추수한 상황을 살펴 부족한 것을 보조해 주려는 것이다. 제후의 경내에 들어갔을 때 토지가 잘 개간되고, 밭에 경작이 잘 이루어지고 있으며, 노인을 봉양하고 賢者를 존중하며, 훌륭한 인재가 벼슬자리에 있으면, 제후에게 상을 주는데 토지를 상으로 준다. 그 경내에 들어갔을 때 토지가 황폐하며, 노인을 버려두고 賢者를 등용하지 않으며, 수탈하는 관리가 벼슬자리에 있으면 제후를 문책한다. 〈제후가〉 한 번 조회하러 오지 않으면 그 관작을 강등하고, 두 번 조회하러 오지 않으면 그 영토를 삭감하고, 세 번 조회하러 오지 않으면 六軍을 보낸다. 그러므로 천자는 토벌하지만 정벌하지 않으며, 제후는 정벌하지만 토벌하지 않는 것이다. 다섯 패자는 제후를 이끌고 〈王命도 없이〉 제후를 정벌하였다. 그러므로 다섯 패자는 三王의 죄인이라고 말한 것이다.

【注】 巡狩述職은 皆以助人民이라 慶은 賞也라 養老尊賢하며 能者在位하면 賞之以地하니 益其地也라 掊克不良之人在位하면 則責讓之하고 不朝而至三하면 則討之以六師라 移之는 就之也라 討者는 上討下也라 伐者는 敵國相征伐也라 五霸强摟牽諸侯하여 以伐諸侯러니 不以王命也라 於三王之法에 乃爲之罪人也라

巡狩와 述職은 모두 백성을 돕는 것이다. 慶은 상을 주는 것이다. 노인을 봉양하고 賢者를 존중하며 능력자가 벼슬자리에 있으면 〈제후에게〉 토지를 상으로 주니, 영토를 더해주는 것이다. 백성을 수탈하는 불량한 사람이 벼슬자리에 있으면 〈제후를〉 견책하며, 조회하러 오지 않는 것이 세 번에 이르면 六軍을 동원하여 토벌한다. 移之는 나아가게 하는 것이다. 討라는 것은 윗사람이 아래 사람을 토벌하는 것이다. 伐이라는 것은 세력이 비슷한 나라가 서로 정벌하는 것이다. 다섯 패자가 억지로 제후를 이끌

고 제후를 정벌하였는데, 王命으로 하지 않았다. 그러므로 三王의 법도에서 보면 죄인이 되는 것이다.

五霸에 **桓公**이 **爲盛**하더니 **葵兵之會**에 **諸侯束牲載書而不歃血**하고 **初命曰 誅不孝**하며 **無易樹子**하며 **無以妾爲妻**라하고 **再命曰 尊賢育才**하여 **以彰有德**이라하고 **三命曰 敬老慈幼**하며 **無忘賓旅**라하고 **四命曰 士無世官**하며 **官事無攝**하며 **取士必得**하며 **無專殺大夫**라하고 **五命曰 無曲防**하며 **無遏糴**하며 **無有封而不告**라하고 **曰 凡我同盟之人**은 **旣盟之後**에 **言歸于好**라하니 **今之諸侯**는 **皆犯此五禁**하나니 **故**로 **曰 今之諸侯**는 **五霸之罪人也**라하노라

다섯 패자 중에서는 齊 桓公이 가장 강성하였다. 그가 葵丘에서 會盟할 때에 제후들과 함께 희생을 묶어 놓고 會盟의 문서를 올려두었으나 歃血은 하지 않았다. 盟約의 제1조는 '불효하는 자를 誅罰하며, 세워 놓은 世子를 바꾸지 말며, 妾을 妻로 삼지 말라.'는 것이었고, 제2조는 '賢者를 존중하고 인재를 양성하여 德이 있는 사람을 드러내라.'는 것이었고, 제3조는 '노인을 공경하고 어린 아이를 사랑하며, 손님과 나그네를 소홀히 대하지 말라.'는 것이었고, 제4조는 '士에게 대대로 관직을 주지 말며, 관청의 일을 겸직시키지 말며, 士를 등용할 때는 반드시 賢者를 택하며, 마음대로 大夫를 죽이지 말라.'는 것이었고, 제5조는 '마음대로 曲防을 설치하지 말며, 이웃나라가 곡식을 수입해 가는 것을 막지 말며, 食邑을 封해주면서 고하지 않는 일이 없게 하라.'는 것이었다. 그리고 말하기를 '우리 同盟하는 사람들은 盟約한 이후로는 友好의 관계로 돌아가자.' 하였다. 오늘날의 제후들은 모두 이 다섯 가지 禁令을 범하고 있다. 그러므로 오늘날 제후들은 다섯 패자의 죄인이라고 말하는 것이다.

【注】 齊桓公은 五霸之盛者也라 與諸侯로 會于葵丘에 束縛其牲하되 但加載書요 不復歃血이라 言畏桓公하여 不敢負之라 (不)[1]得專誅不孝라 樹는 立也라 已立世子하고 不得擅易也라 不得立愛妾爲嫡妻也라 尊賢養才는 所以彰明有德之人이라 敬老愛小하며 恤矜孤寡하며 〔賓〕[2]客羈旅를 勿忘忽也라 仕爲大臣이라도 不得世官이오 賢臣이라야 乃得世祿也라

官事無攝은 無曠庶僚也라 取士必得賢也요 立賢無方也라 無專殺大夫는 不得以私怒行戮也라 無敢違王法而以己意設防禁也라 無遏止穀糴하여 不通隣國也라 無以私恩擅有封賞而不告盟主也라 言歸於好는 無構怨也라 桓公이 施此五命이어늘 而今諸侯皆犯之라 故로 曰罪人也라

1) (不) : 저본에는 '不'이 있으나, 四庫全書本에 의거하여 衍文으로 처리하였다.
2) 〔賓〕 : 저본에는 '賓'이 없으나, 四庫全書本과 아래 疏의 내용에 의거하여 보충하였다.

齊 桓公은 다섯 패자 중에 가장 강성했던 사람이다. 제후들과 葵丘에서 會盟할 때에 희생을 묶어 놓았으되 會盟의 문서를 올려만 두고 歃血은 다시 하지 않았으니, 이는 〈제후들이〉 桓公을 두려워하여 감히 배신하지 못함을 말한 것이다. 불효하는 자는 마음대로 誅罰할 수 있다는 것이다. 樹는 세움이다. 이미 世子를 세운 뒤에는 마음대로 바꿀 수 없다는 것이다. 愛妾을 세워 嫡妻로 삼을 수 없다는 것이다. 賢者를 존중하고 인재를 양성하는 것은 德이 있는 사람을 드러내려는 것이다. 노인을 공경하고 어린 아이를 사랑하며, 고아와 과부를 불쌍히 여기며, 손님과 나그네를 소홀히 대하지 말아야 한다는 것이다. 벼슬하여 大臣이 되더라도 대대로 관직을 받을 수 없고, 賢臣이어야 비로소 대대로 祿을 받을 수 있다는 것이다. 관청의 일을 겸직시키지 말라는 것은 百官의 일을 비워두지 말라는 것이다. 士를 등용할 때에는 반드시 賢者를 택하고, 賢者를 등용할 때에는 출신을 따지지 말라는 것이다. 마음대로 大夫를 죽이지 말라는 것은 사사로운 분노로 인해 살육해서는 안 된다는 것이다. 감히 王法을 어기면서 자기 마음대로 防禁을 설치하지 말라는 것이다. 곡식을 수입해 가는 것을 막아 이웃나라와 서로 不通하는 일이 없게 하라는 것이다. 사사로운 은혜로 인해 마음대로 封해주는 賞을 내리면서 盟主에게 고하지 않는 일이 없게 하라는 것이다. 友好의 관계로 돌아가자는 것은 원한을 맺지 말자는 것이다. 桓公은 이 다섯 조목의 盟約을 시행하였는데, 지금 제후는 모두 범하고 있다. 그러므로 罪人이라고 말하는 것이다.

長君之惡은 其罪小하고 逢君之惡은 其罪大하니 今之大夫는 皆逢君之惡하나니 故로 曰 今之大夫는 今之諸侯之罪人也라하노라

군주의 惡을 조장하는 것은 그 죄가 작고, 군주의 惡에 영합하는 것은 그 죄가 크다. 지금의 大夫는 모두 군주의 惡에 영합하고 있다. 그러므로 지금의 大夫는

오늘날 제후의 罪人이라고 말한 것이다.”

【注】君有惡命이어늘 臣長大而宣之라도 其罪在不能拒逆君命이라 故로 曰小也라 逢은 迎也라 君之惡心未發에 臣以諂媚逢迎之而導君爲非라 故로 曰罪大라 今諸侯之大夫는 皆逢君之惡이라 故로 曰罪人也라

군주가 악한 명령을 내렸는데 신하가 그것을 助長하여 宣布하더라도, 그 죄는 군주의 명령을 거역할 수 없는 상황에서 이루어진 것이다. 그러므로 작다고 하는 것이다. 逢은 迎合함이다. 군주의 악한 마음이 아직 발동하기 전에 신하가 아첨으로 迎合하고 군주를 이끌어 잘못을 저지르게 한다. 그러므로 죄가 크다고 하는 것이다. 오늘날 제후의 大夫는 모두 군주의 악에 영합한다. 그러므로 罪人이라고 말하는 것이다.

【疏】'孟子'至'罪人也' ○ 正義曰：此章言王道浸衰, 轉爲罪人, 孟子傷之, 是以博思古法, 匡時君者也. '孟子曰 五霸者 三王之罪人也'至'五霸之罪人也'者, 又至'今之諸侯之罪人也', 孟子言齊桓・晉文・秦繆・宋襄・楚莊五霸者, 乃爲夏禹・商湯・周〔文〕[1]之罪人也. 今之諸侯, 謂孟子時之諸侯, 乃爲五霸者之罪人也. 今之大夫, 亦謂孟子時之大夫, 乃爲今之時諸侯之罪人也. 自'天子適諸侯'至'三王之罪人也'者, 此一段是孟子自解五霸爲三王之罪人也. '天子適諸侯曰巡守'至'助不給', 已說在惠王篇, 言入其疆, 謂古天子行巡守之禮. 巡諸侯所守之地, 至入其諸侯疆境, 見其土地開辟而不蕪, 田野耕治而不荒, 又能養其耆老, 尊敬賢者, 有俊傑之才能在位行政事. 如此, 則有慶賞, 以其慶賞益其地也. 入其封疆, 見土地荒蕪而不開辟, 又遺棄其耆老, 失其賢人, 惟以掊克多取聚斂之臣在其位, 以殘民. 如此, 則有責讓. 不特責讓之, 又其一不朝覲述所職, 則貶損其爵, 至二不朝, 則削滅其土地, 以至三不朝, 則命六師以移易其位也, 以其不能保安社稷也. 是故天子於諸侯, 有其罪則討, 而不行兵征伐, 諸侯之於諸侯, 則行兵征伐而不討. 蓋彼有罪, 而布令陳辭以責之, 是謂討也, 彼有罪而用兵行師以加之, 是謂伐也. 且五霸者, 牽率諸侯者也, 故曰五霸者, 三王之罪人也. 以其五霸擅自專權, 不待天子錫之弓矢然後征, 錫之鈇鉞然後殺者也, 特牽率諸侯以伐諸侯而已, 是則豈非三王之罪人歟. 故齊桓率諸侯以伐蔡, 晉文率諸侯以滅曹, 秦繆率諸侯以伐晉, 宋襄率諸侯以伐楚, 楚莊率諸侯以伐陳, 是摟諸侯以伐諸侯者也. '五霸桓公爲盛'至'五霸之罪人也', 此一段是孟子自解今之諸侯乃五霸之罪人也. 言齊桓公爲五霸最盛者也, 以其土地之廣, 甲兵之衆, 强制諸侯, 懼其未盡從己也, 於是期約諸侯爲葵丘之會. 葵丘, 杜預曰"陳留外黃縣有葵丘, 魯地也." 諸侯皆束縛其牲, 但加載書而不復歃血,-歃血, 歠血也.- 言不敢負桓公之約也. 桓公於是初命之曰"誅不孝", 言所誅在不孝矣, "無易樹子", 言世子已立, 更不得擅自變易也, "無以妾爲妻", 言不得以愛幸之妾而立嫡妻也. 其再命之曰"尊賢育才, 以彰有德", 言賢者當尊之於朝, 以崇其才, 德者當養之於學, 以成其德, 是所謂以彰明有德者也. 其三命之曰"敬老慈幼, 無忘賓旅", 言當敬重其耆老, 慈憫其幼少, 又當無忘忽其賓客羈旅. 其四命之曰"士無世官, 〔官事無攝〕[2]", 不得兼攝其職也, 以其一官不專, 則一事不擧也, "取士必得", 言所取之士, 必得其賢, 不得使之群小殽亂之也, "無專殺大夫", 言大夫有罪者, 當皆請命於天子, 而諸侯不得專殺之也. 其五命之曰"無曲防", 言不得曲防其水, 以專利也, 當通水利而防鄣之而已, "無遏糴", 言不得遏止穀糴不通於隣國也, "無有封而不告", 言不得有私自封賞而不告於天子也. 五命之後, 於是又布告之曰"凡我同盟會盟之人, 自今旣盟誓之後, 言當歸於交好, 無更構怨也." 然今之諸侯, 皆犯此桓公之五禁, 故曰今之諸侯, 五霸之罪人也. 五禁卽五命是也. '長君之惡'至'今之諸侯之罪人也'者, 此一段孟子自解今之大夫爲今之諸侯罪人者也. 蓋自諸侯之下, 皆爲大夫者也. 言君有惡命, 臣長益而宣布之, 其罪猶小, 以其但不能距逆君之命也. 君之惡未著, 而爲之臣乃諂媚逢迎而導君爲非, 故曰其罪大, 以其有以啓之也. 然今之大夫, 皆有以迎君之惡而啓之, 故曰"今之大夫, 今之諸侯之罪人也."

1)〔文〕: 저본에는 '文'이 없으나, 四庫全書本에 의거하여 보충하였다.
2)〔官事無攝〕: 저본에는 '官事無攝'이 없으나, 四庫全書本에 의거하여 보충하였다.

經의 〔孟子〕에서 〔罪人也〕까지

○ 正義曰 : 이 장에서는 "王道가 점차 쇠하여 〈사람들이〉 죄인이 되어가자 맹자가 근심하였으며, 그것으로 인해 옛 법도를 두루 생각하여 당시의 군주를 바로잡았다."라고 말하였다.

〔孟子曰 五霸者 三王之罪人也〕에서 〔五霸之罪人也〕까지 그리고 〔今之諸侯之罪人也〕까지

맹자가 "齊 桓公, 晉 文公, 秦 繆公, 宋 襄公, 楚 莊王 다섯 패자는 夏 禹王, 商 湯王, 周 文王의 죄인이다. 오늘날의 제후는-맹자 시대의 제후를 일컬은 것이다.- 다섯 패자의

죄인이다. 지금의 大夫는-이 또한 맹자 시대의 大夫를 일컫은 것이다.- 오늘날 제후의 죄인이다."라고 말한 것이다.

〔天子適諸侯〕에서 〔三王之罪人也〕까지

이 한 단락은 맹자가 다섯 패자가 三王의 죄인인 이유를 스스로 해명한 것이다.

〔天子適諸侯曰巡守〕에서 〔助不給〕까지

이미 〈梁惠王〉 편에서 설명하였다. 다음과 같은 내용이다. 제후의 境內에 들어간다는 것은 옛날에 天子가 巡狩의 禮를 행한 것을 일컫는다. 〈天子가〉 제후가 지키는 땅을 巡行하여 그 제후의 境內에 들어갔을 때에, 그 토지가 개간되어 황폐하지 않으며, 밭이 잘 경작되어 황폐하지 않으며, 또 능히 노인을 봉양하고 賢者를 존경하며, 훌륭한 인재가 벼슬자리에서 政事를 제대로 수행하는지를 살펴본다. 이와 같다면 賞을 주는데, 賞으로 토지를 더해준다. 그 제후의 境內에 들어갔을 때에, 토지가 황폐하여 개간되어 있지 않으며, 또 노인을 버려두고 賢者를 등용하지 않으며, 수탈을 많이 하는 신하가 벼슬자리에 있으면서 백성에게 해를 끼치는지를 살펴본다. 이와 같다면 제후를 문책한다. 제후를 문책할 뿐만 아니라, 〈제후가〉 한 번 조회하여 맡은 직무를 보고하지 않으면 그 官爵을 강등하고, 두 번 조회하지 않으면 그 영토를 삭감하고, 세 번 조회하지 않으면 六軍에게 명하여 그 자리를 바꾸어버리니, 그가 社稷을 보호하고 편안하게 할 수 없기 때문이다. 그러므로 天子는 제후에게 죄가 있으면 토벌하지만 군대를 움직여 정벌하지 않으며, 제후는 제후에 대해 군대를 움직여 정벌하지만 토벌하지 않는 것이다. 상대가 죄가 있으면 명령을 선포하고 글로 진술하여 꾸짖는 것을 토벌이라고 하고, 상대가 죄가 있으면 군대를 움직이고 전쟁을 일으켜 공격하는 것을 정벌이라고 한다. 그리고 다섯 패자는 제후를 이끌었던 자들이었다. 그래서 다섯 패자는 三王의 죄인이라고 말하는 것이다. 다섯 패자는 마음대로 권력을 독점하여 천자가 弓矢를 하사하기도 전에 정벌하고 鈇鉞을 하사하기도 전에 살육하였으며, 단지 제후를 이끌어서 제후를 정벌했을 뿐이었다. 그러니 어찌 三王의 죄인이 아니겠는가. 그러므로 齊 桓公이 제후를 이끌어 蔡나라를 정벌한 것과 晉 文公이 제후를 이끌어 曹나라를 멸망시킨 것과 秦 繆公이 제후를 이끌어 晉나라를 정벌한 것과 宋 襄公이 제후를 이끌어 楚나라를 정벌한 것과 楚 莊王이 제후를 이끌어 陳나라를 정벌한 것이 바로 제후를 이끌어 제후를 정벌한 것이다.

〔五霸桓公爲盛〕에서 〔五霸之罪人也〕까지

이 한 단락은 맹자가 오늘날의 제후가 다섯 패자의 죄인인 이유를 스스로 해명한 것이다. 다음과 같은 내용이다. 齊 桓公은 다섯 패자 중에서 가장 강성한 자였다. 넓은 영토와 많은 甲兵으로 제후를 억지로 제압하면서 그들이 자신을 완전히 따르지 않을까 두려워하였다. 이에 제후들과 葵丘에서 會盟하기로 약속하였다. 葵丘에 대해 杜預는 "陳留의 바깥 黃縣에 葵丘가 있으니, 魯나라 땅이다."라고 하였다. 제후들이 모두 희생을 묶어 놓았으되 會盟의 문서를 올려만 두고 歃血은 다시 하지 않았으니,-歃血은 피를 마시는 것이다.- 〈제후들이〉 감히 桓公과의 盟約을 저버리지 못함을 말한 것이다. 桓公이 이에 盟約의 첫 조목에 말하기를 "불효한 자를 주벌한다." 하였으니 불효한 자를 주벌한다는 말이며, "세워 놓은 世子를 바꾸지 말라." 하였으니 世子가 이미 세워졌으면 다시 마음대로 바꿀 수 없다는 말이며, "妾을 妻로 삼지 말라." 하였으니 총애하는 妾을 嫡妻로 세울 수 없다는 말이다. 두 번째 조목에 말하기를 "賢者를 존중하고 인재를 양성하여 德이 있는 사람을 드러내라." 하였으니 조정에서 賢者를 존중하여 그 재능을 높여주어야 하고 德이 있는 사람은 학교에서 배양하여 그 德을 완성해주어야 한다는 말이다. 이것이 이른바 德이 있는 사람을 드러낸다는 것이다. 세 번째 조목에 말하기를 "노인을 공경하고 어린 아이를 사랑하며, 손님과 나그네를 소홀히 대하지 말라." 하였으니 노인을 공경하고 어린 아이를 사랑하고 불쌍히 여겨야 하며, 또한 손님과 나그네를 소홀하게 대접하지 말아야 한다는 말이다. 네 번째 조목에 말하기를 "士에게 대대로 관직을 주지 말며, 관청의 일을 겸직시키지 말라." 하였으니 직책을 겸직시켜서는 안 된다는 말이다. 관직 하나가 專一하지 못하면 일 한 가지가 시행되지 못하기 때문이다. "士를 등용할 때는 반드시 賢者를 택하라." 하였으니 등용하는 士는 반드시 賢者를 얻어서 여러 小人들이 어지럽히게 해서는 안 된다는 말이며, "마음대로 大夫를 죽이지 말라." 하였으니 大夫에게 죄가 있으면 모두 天子에게 지시를 받아야 하고 제후가 마음대로 죽여서는 안 된다는 말이다. 다섯 째 조목에 말하기를 "마음대로 曲防을 설치하지 말라." 하였으니 물을 두루 막아 이익을 독점해서는 안 되고, 물의 이익을 통하게 하면서 막아야 한다는 말이다. "이웃나라가 곡식을 수입해 가는 것을 막지 말라." 하였으니 곡식을 수입해 가는 것을 막아 이웃나라와 不通해서는 안 된다는 말이며, "食邑을 封해주면서 고하지 않는 일이 없게 하라." 하였으니 사사로이 封해주는 것으로 賞을 내리면서 天子에게 고하지 않아서는 안 된다는 말이다. 다섯 조목의 盟約을 맺은 뒤에, 마침내 다시 선포하여 알리기를 "우리 同盟으로 會盟한 사람들은 지금 맹세한 이후로는 마땅히 友好의 관계로 돌아가서 다시는 원한을 맺는 일이 없어야 한다." 하였다. 하지만 오늘날의 제후들은 모두 桓公의 이 다섯 가지 禁令을 범하고 있다. 그러므로 오늘날 제후들은 다섯 패자의 죄인이라고 말하는 것이다. 다섯 가지 禁令은 바로 다섯 조목의 盟約을 가리킨다.

〔長君之惡〕에서 〔今之諸侯之罪人也〕까지

이 한 단락은 맹자가 지금의 大夫가 오늘날 제후의 죄인인 이유를 스스로 해명한 것이다. 제후로부터 이하는 모두 대부에 해당하는 자이다. 다음과 같은 내용이다. 군주가 악한 명령을 내렸는데 신하가 그것을 助長하여 宣布하더라도, 그 죄는 오히려 작다. 단지 군주의 명령을 거역할 수 없기 때문이다. 군주의 악이 드러나지 않았는데, 군주에 대해 신하가 아첨으로 迎合하고 군주를 이끌어 잘못을 저지르게 한다. 그러므로 죄가 크다고 하는 것이니, 그가 군주의 악을 열어주었기 때문이다. 하지만 지금의 大夫는 모두 군주의 악에 영합하여 그것을 열어준다. 그러므로 지금의 大夫는 오늘날 제후의 죄인이라고 말하는 것이다.

【疏】 ○ 注'五霸'至'者也' ○ 正義曰：云"齊桓・晉文"至"楚莊"五者， 今案史記諸侯年表云，周莊王十二年，齊桓公小白卽位，周釐王三年始霸，會(旅)[1]諸侯於甄，周惠王二十三年，〔率〕[2]諸侯伐鄭，周襄王元年夏，會諸侯於葵丘，天子使宰孔賜胙，命無拜，襄王九年卒. 是桓公自釐王三年始霸，至卒，凡得四十三年. 晉文公重耳自周襄王十六年卽位，是爲霸. 五年率諸侯以伐曹，襄王二十四年薨，卽位凡得九年而已. 宋襄公玆父自周襄王(三)〔二〕[3]年卽位，十三年伐楚，十四年死泓戰，是歲襄王十五年矣. 秦繆公任好自周惠王十(五)〔八〕[4]年卽位，二十八年會晉伐楚朝周，是歲周襄王二十年，三十五年伐晉報殽，敗于汪，三十九年卒，以人從死，是歲襄王三十一年矣. 楚莊王侶自周頃王六年卽位，十三年伐陳，十六年率諸侯誅陳夏徵舒，立陳成公午，(三)〔二〕[5]十三年薨，是歲周定王十六年矣. 云"夏禹・商湯・周文武"，說於前矣.

1) (旅)：저본에는 '旅'가 있으나, 四庫全書本과 ≪史記≫〈十二諸侯年表〉에 의거하여 衍文으로 처리하였다.
2) 〔率〕：저본에는 '率'이 없으나, ≪史記≫〈十二諸侯年表〉에 의거하여 보충하였다.
3) (三)〔二〕：저본에는 '三'으로 되어 있으나, 四庫全書本과 ≪史記≫〈十二諸侯年表〉에 의거하여 '二'로 바로잡았다.
4) (五)〔八〕：저본에는 '五'로 되어 있으나, 四庫全書本과 ≪史記≫〈十二諸侯年表〉에 의

거하여 '八'로 바로잡았다.

5) (三)〔二〕: 저본에는 '三'으로 되어 있으나, 四庫全書本과 ≪史記≫ 〈十二諸侯年表〉에 의거하여 '二'로 바로잡았다.

○ 注의 〔五霸〕에서 〔者也〕까지

○ 正義曰: 齊 桓公, 晉 文公에서 楚 莊王까지 다섯 제후에 대해 지금 ≪史記≫ 〈十二諸侯年表〉를 상고하니 다음과 같다. 周 莊王 12년에 齊 桓公 小白이 즉위하였고, 周 釐王 3년에 처음 패자가 되어 甄에서 제후들과 會盟하였고, 周 惠王 23년에 제후를 이끌고 鄭나라를 정벌하였고, 周 襄王 원년 여름에 葵丘에서 會盟하자 天子가 祭肉을 보내주면서 拜謝하지 말라고 명하였고, 襄王 9년에 졸하였다. 이것이 桓公이 釐王 3년에 처음 패자가 되면서부터 卒할 때까지이니, 모두 43년이다. 晉 文公 重耳는 周 襄王 16년에 즉위하여 패자가 되었다. 〈재위〉 5년에 제후를 이끌고 曹나라를 정벌하였고, 襄王 24년에 薨하니, 재위한 기간이 도합 9년일 뿐이다. 宋 襄公 玆父는 周 襄王 2년에 즉위하여 〈재위〉 13년에 楚나라를 정벌하고, 〈재위〉 14년에 泓水의 전쟁에서 죽었으니, 그해가 襄王 15년이었다. 秦 繆公 任好는 周 惠王 18년에 즉위하고, 〈재위〉 28년에 晉나라와 회합하여 楚나라를 정벌한 뒤에 周나라에 조회하였으니, 그해가 襄王 20년이었다. 〈재위〉 35년에 晉나라를 정벌하여 殽의 전쟁을 보복하다가 汪에서 패하였다. 〈재위〉 39년에 卒하였는데, 사람을 殉葬하였다. 그해가 襄王 31년이었다. 楚 莊王 侶는 周 頃王 6년에 즉위하였고, 〈재위〉 13년에 陳나라를 정벌하였고, 〈재위〉 16년에 陳나라 夏徵舒를 誅殺하고 陳 成公 午를 군주로 세웠다. 〈재위〉 23년에 薨하니, 그해가 周 定王 15년이었다. 夏 禹王, 商 湯王, 周 文王, 武王에 대해서는 앞에서 설명하였다.

【疏】 ○ 注'齊桓'至'罪人也' ○ 正義曰: 云與諸侯會于葵丘, 案魯僖公九年左傳云"夏會諸侯于葵丘, 尋盟, 且修好, 禮也. 秋, 齊桓盟諸侯于葵丘, 曰'凡我同盟之人, 旣盟之後, 言歸于好.'" 是之謂也, 是歲所謂周襄王元年矣. 云'誅不孝'者, 如衛世子輒拒其父蒯聵, 楚世子商臣弑其父, 凡此之類, 是不孝者也. 云'無易其世子'者, 如晉獻公立奚齊, 以易申生, 是易世子者也. 云'無立愛妾爲嫡'者, 正妃曰嫡也, 如晉獻公於驪姬, 是以愛妾爲嫡也. 云'尊賢育才'者, 如南有嘉魚之詩云"太平之君子至誠樂與賢者共之也", 菁菁者莪之詩云"樂育才也", 凡此是尊賢養才之意也. 云'敬老愛小 恤矜寡孤', 如周禮大司徒之職云“以保息六養萬民, 一曰慈幼, 二曰養老”, 孟子曰“文王發政施仁, 必先鰥寡孤獨”, 是其旨也. 云‘賓客羈旅 無忽忘也’, 周禮太宰職云“以禮待賓客之治”, 是不忘賓客也, 孟子曰“關市譏而不征”, 是不忘忽羈旅也. 云‘仕爲大臣 不得世官 乃得世祿’者, 如魯有臧孫氏・仲孫氏・叔仲氏・季孫氏, 晉有狐氏・趙氏・荀氏・郤氏・欒氏・范氏, 齊有高氏・國氏・崔氏, 衛有寧氏・孫氏, 是皆世官之類也. 孟子曰“文王治岐, (士)〔仕〕[1](無)〔者〕[2]世祿”, 是世祿之謂也. 云‘無曠庶僚’者, 孔安國云“僚, 官也. 曠, 空也.” 尙書注云“無曠庶官, 天工人其代之,[3] 位非其人爲空官, 言人代天理官, 不可以天官私非其人.” 亦具官而事無攝, 則爲非禮. 孔子曰“管仲官事不攝, 焉得儉”,[4] 所以譏誚之矣. 云‘取士必得 立之無方’者, 如桓公取管仲於賊國, 湯立賢無方是矣. 若晉奚齊之於里克,[5] 陳靈公於夏徵舒,[6] 是取士不得矣. 云‘不得以私怒行戮’者, 如文公六年左傳云“賈季怨陽子之易其班, 而知其無援於晉, 乃使續鞠居殺處父”, 成公八年, “晉殺其大夫趙括”, 十五年, “宋殺其大夫山”, 十六年, “楚殺其大夫公子側”, 是也. 凡此之類, 春秋書之四十有七, 是專殺大夫也. 云‘無敢違王法而以己意私設防禁’者, 然而此意亦通義矣. (奈何)[7]據其下文曰遏糴, 則無曲防是爲無曲防障其水以專利者也. 故先王制畎遂溝洫, 所以爲此矣. 是齊桓會諸侯于陽穀, 公羊以爲〔無〕[8]障谷, 會諸侯于葵丘, 穀梁以爲無壅泉, 凡此可見矣. 云‘無止糴’, 如秦饑, 晉閉之糴[9]是也. 云‘無以私恩擅有封賞’, 如成公十八年楚取彭城以封魚石是也. 凡此五命, 案左傳文則曰“凡我同盟之人, 旣盟之後, 言歸於好”, 而不及五命. 案(公)[10]穀梁述葵丘會, 有云“無遏糴, 無易立子, 無以妾爲妻, 無使婦人與國事, 無壅泉”, 而不及誅不孝, 尊賢育材, 士無世官, 官事無攝, 取士必得, 無專殺大夫, 無有封而不告. 案公羊述桓公陽穀之會, 則云“無障谷, 無貯(粟)〔粟〕[11], 無易立子, 無以妾爲妻”, 而不及無使婦人與國事. 其詳略與此不同, 蓋所以相終始而已. 又案春秋凡書諸侯會有四十九, 而齊桓十有八焉, 內臣會凡二十有六, 而齊居四焉, 書外相會凡十有三, 而齊居六焉. 案史記云“兵車之會三, 乘車之會六[12].” 孔子曰“桓公九合諸侯[13], 一匡天下[14].” 穀梁傳云“衣裳之會[15]十有一”, 范注云“十三年會北杏, 十四年會鄄, 十五年〔又〕[16]會(郵)〔鄄〕[17], 十六年會幽, 二十七年又會幽, 僖公元年會檉, 二年會貫, 三年會陽穀, 五年會首戴, 七年會寧〔毋〕[18], 九年會葵丘”, 凡十一會也.

1) (士)〔仕〕: 저본에는 ‘士’로 되어 있으나, 〈梁惠王 下〉의 經文에 의거하여 ‘仕’로 바로

잡았다.

2) (無)〔者〕: 저본에는 '無'로 되어 있으나, 監本・毛本에 의거하여 '者'로 바로잡았다.(阮元의 〈校勘記〉 참조)

3) 無曠庶官 天工人其代之 : ≪尙書≫ 〈虞書 大禹謨〉에 나온다.

4) 管仲官事不攝 焉得儉 : ≪論語≫ 〈八佾〉에 나온다.

5) 里克 : 春秋시대 晉나라의 大夫이다. 晉 獻公이 죽자 그 아들 奚齊와 卓子를 죽인 뒤에, 惠公 夷吾가 秦나라에서 귀국하여 즉위할 수 있게 도왔다. 나중에 惠公이 里克을 죽이고자 하자, 자결하였다.

6) 夏徵舒 : 春秋시대 陳나라의 大夫이다. 陳 靈公이 夏徵舒의 모친 夏姬와 私通하자, 靈公을 시해하고 스스로 즉위하였다. 陳나라를 정벌한 楚 莊王에 의해 살해되었다.

7) (奈何) : 저본에는 '奈何'가 있으나, 문맥이 통하지 않아 衍文으로 처리하였다.

8) 〔無〕: 저본에는 '無'가 없으나, 四庫全書本과 ≪春秋公羊傳≫ 僖公 3년에 의거하여 보충하였다.

9) 秦饑 晉閉之糴 : ≪春秋左氏傳≫ 僖公 15년에 "晉나라에 기근이 들었을 때 秦나라는 곡식을 보내 주었는데, 秦나라에 기근이 들자 晉나라는 秦나라가 곡식 사들이는 것을 막았다. 그래서 秦伯이 晉나라를 토벌하였다."라는 말이 나온다.

10) (公) : 저본에는 '公'이 있으나, 문맥을 살펴 衍文으로 처리하였다.

11) (粟)〔粟〕: 저본에는 '粟'으로 되어 있으나, ≪春秋公羊傳≫ 僖公 3년에 의거하여 '粟'으로 바로잡았다.

12) 兵車之會三 乘車之會六 : ≪史記≫ 〈齊太公世家〉에 나온다.

13) 桓公九合諸侯 : ≪論語≫ 〈憲問〉 17장에 "齊 桓公이 제후들을 9번 규합하면서 무력을 쓰지 않은 것은 管仲의 힘이었으니, 누가 그의 仁만 하겠는가.〔桓公九合諸侯 不以兵車 管仲之力也 如其仁如其仁〕"라는 말이 나온다.

14) 一匡天下 : ≪論語≫ 〈憲問〉 18장에 "管仲이 桓公을 도와 제후의 패자가 되게 하여 한번 천하를 바로잡았는데, 백성들이 지금껏 그 혜택을 받고 있다.〔管仲相桓公霸諸侯 一匡天下 民到于今受其賜〕"라는 말이 나온다.

15) 衣裳之會 : 齊 桓公이 禮를 바탕으로 이끌었던 평화의 會合을 일컫는 말이다. '兵車之會'와 상대가 되는 말이다.

16) 〔又〕: 저본에는 '又'가 없으나, ≪春秋穀梁傳註疏≫ 莊公 27년 范寧의 注에 의거하여 보충하였다.

17) (鄆)〔鄄〕: 저본에는 '鄆'로 되어 있으나, ≪春秋穀梁傳註疏≫ 莊公 27년 范寧의 注에 의거하여 '鄄'으로 바로잡았다.

18) 〔毋〕: 저본에는 '毋'가 없으나, ≪春秋穀梁傳註疏≫ 莊公 27년 范寧의 注에 의거하여 보충하였다.

○ 注의 〔齊桓〕에서 〔罪人也〕까지

○ 正義曰：〔與諸侯會于葵丘〕 ≪春秋左氏傳≫ 魯 僖公 9년을 상고하니 "여름에 葵丘에서 제후들과 회합하여 맹약을 다시 다지고 또 우호를 닦았으니, 禮에 맞는 일이었다. 가을에 齊 桓公이 葵丘에서 제후들과 회맹하고 말하기를 '우리 동맹한 사람들은 맹약한 이후로는 友好로 돌아가자.' 하였다."라고 하였는데, 바로 이것을 말한 것이다. 이 해가 이른바 周 襄王 원년이다.

〔誅不孝〕 이를테면, 衛나라 世子 輒이 자기 부친 蒯聵(괴외)의 귀국을 막은 것과 楚나라 世子 商臣이 자기 부친을 시해한 것이 모두 이러한 사례로서 不孝에 해당한다.

〔無易其世子〕 이를테면, 晉 獻公이 奚齊를 세자로 세워 申生과 바꾼 것이 바로 世子를 바꾼 것에 해당한다.

〔無立愛妾爲嫡〕 正妃를 嫡이라고 한다. 이를테면, 晉 獻公이 驪姬에게 했던 일이 바로 愛妾을 嫡妻로 삼은 것이다.

〔尊賢育才〕 이를테면, ≪詩經≫ 〈南有嘉魚〉 편의 毛序에 "태평한 君子가 賢者와 함께하는 것을 至誠으로 즐거워한 것이다."라고 한 것과 〈菁菁者莪〉 편의 毛序에 "인재를 양성하는 것을 즐거워한 것이다."라고 한 것이 모두 賢者를 존중하고 인재를 양성하는 의미이다.

〔敬老愛小 恤矜寡孤〕 이를테면, ≪周禮≫ 〈大司徒〉에 "백성을 보호하고 기르는 6가지 방법으로써 萬民을 기르는데, 첫째가 어린 아이를 사랑하는 것이고, 둘째가 노인을 봉양하는 것이다."라고 한 것과, ≪孟子≫ 〈梁惠王 下〉에 "文王이 政事를 시행하여 仁을 베풀 때에 반드시 홀아비, 과부, 무의탁 노인, 고아를 우선시하였다."라고 한 것이 그러한 의미이다.

〔賓客覊旅 無忽忘也〕 ≪周禮≫ 〈太宰〉에 "禮로써 賓客이 다스려지기를 기다린다."라고 하였으니, 이것이 손님을 잊지 않는 것이다. ≪孟子≫ 〈梁惠王 下〉에 "關門과 시장에서는 검문은 하였으나 徵稅는 하지 않았다."라고 하였으니, 이것이 나그네를 소홀히 하지 않는 것이다.

〔仕爲大臣 不得世官 乃得世祿〕 이를테면, 魯나라의 臧孫氏・仲孫氏・叔仲氏・季孫氏, 晉나라의 狐氏・趙氏・荀氏・郤氏・欒氏・范氏, 齊나라의 高氏・國氏・崔氏, 衛나라의 寗氏・孫氏 등이 모두 대대로 관직을 맡았던 사례이다. ≪孟子≫ 〈梁惠王 下〉에 "文王이 岐를 다스릴 때에 벼슬하는 자는 대대로 祿을 받았다."라고 한 것이 대대로 祿

을 받았던 사례이다.

〔無曠庶僚〕 孔安國이 말하기를 "僚는 관리이다. 曠은 빔이다." 하였다. ≪尙書≫의 注에, "百官을 비우지 말라. 하늘의 일을 사람이 대신하는 것이다."라는 經文에 대해 "관직에 있는 사람이 적임자가 아니라면 관직을 비워두는 꼴이 된다. 이는 사람이 하늘을 대신해서 관직을 맡아 다스리는 것이니, 하늘의 관직을 적임자가 아닌 사람에게 사사로이 주어서는 안 됨을 말한 것이다."라고 하였다. 또한 官員을 갖추면서 관청의 일을 겸직시키지 않는다면 禮가 아닌 것이다. 孔子가 "管仲이 관청의 일을 겸직시키지 않았으니 어찌 검소하다고 할 수 있겠는가."라고 하였으니, 그를 꾸짖은 것이다.

〔取士必得 立之無方〕 이를테면, 桓公이 賊國에서 管仲을 등용하고, 湯王이 賢者를 등용하면서 출신을 따지지 않은 것이 이러한 사례이다. 晉나라 奚齊가 里克을 등용한 것과 陳 靈公이 夏徵舒를 등용한 것은 士를 잘못 등용한 사례이다.

〔不得以私怒行戮〕 이를테면, ≪春秋左氏傳≫ 文公 6년에 "賈季는 陽子가 자기의 班次를 바꾼 것에 원한을 품었다가 晉나라에 그를 돕는 세력이 없다는 것을 알고는 續鞫居를 시켜 陽處父를 죽였다."라고 한 것과, 成公 8년에 "晉나라가 大夫 趙括을 죽었다."라고 한 것과, 成公 15년에 "宋나라가 大夫 山을 죽였다."라고 한 것과, 成公 16년에 "楚나라가 大夫 公子 側을 죽였다."라고 한 것이 이것이다. 무릇 이러한 사례가 ≪春秋≫에 47차례 기록되어 있는데, 이것이 마음대로 大夫를 죽인 것에 해당한다.

〔無敢違王法而以己意私設防禁〕 하지만 이 견해도 통용되는 풀이이다. 그 아래의 "遏糴"이라는 말을 근거로 삼으면 "無曲防"은 曲防으로 물을 막아 이익을 독점하지 말라는 의미가 된다. 그러므로 先王이 밭에 도랑과 물길을 만든 것은 이러한 것을 해결하기 위한 것이었다. 齊 桓公이 陽穀에서 제후들과 會盟한 기사에서 ≪春秋公羊傳≫에서는 "川谷을 막지 말라〔無障谷〕"라고 하였으며, 葵丘에서 제후들과 會盟한 기사에서 ≪春秋穀梁傳≫에서는 "하천의 물을 막지 말라〔無壅泉〕"라고 하였으니, 무릇 이것을 통해 알 수 있다.

〔無止糴〕 이를테면, 秦나라에 기근이 들었을 때 晉나라가 秦나라가 곡식 사들이는 것을 막았던 일이 이것이다.

〔無以私恩擅有封賞〕 이를테면, 成公 19년에 楚나라가 彭城을 취하고 魚石을 그곳에 봉해준 것이 이것이다.

이 다섯 조목의 맹약은 ≪春秋左氏傳≫의 글에는 "우리 同盟하는 사람들은 盟約한 이후로는 友好의 관계로 돌아가자."라고만 되어 있고 다섯 조목의 盟約은 언급하지 않았다. ≪春秋穀梁傳≫에 실려 있는 葵丘의 會盟을 기록한 기사를 상고하니 "이웃나라가 곡식을 사가는 것을 막지 말라. 이미 세운 世子를 바꾸지 말라. 妾을 妻로 삼지 말라. 婦人이 國事에 참여하게 하지 말라. 河川의 물을 막지 말라."라는 말은 있으나, "不孝하는 자를 誅罰하라. 賢者를 존중하고 인재를 양성하라. 士에게 대대로 관직을 주지 말라. 관청의 일을 겸직시키지 말라. 士를 등용할 때는 반드시 賢者를 택하라. 마음대로 大夫를 죽이지 말라. 食邑을 封해주면서 고하지 않는 일이 없게 하라."는 언급하지 않았다. ≪春秋公羊傳≫에 桓公이 주재한 陽穀의 會盟을 기록한 기사를 상고하니 "川谷을 막지 말라. 곡식의 유통을 막지 말라. 이미 세운 世子를 바꾸지 말라. 妾을 妻로 삼지 말라."라고만 하였지, 婦人이 國事에 참여하게 하지 말라는 것은 언급하지 않았다. 상세하고 간략한 것이 이것과는 같지 않으니, 대체로 자초지종을 살펴볼 뿐이다. 또한 ≪春秋≫에서 제후의 會合을 기록한 것이 모두 49차례인데, 齊 桓公이 18차례 참여하였다. 內臣의 會合이 총 26차례인데, 齊나라가 4차례 참석하였다. 外相의 會合이 총 13차례인데, 齊나라가 6차례 참석하였다. ≪史記≫를 상고하니 "兵車를 타고 모인 會合이 3차례였고, 승용 수레〔乘車〕를 타고 모인 會合이 6차례였다."라고 하였다. 孔子는 "桓公이 9번 제후를 규합하였다."라고 하였고, 또 "한 번 천하를 바로잡았다."라고 하였다. ≪春秋穀梁傳≫에 "衣裳의 會合이 11차례였다."라고 하였는데, 范寧의 注에 "〈莊公〉 13년에 北杏에서 회합하고, 14년에 鄄에서 회합하고, 15년에 다시 鄄에서 회합하고, 16년에 幽에서 회합하고, 27년에 다시 幽에서 회합하고, 僖公 원년에 檉에서 회합하고, 2년에 貫에서 회합하고, 3년에 陽穀에서 회합하고, 5년에 首戴에서 회합하고, 7년에 寧毋에서 회합하고, 9년에 葵丘에서 회합하였다."라고 하였으니, 모두 11차례였다.

8. 魯欲使愼子로 爲將軍이러니 孟子曰 不敎民而用之를 謂之殃民이니 殃民者는 不容於堯舜之世니라 一戰勝齊하여 遂有南陽이라도 然且不可하니라

魯나라가 愼子를 將軍으로 삼으려고 하였는데, 맹자가 말하였다. "백성을 가르치지 않고 전쟁에 동원하는 것을 '백성에게 재앙을 끼친다.'라고 합니다. 백성에게 재앙을 끼치는 자는 堯舜 시대에도 용납되지 못하였습니다. 한 번 전쟁하여

齊나라를 이겨 南陽을 취하더라도 그래도 옳지 않습니다."

【注】愼子는 善用兵者라 不敎民以仁義하고 而用之戰鬪면 是는 使民有殃禍也라 堯舜之世에 皆行仁義라 故로 好戰殃民者는 不能自容也라 就使愼子能爲魯一戰하여 取齊南陽之地라도 且猶不可라 山南曰陽이니 岱山之南을 謂之南陽也라

愼子는 用兵을 잘하는 사람이다. 백성을 가르치지 않고 전쟁에 동원하면 이는 백성에게 재앙을 끼치는 것이다. 堯舜의 세상에도 모두 仁義를 행하였으므로 전쟁을 좋아하여 백성에게 재앙을 끼치는 자는 스스로 용납될 수 없었다. 설령 愼子가 魯나라를 위해 한 번 전쟁하여 齊나라의 南陽 땅을 취하더라도 그래도 옳지 않다. 산의 남쪽을 陽이라고 하니, 岱山의 남쪽을 南陽이라고 부른다.

愼子勃然不悅曰 此則滑(골)釐所不識也로이다

愼子가 발끈 불쾌해 하며 말하였다. "그 말씀을 제가 이해하지 못하겠습니다."

【注】滑釐는 愼子名이라 不悅이라 故로 曰 我所不知此言何謂也라

滑釐는 愼子의 이름이다. 불쾌하였으므로 "나는 이 말씀이 무슨 의미인지 모르겠습니다."라고 말한 것이다.

曰 吾明告子호리라 天子之地方千里니 不千里면 不足以待諸侯요 諸侯之地方百里니 不百里면 不足以守宗廟之典籍이니라 周公之封於魯에 爲方百里也니 地非不足이로되 而儉於百里하며 太公之封於齊也에 亦爲方百里也니 地非不足也로되 而儉於百里하니라 今魯는 方百里者五니 子以爲有王者作인댄 則魯在所損乎아 在所益乎아 徒取諸彼하여 以與此라도 然且仁者不爲온 況於殺人以求之乎아

맹자가 말하였다. "내가 분명하게 그대에게 말씀드리겠습니다. 천자의 땅은 사방 1,000리인데, 1,000리가 안 되면 제후를 접대할 수 없습니다. 제후의 땅은 사방 100리인데, 100리가 안 되면 종묘 典籍에 기록되어 있는 法度를 지킬

수 없습니다. 周公이 魯나라에 봉해질 때 땅이 사방 100리였습니다. 땅이 부족한 것도 아니었는데, 100리보다 적었던 것입니다. 姜太公이 齊나라에 봉해질 때도 땅이 사방 100리였습니다. 땅이 부족한 것도 아니었는데, 100리보다 적었던 것입니다. 지금 魯나라는 사방 100리의 땅이 다섯 개로 늘어났습니다. 그대 생각에는, 王者가 나온다면 魯나라는 땅을 감축할 대상에 속하겠습니까, 더해줄 대상에 속하겠습니까. 단지 저쪽에서 취하여 이쪽에 주는 일이라 해도 그래도 仁者는 하지 않을 것인데, 더구나 사람을 죽이면서 땅을 구하는 것은 어떻겠습니까.

【注】孟子見愼子不悅이라 故로 曰 明告子호리라 天子諸侯(制)〔地〕[1]制如是니라 諸侯當來朝聘이라 故로 言守宗廟典籍이니 謂先祖常籍法度之文也라 周公大公도 地尙不能滿百里하여 儉而不足也라 後世에 兼侵小國하여 今魯乃五百里矣라 有王者作若文王武王者면 子以爲魯在所損之中邪아 在所益之中也아 言其必見損也라 但取彼與此하여 爲無傷害라도 仁者尙不肯爲온 況戰鬪殺人하여 以求廣土地乎아

1) (制)〔地〕: 저본에는 '制'로 되어 있으나, 廖本・孔本・韓本・考文古本에 의거하여 '地'로 바로잡았다.(阮元의 〈校勘記〉 참조)

맹자가 愼子가 불쾌해 하는 것을 보았으므로 "그대에게 명확하게 말씀드리겠습니다. 天子와 제후의 영토 제도가 이러합니다."라고 말한 것이다. 제후는 마땅히 天子에게 와서 朝聘해야 하므로 "宗廟의 典籍을 지킨다."라고 말한 것이니, 이는 先祖의 常籍으로서 法度를 기록한 글을 일컫는다. 周公과 太公의 땅조차 오히려 100리가 되지 않아 검약하여도 부족할 정도였다. 후세에 작은 나라를 兼倂하여 지금 魯나라는 500리가 되었다. 文王이나 武王 같은 王者가 일어난다면, 魯나라는 땅을 감축할 할 대상에 속하겠는가? 더해줄 대상에 속하겠는가? 반드시 감축될 것이라는 말이다. 단지 저쪽에서 취하여 이쪽에 주는 일이 해가 될 것이 없더라도 仁者는 오히려 하려고 하지 않는데, 더구나 전쟁을 일으켜 사람을 죽이면서 영토를 넓히려는 것은 어떠하겠는가.

君子之事君也는 務引其君以當道니 志於仁而已니라

君子가 군주를 섬기는 방법은 그 임금을 이끌어 正道를 가도록 힘쓰는 것이니,

仁에 뜻을 둘 뿐입니다.

【注】 言君子事君之法은 牽引其君하여 以當正道者니 仁也라 志仁而已는 欲使愼子로 輔君以仁也라

다음과 같은 내용이다. 君子가 군주를 섬기는 방법은 그 군주를 이끌어 正道를 가게 하는 것이니, 바로 仁이다. 仁에 뜻을 둘 뿐이라고 말한 것은 愼子로 하여금 仁으로써 군주를 보좌하게 하려는 것이었다.

【疏】 '魯欲使愼子'至'而已' ○ 正義曰：此章言招携懷遠, 貴以德禮, 賤其用兵, 義勝爲上, 戰勝爲下, 明賤戰者也.[1] '魯欲使愼子爲將軍', 愼子, 名滑釐, 善用兵者也. 魯國遂欲使愼子爲將軍戰鬪. 孟子曰"不敎民以仁義之道, 而用之戰鬪, 是謂殃禍以殘害民也. 故好戰而殃禍殘害其民者, 不容於堯・舜二帝之世也. 以其堯・舜之世, 民皆仁義, 但如四凶[2]者, 則誅戮之, 是不容殃民者也. 今欲使愼子爲將軍, 雖爲魯一戰而遂取南陽之地, 然且猶不可, 況有不勝者乎." 愼子勃然不悅, 曰"此則滑釐之罪也." 愼子見孟子此言, 乃勃然變顔而不悅, 而憤之曰"此言則滑釐所不知也." 故自稱名爲滑釐, 是以因知滑釐爲愼子名也. '曰吾明告子'至'於仁而已', 孟子乃與之曰"我分明告子以其不可之意也. 且天子之地方闊千里, 不闊千里, 則其中無可以待諸侯. 諸侯之地方闊百里, 不闊百里, 則其中無以守宗廟之典籍.-典籍, 常籍法度之文也, 謂先祖之典籍也.- 周公之封於魯也, 其地爲方闊百里者也, 非其地不足, 而儉用於百里, 然亦不敢縱欲以敗王制也. 太公之封於齊亦然. 今魯國方百里之地有五,-以其方五百里者也.- 子今且以爲有王者興作, 則此魯國之地在所損之中乎, 在所益之中乎.-言必在所損也.- 是則徒務戰鬪, 取彼以與此也, 是則仁者且不肯爲, 而戰鬪殺人以求廣土地乎."

1) 此章言臨事量宜……食色爲後者也：北京大本에는 章指를 "이 장의 章指는 다음과 같다. 離叛한 나라를 부르고 먼 곳의 나라를 懷柔할 때에는 德과 禮를 귀하게 여긴다. 이미 군대를 동원한 뒤에는 朝廷의 計策으로 이기는 것을 上等으로 여기고 싸워서 이기는 것을 下等으로 여기니, 싸우는 것을 賤하게 여김을 밝힌 것이다.〔此章指言招携懷遠 貴以德禮 旣其用兵 廟勝爲上 戰勝爲下 明賤戰也〕"라고 하였다.

2) 四凶：堯舜 때의 네 惡人인 共工, 驩兜, 三苗, 鯀이다. ≪書經≫ 〈舜典〉에 "共工을 幽洲에 유배하고 驩兜를 崇山에 留置하고 三苗를 三危로 몰아내고 鯀을 羽山에 가두어 네 사람을 죄주니, 천하가 다 복종하였다."라고 하였다.

經의 〔魯欲使愼子〕에서 〔而已〕까지

○ 正義曰 : 이 장에서는 "離叛한 나라를 부르고 먼 곳의 나라를 懷柔할 때에는 德과 禮를 귀하게 여기고 군대를 동원하는 것을 천하게 여긴다. 의로운 計策으로 이기는 것을 上等으로 여기고 싸워서 이기는 것을 下等으로 여기니, 싸우는 것을 賤하게 여김을 밝힌 것이다."라고 말하였다.

〔魯欲使愼子爲將軍〕 愼子는 이름이 滑釐로, 用兵을 잘하는 사람이다. 魯나라가 마침내 愼子를 將軍으로 삼아 전쟁을 수행하도록 하려고 하였다. 맹자가 "백성에게 仁義의 도리를 가르치지 않고 전쟁에 동원하는 것을 '殃禍를 일으켜 백성에게 해를 끼친다.'라고 한다. 그러므로 전쟁을 좋아하고 殃禍를 일으켜 백성에게 해를 끼치는 자는 堯舜 같은 두 帝王의 시대에도 용납되지 못하였다. 堯舜의 시대에 백성이 모두 인하고 의로웠음에도 四凶 같은 자들은 주륙하였으니, 백성에게 재앙을 끼치는 자를 용납하지 않았던 것이다. 지금 愼子를 장군으로 삼고자 하니, 비록 그가 魯나라를 위해 한 번 싸워 南陽의 땅을 취하더라도 오히려 옳지 않은데, 더구나 이기지 못하는 경우는 어떻겠는가."라고 말하였다. 愼子가 발끈 불쾌해 하며 "이것은 나 滑釐의 잘못이다."라고 하였다. 愼子가 맹자의 이 말을 듣고는 발끈 표정이 변하고 불쾌해 했는데, 화를 내며 말하기를 "이 말을 나 滑釐는 이해하지 못하겠다." 하였다. 일부러 스스로 이름을 말해 '滑釐'라고 하였으니, 이를 통해 滑釐가 愼子의 이름이라는 것을 알 수 있다.

〔曰吾明告子〕에서 〔於仁而已〕까지

맹자가 이에 그에게 "내가 분명하게 그대에게 불가한 이유를 말해주겠다. 천자의 땅은 사방 길이가 1,000리인데, 1,000리가 안 되면 그 안에서 제후를 접대할 수 없다. 제후의 땅은 사방 길이가 100리인데, 100리가 안 되면 그 안에서 종묘의 典籍을 지킬 수 없다.-전적은 상적으로 법도를 기록한 글이니 선조의 전적을 일컫는 것이다.- 주공이 노나라에 봉해질 때에 그 땅이 사방 100리였다. 땅이 부족한 것이 아니었지만, 100리 안에서 검약하였다. 하지만 또한 감히 욕심을 부려 왕이 제정한 것을 무너뜨리지 않았던 것이다. 태공이 제나라에 봉해질 때에도 그러했다. 지금 노나라는 사방 100리의 땅이 다섯 개다.-사방 500리이기 때문이다.- 그대가 지금 생각하기에, 王者가 나온다면 이 魯나라의 땅은 감축할 대상에 속하겠는가, 더해줄 대상에 속하겠는가.-반드시 감축할 대상이라는 말이다.- 이것은 공연히 전쟁에 힘써 저쪽에서 취하여 이쪽에다 주는 일이며, 이런 일은 仁者도 하지 않는 것인데, 전쟁을 벌여 사람을 죽이면서 땅을 넓히기를 구한단 말인가."라고 말한 것이다.

【疏】 ○ 注'愼子善用兵'至'南陽也' ○ 正義曰：案史記"愼到, 趙人也. 學黃老道德之術, 著十二篇."[1] 徐廣曰"今愼子, 劉向所定, 有四十六篇." 墨子云"公輸子意不過欲殺臣, 殺臣, 宋莫能守, 可攻也. 然臣之弟子滑釐等三百人, 已持(魯國)〔守圉〕[2]之器在宋城上而待楚寇也. 雖殺臣, 不能絶也. 於是楚王曰'善哉, 吾請無攻宋城矣.'" 是愼子卽愼到矣, 荀卿・非十二子篇注云"愼子與宋鈃・孟子同時"是也. 墨子之云, 則又知是爲善用兵者矣. 云'山南曰陽 岱山之南 謂之南陽'者, 案尙書禹貢"岳陽", 孔安國云"山南曰陽". 岱山卽太山, 在齊國之南者也. 周公封於魯, 太公封於齊. 案周禮"上公之地五百里[3]", 齊・魯是爲上公之封, 則百里實封之, 五百里兼附庸之地也. 今魯方〔五〕[4]百里, 非兼附庸也, 安詩自廣而已. 禮記曰"周公封於曲阜, 〔七〕[5]百里", 史記云"周封伯禽於魯, 四百里, 太公於齊, 兼五侯地", 是皆臆說, 不足取信也.

1) 愼到……著十二篇：≪史記≫〈孟子荀卿列傳〉에 나온다.
2) (魯國)〔守圉〕: 저본에는 '魯國'으로 되어 있으나, ≪墨子≫〈公輸〉에 의거하여 '守圉'로 바로잡았다.
3) 上公之地五百里：≪周禮≫〈地官 大司徒〉에 "무릇 제후국을 건립하는 데 土圭로 그 토지를 측량하여 그 疆域을 제정한다. 여러 公國의 땅은 사방 500리의 疆域을 봉하는데 여기에서 租稅를 받아먹는 것이 반이다.〔凡建邦國 以土圭土其地而制其域 諸公之地封疆方五百里 其食者半〕"라는 말이 나온다.
4) 〔五〕: 저본에는 '五'가 없으나, 四庫全書本에 의거하여 보충하였다.
5) 〔七〕: 저본에는 '七'이 없으나, ≪禮記≫〈明堂位〉에 의거하여 보충하였다.

○ 注의 〔愼子善用兵〕에서 〔南陽也〕까지

○ 正義曰：≪史記≫를 상고하니 "愼到는 趙나라 사람으로, 黃帝와 老子의 道德의 학문을 배웠으며, 12篇을 저술하였다."라고 하였는데, 徐廣은 "지금의 ≪愼子≫는 劉向이 編定한 것이니, 46篇이다."라고 하였다. ≪墨子≫〈公輸〉에 "〈墨子가 말하기를〉 '公輸子의 뜻은 臣을 죽이려고 하는 것에 불과합니다. 臣을 죽이면 宋나라가 수비할 수 없어서 공격할 수 있다고 여기기 때문입니다. 하지만 신의 제자 滑釐 등 3백 인이 이미 수비하는 기계를 가지고 宋나라의 城 위에서 楚나라의 침입을 대비하고 있으니, 비록 臣을 죽인다 해도 宋나라를 멸절시킬 수는 없을 것입니다.' 하였다. 이에 楚王이 말하기를 '훌륭합니다. 내가 宋나라를 공격하는 일은 없을 것입니다.' 하였다."라고 하

였다. 愼子가 바로 愼到이니, 荀卿의 ≪荀子≫ 〈非十二子〉 편의 주에 "愼子와 宋銒, 맹자는 동시대 사람이다."라고 한 것이 이것이다. ≪墨子≫에서 말한 것을 통해 그가 用兵을 잘했던 사람이라는 것을 또한 알 수 있다.

〔山南曰陽 岱山之南 謂之南陽〕 ≪尙書≫ 〈禹貢〉에 "岳陽"이 나오는데, 孔安國의 傳에 "산의 남쪽을 陽이라고 한다."라고 하였다. 岱山은 바로 太山이니, 齊나라의 남쪽에 있는 산이다. 周公은 魯나라에 봉해졌고, 太公은 齊나라에 봉해졌다. ≪周禮≫를 상고하니 上公의 땅은 500리라고 하였다. 齊나라와 魯나라는 上公을 봉한 곳이니, 100리는 실제로 봉해준 것이고 500리는 附庸國의 땅을 합친 것이다. 지금 魯나라가 사방 500인 것은 附庸國의 땅을 합친 것이 아니고, ≪詩≫에 능숙하여 스스로 넓힌 것일 뿐이다. ≪禮記≫ 〈明堂位〉에 "周公을 曲阜에 봉하였는데, 땅이 700리였다."라고 하였으며, ≪史記≫ 〈漢興以來諸侯年表〉에 "周나라가 伯禽을 魯나라에 봉하였는데 땅이 400리였으며, 太公을 齊나라에 봉하였는데 다섯 侯의 땅을 합친 크기였다."라고 하였다. 이것은 모두 근거 없는 말이므로 취할 만하지 않다.

9. 孟子曰 今之事君者皆曰 我能爲君辟土地하며 充府庫라하나니 今之所謂良臣은 古之所謂民賊也라

맹자가 말하였다. "오늘날 군주를 섬기는 자들은 모두 '나는 군주를 위해 토지를 개척하고 나라의 창고를 가득 채운다.'라고 말한다. 오늘날 이른바 좋은 신하라는 것은 옛날에는 이른바 백성을 해치는 도적이었다.

【注】 辟土地는 侵小國也요 充府庫는 重賦斂也라 今之所謂良臣은 於古之法에 爲民賊이라 傷民이라 故로 謂之賊也라

토지를 개척하는 것은 작은 나라를 침략하는 것이고, 창고를 채우는 것은 세금을 많이 거두는 것이다. 오늘날 이른바 좋은 신하라는 것은 옛날의 법도에서 보면 백성을 해치는 도적이다. 백성을 해치므로 도적이라고 한 것이다.

君不鄕道하여 不志於仁이어든 而求富之하니 是는 富桀也니라

군주가 道를 지향하지도 않고 仁에 뜻을 두고 있지도 않은데 그를 부유하게

해주려고 하니, 이것은 桀王을 부유하게 해 주는 것이다.

【注】爲惡君聚斂以富之하니 爲富桀也라 謂若夏桀也라

악한 군주를 위해 聚斂하여 부유하게 해주니 桀王을 부유하게 해주는 것이다. 〈군주가〉 夏나라 桀과 같음을 말한 것이다.

我能爲君하여 **約與國**하여 **戰必克**이라하나니 **今之所謂良臣**은 **古之所謂民賊也**라

또 '나는 군주를 위해 다른 나라와 同盟하여 전쟁을 벌이면 반드시 승리할 수 있다.' 라고 말한다. 오늘날 이른바 좋은 신하라는 것은 옛날에는 이른바 백성을 해치는 도적이었다.

【注】連諸侯以戰하여 求必勝之也라

제후와 同盟하여 전쟁을 벌여 반드시 승리하기를 구하는 것이다.

君不鄕道하여 **不志於仁**이어든 **而求爲之强戰**하니 **是輔桀也**니라

군주가 道를 지향하지도 않고 仁에 뜻을 두고 있지도 않은데 그를 위해 억지로 전쟁을 하려고 하니, 이것은 桀王을 도와주는 것이다.

【注】說이 與上同이라

해설이 위와 같다.

由今之道하여 **無變今之俗**이면 **雖與之天下**라도 **不能一朝居也**리라

오늘날의 방식을 따르면서 오늘날의 풍속을 바꾸지 않으면, 비록 천하를 주더라도 하루아침도 그 자리에 편히 있을 수 없을 것이다."

【注】今之道非善道요 今之世俗도 漸惡久矣니 若不變更이면 雖得天下之政而治之라도 不能自安一朝之間居其位也라

오늘날의 방식은 올바른 방식이 아니고 오늘날의 풍속도 점차 나빠진 지 오래되었

으니, 만약 바꾸지 않는다면 비록 천하의 政權을 얻어 다스리더라도 하루아침도 그 자리에 편히 있을 수 없을 것이다.

【疏】'孟子'(止)〔至〕[1]'居也' ○ 正義曰：此章言善爲國者, 必藏於民, 賊民以往, 其餘何觀, 變俗移風, 非樂不化, 以亂齊民, 不知其善者也. '孟子曰'至'不能一朝居也', 孟子言今之世爲臣而奉事君者, 皆曰"我能爲君廣辟土地・充實府庫", 以其皆掊克之人也. 今之所謂忠臣良臣者, 皆古之先王治世所謂爲殘賊民者也. 孟子於此, 又言君旣不趨向慕於道, 其心之所之又不志於仁, 是爲惡也. 而爲臣者, 又掊克聚斂而求富之, 是如富於夏桀之君也. 又且曰"我能爲君期與敵國, 戰鬪必能勝." 如此, 是今之所謂良臣, 卽古之所謂民賊者也. 君旣不向慕道・不志於仁, 而爲臣者又求爲之强戰鬪於敵國, 是輔桀也. 若猶用今之不善之道, 又不能變更今之世俗, 如此者, 雖與之以天下, 亦且不能自安一朝之間以居其位也. 是以孟子於魯欲使愼子爲將軍, 所以深闢之也.

1) (止)〔至〕: 저본에는 '止'로 되어 있으나, 監本・毛本과 本書 전체의 用例에 의거하여 '至'로 바로잡았다.(阮元의 〈校勘記〉 참조)

經의 〔孟子〕에서 〔居也〕까지

○ 正義曰 : 이 장에서는 "나라를 잘 다스리는 사람은 반드시 〈재물을〉 백성에게 보관한다. 백성을 해치는 행위 이하를 저지르는 나머지 자들에게 무슨 볼 것이 있겠는가. 풍속을 변화시킬 때에는 樂이 아니면 백성이 교화되지 않으니, 亂으로 백성을 다스린다면 그것이 옳은 일인지 모르겠다."라고 말하였다.

〔孟子曰〕에서 〔不能一朝居也〕까지

맹자가 "오늘날 세상에 신하로서 군주를 섬기는 자들은 모두 '나는 군주를 위해 토지를 개척하고 나라의 창고를 가득 채운다.'라고 말하니, 그들은 모두 聚斂하는 자들이기 때문이다. 오늘날 이른바 忠臣이나 良臣이라는 자들은 모두 옛날 先王이 세상을 다스릴 때에는 이른바 백성을 해치는 자에 해당되었다."라고 말하고, 그리고 맹자가 이에 대해 다시 "군주가 道를 향해 흠모하지 않고 그 마음의 지향도 仁에 뜻을 두지도 않으니, 이것은 惡을 행하는 것이다. 그런데도 군주를 위해 다시 백성을 수탈하고 聚斂하여 그를 부유하게 해주려고 하니, 이는 夏 桀王을 부유하게 해주는 것과 같다. 〈오늘날 세상에 신하로서 군주를 섬기는 자들은〉 다시 또 '나는 군주를 위해 능히 敵國과 동맹하고, 전투하면 반드시 이길 수 있다.'라고 한다. 이와 같다면, 지금의 이른바 良臣은 바로 옛날의 이른바 백성을 해치는 도적에 해당한다. 군주가 이미 道를 지향하지 않고 仁에 뜻을 두고 있지도 않은데, 신하가 다시 그를 위해 敵國과 힘써 싸우고자 하니, 이것은 桀王을 돕는 것이다. 여전히 오늘날의 不善한 방식을 사용하고 또 오늘날의 풍속을 바꿀 수 없다면, 이런 자에게 비록 천하를 주더라도 장차 하루아침도 그 자리에 편히 머물 수 없을 것이다."라고 말한 것이다. 그래서 맹자가 魯나라가 愼子를 장군으로 삼으려고 하자 강력하게 비판했던 것이다.

10. 白圭曰 吾欲二十而取一하노니 何如하니잇고

白圭가 말하였다. "저는 20분의 1을 세금으로 거두려는데, 어떻겠습니까?"

【注】白圭는 周人也라 節以貨殖하고 欲省賦利民하여 使二十而稅一이라

白圭는 周나라 사람이다. 절검하여 재물을 불린 뒤에, 세금을 줄여 백성을 이롭게 하려고 20분의 1을 세금으로 내게 하고자 하였다.

孟子曰 子之道는 貉道也로다 萬室之國에 一人陶면 則可乎아

맹자가 말하였다. "그대의 방식은 貉의 방식입니다. 1만 戶의 나라에서 한 사람만 질그릇을 굽는다면 괜찮겠습니까?"

【注】貉은 夷貉之人이니 在荒服[1]者也라 貉之(說)〔稅〕[2]는 二十而取一이라 萬家之國에 使一人으로 陶瓦器면 則可乎아 以此로 喩白圭之所言而已矣라

1) 荒服 : 중국 고대에 王畿를 중심으로 전 지역을 甸服, 候服, 綏服, 要服, 荒服의 다섯 구역으로 나누었는데, 한 구간이 5백 리씩이었다. 荒服은 都城에서 2천 리에서 2천 5백 리 사이에 위치한 지방이다.

2) (說)〔稅〕 : 저본에는 '說'로 되어 있으나, 四庫全書本에 의거하여 '稅'로 바로잡았다.

貉은 夷貉의 사람이니, 荒服에 사는 자이다. 貉의 세금은 20분의 1을 거두었다. 1만 戶의 나라에서 한 사람에게만 질그릇을 굽게 하면 괜찮겠는가. 이 말로써 白圭가 한 말을 비유하였다.

曰 不可하니 器不足用也니이다

白圭가 말하였다. "안 됩니다. 그릇이 쓰기에 부족할 것입니다."

【注】白圭曰 一人陶면 則瓦器不足以供萬室之用也라

白圭가 "한 사람만 질그릇을 구우면 질그릇이 1만 호의 수요를 충족하기에 부족할 것이다."라고 말한 것이다.

曰 夫貉은 五穀이 不生하고 惟黍生之하나니 無城郭宮室宗廟祭祀之禮하며 無諸侯幣帛饔飧하며 無百官有司라 故로 二十에 而取一而足也니라

맹자가 말하였다. "저 貉은 五穀이 자라지 않고 오직 기장만 자랍니다. 게다가 성곽과 궁실과 종묘와 제사의 禮가 없고, 제후들과 폐백을 교환하고 빈객에게 음식을 접대하는 일도 없으며, 百官과 有司도 없습니다. 그러므로 20분의 1만 세금으로 거두어도 충분합니다.

【注】貉은 在北方하니 其氣寒하여 不生五穀하고 黍는 早熟이라 故로 獨生之라 無中國之禮와 如此之用이라 故로 可二十而取一而足也라

貉은 北方에 있으니 기후가 추워서 五穀이 자라지 않고, 기장은 일찍 익기 때문에 그것만 자란다. 中國의 禮도 없고, 中國과 같은 쓰임도 없다. 그러므로 20분의 1만 세금으로 거두어도 충분하다.

今에 居中國하여 去人倫하며 無君子면 如之何其可也리오 陶以寡라도 且不可以爲國이온 況無君子乎아 欲輕之於堯舜之道者는 大貉과 小貉也요 欲重之於堯舜之道者는 大桀과 小桀也니라

지금 중국에 살면서 人倫을 버리거나 君子의 방식을 무시한다면 어찌 괜찮겠습니까. 질그릇을 굽는 사람이 적어도 나라를 다스릴 수 없는데, 더구나 君子의 방식을 무시하는 경우는 어떻겠습니까. 堯舜이 행하던 방식보다 가볍게 하려는 자는 큰 貉과 작은 貉이고, 堯舜이 행하던 방식보다 무겁게 하려는 자는 큰 桀王

과 작은 桀王입니다."

【注】今之居中國하여 當行禮義어늘 而欲效夷貉하여 無人倫之敍하고 無君子之道면 豈可哉리오 陶器者少라도 尙不可以爲國이온 況無君子之道乎아 堯舜以來로 什一而稅라야 足以行禮라 故로 以此爲道라 今欲輕之하여 二十而稅一者니 夷貉爲大貉이요 子爲小貉也라 欲重之하여 過什一이면 則是夏桀爲大桀이요 而子爲之小桀也라

지금 中國에 살면서 禮와 義를 행해야 하는데도, 夷貉을 본받아 人倫의 차례를 무시하고 君子의 방식을 무시한다면 어찌 괜찮겠는가. 질그릇을 굽는 사람이 적어도 나라를 다스릴 수 없는데, 더구나 君子의 방식을 무시하는 경우는 어떻겠는가. 堯舜 이래로 10분의 1을 세금으로 거두어야 禮를 행할 수 있었다. 그래서 이것을 방식으로 삼았던 것이다. 지금 그것을 輕減하여 20분의 1을 세금으로 거두려는 자가 있으니, 夷貉은 큰 貉이고 그대는 작은 貉이다. 그것을 加重하여 10분의 1을 초과하여 세금으로 거두려고 한다면, 夏나라의 桀王은 큰 桀王이고 그대는 작은 桀王일 것이다.

【疏】'白圭'至'小桀也' ○ 正義曰：此章言先王典禮, 萬世可遵, 什一供貢, 下富上尊. 裔土簡惰, 二十而稅, 夷狄有君, 不足爲貴. 圭欲法之, 孟子斥之以王制者也. '白圭曰 吾欲二十而取一 何如', 白圭, 周人也. 白圭言於孟子曰"我今欲省賦利民, 但二十中而稅一, 如之何." '孟子曰 子之道 貉道也 萬室之國 一人陶則可乎', 孟子欲闢之, 故與之曰"子以二十而稅一之道, 乃荒服北裔貉之道也." 故託喩以問之曰"萬家之國, 但以一人陶瓦器而供使用, 則可乎, 否乎." '曰不可 器不足用也', 白圭答之曰"一人陶器而供萬家之國, 則器不足用也, 是爲不可也." '曰夫貉 五穀不生'至'大桀小桀也', 孟子又與之言曰"夫貉居於北方, 其地寒燥, 而五穀不生長. 惟黍爲熟於寒燥, 故生之. 又以其無中國之城郭宮室, 又無宗廟祭祀之禮, 又無幣帛饔飧之費, 又無百官之衆供贍.-朝食曰饔, 夕食曰飧.- 如此無有費用供贍, 故於貉但二十而稅一亦足給也. 今居中國之地, 如去人倫之敍, 使無君子之道, 如何爲可乎. 然而陶器之少, 且尙不可以爲供國之用, 況於國而無君子之道乎. 且自堯・舜二帝以來, 皆以什一而稅也, 今欲輕於堯・舜什一之道, 而欲二十而取一, 則夷貉爲大貉, 而子爲小貉也, 如欲重於堯・舜什一之道, 而過於什一, 則夏桀爲大桀, 而子爲小桀也. 以其桀暴於賦斂者也." 此孟子所闢之白圭也.

經의 〔白圭〕에서 〔小桀也〕까지

○ 正義曰：이 장에서는 "先王의 典禮는 萬世토록 따를 수 있는 것이니, 10분의 1을 세금으로 바치게 하면 아랫사람은 부유해지고 윗사람은 존중받게 된다. 邊方은 제도가 소략하고 게을러서 20분의 1을 세금으로 걷는데, 夷狄에 군주가 있더라도 귀하게 여길 만하지 않다. 白圭가 그것을 본받으려고 하자, 맹자가 王者의 制度를 가지고 그를 물리쳤다."라고 말하였다.

〔白圭曰 吾欲二十而取一 何如〕 白圭는 周나라 사람이다. 白圭가 맹자에게 "저는 지금 세금을 줄여 백성을 이롭게 하려고 단지 20분의 1을 세금으로 부과하려는데, 어떻겠습니까?"라고 말한 것이다.

〔孟子曰 子之道 貉道也 萬室之國 一人陶則可乎〕 맹자가 그를 물리치고자 하였으므로 그에게 "그대가 20분의 1을 세금으로 걷는 방식을 쓰려는데, 이것은 荒服인 북쪽 변방에 사는 貉의 방식입니다." 라고 말하였다. 그리고는 비유하여 묻기를 "1만 戶의 나라에서 단지 한 사람만 질그릇을 구워 사람들의 수요에 공급한다면, 괜찮겠습니까? 괜찮지 않겠습니까?" 하였다.

〔曰不可 器不足用也〕 白圭가 "한 사람만 질그릇을 구워 1만 戶의 나라에 공급한다면 질그릇이 부족할 것이니, 불가합니다."라고 대답한 것이다.

〔曰夫貉 五穀不生〕에서 〔大桀小桀也〕까지

맹자가 다시 그에게 "저 貉은 북방에 거주하는데, 그 땅은 춥고 건조하여 五穀이 자라지 않습니다. 오직 기장만 춥고 건조한 땅에서 익으므로 그곳에 자랍니다. 게다가 그곳에는 중국처럼 성곽과 궁실도 없고 종묘와 제사의 禮도 없으며, 제후들과 幣帛을 교환하고 빈객에게 饔飧을 접대하는 비용도 없으며, 供養하는 百官의 무리도 없습니다.-아침밥을 '饔'이라 하고, 저녁밥을 '飧'이라고 한다.- 이와 같이 비용과 공양하는 일이 없으므로 맥은 단지 20분의 1만 세금으로 거두어도 충분한 것입니다. 지금 중국에 살면서 만약 人倫의 차례를 버리고 君子의 방식을 무시하게 한다면 어찌 괜찮겠습니까. 이처럼 질그릇을 굽는 사람이 적어도 오히려 나라의 수요를 공급할 수 없는데, 더구나 나라에서 君子의 방식을 무시하는 경우는 어떻겠습니까. 그리고 堯舜 두 제왕 이래로 모두 10분의 1을 세금으로 거두었는데, 이제 요순이 시행했던 10분의 1의 방식보다 가볍게 하여 20분의 1을 거두려고 한다면, 夷貉은 큰 貉이고 그대는 작은 貉이 됩니다. 만약 요순이 시행했던 10분의 1의 방식보다 무겁게 하여 10분의 1보다 초과하려고 한다면, 夏나라의 桀王은 큰 桀王이고 그대는 작은 桀王이 됩니다. 桀王이 세금을 과하게 거둔 것으로 세상에 알려진 자이기 때문입니다."라고 말한 것이다. 이것이 맹자가 백규를 비판한 까닭이다.

【疏】 ○ 注曰'圭 周人也'. ○ 正〔義曰〕[1]：案班固志貨殖傳云"白圭, 周人也. 當魏文侯時, 李克務盡地力, 而白圭樂觀時變, 故人棄我取, 人取我與. 能薄飮食, 忍嗜欲, 節衣服. 曰吾治生, 與伊尹・呂尙之謀, 孫吳用兵, 商鞅行法是也." 又公羊傳曰"古者什一而籍. 古者(易)〔曷〕[2]爲什一而籍. 什一者, 天下之中正也. 多乎什一, 大桀小桀, 寡乎什一, 大貉小貉. 什一者, 天下之中正也, 什一行而天下頌聲作矣. 何休云多取於民, 比於桀, 蠻貉無百官制度之費, 稅薄. 穀梁云"古者什一而籍", 孟子曰"夏氏五十而貢, 殷人七十而助, 周人百畝而徹", 凡書傳云什一者衆矣. 杜預曰"古者公田之法, 十取其一", 謂十畝內取一. 舊法旣以十畝取一矣. 春秋魯宣公十五年, 初稅畝, 又履其餘畝, 更復十取其一, 乃是什取其二. 故魯哀公問有若曰"二吾猶不足, 如之何其徹也."[3] 周禮・載師云凡任地近郊十一, 遠郊二十而三, 甸・稍・縣・都皆(取)〔無〕[4]過十二, 漆林之征二十而五. 彼謂王畿之內, 所共多, 故賦稅重. 諸書所言什一, 皆謂畿外之國. 故鄭玄曰"云什一而稅謂之徹. 徹, 通也. 爲天下之通法", 言天下皆什一耳, 不言畿內亦什一也. 孟子云"方(百)[5]里爲井, 井九百畝, 其中爲公田. 八家皆私百畝, 同養公田, 公事畢, 然後敢治私事." 鄭玄(云)[6]詩箋云"井稅一夫, 其田百畝", 則九而稅一. 其意又異於漢食貨志云"井田方(百)〔一〕[7]里, 是爲(八九家)〔九夫, 八家〕[8]共之, 各受私田百畝, 公田十畝, 是爲八百八十畝, 餘二十畝爲廬舍." 然而諸儒多用孟子爲義. 如孟子所言, 則家別一百一十畝, 是爲十外稅一也. 是爲鄭玄有異於此也. 又孟子對滕公, 請野九一而助, 國中什一, 使自賦. 鄭玄周禮・匠人注, 孟子此言, 乃云是邦國, 亦異外內之法. 則鄭玄以爲諸侯郊外郊內, (郊)[9]其法不同, 郊內十一, 使自賦其一, 郊外九而助一, 是爲二十而稅(一)〔二〕.[10] 故鄭玄又云, 諸侯謂之徹者, 通其率, 以(十)〔什〕[11]一爲正, 郊內郊外相通, 其率爲十稅一也. 杜預直云十取其一, 則又異於鄭, 惟謂一夫百畝, 以十畝歸公. 趙注不解夏五十・殷七十〔之意. 蓋古者人多田少, 一夫唯得五十七十畝耳. 五十而貢, 貢五畝, 七十〕[12]而助, 助七畝, 好惡取於此. 鄭注考工記云"周人畿內用夏之貢法, 邦國用殷之助法也."

1) 〔義曰〕: 저본에는 '義曰'이 없으나, 閩本・監本・毛本에 의거하여 보충하였다.(阮元의 〈校勘記〉 참조)

2) (易)〔曷〕: 저본에는 '易'으로 되어 있으나, ≪春秋公羊傳≫에 의거하여 '曷'로 바로잡았다.

3) 二吾猶不足, 如之何其徹也 : 魯 哀公이 有若에게 흉년으로 인해 부족해진 財政을 해결할 방법을 물었다. 有若이 徹法을 시행하라고 건의하자, 哀公이 "나에게는 10분의 2를 세금으로 거두는 것도 오히려 부족한데, 어찌 徹法을 시행하겠는가."라고 말하였다.(≪論語≫ 〈顔淵〉)

4) (取)〔無〕: 저본에는 '取'로 되어 있으나, ≪周禮≫ 〈地官 載師〉에 의거하여 '無'로 바로잡았다.

5) (百) : 저본에는 '百'이 있으나, 본서 〈滕文公 上〉에 의거하여 衍文으로 처리하였다.

6) (云) : 저본에는 '云'이 있으나, ≪春秋左傳注疏≫ 宣公 15년의 疏에 의거하여 衍文으로 처리하였다.

7) (百)〔一〕: 저본에는 '百'으로 되어 있으나, 監本·毛本 및 ≪漢書≫ 〈食貨志〉에 의거하여 '一'로 바로잡았다.(阮元의 〈校勘記〉 참조)

8) (八九家)〔九夫八家〕: 저본에는 '八九家'로 되어 있으나, 監本·毛本 및 ≪漢書≫ 〈食貨志〉에 의거하여 '九夫八家'로 바로잡았다.(阮元의 〈校勘記〉 참조)

9) (郊) : 저본에는 '郊'가 있으나, 四庫全書本과 ≪春秋左傳注疏≫ 宣公 15년의 疏에 의거하여 衍文으로 처리하였다.

10) (一)〔二〕: 저본에는 '一'로 되어 있으나, ≪論語注疏≫ 〈顔淵〉 9장의 疏에 의거하여 '二'로 바로잡았다.

11) (十)〔什〕: 저본에는 '十'으로 되어 있으나, ≪周禮注疏≫ 〈匠人〉의 注에 의거하여 '什'으로 바로잡았다.

12) 〔之意 蓋古者人多田少 一夫唯得五十七十畝耳 五十而貢 貢五畝 七十〕: 저본에는 이 부분이 없으나, ≪春秋左傳注疏≫ 宣公 15년의 疏와 ≪論語注疏≫ 〈顔淵〉 9장의 疏에 의거하여 '之意 蓋古者人多田少 一夫唯得五十七十畝耳 五十而貢 貢五畝 七十' 28자를 보충하였다.

○ 注의 〔圭 周人也〕

○ 正義曰 : 班固가 쓴 ≪漢書≫ 〈貨殖傳〉을 상고하니 "白圭는 周나라 사람이다. 魏나라 文侯 때에 李克은 토지의 생산성을 높이는 것에 힘을 쏟았는데, 白圭는 時勢의 변화를 살피는 것을 좋아하였다. 그래서 남이 팔면 자신은 그것을 사고, 남이 사면 자기는 팔았다. 또한 능히 음식을 절제하고 嗜欲을 참았으며 衣服을 검약하였다. 그가 말하기를 '내가 生業을 영위하는 방식은 바로 伊尹·呂尙의 計策과 孫武·吳起의 用兵과 商鞅의 법 집행과 같다.' 하였다."라고 하였다. 또 ≪春秋公羊傳≫ 宣公 15년

에 "옛날에는 10분의 1을 公田을 통해 거두었다. 옛날에는 어찌하여 10분의 1을 公田을 통해 거두었는가? 10분의 1을 거두는 것이 천하에서 가장 합리적인 방식이었기 때문이다. 10분의 1보다 많이 거두는 자는 큰 桀王과 작은 桀王이고, 10분의 1보다 적게 거두는 자는 큰 貉과 작은 貉이다. 10분의 1을 거두는 것이 천하에서 가장 합리적인 방식이니, 10분의 1의 세금이 시행되면 천하에 찬양하는 노래가 울려 퍼질 것이다."라고 하였는데, 何休의 注에 "백성에게 많이 취하는 자를 桀王에게 비유한 것이다. 蠻貊은 百官의 제도에 드는 비용이 없어 세금이 적다."라고 하였다. ≪春秋穀梁傳≫ 宣公 15년에도 "옛날에는 10분의 1을 公田을 통해 거두었다."라고 하였고, ≪孟子≫ 〈滕文公 上〉에는 "夏后氏는 50畝에 貢法을 시행하였고, 殷나라 사람은 70畝에 助法을 시행하였고, 周나라 사람은 100畝에 徹法을 시행하였다."라고 하였으니, 무릇 책과 傳에서 10분의 1을 거두는 것을 언급한 곳이 많다. 杜預는 "옛날 公田 제도는 10분의 1을 세금으로 거두는 것이었다."라고 하였는데, 10畝 안에서 1을 세금으로 거두었음을 말한 것이다. 옛 제도는 이미 10畝에서 1을 세금으로 거두고 있었던 것이다. ≪春秋≫ 魯 宣公 15년을 상고하면, 처음으로 경작하는 토지에 세금을 거두었으니, 다시 〈公田 이외의 〉 나머지 토지를 實測하여 추가로 10분의 1의 세금을 거둔 것이니, 비로소 10분의 2를 거둔 것이다. 그러므로 魯 哀公이 有若에게 "나에게는 10분의 2를 세금으로 거두는 것도 오히려 부족한데, 어찌 徹法을 시행하겠는가."라고 하였던 것이다. ≪周禮≫ 〈地官 載師〉에는 "무릇 토지에 따라 세금을 부과할 때에, 近郊는 10분의 1을 거두고, 遠郊는 20분의 3을 거두고, 甸・稍・縣・都는 모두 10분의 2를 넘지 않도록 하며, 옻나무 숲은 20분의 5를 거둔다."라고 하였다. 이것은 王畿 안을 말한 것이니, 공급해야 할 것이 많았으므로 부과한 세금이 무거웠던 것이다. 여러 책에서 말한 10분의 1은 모두 王畿 밖의 나라를 말한 것이다. 그러므로 鄭玄은 "10분의 1을 세금으로 걷는 것을 '徹'이라고 한다. 徹은 통함이니, 천하에 통용되는 법이라는 의미이다."라고 하였는데, 천하가 모두 10분의 1을 세금으로 걷었다는 것을 말했을 뿐이고, 畿內도 10분의 1이라고는 말하지는 않았다. 맹자는 "사방 1里가 1井이요 1井은 900畝이니, 그 가운데가 公田이 된다. 여덟 가구가 모두 100畝씩 私田으로 가지고 있으면서 公田을 공동으로 경작하였는데, 公田의 농사를 마친 뒤에 감히 私田의 농사를 짓는다."라고 하였다. 鄭玄은 ≪詩經≫의 箋에서 "1井에서 1夫의 소출을 세금으로 거두니, 그 토지는 100畝이다."라고 하였으니, 9분의 1을 세금으로 거두는 것이다. 그 설명은 또한 ≪漢書≫ 〈食貨志〉에서 "井田은 사방 1里이니, 이것이 9夫이다. 8家가 함께 공유하여 각자 私田 100畝와 公田 10畝를 받으니 총 880畝이고, 나머지 20畝에는 廬舍를 짓는다."라고 한 것과 다르다. 하지만 여러 학자들은 대다수 맹자의 설을 채용하여 설명하였다. 맹자의 말대로라면 1家마다 110畝이니, 이는 10분을 초과한 것에서 1을 세금을 내는 것이다. 鄭玄과 이 점에서 차이가 있다. 또한 맹자가 滕 文公에게 "郊外의 토지에는 9분의 1을 거두면서 助法과 같게 하고, 도성 안에는 10분의 1을 거두는 것은 본래의 稅法대로 하도록 하소서."라고 하였다. 鄭玄은 ≪周禮≫ 〈匠人〉의 注에서 "맹자의 이 말은 제후국에도 안과 밖의 稅法을 달리 적용하였음을 말한 것이다."라고 하였으니, 鄭玄은 제후국의 郊外와 郊內에 그 稅法이 달라서 郊內는 11분의 1을 본래의 세법대로 거두게 한 것이고, 郊外는 9분에서 1을 助法과 같이 거두었다고 여긴 것이니, 이는 20분의 2를 세금으로 거둔 것이다. 그러므로 鄭玄은 또 말하기를 "제후국의 稅法을 徹法이라고 일컫는 것은 그 비율을 통합하여 10분의 1을 바른 것으로 삼은 것이다."라고 하였으니, 郊內와 郊外를 서로 통합하면 그 비율이 10분의 1을 세금으로 거두는 셈이 된다는 것이다. 杜預는 바로 "10분의 1을 세금으로 거두었다."라고 하여 鄭玄의 설과는 다르다. 〈杜預는〉 단지 "1夫가 100畝를 경작하여 10畝의 소출을 公家에 바친다."라고 여긴 것이다. 趙岐의 注는 夏나라가 50畝를 준 것과 殷나라가 70畝를 주었다는 의미를 이해하지 못한 것이다. 옛날에는 사람은 많고 토지가 적어서 1夫가 단지 50畝나 70畝를 받았을 뿐이다. 50畝를 주어 貢法을 시행한 것은 5畝의 소출을 바치게 한 것이고, 70畝를 주어 助法을 시행한 것은 7畝의 경작을 돕게 한 것이다. 풍년이 들든 흉년이 들든 이것만 취하였다. 鄭玄은 ≪周禮≫ 〈考工記 匠人〉의 注에서 "周나라 사람은 畿內에 夏나라의 貢法을 썼고, 제후국은 殷나라의 助法을 썼다."라고 하였다.

11. 白圭曰 丹之治水也愈於禹호이다

백규가 말하였다. "제가 治水한 방식이 禹보다 낫습니다."

【注】丹은 名이요 圭는 字也라 當諸侯之時하여 有小水하니 白圭爲治除之러니 因自謂過乎禹也라

丹은 이름이고 圭는 字이다. 제후의 시기에 작은 水害가 발생하자 白圭가 다스려 제거하였는데, 이로 인해 스스로 禹보다 낫다고 여긴 것이다.

孟子曰 子過矣로다 **禹之治水**는 **水之道也**니라 **是故**로 **禹**는 **以四海爲壑**이어시늘 **今**에 **吾子**는 **以隣國爲壑**이로다 **水逆行**을 **謂之洚水**니 **洚水者**는 **洪水也**라 **仁人之所惡**(오)**也**니 **吾子過矣**로다

맹자가 말하였다. "그대의 말은 잘못입니다. 禹의 治水는 물길을 따랐습니다. 그러므로 禹는 四海를 물이 모이는 계곡으로 삼으셨습니다. 지금 그대는 이웃 나라를 물이 모이는 계곡으로 삼았습니다. 물이 逆流하는 것을 洚水라고 하니, 洚水는 바로 洪水입니다. 이것은 仁者가 미워하는 것이니, 그대의 말은 잘못입니다."

【注】 子之所言過矣라 禹除中國之害할새 以四海로 爲溝壑하여 以受其害水라 故로 後世賴之라 今에 子除水하여 近注之隣國하니 觸於洚水之名이라 仁人惡爲之어늘 自以爲愈於禹하니 是子亦過甚矣라

그대의 말은 잘못이다. 禹는 中國의 災害를 제거할 때에 四海를 계곡으로 삼아 水害를 받아들이게 하였다. 그러므로 후세에도 그 도움을 받고 있다. 지금 그대는 水害를 제거하면서 가까이 이웃 나라로 흘러가게 하니, 洚水라고 부르는 것과 비슷하다. 仁者도 그렇게 하는 것을 미워하는데, 스스로 禹보다 낫다고 하니, 그대의 말은 또한 매우 잘못이다.

【疏】 '白圭'至'過矣' ○ 正義曰：此章言君子除害, 普爲人也. 白圭壑隣, 亦以狹矣. 是故賢者志其大者・遠者也. '白圭曰 丹之治水也 愈於禹', 丹, 圭名也, 趙注所以知其爲圭字也. 孟子與之曰"子此言有過謬矣. 夫大禹之治水, 因水道而疏通, 歸於海也. 此故禹以四海爲溝壑, 以受其水害, 故當時民皆得平土而居之. 今吾子以隣國爲壑以受害, 而又有逆其水道. 且逆水者, 所以謂之洚水, 謂洚水卽洪大之水也, 是爲仁人之所惡之也. 今子如是, 乃云有愈於大禹, 是吾子之過謬矣." 白圭云所以言此者, 是又不知大禹不自滿假・不自伐[1]之謂也. 於禹治水之功, 是又白圭未得禹萬分之一也. 宜其孟子辭而辟之, 以爲過謬者矣. 抑亦不思天下有溺者由己溺之[2]謂也.

1) 不自滿假 不自伐 : ≪書經≫ 〈大禹謨〉에 舜임금이 禹에게 "洪水가 나를 경계하였는데 믿음을 이루고 공을 이룬 것은 네가 어질기 때문이며, 나라 일에 부지런하고 집안에 검소하여 스스로 흡족하게 여기지 않고 스스로 위대하다고 여기지 않는 것은 네가 어질기 때문이다. 네가 자랑하지 않더라도 천하에 너와 더불어 능함을 다툴 자가 없으며, 네가 과시하지 않더라도 천하에 너와 더불어 공적을 다툴 자가 없으니, 나는 너의 덕을 성대하게 여기며 너의 아름다운 공적을 가상하게 여기노라.〔降水儆予 成允成功 惟汝賢 克勤于邦 克儉于家 不自滿假 惟汝賢 汝惟不矜 天下莫與汝爭能 汝惟不伐 天下莫與汝爭功 予懋乃德 嘉乃丕績〕"라고 한 데서 온 말이다.

2) 天下有溺者由己溺之 : 本書 〈離婁 下〉에 나온다.

經의 〔白圭〕에서 〔過矣〕까지

○ 正義曰 : 이 장에서는 "君子가 災害를 제거하는 것은 널리 사람을 위한 것이다. 白圭는 이웃 나라를 물이 모이는 계곡으로 삼았으니, 또한 마음 씀씀이가 편협했기 때문이다. 그러므로 賢者는 중대한 것과 원대한 것에 뜻을 두는 것이다."라고 말하였다.

〔白圭曰 丹之治水也 愈於禹〕 丹은 白圭의 이름이니, 趙岐의 注에서 圭를 字라고 한 이유를 알 수 있다. 맹자가 그에게 "그대의 이 말은 잘못입니다. 저 위대한 禹의 治水는 물길을 따라 소통시켜 바다로 돌아가게 하는 방식이었습니다. 그런 까닭에 禹는 四海를 물이 모이는 계곡으로 삼아 그 水害를 받아들이도록 했던 것이니, 이로 인해 당시 백성들이 모두 平地를 얻어 살 수 있게 되었습니다. 지금 그대는 이웃 나라를 물이 모이는 계곡으로 삼아 水害를 받아들이게 하고, 다시 그 물길을 逆流시킵니다. 그리고 물을 逆流시키는 것은 洚水라고 일컫는 것인데, 洚水는 바로 洪水이니, 仁者가 미워하는 것입니다. 지금 그대가 이렇게 하면서 마침내 위대한 禹보다 낫다고 하니, 그대의 말은 잘못되었습니다."라고 말한 것이다. 白圭가 이렇게 말한 까닭은 위대한 禹가 "스스로 흡족하게 여기지 않고 스스로 위대하다 여기지 않는다."라거나 "스스로 과시하지 않는다."라고 일컬어진 것을 또한 몰랐기 때문이다. 禹가 治水한 공에 비하면, 또한 白圭의 공은 1만분의 1도 되지 않는다. 맹자가 언변으로 그의 말을 물리쳐 잘못이라고 한 것은 당연하다. 〈白圭는〉 또한 "〈禹는〉 天下에 물에 빠진 사람이 있으면 자기가 물에 빠뜨린 것처럼 생각하였다."라고 일컬어진 것도 생각하지 못한 것이다.

12. 孟子曰 君子不亮이면 惡(오)乎執이리오

맹자가 말하였다. "君子가 信實하지 않으면 어떻게 지조를 지킬 수 있겠는가."

【注】 亮은 信也라 易曰 君子는 履信思順[1]이라하니 若爲君子之道하여 舍信이면 將安所執之邪아

1) 履信思順 : ≪周易≫ 〈繫辭傳 上〉에 "하늘이 돕는 것은 順함이요, 사람이 돕는 것은 信이니, 信을 실천하고 順할 것을 생각하며, 또 賢者를 숭상한다.〔天之所助者順也 人之所助者信也 履信思乎順 又以尙賢也〕"라는 孔子의 말이 나온다.

亮은 信이다. ≪周易≫에 "君子는 信을 실천하고 順할 것을 생각한다."라고 하였으니, 만약 君子의 道를 행하면서 信을 버린다면 장차 어떻게 지조를 지킬 수 있겠는가.

【疏】 正義曰 : 此章言重信之至者也.[1] 孟子言君子之道如不以信爲主, 則君〔子〕[2]之道惡乎執, 言執君子之道, 特在乎信也. 亮, 信也. 然言亮而不言信者, 蓋亮之爲義, 其體在信, 其用在明. 君子之道, 惟明爲能, 明善在信, 爲能誠身, 不明乎善, 不能誠其身矣. 是則君子不亮, 又惡乎執歟. 以其誠也者, 擇善而固執之者也. 故論語云"自古皆有死, 民無信不立", 是重信之至也.

1) 此章言重信之至者也 : 北京大本에는 章指를 "이 장의 章指는 다음과 같다. ≪論語≫에 '자고로 사람은 누구나 죽기 마련이지만, 백성은 信義가 없으면 존립하지 못하게 된다.'라고 하였으니, 信義의 지극한 점을 소중하게 여긴 것이다.〔此章指言論語曰 自古皆有死 民無信不立 重信之至者也〕"라고 하였다.

2)〔子〕: 저본에는 '子'가 없으나, 閩本・監本・毛本에 의거하여 보충하였다.(阮元의 〈校勘記〉 참조)

○ 正義曰 : 이 장에서는 信義의 지극한 점을 소중하게 여겨야 함을 말하였다. 맹자가 "君子의 道가 信을 위주로 하지 않는다면, 君子의 道를 어떻게 견지할 수 있겠는가."라고 말한 것이니, 君子의 道를 견지하는 것은 단지 信에 달려 있다는 의미이다. 亮은 信이다. 하지만 亮이라고 하고 信을 바로 말하지 않는 것은, 亮이라는 말의 본질적인 의미는 信에 있고, 그 작용은 明에 있기 때문이다. 君子의 道는 밝아야지만 능할 수 있는 것이며, 善을 밝히는 것을 信에 바탕을 두어야 몸을 성실하게 할 수 있다. 善에 밝지 못하면 그 몸을 성실하게 할 수 없을 것이다. 그러니 君子가 信實하지 않다면

또한 어떻게 지조를 지킬 수 있겠는가. 誠이라는 것은 善을 택하여 굳게 견지하는 것이기 때문이다. 그러므로 ≪論語≫에서 '자고로 사람은 누구나 죽기 마련이지만, 백성은 信義가 없으면 존립하지 못하게 된다.'라고 한 것이니, 信義의 지극한 점을 소중하게 여긴 것이다.

13. 魯欲使樂正子로 爲政이러니

魯나라가 樂正子에게 國政을 맡기려 하였다.

【注】 樂正子는 克也니 魯君이 使之執政於國이라

樂正子는 이름이 克이니, 魯나라 군주가 그로 하여금 國政을 맡게 한 것이다.

孟子曰 吾聞之하고 喜而不寐호라

맹자가 말하였다. "나는 그 소식을 듣고 기뻐서 잠을 이루지 못했다."

【注】 喜其人道德得行이니 爲之喜而不寐라

그 사람의 道와 德이 행해질 수 있음을 기뻐한 것이니, 그것 때문에 기뻐서 잠을 잘 수 없었던 것이다.

公孫丑曰 樂正子는 强乎잇가 曰 否라 有知慮乎잇가 曰 否라 多聞識乎잇가 曰 否라

公孫丑가 말하였다. "樂正子는 强健합니까?" 맹자가 대답하였다. "아니다." 공손추가 말하였다. "知慮가 있습니까?" 맹자가 대답하였다. "아니다." 공손추가 말하였다. "見識이 많습니까?" 맹자가 대답하였다. "아니다."

【注】 丑問樂正子有此三問之所能乎아한대 孟子皆曰 否라 不能有此也니라

公孫丑가 "樂正子에게 이 세 차례 질문 드린 능한 점이 있습니까?"고 물었는데, 맹자가 다 "아니다. 이러한 점을 지니지 못하였다."라고 대답한 것이다.

然則奚爲喜而不寐시니잇고

公孫丑가 말하였다. "그렇다면 왜 기뻐서 잠을 이루지 못하셨습니까?"

【注】丑問無此三者어늘 何爲喜而不寐시니잇고

公孫丑가 "〈그에게〉 이 세 가지 능한 점이 없는데, 왜 기뻐서 잠을 이루지 못하셨습니까?"라고 물은 것이다.

曰 其爲人也好善이니라

맹자가 말하였다. "그 사람됨이 善을 좋아하기 때문이다."

【注】孟子言樂正子之爲人也能好善이라 故로 爲之喜라

맹자가 "樂正子의 사람됨이 능히 善을 좋아하기 때문에 기뻐한 것이다."라고 말한 것이다.

好善이 **足乎**잇가

公孫丑가 말하였다. "善을 좋아하는 것만으로도 나라를 충분히 다스릴 수 있습니까?"

【注】丑問以但好善으로 足以治國乎잇가

公孫丑가 "善을 좋아하는 것만으로도 나라를 충분히 다스릴 수 있습니까?"라고 물은 것이다.

曰 好善이면 **優於天下**온 **而況魯國乎**아 **夫苟好善**이면 **則四海之內皆將輕千里而來**하여 **告之以善**하고 **夫苟不好善**이면 **則人將曰 訑訑**를 **予旣已知之矣**로라하리니 **訑訑之聲音顔色**이 **距人於千里之外**하리라

맹자가 말하였다. "善을 좋아하면 천하를 다스리는 데에도 충분하거늘, 더구나 魯나라이겠느냐. 만약 〈위정자가〉 善을 좋아한다면 천하의 사람들이 모두 천 리

를 마다하지 않고 찾아와서 善을 말해 줄 것이다. 만약 〈위정자가〉 善을 좋아하지 않는다면 사람들이 장차 '잘난 체할 것을 나는 이미 알고 있다.'라고 할 것이니, 잘난 체하는 말소리와 표정이 사람을 천 리 밖에서 막는 것이다.

【注】孟子曰 好善이면 樂聞善言하여 是采用之也라 以此로 治天下면 可以優之니 舜이 是也라 何況於魯不能治乎아 人誠好善이면 四海之內皆輕行千里하여 以善來告之하고 誠不好善이면 則其人將曰訑訑하여 賤他人之言하리니-訑訑者는 自足其智하여 不嗜善言之貌라- 訑訑之人이 發聲音하고 見顔色하면 人皆知其不欲受善言也하며 道術之士는 聞之하고 止於千里之外而不來也라

맹자가 "善을 좋아하면 善한 말을 듣는 것을 즐겨하여 이에 그것을 採用한다. 그것으로 천하를 다스리면 넉넉히 다스릴 수 있으니, 舜이 바로 그런 분이셨다. 〈그러니〉 어찌 더구나 魯나라를 능히 다스릴 수 없겠는가. 사람이 진실로 善을 좋아한다면, 천하의 사람들이 모두 천 리 길을 마다하지 않고 善을 가지고 찾아와 말해줄 것이다. 진실로 善을 좋아하지 않는다면, 사람들이 장차 '잘난 체 하면서 다른 사람의 말을 천하게 여길 것이다.'라고 말할 것이니,- 訑訑라는 것은 스스로 자기 지혜에 만족하여 善한 말을 좋아하지 않는 모양이다.- 잘난 체하는 사람이 말소리를 내고 표정을 드러내면 사람들이 모두 그가 善한 말을 받아들이려고 하지 않음을 알 것이고, 道術을 지닌 선비는 그 소식을 듣고 천 리 밖에서 멈추고서 오지 않을 것이다."라고 말한 것이다.

士止於千里之外하면 則讒諂面諛之人이 至矣리니 與讒諂面諛之人居면 國欲治인들 可得乎아

선비가 천 리 밖에서 멈추게 되면 참소하고 아첨하고 면전에서 비위나 맞추는 자들이 이를 것이니, 참소하고 아첨하고 면전에서 비위나 맞추는 자들과 함께 지내게 된다면 나라가 잘 다스려지기를 바라더라도 될 수 있겠는가."

【注】懷善之士止於千里之外하여 不肯就之면 則邪惡順意之人이 至矣리니 與邪惡居면 欲使國治인들 豈可得乎아

善을 지닌 선비가 천 리 밖에서 멈추어 오지 않으려고 한다면 邪惡하고 아첨하는 자

가 이를 것이니, 邪惡한 자와 함께 지내게 된다면 나라가 잘 다스려지기를 바라더라도 어찌 될 수 있겠는가.

【疏】'魯欲'至'得乎'. ○ 正義曰：此章言好善從人, 聖人一概, 禹聞讜言, 答之以拜. 訑訑距之, 善人亦逝. 善去惡來, 道若合符者也.[1] 魯欲使樂正子執政, 故言於弟子曰"我聞魯欲使樂正子爲政, 遂喜而不寐. 以其樂正子將得行其道也." '公孫丑曰 樂正子强乎'至'曰否', 公孫丑見孟子此言以爲喜而不寐, 乃問孟子曰"樂正子有强力勝乎", 曰"否", 孟子答"無以力勝也". 公孫丑問"有智慮能善謀乎", 曰"否", 孟子又答之曰"無用智慮謀也". 公孫丑又問曰"有多聞見識乎", 曰"否", 孟子又答曰"無多聞見識也". '然則奚爲喜而不寐 曰其爲人也好善', 孟子曰"樂正子爲人能好善言, 故爲之喜也." '好善足乎', 又問言樂正子但好善言, 足以治國乎. '曰 好善優於天下'至'可得乎', 孟子與之曰"能好善言, 足優爲於天下也, 而況魯國乎. 夫人苟好善, 則四海之內, 有善言之士, 皆得不遠千里而來告之也. 苟不能好善, 則四海之內, 人將曰彼人之訑訑自足其智, 不好善言, 我既已知之. 如此, 則訑訑之人, 發聲音, 形顔色, 以距止人於千里之外. 是則善言之士既止於千里之外而不來告之, 則讒惡諂佞面從之人至矣. 然而與讒惡諂佞面諛之人居, 國欲使之治, 尙可得乎." 言不可得而治也. 莊子云"好言人之惡以爲讒, 希意導言以爲諂, 不擇是非而言以爲諛."

1) 此章言好善從人……道若合符者也：北京大本에는 章指를 "이 장의 章指는 다음과 같다. 善을 좋아하고 남을 따르는 것은 聖人이 다 똑같았으니, 禹는 바른 말을 들으면 답하여 절을 하였다. 잘난 체하는 말을 내뱉으면 善한 사람도 떠나가니, 善한 사람이 떠나면 惡한 자가 오는 것은 그 이치가 符節처럼 들어맞는다. ≪詩經≫에 "함박눈이 펄펄 내려도 햇빛을 보면 사라진다."라고 한 것이 이를 말한 것이다.〔此章指言好善從人 聖人一概 禹聞讜言 答之而拜 訑訑吐之 善人亦逝 善去惡來 道若合符 詩曰 雨雪瀌瀌 見晛聿消 此之謂也〕"라고 하였다.

經의 〔魯欲〕에서 〔得乎〕까지

○ 正義曰：이 장에서는 "善을 좋아하고 남을 따르는 것은 聖人이 다 똑같았으니, 禹는 바른 말을 들으면 절로 답하였다. 잘난 체하는 말로 막으면 善한 사람도 떠나가니, 善한 사람이 떠나면 惡한 자가 오는 것은 그 이치가 符節처럼 들어맞는다."라고 말하였다.

魯나라가 樂正子에게 國政을 맡기려고 하였으므로 〈맹자가〉 제자에게 "나는 魯나라가 樂正子에게 國政을 맡기려고 한다는 소식을 듣고는 마침내 기뻐서 잠을 이루지 못했다. 樂正子가 장차 자신의 道를 실천할 수 있게 되었기 때문이다."라고 말한 것이다.

〔公孫丑曰 樂正子强乎〕에서 〔曰否〕까지

公孫丑가 기뻐서 잠을 이루지 못했다는 맹자의 이 말을 듣고서 맹자에게 "樂正子는 강한 힘으로 적을 이길 수 있습니까?"라고 묻자, 맹자가 "아니다."라고 하였으니, 맹자가 "힘으로 적을 이길 수 없다."라고 답한 것이다. 公孫丑가 "知慮가 있어 계책을 잘 세웁니까?"라고 묻자, 맹자가 "아니다."라고 하였으니, 맹자가 다시 "知慮를 써서 계책을 세우지 못한다."라고 답한 것이다. 公孫丑가 다시 "見識이 많습니까?"라고 묻자, 맹자가 "아니다."라고 하였으니, 맹자가 다시 "見識이 많지 않다."라고 답한 것이다.

〔然則奚爲喜而不寐 曰其爲人也好善〕 맹자가 "樂正子의 사람됨이 능히 善을 좋아하기 때문에 기뻐한 것이다."라고 말한 것이다.

〔好善足乎〕 公孫丑가 다시 "樂正子가 善을 좋아하는 것만으로도 나라를 충분히 다스릴 수 있습니까?"라고 물은 것이다.

〔曰 好善優於天下〕에서 〔可得乎〕까지

맹자가 그에게 "善한 말을 좋아하면 천하를 다스리는 데에도 충분하거늘, 더구나 魯나라이겠느냐. 만약 위정자가 善을 좋아한다면 천하의 선한 말을 하는 선비들이 모두 천 리를 멀다 여기지 않고 찾아와서 善을 말해 줄 것이다. 만약 善을 좋아하지 않는다면 천하의 사람들이 장차 '저 사람이 잘난 체하며 자신의 지혜에 만족하여 善한 말을 좋아하지 않을 줄을 나는 이미 알고 있다.'라고 할 것이다. 이와 같다면, 잘난 체하는 사람이 말소리를 내고 표정을 드러내어 사람을 천 리 밖에서 막는 것이다. 이렇게 하여 善한 말을 하는 선비가 천 리 밖에서 이미 멈추고는 와서 선한 말을 해주지 않는다면, 참소하고 아첨하고 면전에서 비위나 맞추는 자들이 이를 것이다. 하지만 참소하고 아첨하고 면전에서 비위나 맞추는 자들과 함께 지내게 된다면, 나라가 잘 다스려지기를 바라더라도 어찌 오히려 될 수 있겠는가."라고 말한 것이다. 이는 나라를 잘 다스릴 수 없다는 말이다. ≪莊子≫ 〈漁父〉에 "남의 결점을 즐겨 말하는 것이 讒이고, 상대의 뜻에 영합하여 말하는 것이 諂이고, 옳고 그른 것을 가리지 않고 말하는 것이 諛이다."라고 하였다.

【疏】 ○ 注'樂正子 克' ○ 正義曰：已說於前矣.[1]

1) 已說於前矣：本書〈梁惠王 下〉16장에 나왔다.

○ 注의〔樂正子 克〕

○ 正義曰：앞에서 이미 설명하였다.

【疏】○ 注'聞善言 虞舜是也' ○ 正義曰：孟子曰"舜聞一善言，見一善行，若決江河，沛然莫之能禦"，[1] 是之謂也.

1) 舜聞一善言……沛然莫之能禦：本書〈盡心 上〉에 16장에 나온다.

○ 注의〔樂正子 克〕

○ 正義曰：맹자가 "舜이 한 마디 善한 말을 듣거나 한 가지 善한 행동을 보고나면, 마치 江河를 터놓았을 때의 세찬 기세처럼 〈실천하여〉 막을 수가 없었다."라고 한 것이 이를 일컬은 것이다.

【疏】○ 注'禹聞讜言 答之以拜'至'此之謂也' ○ 正義曰：禹聞善言則拜. 尙書"讜言"，說於前矣.[1] '詩曰 雨雪瀌瀌 見晛曰消'者，此蓋角弓之詩文也. 注云"晛，日也. 瀌瀌，雨雪之盛貌."

1) 尙書讜言 說於前矣：本書〈公孫丑 上〉8장에 나왔다.

○ 注의〔禹聞讜言 答之以拜〕에서〔此之謂也〕까지

○ 正義曰：禹는 善한 말을 들으면 절하였다. ≪尙書≫의 "讜言"은 앞에서 설명하였다. 〔詩曰 雨雪瀌瀌 見晛曰消〕≪詩經≫〈角弓〉편의 구절이다. 그 注에 "晛은 해이다. 瀌瀌은 눈이 성대하게 내리는 모양이다."라고 하였다.

14. 陳子曰 古之君子何如則仕니잇고

陳子가 말하였다. "옛날 君子들은 어떤 禮遇를 받아야 벼슬했습니까?"

【注】陳臻問 古之君子(謂)〔得〕[1]何禮可以仕也잇고

1) (謂)〔得〕：저본에는 '謂'로 되어 있으나, 廖本・孔本・韓本・考文古本에 의거하여 '得'으로 바로잡았다.(阮元의 〈校勘記〉 참조)

陳臻이 “옛날 君子들은 어떤 禮遇를 받아야 벼슬할 수 있었습니까?”라고 물은 것이다.

孟子曰 所就三이요 所去三이니라 迎之致敬以有禮하며 言將行其言也則就之하고 禮貌未衰나 言弗行也則去之니라 其次는 雖未行其言也나 迎之致敬以有禮則就之하고 禮貌衰則去之니라 其下는 朝不食하고 夕不食하여 饑餓不能出門戶어든 君聞之하고 曰 吾大者론 不能行其道하고 又不能從其言也하여 使饑餓於我土地를 吾恥之라하고 周之인댄 亦可受也어니와 免死而已矣니라

맹자가 말하였다. “벼슬에 나아가는 경우가 세 가지이고, 벼슬에서 떠나는 경우가 세 가지이다. 공경을 다하고 禮遇를 갖추어 맞이하며, 그가 進言한 것을 시행하겠다고 말하면 나아가고, 禮遇와 태도가 나빠지지 않았으나 進言이 시행되지 않으면 떠난다. 그 다음은, 비록 進言한 것을 시행하지는 않으나 공경을 다하고 禮遇를 갖추어 맞이하면 나아가고, 禮遇와 태도가 나빠지면 떠난다. 그 아래는, 아침도 못 먹고 저녁도 못 먹어서 굶주림에 문밖을 나설 수도 없는 경우에, 임금이 그 소식을 듣고서 ‘내가 크게는 그의 道를 행하지도 못하고 또 그의 進言을 따라주지도 못하면서 내 영토에서 굶주리게 하는 것을 나는 부끄럽게 여긴다.’라고 말하고 구휼해 준다면 또한 받을 수 있지만, 죽음을 면할 정도에서 그칠 뿐이다.”

【注】所去就는 謂下事也라 禮者는 接之以禮也라 貌者는 顏色和順하여 有樂賢之容이라 禮衰는 不敬也요 貌衰는 不悅也라 其下者는 困而不能與之祿이면 則當去하고 矜其困而問之어든 苟免死而已라 此三就三去之道라 窮餓而去는 不疑也라 故로 不言去라 免死而留는 爲死故也라 權時之宜는 嫌其疑也라 故로 載之也라

떠나는 것과 나아가는 것은 아래의 일을 일컫는다. 禮라는 것은 禮로 대접하는 것이다. 貌는 표정이 온화하여 賢者를 좋아하는 모습을 띠는 것이다. 禮遇가 나빠지는 것은 공경하지 않는 것이고, 태도가 나빠지는 것은 기뻐하지 않는 것이다. 그 아래는, 곤궁한데도 그에게 祿을 줄 수 없으면 마땅히 떠나야 하고, 곤궁함을 불쌍히 여겨 형편을 물으면 〈구휼을 받더라도〉 죽음을 면할 정도에서 그칠 뿐이다. 이것이 나아가는

세 가지의 경우와 물러나는 세 가지의 경우이다. 곤궁하고 굶주려서 떠나는 것은 의심하지 않으므로 떠나는 것을 말하지 않았다. 죽음을 면하고서도 머무르는 것은 〈떠나면〉 죽기 때문이다. 時宜에 맞게 대처하는 것은 의심을 꺼린 것이다. 그러므로 기록한 것이다.

【疏】'陳子'至'已矣' ○ 正義曰：此章言士雖正道，亦有量宜. 聽言爲上，禮貌次之，困而免死，斯爲下矣. 滿此三(利)〔科〕,[1] 無疑者也. '陳子曰 古之君子何如則仕'，陳臻問孟子"古之君子何如則可進爲之仕." '孟子曰 所就三 所去三'，孟子答之曰"古之君子爲仕，所去就有三也." 下文孟子解之者是也. 自'迎之致敬'至'死而已矣'，是解所去就有三矣. 言國君迎接之，致其敬以有禮，言將行用其言也，則就而仕之，是所謂行可之仕[2]也. 如禮貌接之以禮，又有樂賢之容未衰，而言弗得行也，則當退而去之. 以其爲道而仕，道不行則去矣. 其次國君雖未行用其言，然而接之致敬以有禮，則就而仕之，是所謂際可之仕也. 及其國君接之不以禮，又無樂賢之容，是其禮貌衰也，是則退而去之. 以其爲禮而仕，禮旣衰則去矣. 其下朝旦無以食，夕昏又無以食，以至饑餓困乏不能出其門戶，國君聞之，乃曰吾大爲之君者，不能使之得行其道，又不能聽從其言，而使饑餓於我之土地，吾羞恥之也. 如此，國君有以周賜之，亦可以受之而不辭也. 無他，免其餓死而已矣. 以其爲貧而仕，是公養之仕也. 是以昔之孔子去就如是，此孟子答陳臻之問，所以執此而詳悉告之.

1) (利)〔科〕: 저본에는 '利'로 되어 있으나, 四庫全書本과 北京大本의 章指에 의거하여 '科'로 바로잡았다.
2) 行可之仕 : 본서 〈萬章 下〉 4장에 "孔子께서는 道를 시행할 가능성을 기대하고 벼슬한 경우가 있고, 君主가 禮遇를 갖추어 접대해서 벼슬을 한 경우가 있으며, 君主가 公養해 주어서 벼슬한 경우가 있었다.〔孔子有見行可之仕 有際可之仕 有公養之仕 於季桓子見行可之仕也 於衛靈公際可之仕也 於衛孝公 公養之仕也〕"라는 말이 나온다.

經의 〔陳子〕에서 〔已矣〕까지

○ 正義曰 : 이 장에서는 "선비는 正道이더라도 또한 時宜를 헤아린다. 進言을 들어주는 것이 으뜸이고, 禮遇와 태도가 그 다음이고, 곤궁하여 죽음을 면하게 해주는 것이 가장 아래이다. 이 세 가지 조건을 만족시키면 의심이 없다."라고 말하였다.

〔陳子曰 古之君子何如則仕〕 陳臻이 맹자에게 "옛날 君子들은 어떠해야 나아가 벼슬

을 할 수 있었습니까?"라고 물은 것이다.

〔孟子曰 所就三 所去三〕 맹자가 그에게 "君子가 벼슬할 때에 떠나가고 나아가는 경우가 각각 세 가지이다."라고 대답한 것이다. 아래 글에서 맹자가 설명한 것이 이것이다.

〔迎之致敬〕에서 〔死而已矣〕까지

떠나가는 경우와 나아가는 경우가 세 가지임을 설명한 것이다. 다음과 같은 내용이다. 군주가 영접할 때에 공경을 다하고 禮遇하며, 進言한 것을 장차 시행하겠다고 말하면 나아가 벼슬하니, 이것이 이른바 '道를 시행할 가능성을 기대하고 하는 벼슬'이다. 만약 禮貌를 차려서 禮로써 대접하고 또 賢者를 좋아하는 모습이 변하지는 않았지만 進言이 시행될 수 없으면, 마땅히 물러나 떠나야 한다. 道를 시행할 가능성을 기대하고 벼슬한 경우에는 道가 시행되지 않으면 떠나기 때문이다. 그 다음은, 군주가 비록 進言한 것을 시행하지는 않으나 접대할 때에 공경을 다하고 禮遇가 있으면 나아가 벼슬하니, 이것이 이른바 '禮遇를 갖추어 접대해서 하는 벼슬'이다. 군주가 접대할 때에 禮遇하지 않고 또 賢者를 좋아하는 모습이 없는 지경에 이르면 禮遇와 태도가 나빠진 것이니, 이렇게 되면 물러나 떠난다. 禮遇 때문에 벼슬한 경우에는 예우가 나빠지면 떠나기 때문이다. 그 아래는, 아침에 먹을 것이 없고 저녁에도 먹을 것이 없어 굶주림과 궁핍함이 집 문을 나설 수도 없을 정도에 이르렀는데, 군주가 그 소식을 듣고는 "내가 크게는 군주로서 그로 하여금 도를 시행할 수 있도록 하지 못하고 또 그의 진언을 들어주지 못하면서 나의 영토에서 굶주리게 하였으니, 나는 부끄럽게 여긴다."라고 말한다. 군주가 이렇게 말하고서 그를 구휼해주면 또한 그것을 받고 사양하지 않을 수 있다. 다른 이유가 아니라, 굶주려 죽는 것을 면하려는 것일 뿐이다. 가난하기 때문에 벼슬하는 것이니, 이것이 바로 '군주가 公養해 주어서 하는 벼슬'이다. 그런 까닭에 옛날 孔子께서 벼슬에서 물러나고 나아감이 이와 같았던 것이니, 여기서 맹자가 陳臻의 물음에 대답한 것도 이것을 근거로 삼아 자세히 알려준 것이다.

15. 孟子曰 舜은 發於畎畝之中하시고 傅說은 擧於版築之間하고 膠鬲은 擧於魚鹽之中하고 管夷吾는 擧於士하고 孫叔敖는 擧於海하고 百里奚는 擧於市하니라 故로 天將降大任於是人也신댄 必先苦其心志하며 勞其筋骨하며 餓其體膚하며 空乏其身하여 行拂亂其所爲하나니 所以動心忍性하여 曾益其所不能이니라

맹자가 말하였다. "舜은 밭에서 농사를 짓다가 발탁되었고, 傅說은 城을 쌓다가 등용되었고, 膠鬲은 생선과 소금을 팔다가 등용되었고, 管夷吾는 獄官에게 구금되었다가 등용되었고, 孫叔敖는 바닷가에서 등용되었고, 百里奚는 저자에서 등용되었다. 따라서 하늘이 장차 이런 사람들에게 큰 일을 맡기려 할 때에는, 반드시 먼저 그 心志를 괴롭게 하고, 그 근육과 뼈를 수고롭게 하며, 그 신체와 피부를 굶주리게 하고, 그 몸을 궁핍하게 하며, 그가 하는 행동마다 뒤틀리고 어지럽게 만든다. 이는 마음을 분발시키고 성격을 강인하게 함으로써 그가 부족한 능력을 키워주려는 것이다.

【注】舜은 耕歷山이러니 三十에 徵庸이라 傅說은 築傅巖이러니 武丁이 擧以爲相이라 膠鬲은 殷之賢臣이니 遭紂之亂하여 隱遁爲商이러니 文王이 於鬻販魚鹽之中에 得其人하여 擧之以爲臣也라 士는 獄官也라 管仲은 自魯囚執於士官이러니 桓公이 擧以爲相國이라 孫叔敖는 隱處耕於海濱이러니 楚莊王이 擧之以爲令尹이라 百里奚는 亡虞適秦하여 隱於都市러니 穆公이 擧之於市而以爲相也라 言天將降下大事하여 以任聖賢에 必先勤勞其身하며 餓其體而瘠其膚하며 使其身으로 乏資絶糧하며 所行不從하여 拂戾而亂之者하나니 所以動驚其心하고 堅忍其性하며 使不違仁하고 困而知勤하여 增益其素所以不能行之者也라

舜은 歷山에서 밭을 갈다가 30세에 불려가서 등용되었다. 傅說은 傅巖에서 城을 쌓고 있었는데, 武丁이 등용하여 재상을 삼았다. 膠鬲은 殷나라의 賢臣이니 紂王이 천하를 어지럽히는 시기를 만나 은둔하여 商人이 되었는데, 文王이 소금과 생선을 파는 곳에서 그를 찾아 등용하여 신하로 삼았다. 士는 獄官이다. 管仲은 魯나라로부터 獄官에게 잡혀와 구금되어 있었는데, 桓公이 등용하여 相國으로 삼았다. 孫叔敖는 바닷가에 숨에 살며 농사를 지었는데, 楚 莊王이 등용하여 令尹을 삼았다. 百里奚는 虞나라에서 달아나 秦나라로 가서 都城의 저자에 숨었는데, 穆公이 저자에서 등용하여 재상으로 삼았다. 다음과 같은 내용이다. 하늘이 큰 일을 내려 聖賢에게 맡기려고 할 때에는 먼저 그 몸을 수고롭게 하며, 그 몸을 굶주리게 하고 그 피부를 수척하게 하며, 그 몸에 재물과 양식이 떨어지게 하며, 그가 하는 행동을 순조롭지 않게 하여 뒤틀리고 어지럽게 만든다. 이는 그 마음을 분발시키고 그 성격을 강인하게 하여 그로 하여금 仁을 어기지 않고 곤궁해도 근면할 줄 알게 함으로써 평소에 제대로 행하지 못하는 부족한

능력을 키워주려는 것이다.

人恒過然後에 **能改**하고 **困於心**하고 **衡**(횡)**於慮而後**에 **作**하며 **徵於色**하고 **發於聲而後**에 **喩**니라

사람은 항상 잘못을 저지른 뒤에야 고치게 되며, 마음이 괴롭고 생각이 막힌 뒤에야 계책이나 말을 내놓게 되며, 표정으로 드러나고 소리로 나온 뒤에야 깨닫게 된다.

【注】 人常以有謬思過行하여 不得福然後에 乃更其所爲하니 以不能으로 爲能也라 困瘁於心하고-衡은 橫也라- 橫塞其慮於胸中而後에 作爲奇計異策과 憤激之說也라 徵驗이 見於顔色하고-若屈原憔悴하니 漁父見而怪之라- 發於聲而後에 喩니라-若寧戚商歌하니 桓公異之가 是而已矣라-

사람은 항상 잘못된 생각과 잘못된 행위를 해서 福을 얻지 못하게 된 뒤라야 행동을 고치게 되니, 능하지 못한 것을 능한 것으로 만드는 것이다. 마음에 괴롭고-衡은 가로막음이다.- 가슴 속에 생각이 막힌 뒤에야 기이한 계책이나 憤激하는 말을 내놓게 된다. 徵驗이 표정에 드러나고-이를테면 屈原이 초췌하니 漁父가 그를 보고 괴이하게 여겼던 경우이다.- 소리로 나온 뒤에야 깨닫게 된다.-이를테면 寧戚이 〈商歌〉를 부르니 齊 桓公이 그를 기이하게 여겼던 경우이다.-

入則無法家拂士하고 **出則無敵國外患者**는 **國恒亡**이니라 **然後**에 **知生於憂患而死於安樂也**[1]니라

1) 知生於憂患而死於安樂也 : 趙岐는 '知'를 '知能'의 의미로 보아 名詞로 풀이하였으나, 朱熹는 "사람이 살아 온전함은 憂患에서 나오고 사망함은 安樂에서 말미암는다는 것을 알 수 있다.〔知人之生全出於憂患而死亡由於安樂矣〕"라고 풀이하여 '知'를 본래 의미인 '알다'로 보았다. 일반적으로 朱熹의 풀이를 따른다. 焦循의 ≪孟子正義≫에서는 "趙氏는 '知'를 '智'의 의미로 보았기 때문에 '知能'이라고 풀이하였는데, 바로 '〈사람이 지닌〉 德行, 智慧, 道術, 才智가 항상 患難 속에 있다.〔德慧術知者恒存乎疢疾〕(本書 〈盡心上〉 18장에 나옴)'라는 의미이다. 또한 知能이라는 말은 '생겨났다'라고는 말할 수 있으나, '죽었다'라고는 말할 수 없으므로 '死'를 '亡(사라지다)'의 의미로 보아, '死於安

樂'을 '安樂함과 怠慢함이 그 知能을 사라지게 한다.'라고 풀이하였다. 〈趙岐와 같이 풀이하면〉 經文의 의미로 헤아려 볼 때, '然後' 두 글자의 의미가 통하지 않는다. '死'를 '亡'의 의미로 보아 결국 이치에 맞지 않는 說을 지은 것이다. 〈'知'는〉 陸氏처럼 글자대로 풀이하는 것이 옳다."라고 하여 趙岐의 說을 비판하였다.

나라 안에 法度 있는 大臣의 집안과 輔弼해 주는 선비가 없고 나라 밖에 敵國과 外患이 없으면 나라는 항상 망하게 된다. 그런 뒤에 知能이 憂患에서 생겨나고 安樂에서 사라진다."

【注】 入은 謂國內也라 無法度大臣之家와 輔弼之士라 出은 謂國外也라 無敵國可難하고 無外患可憂면 則凡庸之君은 驕慢荒怠하니 國常以此로 亡也라 故로 知能은 生於憂患하고 死於安樂也라 死는 亡也라 安樂怠慢은 使人亡其知能者也라

入은 나라 안을 일컫는다. 法度 있는 大臣의 집안과 輔弼해주는 선비가 없다는 말이다. 出은 나라 바깥이다. 어려워할 만한 敵國이 없고 근심할 만한 外患도 없으면 평범한 군주는 교만하고 나태하게 되니, 나라가 항상 이로 인해 망하게 된다. 그러므로 知能은 憂患에서 생겨나고 安樂에서 사라진다. 死는 사라짐이다. 安樂함과 怠慢함은 사람에게서 知能을 사라지게 하는 것이다.

【疏】 '孟子曰'至'安樂也' ○ 正義曰：此章言聖賢困窮, 天堅其志, 次賢感激, 乃奮其意. 凡人佚樂, 以喪知能. 賢愚之(敎)〔敍〕[1]者也. '孟子曰 舜發於畎畝之中'至'死於安樂也'者, 孟子言舜初起發自歷山畎畝之中, 而堯禪其位. 傅說築於傅岩之間, 而高宗擧之爲相. 膠鬲鬻販於魚鹽之中而商, 文王擧爲賢臣. 管仲爲士官之囚, 而桓公擧爲相國. 孫叔敖隱遁於海濱, 而楚莊王擧爲令尹. 百里奚亡虞歸秦, 而隱於都市, 秦繆公任之以爲相. 故天欲降其大任, 與之卿相之位於此六人也, 必先所以如是苦楚其心志, 劬勞其身, 已餓其體, 使之焦枯疫瘠其皮膚, 又使其身空乏無資財, 所行不遂, 而拂戾其所爲. 又所以驚動其心, 堅忍其性, 曾益其素所不能而已. 又言人常以過謬, 然後更改而遷善. 困瘁於心而無所通, 則其操心也危, 橫塞其慮而思慮無所達, 而後乃能興作. 其大憔悴枯槁之容而驗於色, 而後有吟詠歎息之氣而發於聲, 則人見其色, 聞其聲, 而後喩曉其所爲矣. 又言國君者入於國內, 無大夫循守其職而爲之法家, 又無輔弼諫諍之士, 出於國外, 則無强敵之大國爲危難之警. 如是者, 其國未爲不喪亡矣, 故曰國常亡. 如是則然後, 因而知人以憂患謀慮而生, 以安樂怠慢而死也, 故曰"生於憂患, 而死於安樂也."

1) (教)〔敍〕: 저본에는 '教'로 되어 있으나, 四庫全書本과 北京大本의 章指에 의거하여 '敍'로 바로잡았다.

經의 〔孟子曰〕에서 〔安樂也〕까지

○ 正義曰 : 이 장에서는 "聖賢이 곤궁함은 하늘이 그 의지를 강인하게 해주려는 것이며, 그 다음 가는 賢者는 감격하여야 그 뜻을 발휘한다. 보통 사람은 安樂하면 그로 인해 知能을 잃게 된다. 이것이 賢者와 어리석은 자의 차례이다."라고 말하였다.

〔孟子曰 舜發於畎畝之中〕에서 〔死於安樂也〕까지

맹자가 "舜은 처음 歷山의 밭에서 농사를 짓다가 발탁되었는데, 堯가 帝位를 禪讓하였다. 傅說은 傅巖 사이에서 城을 쌓고 있었는데, 高宗이 등용하여 재상으로 삼았다. 膠鬲은 생선과 소금을 팔면서 商人으로 있었는데, 文王이 등용하여 賢臣이 되었다. 管仲은 獄官에게 구금되어 있었는데, 桓公이 등용하여 相國으로 삼았다. 孫叔敖는 바닷가에 은둔하고 있었는데, 楚 莊王이 등용하여 令尹으로 삼았다. 百里奚는 虞나라에서 달아나 秦나라에 귀의하여 도성의 저자에 숨어 살았는데, 秦 繆公이 임용하여 재상으로 삼았다. 그러므로 하늘이 큰 임무를 맡기려고 卿相의 지위를 이 여섯 분에게 주었던 것이니, 반드시 먼저 이와 같이 그 心志를 괴롭게 하고, 그 몸을 수고롭게 하며, 그 신체를 굶주리게 하여 그의 피부를 마르고 수척하게 하며, 또 그 몸을 궁핍하게 하고 재물이 없게 하며, 그가 하는 행동을 순조롭지 않게 하고 그 행위를 뒤틀리고 어지럽게 만든다. 그런데 이것은 그 마음을 분발시키고 그 성격을 강인하게 하여 그가 평소에 제대로 행하지 못하는 부족한 능력을 키워주는 것일 뿐이다."라고 말한 것이다. 또 "사람은 항상 잘못을 저지른 뒤에야 고쳐서 善으로 옮겨간다. 마음이 괴롭고 통하는 것이 없으면 그 마음가짐이 위태롭게 되는데, 그 생각이 막혀서 사려가 통하지 못한 뒤에야 능히 분발하게 된다. 매우 초췌하고 메마른 모습이 표정으로 드러난 뒤에 읊조리고 탄식하는 氣色이 소리로 나오는데, 사람들은 그 표정을 보고 소리를 듣고 난 뒤에야 그 행위를 깨닫게 된다."라고 말한 것이다. 또 "군주가 나라 안에 들어왔을 때에 職分을 잘 지켜서 法度 있는 집안이 되어주는 大夫들이 없고 輔弼하고 諫諍해주는 선비가 없으며, 외국에 나갔을 때에 危難의 警告를 해주는 강대한 큰 敵國이 없다. 이와 같다면 그 나라는 망하지 않는 경우가 없을 것이다. 그러므로 나라가 항상 망하게 된다고 하는 것이다. 이와 같은 뒤에야 이를 통해 사람은 憂患에 대한 계책을 세움으로 인해 살아나고 안락함과 태만함으로 인해 죽는다는 것을 알 수 있다."라고 말한 것이다. 그러므로 "憂患에서 살고 安樂에서 죽는다."라고 말하였다.

【疏】 ○ 注'舜耕歷山'至'不能行' ○ 正義曰：'自舜耕歷山'至'繆公擧之以爲相也', 是皆案史記之文也.

○ 注의 〔舜耕歷山〕에서 〔不能行〕까지

○ 正義曰：'舜은 歷山에서 밭을 갈다가'부터 '繆公이 등용하여 재상으로 삼았다'까지는 모두 ≪史記≫의 글이다.

【疏】 ○ 注'若屈願憔悴'與'寧戚商歌 桓公異之' ○ 正義曰：案史記"屈原, 名平, 與楚同姓. 事懷王, 爲三閭大夫, 王甚任之. 上官大夫與之同列, 爭寵而心害其能, 因讒之. 王怒而疏平, 復逐放之. 平乃遊江濱, 被髮行吟澤畔. 顔色憔悴, 形容枯槁. 時有漁父釣於江濱, 怪而問之曰'子非三閭大夫乎, 何故至此.' 原曰'擧世混濁而我獨淸, 衆人皆醉而我獨醒.' 漁父曰'聖人不凝滯於物, 與世推移. 擧世皆濁, 何不混其泥而揚其波, 衆人皆醉, 何不啜其(漕)〔糟〕[1]而餔其(漓)〔醨〕[2].' 原曰'吾聞新沐者必彈冠, 新浴者必振衣. 誰能以身察察, 受物之汶汶者乎. 寧赴常流而葬魚腹中耳.' 遂作長沙之賦, 懷石自投汨羅以死. 後百餘年, 賈誼爲長沙王大傅, 過湘, 投書以吊之." 寧戚角歌者, 案三齊記云"齊桓公夜出迎客, 寧戚疾擊其牛角, 高歌曰'南山粲, 白石爛, 生不遭堯與舜禪, 短布單衣適至骭, 從昏飯牛薄夜半, 長夜曼曼何時旦.'桓公乃召與語, 說之, 遂以爲大夫."

1) (漕)〔糟〕: 저본에는 '漕'로 되어 있으나, 監本·毛本에 의거하여 '糟'로 바로잡았다. (阮元의 〈校勘記〉 참조)
2) (漓)〔醨〕: 저본에는 '漓'로 되어 있으나, 監本·毛本에 의거하여 '醨'로 바로잡았다. (阮元의 〈校勘記〉 참조)

○ 注의 〔若屈願憔悴〕와 〔寧戚商歌 桓公異之〕

○ 正義曰：≪史記≫를 상고하니 "屈原은 이름이 平으로, 楚나라 王室과 同姓이었다. 懷王을 섬겨 三閭大夫가 되었고, 懷王이 매우 신임했다. 屈原과 함께 조정에서 나란히 벼슬하던 上官大夫가 屈原과 총애를 다투면서 그 능력을 마음속으로 시기하다가 屈原을 참소하였다. 왕이 노하여 屈平을 멀리하더니 다시 그를 추방하였다. 屈平이 이

로 인해 〈湘水의〉 강가를 배회하였는데, 머리를 풀어헤치고 물가를 돌아다니며 시를 읊조렸다. 그의 안색은 초췌하고 형체는 삐쩍 말라 있었다. 당시에 어떤 어부가 강변에서 낚시를 하고 있다가 屈平을 괴이하게 여기고 물었다. '그대는 三閭大夫가 아니시오? 어쩌다가 여기까지 이르렀소?' 屈原이 말하였다. '온 세상이 혼탁한 가운데 나만 홀로 맑고, 뭇 사람이 모두 취한 가운데 나만 홀로 깨어 있었습니다.' 어부가 말하였다. '聖人은 外物에 매이지 않고 세상과 推移를 함께합니다. 온 세상이 모두 혼탁한데 어찌하여 그대는 흙탕물에 뒤섞여 그 물결을 흩날리지 않았으며, 뭇 사람이 취했는데 어찌하여 그대는 술지게미를 먹고 薄酒를 마시지 않았습니까?' 屈原이 말하였다. '내가 들으니, 새로 머리를 감은 사람은 반드시 冠을 털어서 쓰고, 새로 몸을 씻은 사람은 반드시 옷을 털어 입는다고 합니다. 어느 누가 깨끗한 몸으로 外物의 더러움을 받아들이려고 하겠습니까. 차라리 悠長한 강물로 달려가 물고기 뱃속에다 스스로 장사지내겠습니다.' 그리고는 마침내 〈長沙賦〉를 지은 뒤에, 돌을 품고 스스로 汨羅水에 몸을 던져 죽었다. 100여 년이 지난 뒤에 賈誼가 長沙王의 太傅가 되어 湘水를 지나다가 글을 지어 屈原을 애도하였다."라고 하였다. 寧戚의 〈角歌〉에 대해 ≪三齊記≫를 상고하니 "齊 桓公이 밤에 나가 客을 맞이하고 있을 때에, 寧戚이 소의 뿔을 빠르게 치면서 소리 높여 노래하였다. '南山은 빛나고, 白石은 깨끗하다. 태어나서 서로 禪讓하던 堯舜 시대를 못 만나, 짧은 베 홑옷도 겨우 정강이만 가릴 뿐인데, 초저녁부터 한밤중까지 소를 먹이자니, 긴 밤이 지루해라 언제나 아침이 올까?' 桓公이 이에 그를 불러 대화를 나누어보고 기뻐하여 마침내 大夫로 삼았다."라고 하였다.

16. 孟子曰 教亦多術矣라 予不屑之教誨也者는 是亦教誨之而已矣니라

맹자가 말하였다. "교육에도 방법이 많다. 내가 그를 깨끗하게 여기지 않아 가르치지 않는 것도 역시 그를 가르치는 것이다."

【注】 教人之道多術이라-予는 我也요 屑은 絜也라- 我不絜其人之行이라 故로 不教誨之니 其人이 感此하여 退自修學而爲仁義면 是亦教誨之一道也라

교육에도 많은 방법이 있다.-予는 나이고, 屑은 깨끗하게 여김이다.- 나는 그 사람의 행동을 깨끗하게 여기지 않는다. 그래서 가르치지 않는 것이니, 그 사람이 이것을 깨

닫고 물러나 스스로 修學하여 仁과 義를 실천한다면 이것도 가르침의 한 방법이다.

【疏】'孟子曰 敎亦多術矣 予不屑之敎誨也者 是亦敎誨之而已矣' ○ 正義曰：此章言學而見賤，恥之大者，激而厲之，能者以改．敎誨之方，或折或引，同歸殊途，成之則〔一〕[1]者也．孟子言敎人之道，非特一術耳，以其多有也．我之所以於不絜人之行而不敎之者，此亦我有以敎之也．以其使彼感激自勉修爲之而已，是以亦爲敎誨之者也．蓋謂敎亦多術者，有君子之五敎．或三隅不反，則不復也，[2] 或叩兩端而竭於鄙夫，[3] 或瀆則不告，[4] 或謂子之歸求有餘師，[5] 或爲挾貴而不答，[6] 是敎之多術矣．

1) 〔一〕：저본에는 '一'이 없으나, 毛本·四庫全書本에 의거하여 보충하였다.(阮元의 〈校勘記〉 참조)
2) 或三隅不反 則不復也：≪論語≫ 〈述而〉에 "나는 배우는 자가 스스로 알려고 분발하지 않으면 열어주지 않았고, 표현하려 해도 잘 안 되어 답답해하지 않으면 터주지 않았다. 한 모서리를 제시하였는데 배우는 자가 그것을 바탕으로 나머지 세 모서리를 반증하지 못하면 다시 가르쳐 주지 않았다.〔不憤不啓 不悱不發 擧一隅 不以三隅反 則不復也〕"라는 孔子의 말이 나온다.
3) 叩兩端而竭於鄙夫：≪論語≫ 〈子罕〉에 "내가 아는 게 있는가? 나는 아는 것이 없다. 하지만 비천한 사람이 나에게 뭔가를 물으면, 그가 아무리 무식하더라도 나는 그 일의 兩端을 밝혀 모두 말해 준다.〔吾有知乎哉 無知也 有鄙夫問於我 空空如也 我叩其兩端而竭焉〕"라는 孔子의 말이 나온다.
4) 瀆則不告：≪周易≫ 蒙卦 卦辭에 "처음 묻거든 알려주지만, 두 번 세 번 물으면 不敬하다. 不敬하면 알려주지 않는다.〔初筮告 再三瀆 瀆則不告〕"라는 말이 나온다.
5) 謂子之歸求有餘師：本篇 2장에 맹자가 曹交에게 "道는 大路와 같으니, 어찌 알기 어렵겠습니까. 사람들이 찾으려 하지 않는 것이 문제일 뿐이니, 그대가 돌아가 그 길을 찾는다면 많은 스승이 있을 것입니다.〔夫道若大路然 豈難知哉 人病不求耳 子歸而求之 有餘師〕"라고 한 말이 나온다.
6) 爲挾貴而不答：본서 〈盡心 上〉 43장에 "자신이 귀한 신분임을 의식하면서 묻거나, 자신의 현명함을 의식하면서 묻거나, 자신이 나이가 많다는 것을 의식하면서 묻거나, 공로가 있다는 것을 의식하면서 묻거나, 친구 사이임을 의식하면서 묻는 것에는 모두 답하지 않는다.〔挾貴而問 挾賢而問 挾長而問 挾有勳勞而問 挾故而問 皆所不答也〕"라는 맹자의 말이 나온다.

經의 〔孟子曰 敎亦多術矣 予不屑之敎誨也者 是亦敎誨之而已矣〕

○ 正義曰：이 장에서는 "배우면서 천하게 여겨지는 것은 큰 수치이니, 激動시켜 勉

勵하면 능한 자는 잘못을 고친다. 교육은 방법에 따라 꺾기도 하고 끌어주기도 하는데, 목적은 같고 길은 달라서 성취시키면 동일하다."라고 말하였다.

맹자가 "사람을 교육하는 방법은 한 가지만이 아니니, 방법이 많기 때문이다. 내가 누군가의 행동을 깨끗하게 여기지 않아 가르치지 않는 것도 역시 내가 가르치는 것이다. 그 사람으로 하여금 감격하여 스스로 힘써 수양하게 하는 것일 뿐이니, 그런 까닭에 또한 가르치려는 것이 된다."라고 말한 것이다. 대개 교육에도 방법이 많다는 것으로 말하자면, 君子의 다섯 가지 교육 방법이 있다. 한 모서리를 제시하였는데 배우는 자가 그것을 바탕으로 나머지 세 모서리를 반증하지 못하면 다시 가르쳐 주지 않거나, 비천한 사람에게도 일의 兩端을 밝혀 모두 말해주거나, 不敬하면 알려주지 않거나, '그대가 돌아가 그 길을 찾는다면 많은 스승이 있을 것이다.'라고 말해주거나, 귀한 신분임을 의식하고 묻기 때문에 답해주지 않는 경우이니, 이것이 교육의 다양한 방법이다.

孟子注疏解經 卷第十三 上

盡心章句 上

凡四十五章[1)]

1) 四十五章 : 本書의 〈盡心 上〉은 총 47장이다. 아래의 疏에서 제2장(孟子曰 莫非命也……)과 제17장(孟子曰 無爲其所不爲……)을 누락하고 설명하였기 때문에 여기에 "四十五"라고 잘못 기록한 것이다. 현재 통용본 ≪孟子≫의 〈盡心 上〉은, 本書에서 제36장(孟子自范之齊……)과 제37장(王子宮室車馬衣服……)으로 나뉘어 있는 것이 하나의 章으로 통합되어 있으므로 총 46장이다.

모두 45章이다.

趙氏 注 孫奭 疏

【注】 盡心者는 人之有心이 爲精氣(王)〔主〕[1)]하여 思慮可否然後에 行之하니 猶人法天이라 天之執持綱維하여 以正二十八舍者北辰也라 論語에 曰 北辰이 居其所어든 而衆星이 拱之라하니 心者는 人之北辰也라 苟存其心하고 養其性이면 所以事天也라 故로 以盡心爲篇題라

1) (王)〔主〕: 저본에는 '王'으로 되어 있으나, 孔本·韓本·閩本·監本·毛本에 의거하여 '主'로 바로잡았다.(阮元의 〈校勘記〉 참조)

'盡心'이라는 것은, 사람이 지닌 마음은 精氣의 주인이 되어 可否를 헤아려본 뒤에야 움직이니, 사람이 하늘을 본받는 것과 같다. 하늘이 紀綱을 잡아 28宿를 바로잡으니, 바로 北極星이다. ≪論語≫ 〈爲政〉에 "北極星이 제 자리에 있는데, 뭇 별들이 그것을 향해 돈다."라고 하였으니, 마음이라는 것은 사람에게 北極星과 같은 것이다. 자신의 마음을 잘 보존하고 자신의 본성을 잘 기른다면 하늘을 섬기는 방법이 된다. 그러므로 '盡心'을 한 편의 제목으로 삼았다.

【疏】 ○ 正義曰 : 前篇章首論告子之言性, 此篇章首以論盡心. 蓋以情性有主於心, 故次之以盡心也. 言盡己之心, 與天道通, 是道之極者, 故孟子七篇, 所以終於盡心也. 此篇凡八十四章, 趙氏分成上下卷, 此卷卽有四十五章而已. 一章言盡心知性. 二章言爲仁由己,[1] 富貴在天. 三章言每必以誠, 恕己而行. 四章言人有仁端, 達之爲道. 五章言遠辱不爲憂. 六章言不慕大人, 何能有恥. 七章言王公尊賢, 以貴下賤. 八章言內定常滿, 賤不失道, 達善天下. 九章言小人待化. 十章言人情富盛, 莫不驕矜. 十一章言勞人欲以(使)〔佚〕[2]之, 殺人欲以生之. 十二章言王政浩浩, 與天地同道, 霸者德小, 民人(遠觀)〔速覩〕[3]. 十三章言明法審令, 崇寬務化. 十四章言本性良能, 仁義是也. 十五章言聖人潛隱. 十六章言孤孽自危, 故能顯達.[4] 十七章言容悅凡(言)〔臣〕[5], 社稷股肱, 天民行道, 大人正己. 十八章言育養賢才, 樂過萬乘. 十九章言臨蒞天下, 君子之樂, 尙不與焉. 二十章言王政普大, 二老聞歸. 二十一章言教民之道, 富而節用. 二十二章言能大明者無不照. 二十三章言好善從舜, 好利從跖. 二十四章言楊墨放蕩, 子莫執中. 二十五章言飢不妄食. 二十六章言下惠不恭. 二十七章言爲仁由己, 必在究之. 二十八章言仁在性體, 其次假道. 二十九章言放惡攝政, 伊周有(爲)〔焉〕[6], 凡人志異, 則生簒心. 三十章言君子正己, 以立於世. 三十一章言人當尙志, 善之所由, 仁與義也. 三十二章言事有輕重, 行有小大. 三十三章言奉法承天, 政不可枉, 大孝榮父, 遺棄天下. 三十四章言人性皆同, 居使之異. 三十五章言輿服器用, 人用不殊, 尊貴居之, 志氣以舒. 三十六章言取人之道, 必以恭敬. 三十七章言聖人踐形. 三十八章言禮斷三年, 孝者欲(盡)〔益〕[7], 富貴怠厭, 思減其日. 三十九章言教人之術, 莫善五者. 四十章言道大難追, 人能弘道. 四十一章言窮達卷舒, 屈伸異變. 四十二章言學尙虛己. 四十三章言賞僭及淫, 刑濫(及士)〔傷善〕[8], 季文三思. 四十四章言君子布德, 各有所(思)〔施〕[9]. 四十五章言振裘持領, 正羅惟綱. 其餘三十九章, 趙氏分在下卷, 各有敍焉.

1) 二章言爲仁由己 : 제2장을 누락하고, 제3장을 '二章'이라고 하였다.
2) (使)〔佚〕: 저본에는 '使'로 되어 있으나, 뒤에 나오는 제12장의 章指에 의거하여 '佚'로 바로잡았다.
3) (遠觀)〔速覩〕: 저본에는 '遠觀'으로 되어 있으나, 뒤에 나오는 제13장의 章指에 의거하여 '速覩'로 바로잡았다.
4) 十六章言孤孽自危 故能顯達 : 제17장을 누락하고, 제18장을 '十六章'이라고 하였다.
5) (言)〔臣〕: 저본에는 '言'으로 되어 있으나, 뒤에 나오는 제19장의 章指에 의거하여 '臣'으로 바로잡았다.
6) (爲)〔焉〕: 저본에는 '爲'로 되어 있으나, 뒤에 나오는 제31장의 章指에 의거하여 '焉'으로 바로잡았다.
7) (盡)〔益〕: 저본에는 '盡'으로 되어 있으나, 뒤에 나오는 제40장의 章指에 의거하여

'益'으로 바로잡았다.

8) (及士)〔傷善〕: 저본에는 '及士'로 되어 있으나, 뒤에 나오는 제45장의 章指에 의거하여 '傷善'으로 바로잡았다.

9) (思)〔施〕: 저본에는 '思'로 되어 있으나, 뒤에 나오는 제46장의 章指에 의거하여 '施'로 바로잡았다.

○ 正義曰 : 前篇의 첫 장에서는 告子가 본성에 대해 말한 것을 논하였고, 이 篇의 첫 장에서는 마음을 다하는 것을 논하였다. 情과 性은 마음에 주인을 두기 때문에 〈盡心〉을 다음으로 編次한 것이다. 자기 마음을 다하여 天道와 통하는 것이 道의 窮極이므로 ≪孟子≫ 7篇을 〈盡心〉으로 끝을 맺은 것이라는 말이다. 이 篇은 총 84장인데, 趙氏가 上卷과 下卷으로 나누어 編次하니, 이 卷에는 45장이 실려 있다. 제1장에서는 "마음을 다하고 본성을 안다."라고 말했다. 제2장에서는 "仁을 행하는 것은 자기로부터 말미암는 것이고, 富貴는 하늘에 달린 것이다."라고 말했다. 제3장에서는 "항상 반드시 진실함으로써 자신을 미루어 행동해야 한다."라고 말했다. 제4장에서는 "사람은 仁의 단서를 지니고 있으니, 그것을 통달하여 道를 행한다."라고 말했다. 제5장에서는 "치욕을 멀리하여 근심하지 않는다."라고 말했다. 제6장에서는 "大人을 흠모하지 않으면 어떻게 부끄러움이 있을 수 있겠는가."라고 말했다. 제7장에서는 "王公이 賢者를 존중하는 것은 귀한 사람이 천한 사람에게 몸을 낮추는 것이다."라고 말했다. 제8장에서는 "內面이 안정되고 항상 충만하면 卑賤해도 道를 잃지 않고 榮達해도 천하 사람들을 善하게 만든다."라고 말했다. 제9장에서는 "小人은 敎化가 필요하다."라고 말했다. 제10장에서는 "人情은 富裕하고 昌盛하면 교만하지 않는 경우가 없다."라고 말했다. 제11장에서는 "사람을 수고롭게 하되 궁극적으로 백성을 편안하게 해 줄 목적이어야 하고, 사람을 죽이되 궁극적으로 백성을 살릴 목적이어야 한다."라고 말했다. 제12장에서는 "王者의 政事는 廣大하여 天地와 道를 함께 하고, 霸者의 德은 작아서 백성들이 빨리 발견한다."라고 말했다. 제13장에서는 "法令을 밝히고 자세하게 하며, 寬容을 숭상하고 敎化에 힘써야 한다."하고 말했다. 제14장에서는 "본성인 良能은 仁과 義가 이것이다."라고 말했다. 제15장에서는 聖人이 몸을 숨기고 있음을 말했다. 제16장에서는 "소외된 신하나 妾의 자식은 스스로 위태로움을 느끼는 까닭에 능히 顯達한다."라고 말했다. 제17장에서는 "군주를 기쁘게만 하는 자는 평범한 신하이고, 社稷을 안정시키는 자는 팔다리와 같은 신하이고, 天民은 道를 실천하고, 大人은 자신을 바르게 한다."라고 말했다. 제18장에서는 "賢才를 교육하는 즐거움은 萬乘의 즐거움을 능가한

다."라고 말했다. 제19장에서는 "천하에 君臨하는 것은 君子의 즐거움에 오히려 들어있지 않다."라고 말했다. 제20장에서는 "王道政治를 널리 시행하여 두 노인이 그 소식을 듣고 귀의하였다."라고 말했다. 제21장에서는 "백성들을 가르치는 道는 백성들을 부유하게 만들고 소비를 절약하는 것이다."라고 말했다. 제22장에서는 아주 큰 빛은 비추지 않는 곳이 없음을 말했다. 제23장에서는 "善을 좋아하면 舜임금을 따르고 利를 좋아하면 盜跖을 따른다."라고 말했다. 제24장에서는 "楊朱와 墨翟은 放蕩하고 子莫은 한 가지만 주장하였다."라고 말했다. 제25장에서는 배가 고파도 아무거나 먹지 않음을 말했다. 제26장에서는 柳下惠가 공손하지 못하였음을 말했다. 제27장에서는 "仁을 행하는 것은 자신의 의지에 달려 있는 것으로서 반드시 끝까지 추구해야 한다."라고 말했다. 제28장에서는 "仁은 본성 속에 있기도 하고 몸으로 체득하기도 하며 그 다음은 빌려다 쓰기도 한다."라고 말했다. 제29장에서는 "악한 군주를 추방하고 섭정을 한 것은 伊尹과 周公이 여기에 해당하며 일반 사람들은 그 뜻이 다르므로 찬탈하려는 마음이 일어난다."라고 말했다. 제30장에서는 "君子가 자신을 바로잡아 세상에 서야 한다."라고 말했다. 제31장에서는 "사람은 마땅히 뜻을 고상하게 하여야 하며, 善이 가야할 길은 仁과 義이다."라고 말했다. 제32장에서는 "일에는 輕重이 있고 행동에는 大小가 있다."라고 말했다. 제33장에서는 "법과 하늘을 받드는 天子는 政令을 어길 수 없지만 부모를 잘 모시는 큰 孝子는 천하도 버릴 수 있다."라고 말했다. 제34장에서는 "사람의 본성은 모두 같지만 거처하는 지위가 서로 다르게 만든다."라고 말했다. 제35장에서는 "수레, 의복, 기물을 사람마다 쓰는 것이 다르지 않지만, 존귀한 지위에 거처하게 되면 그 기개가 당당해진다."라고 말했다. 제36장에서는 "사람을 얻는 방법은 반드시 공경하는 마음으로 해야 한다."라고 말했다. 제37장에서는 聖人은 타고난 외모대로 살았음을 말했다. 제38장에서는 "禮法에 三年喪으로 정했으나, 효성스런 자는 더 하고 싶어 하고 부귀한 자는 태만하고 싫증을 내어 그 날수를 줄이고 싶어 한다."라고 말했다. 제39장에서는 "사람을 가르치는 방법에 이 다섯 가지보다 더 좋은 것이 없다."라고 말했다. 제40장에서는 "道가 크면 따르기가 어렵지만, 사람이 道를 넓힌다."라고 말했다. 제41장에서는 "窮達과 進退에 따라 사람의 행동이 달라져야 한다."라고 말했다. 제42장에서는 배울 때 자신을 비우는 것이 중요함을 말했다. 제43장에서는 "賞이 어긋나면 방종하게 되고 형벌이 남용되면 善을 손상시키므로 季文子는 세 번 생각한 뒤에 행동하였다."라고 말했다. 제44장에서는 "君子가 德을 펼칠 때

각각의 베푸는 대상이 있다."라고 말했다. 제45장에서는 "갖옷을 정리할 때는 옷깃을 잡고 그물을 정리할 때는 벼리를 잡아야 한다."라고 말했다. 나머지 39장은 趙氏가 下卷으로 나누어 놓았고 각각의 敍를 두었다.

【疏】 ○ 注'盡心者'至'篇題' ○ 正義曰：云'人之有心 爲精氣主 思慮可否 然後行之 猶人法天'者, 蓋以性之得於天, 心之生於性. 天莫之爲而所以命人者, 性也. 性則湛然自得, 所以爲主者心也, 則人之心爲精氣主, 思慮可否然後行, 由人法天也. 云'天之執持維綱 以正二十八舍者 北辰也'者, 二十八舍, 案(一首)〔五行〕[1]天文志云, 東方, 角·亢·氐·房·心·尾·箕, 北方, 鬪·牛·女·虛·危·室·壁, 西方, 奎·婁·胃·昴·畢·觜·參, 南方, 井·鬼·柳·星·張·翼·軫. 凡此四七之星, 分布四方, 是二十八舍也. 然所以正之者, 蓋在乎北辰. 論語曰"北辰居其所, 而衆星拱之", 包注云"北辰之不移, 而衆星拱之". 爾雅釋(文)〔天〕[2]云"北極謂之北辰", 郭璞曰"北極, 天之中以正四時". 然則極, 中也. 辰, 時也. 以其居天之中, 故曰北極, 以正四時, 故曰北辰. 又按漢書天文志云"中宮(太)〔天〕[3]極星, 其一明者, 太乙之常居也. 旁三星, 三公, 環之匡衛十二星, 藩臣, 皆曰紫宮. 北斗七星, 所謂璿·璣·玉衡以齊七政.[4] 斗爲帝車, 運於中央, 臨制四方. 分陰陽, 建四時, 均五行, 移節度, 定諸紀, 皆係於斗", 是衆星所拱也.

1) (一首)〔五行〕: 저본에는 '一首'로 되어 있으나, 監本·毛本에 의거하여 '五行'으로 바로잡았다.(阮元의 〈校勘記〉 참조)
2) (文)〔天〕: 저본에는 '文'으로 되어 있으나, ≪爾雅≫의 篇名에 의거하여 '天'으로 바로잡았다.
3) (太)〔天〕: 저본에는 '太'로 되어 있으나, ≪漢書≫ 〈天文志〉에 의거하여 '天'으로 바로잡았다.
4) 璿璣玉衡以齊七政 : ≪書經≫ 〈舜典〉에 나온다.

○ 注의 〔盡心者〕에서 〔篇題〕까지

○ 正義曰 : 〔人之有心 爲精氣主 思慮可否 然後行之 猶人法天〕 본성은 하늘에서 얻고 마음은 본성에서 생겨난다. 하늘이 作爲 없이 사람에게 명한 것이 본성이다. 본성은 맑게 스스로 얻는 것이고 主人이 되는 것이 마음이니, 사람의 마음은 精氣의 主人이 되어 可否를 헤아린 뒤에 움직인다. 이는 사람이 하늘을 본받는 것과 같다.

〔天之執持維綱 以正二十八舍者 北辰也〕 28舍는 五行志와 天文志를 상고하니, 東方은 角・亢・氐・房・心・尾・箕이고, 北方은 斗・牛・女・虛・危・室・壁이고, 西方은 奎・婁・胃・昴・畢・觜・參이고, 南方은 井・鬼・柳・星・張・翼・軫이다. 무릇 이 28개의 별이 四方에 분포하니, 이것이 28舍이다. 하지만 그것들을 바로잡는 것은 北辰에 달려 있다. ≪論語≫에 "北極星이 제 자리에 있는데, 뭇 별들이 그것을 향해 돈다."라고 하였는데, 包咸의 注에 "北極星은 움직이지 않고 뭇 별들이 그를 향해 돈다."라고 하였다. ≪爾雅≫ 〈釋天〉에 "北極星을 北辰이라고 한다."라고 하였는데, 郭璞의 注에 "北極星은 하늘의 가운데 자리하여 四時를 바로잡는다."라고 하였다. 그렇다면 極은 가운데이고, 辰은 時이다. 하늘의 가운데에 자리하였으므로 '北極'이라고 하는 것이며, 四時를 바로잡기 때문에 '北辰'이라고 하는 것이다. 또 ≪漢書≫ 〈天文志〉를 상고하니, "中宮의 天極星 중에서 가장 밝은 것이 항상 같은 곳에 자리하고 있는 太乙星이다. 그 옆의 세 별은 三公을 상징하고, 〈天極星을〉 에워싸고 호위하는 것 같은 열두 개의 별은 藩臣을 상징하는데, 이를 모두 '紫宮'이라고 부른다. 北斗七星은 이른바 '璿, 璣, 玉衡으로 관측하여 七政을 고르게 하였다.'라는 것이다. 北斗星은 天帝의 수레로서 하늘의 중앙을 운행하며, 四方을 군림하여 제어한다. 陰陽을 나누고, 四時를 세우고, 五行을 조화하고, 節期를 변환하고, 諸紀를 정하는 것이 모두 北斗星에 달려 있다."라고 하였다. 이것이 바로 뭇 별들이 그것을 향해 돈다는 것이다.

1. 孟子曰 盡其心者는 知其性也니 知其性則知天矣니라

맹자가 말하였다. "자신의 마음을 다하는 사람은 자신의 본성을 알게 되니, 자신의 본성을 알게 되면 하늘을 알게 된다.

【注】 性有仁義禮智之端이니 心以制之라야 惟心爲正이라 人能盡極其心하여 以思行善이면 則可謂知其性矣니 知其性이면 則知天道之貴善者也니라

본성에 仁, 義, 禮, 智의 단서가 있으니, 마음으로 그것을 제어하여야 마음이 바르게 된다. 사람이 능히 자신의 마음을 다하여 善을 행할 것을 생각하면 자신의 본성을 안다고 할 수 있으니, 자신의 본성을 안다면 天道가 善을 귀하게 여긴다는 것을 알게 된다.

存其心하고 養其性은 所以事天也요

자신의 마음을 잘 보존하고 자신의 본성을 잘 기르는 것이 하늘을 섬기는 방법이다.

【注】 能存其心하고 養育其正性하면 可謂仁人이라 天道好生이러니 仁人도 亦好生하고 天道無親이나 惟仁是與하니 行與天合이라 故로 曰 所以事天也라하니라

자신의 마음을 잘 보존하고 자신의 바른 본성을 잘 기르면 仁人이라고 할 수 있다. 天道는 살리는 것을 좋아하는데 仁人도 살리는 것을 좋아하고, 天道는 친함이 없으나 오직 仁人을 도와주니, 행동과 天道가 합치된다. 그러므로 하늘을 섬기는 방법이라고 하는 것이다.

夭壽에 不貳하고 修身以俟之는 所以立命也니라

短命과 長壽에 두 마음을 품지 않고 자신의 몸을 닦으며 天命을 기다리는 것이 天命을 확립하는 방법이다."

【注】 貳는 二也라 仁人之行은 一度而已니 雖見前人或夭或壽라도 終無二心改易其道라 夭는 若顏淵이요 壽는 若邵公[1]이니 皆歸之命하고 修正其身하여 以待天命이라 此所以立命之本이라

1) 邵公 : 周 成王 때의 재상인 召公을 가리킨다. 이름은 姬奭이다. ≪詩經≫의 〈甘棠〉편은 周武 때 召公이 지방관으로서 善政을 베풀자 백성들이 召公을 존경하여 읊은 것이라고 한다.

貳는 둘이다. 仁人의 행동은 일관된 법도를 따를 뿐이니, 비록 이전 사람의 短命과 長壽를 보더라도 끝내 두 마음을 품고 자신의 道를 바꾸는 일이 없다. 短命은 顏淵과 같은 경우이고 長壽는 邵公과 같은 경우이니, 이들은 모두 天命에 맡기고 자신의 몸을 닦으며 天命을 기다렸다. 이것이 天命을 확립하는 근본이다.

【疏】 '孟子'至'命也' ○ 正義曰 : 此章言盡心竭性, 足以承天, 夭壽禍福, 秉心不違, 立命之道, 惟是爲珍者也. '孟子曰 盡其心者'至'所以立命也'者, 孟子言人能盡極其心以思之者, 是能知其性也. 知其性, 則知天道矣. 知存其心, 養育其性, 此所以能承事其天者也. 以其天之賦性而性者人所以得於天也. 然而心者又生於性, 性則湛然自得, 而心者又得以主之也. 蓋仁・義・禮・智根於心, 是性本固有而爲天所賦也. 盡惻隱・羞惡・恭敬・是非之心, 則是知仁・義・禮・智之性. 知吾性固有此者, 則知天實賦之者也. 如存此惻隱・羞惡・恭敬・是非之心, 以長育仁・義・禮・智之性, 是所以事天者也, 是性卽天也. 故存心養性, 是爲事天矣. 又言人之於命, 雖有或夭或壽, 但操執其心而不(仁)〔二〕[1]也. 旣夭壽不二而修其身, 以待其在天者如何耳, 如是所以爲能立命之本也. 以其夭壽皆定於未形有分之初, 亦此而不二也, 不可徼求之矣, 但修其在我以待之, 是爲立命也. 如於夭壽而二其心, 以廢其所以修其在我者, 則非所以立命者也. 商書云"我生不有命在天"[2]是其意也.

1) (仁)〔二〕: 저본에는 '仁'으로 되어 있으나, 阮元의 〈校勘記〉에 의거하여 '二'로 바로잡았다.
2) 我生不有命在天 : ≪書經≫ 〈西伯戡黎〉에 나온다.

經의 〔孟子〕에서 〔命也〕까지

○ 正義曰 : 이 장에서는 "마음을 다하고 본성을 다하면 하늘을 받들 수 있고, 夭壽와 禍福에 마음을 잘 부여잡고 어기지 않는 것이 天命을 확립하는 방법이니, 오직 이것이 중요하다."라고 말하였다.

〔孟子曰 盡其心者〕에서 〔所以立命也〕까지

맹자가 다음가 같이 말한 것이다. 마음을 다하여 생각하는 사람은 능히 자신의 본성을 알 수 있다. 자신의 본성을 알면 天道를 알게 된다. 자신의 마음을 잘 알아서 보존하고 자신의 본성을 잘 기르는 것이 하늘을 제대로 섬기는 방법이다. 하늘이 본성을 부여하고, 본성이라는 것은 사람이 하늘에서 얻는 것이기 때문이다. 하지만 마음이라는 것이 다시 본성에서 생겨나니, 본성이 담박하게 만족스러우면 마음이라는 것이 다시 그것을 主宰할 수 있다. 대개 仁, 義, 禮, 智는 마음에 근거하니, 이 본성은 본래부터 지닌 것으로서 하늘이 부여한 것이다. 惻隱해 하는 마음, 부끄러워하고 미워하는 마음, 공경하는 마음, 是非를 가리는 마음을 다하면 仁, 義, 禮, 智의 본성을 알게 된다. 나의 본성에 본래 이러한 것이 있다는 것을 알게 되면, 하늘이 실로 그것을 부여했다는 것을 아는 것이다. 만일 이러한 惻隱해 하는 마음, 부끄러워하고 미워하는 마음, 공경하는 마음, 是非를 가리는 마음을 보존하여 仁, 義, 禮, 智의 본성을 기른다면, 이것이 바로 하늘을 섬기는 방법이니, 본성이 곧 하늘인 것이다. 그러므로 마음을 보존하고 본성을 기르는 것이 하늘을 기르는 것이 된다. 또 다음과 같이 말한 것이다. 사람이 命에 있어서 비록 短命하기도 하고 長壽하기도 하지만, 마음을 부여잡고 두 마음을 품지 말아야 한다. 短命과 長壽에 두 마음을 품지 않고 몸을 잘 닦아서 하늘에 있는 것이 어떠한지 기다릴 뿐이니, 이와 같이 하는 것이 天命을 확립할 수 있는 방법이 된다. 短命과 長壽는 모두 구분이 생기기 이전의 처음에 정해지므로 또한 이것에 대해 두 마음을 품어서는 안 되기 때문이다. 추구하여 얻을 수 없는 것이니, 단지 나에게 있는 것을 닦아 기다리는 것이 天命을 확립하는 것이다. 만일 短命과 長壽에 두 마음을 품고서 나에게 있는 것을 닦는 일을 그만둔다면 天命을 확립하는 것이 아니다. ≪尙書≫에 "나의 삶이 天命에 달려 있지 아니한가."라고 한 것이 그러한 뜻이다.

2. 孟子曰 莫非命也나 順受其正이니라

맹자가 말하였다. "命이 아닌 것이 없으나, 바른 命을 따라 받아야 한다.

【注】莫은 無也라 人之終에 無非命也라 命有三名이니 行善得善曰受命이요 行善得惡曰遭命이요 行惡得惡曰隨命이라 惟順受命이라야 爲受其正也已니라

莫은 無의 의미이다. 사람의 죽음에 命이 아닌 것이 없다. 命에는 세 가지 이름이 있으니, 善을 행하여 善을 얻는 것을 '受命'이라 하고, 善을 행하여 惡을 얻는 것을 '遭命'이라 하고, 惡을 행하여 惡을 얻는 것을 '隨命'이라고 한다. 오직 受命을 따라야 바른 命을 받는 것이 된다.

是故로 知命者는 不立乎巖墻之下하나니라 盡其道而死者는 正命也요

그러므로 命을 아는 사람은 위험한 담장 아래에 서지 않는다. 자신의 도리를 다하다가 죽는 사람은 바른 命을 받은 것이고,

【注】知命者는 欲趨於正이라 故로 不立於巖牆之下하니 恐壓覆也라 盡修身之道하여 以壽終者는 得正命也라

命을 아는 사람은 바른 命을 따르고자 하므로 위험한 담장 아래에 서지 않으니, 깔

려 죽을까 두려운 것이다. 몸을 닦는 도리를 다하면서 수명대로 살다가 죽는 사람은 바른 命을 얻은 것이다.

桎梏死者는 非正命也니라

刑罰을 받고 죽는 사람은 바른 命을 받은 것이 아니다."

【注】畏壓溺死는 禮所不吊라 故로 曰非正命也已라

두려워하다가 자살한 것, 담장에 깔려 죽은 것, 물에 빠져 죽은 것은 禮에 조문하지 않는 경우에 해당한다. 그러므로 바른 命이 아니라고 말한 것이다.

【疏】'孟子曰'至'非正命也' ○ 正義曰：此章言人必趨命, 貴受其正, 巖牆之疑, 君子遠之也. '孟子曰莫非命'至'非正命也'者, 孟子言人之死, 無非是命也. 然當順受其正, 盡道以生死也. 書云"惠迪吉"[1]是其順受其正之旨也. 是故知命之君子, 不立身於巖牆危險之下, 以其能壓覆人也. 是以盡其修身之道而死亡者, 乃爲受正命而死也, 陷於刑獄, 爲桎梏而死者, 非受正命而死也. 以其不能盡修身之道而順受其命而死也. 桎, 足械也, 梏, 手械也, 今刑獄匣手足者也. 案孔子云"人有三死而非命. 飮食不節, 勞逸過度, 是病其殺之者也, 居下位而上誣其君, 嗜欲無厭, 是刑其殺之也, 以少犯衆, 以弱侮強, 是兵其殺之者也."[2] 又云"人有三死而不吊, 有畏而死者, 有壓而死者, 有溺而死者."

1) 惠迪吉：≪書經≫ 〈大禹謨〉에 "善道를 따르면 길하게 되고, 역행하면 흉하게 된다.〔惠迪吉 從逆凶〕"라는 말이 나온다.
2) 人有三死而非命……是兵其殺之者也：魯 哀公이 孔子에게 "지혜로운 사람이 장수합니까? 어진 사람이 장수합니까?"라고 묻자 孔子가 대답한 말이다. ≪孔子家語≫에 나온다.

經의 〔孟子曰〕에서 〔非正命也〕까지

○ 正義曰：이 장에서는 "사람은 반드시 命을 따라야 하니, 바른 命을 받는 것을 귀중하게 여긴다. 위험한 담장처럼 의심스러운 것을 君子는 멀리한다."라고 말하였다.

〔孟子曰莫非命〕에서 〔非正命也〕까지

맹자가 "사람의 죽음은 命이 아닌 것이 없다. 하지만 바른 命을 따라 받아 도리를 다해 살다 죽어야 한다."라고 말한 것이다. ≪書經≫의 "善道를 따르면 길하게 된다."

라는 말이 바른 命을 따라 받아야 한다는 의미이다. 그런 까닭에 命을 아는 君子는 위험한 담장 아래에 몸을 두지 않는 것이니, 사람을 壓死시킬 수 있기 때문이다. 그러므로 몸을 닦는 도리를 다하다가 죽는 사람은 바른 命을 받아 죽는 것이고, 형벌에 빠져 구속되어 죽는 사람은 바른 命을 받아 죽는 것이 아니다. 몸을 닦는 도리를 다하여 바른 命을 따라 받지 못하고 죽는 것이기 때문이다. 桎은 足鎖이고, 梏은 手甲이니, 오늘날 형벌을 받으면 손과 발에 채우는 것이다. 상고하니, 孔子는 "사람에게는 세 가지 죽음이 있다. 먹고 마시는 것에 절도가 없고 일하고 쉬는 것이 과도한 자는 疾病이 그를 죽인다. 아랫자리에 있으면서 위로 임금을 속이고 嗜欲에 만족함이 없는 자는 刑罰이 그를 죽인다. 적은 것으로 많은 것을 범하고 약한 것으로 강한 것을 업신여기는 자는 兵器가 그를 죽인다."라고 하였다. 또 "사람에게는 죽어도 弔問하지 않는 세 가지 경우가 있으니, 두려워하다 자살한 경우와 담장에 깔려 죽은 경우와 물에 빠져 죽은 경우이다."라고 하였다.

【疏】 注'莫 無也'至'正也' ○正義曰：云'命有三 行善得善曰受命'者, 如舜聞一善言, 見一善行, 沛然若決江河而莫之禦, 而終得升于帝而崩是也. '行善得惡曰遭命', 如淮南子"伯牛有癩",[1] 論語曰"伯牛有疾, 孔子自牖執其手, 曰亡之命矣, 夫斯人也而有斯疾也, 斯人也而有斯疾也", 包曰"伯牛有惡疾"是也. '行惡得惡曰隨命', 如舜之四凶[2]之類是也.

1) 淮南子 伯牛有癩：≪淮南子≫ 〈精神訓〉에 "저 顔回, 季路, 子夏, 冉伯牛는 孔子의 제자 중에 학문에 통달한 사람들이었다. 하지만 顔淵은 요절했고, 季路는 衛나라에서 피살되어 소금에 절여졌고, 子夏는 失明했고, 冉伯牛는 染病에 걸렸다.〔夫顔回季路子夏冉伯牛 孔子之通學也 然顔淵夭死 季路葅於衛 子夏失明 冉伯牛爲厲〕"라는 말이 나온다.

2) 四凶：堯임금 때의 舜이 처벌한 네 명의 惡人으로, 共工·驩兜·三苗·鯀이다. ≪書經≫ 〈舜典〉에 "共工을 幽洲로 유배하고, 驩兜를 崇山에 유치하고, 三苗를 三危로 몰아내고, 鯀을 羽山에 가두어 네 사람을 처벌했다."라고 하였다.

○ 注의 〔莫 無也〕에서 〔正也〕까지

○ 正義曰：〔命有三 行善得善曰受命〕 이를테면, 舜이 한 마디 善한 말을 듣거나 한 가지 善한 행동을 보고 나서는 물이 쏟아져 내리는 것이 江河를 터놓은 것과 같아서 그 기세를 막을 수 없었는데, 마침내 帝位에 오른 뒤에 崩御하였던 일이 그것이다.

〔行善得惡曰遭命〕 이를테면, ≪淮南子≫에 "伯牛가 癩病에 걸렸다."라고 한 것이나,

≪論語≫ 〈雍也〉에 "伯牛가 몹쓸 병에 걸리자, 孔子께서 〈문병을 가서〉 창문으로 그의 손을 잡고서 '이런 병에 걸릴 리가 없는데, 命인가보다. 이 사람이 이런 병에 걸리다니, 이 사람이 이런 병에 걸리다니.'라고 말씀하셨다."라고 하였고, 이에 대한 包咸의 注에 "伯牛에게 나쁜 병이 있었다."라고 한 것이 이것이다.

〔行惡得惡曰隨命〕 이를테면 舜이 〈처벌했던〉 四凶과 같은 부류가 이것이다.

【疏】 ○ 注'畏壓溺死 所不吊'. ○ 正義曰：禮於檀弓云"死而不吊者三, 畏・壓・溺." 鄭氏云"謂輕身忘孝也. 畏, 人或時以非罪(故)〔攻〕[1]己, 不能有以說之死之者, 孔子畏於匡[2]是也. 壓, 行止危險之下是也. 溺, 不乘橋船是也." 荀子曰"夏首之南, 有人曰涓蜀梁, 其爲人善畏. 明月而宵行, 俯見其影, 以爲伏鬼也. 仰視其髮, 以爲立魅. 背而走, 比至其家, 失氣而死", 是亦畏死者也. 又秦武王時, 大蛇從身出, 復入穴, 五女示之, 五(子)〔丁〕[3]拔蛇, 壓殺五女.[4] 是壓死者也. 尾生與女子期於梁下, (未)〔水〕[5]至不去, 抱梁柱而死. 是溺死者也. 孟子之言, 其趨則一也.

1) (故)〔攻〕：저본에는 '故'로 되어 있으나, ≪禮記正義≫ 〈檀弓 上〉에 의거하여 '攻'으로 바로잡았다.
2) 孔子畏於匡：魯나라 陽虎라는 자가 일찍이 匡 지역에서 횡포를 부렸는데, 孔子의 얼굴이 陽虎와 비슷했으므로, 匡사람들이 지나가던 孔子를 陽虎인 줄 잘못 알고 포위하여 죽이려고 했던 일이 있었다. 이 고사는 ≪論語≫와 ≪史記≫ 〈孔子世家〉 등에 나오는 내용인데, 匡에서 풀려날 수 있었던 이유가 책마다 다르다. ≪禮記正義≫에 실려 있는 孔穎達의 疏에는 〈공자세가〉의 주석을 인용하여 孔子가 공손한 말과 禮로 설득하여 포위를 풀었다고 하였다.
3) (子)〔丁〕：저본에는 '子'로 되어 있으나, 四庫全書本 ≪華陽國志≫ 권3 〈蜀志〉에 의거하여 '丁'으로 바로잡았다.
4) 秦武王時……壓殺五女：≪華陽國志≫ 권3 〈蜀志〉에 "秦 惠王이 蜀나라 왕이 女色을 좋아한다는 것을 알고 다섯 딸을 蜀에 시집보내는 것을 승낙하였다. 蜀나라에서 다섯 壯丁을 보내 맞이하였다. 돌아오는 길에 梓潼에 이르러 큰 뱀 한 마리가 구멍 속으로 들어가는 것을 발견했다. 壯丁 중에 한 사람이 뱀의 꼬리를 손으로 잡았으나, 당겨도 뱀을 제지할 수 없었다. 이윽고 다섯 壯丁이 서로 도와가며 큰 소리로 뱀을 당기니, 산이 무너졌다. 그때에 다섯 壯丁과 秦나라의 다섯 딸들이 깔려 죽었다.〔惠王知蜀王好色 許嫁五女於蜀 蜀遣五丁迎之 還到梓潼 見一大蛇入穴中 一人攬其尾 掣之不禁 至五人相助 大呼拽蛇 山崩 時壓殺五人及秦五女〕"라는 내용이 실려 있다.
5) (未)〔水〕：저본에는 '未'로 되어 있으나, ≪莊子≫ 〈盜跖〉에 의거하여 '水'로 바로잡았다.

○ 注의 〔畏壓溺死 所不吊〕

○ 正義曰：≪禮記≫ 〈檀弓〉에 "죽어도 조문을 하지 않는 경우가 세 가지이다. 두려워하다 죽은 경우〔畏〕와 담장에 깔려 죽은 경우〔壓〕와 물에 빠져 죽은 경우〔溺〕가 그것이다."라는 말이 나온다. 이에 대해 鄭氏는 "자기 몸을 경시하고 孝를 잊었기 때문이다. 畏는 다른 사람이 때로 자기 잘못이 아닌 것으로 자기를 공격하는데도 그를 잘 설득하지 못하여 죽게 되는 경우이니, 孔子께서 匡에서 두려운 일을 당하셨던 경우가 이것이다. 壓은 위험한 곳 아래에서 행동하는 것이 이것이다. 溺은 다리나 배를 이용하지 않는 경우가 이것이다."라고 하였다. ≪荀子≫ 〈解蔽篇〉에 "夏水 어귀 남쪽에 이름이 涓蜀梁이라는 사람이 있었다. 그는 쉽게 두려워하는 성격이었다. 밝은 달밤에 길을 가다가 자기 몸의 그림자를 굽어보고는 엎드려 있는 귀신이라 여기고, 자기 머리털을 올려다보고는 서 있는 도깨비라 여겼다. 그리고는 등을 돌리고 달아나 자기 집에 도착해서는 기절하여 죽었다."라고 하였으니, 이 또한 두려워하다 죽은 경우이다. 또 秦武王 때에 큰 뱀이 몸에서 나와 다시 구멍으로 들어가니, 다섯 딸들이 그것을 보았다. 다섯 壯丁이 뱀을 끌어내다가 다섯 딸들을 壓殺시켰다. 이것이 깔려 죽은 경우이다. 尾生이 한 여인과 다리 아래에서 만나기로 약속했는데, 〈다리 아래에〉 물이 차오르는데도 그곳을 떠나지 않다가 다리 기둥을 안고 죽었다. 이것이 물에 빠져 죽은 경우이다. 맹자의 말이 가리키는 바는 한 가지이다.

3. 孟子曰 求則得之하고 舍則失之하나니 是求는 有益於得也니 求在我者也일새니라

맹자가 말하였다. "구하면 얻게 되고 버려두면 잃게 된다. 이것을 구함은 얻음에 유익하니, 나에게 있는 것을 구하기 때문이다.

【注】 謂 修仁行義는 事在於我니 我求則得하고 我舍則失이라 故로 求有益於得也라

다음과 같은 말이다. 仁을 닦고 義를 행하는 것은 그 일이 나에게 있는 것이니, 내가 구하면 얻게 되고 내가 버려두면 잃게 된다. 그러므로 구함이 얻음에 유익한 것이다.

求之有道하고 得之有命하니 是求는 無益於得也니 求在外者也일새니라

구함에 방법이 있고 얻음에 命이 있으니, 이것을 구함은 얻음에 무익하다. 나

의 밖에 있는 것을 구하기 때문이다.

【注】謂 賢者는 修其天爵而人爵從之라 故로 曰求之有道也라 修天爵者라도 或得或否라 故로 曰得之有命也라 爵祿은 須知己요 知己者는 在外하여 非身所專이라 是以로 云求無益於得也니 求在外者也라하니라

다음과 같은 말이다. 賢者는 天爵을 닦으면 人爵이 따라온다. 그러므로 "구함에 방법이 있다."라고 한 것이다. 天爵을 닦은 사람이라도 人爵을 얻기도 하고 얻지 못하기도 한다. 그러므로 "얻음에 命이 있다."라고 하는 것이다. 爵祿을 얻으려면 자기를 알아주는 사람이 필요한데, 자기를 알아주는 사람은 자신의 밖에 있는 것이어서 자신이 마음대로 할 수 있는 것이 아니다. 그러므로 "구함이 얻음에 무익하니, 나의 밖에 있는 것을 구하기 때문이다."라고 하는 것이다.

【疏】'孟子'至'者也' ○ 正義曰：此章言爲仁由己, 富貴在天者也.[1] 孟子言仁・義・禮・智, 性之所有, 如就性而求之則得之, 舍而不求則亡. 是則仁・義・禮・智, 求之有益於得者也, 是求之在我者也. 以其仁・義・禮・智, 有生之初性固有者, 是爲在我者也, 是爲天爵也. 求之有道, 則修其天爵而人爵從之故也. 旣修其天爵, 而人爵或有不得者, 是或得或否, 是得之有命也. 是則人爵求之無益於得也, 是求之在外者也. 以其人爵非身所專, 故爲在外者也. 如論語云"求仁而得仁", 是求則得之之謂也. 易云"舍爾靈龜, 凶", 是舍則失之之謂也. 詩云"愷悌君子, 求福不回", 是求之有道者也. 荀子云"君子能爲可用, 不能使人必用己", 是得之有命者也. 孟子所以言之以此.

1) 此章言爲仁由己 富貴在天者也：北京大本에는 章指를 "이 장의 章指는 다음과 같다. 仁을 행하는 것은 자기로부터 말미암는 것이고, 富貴는 하늘에 달린 것이다. 그러므로 孔子께서 '구해서 될 것이 아니라면 내가 좋아하는 일을 하겠다.'라고 말씀하신 것이다.〔此章指言爲仁由己 富貴在天 故孔子曰 如不可求 從吾所好〕"라고 하였다.

經의 〔孟子〕에서 〔者也〕까지

○ 正義曰：이 장에서는 仁을 행하는 것은 자기로부터 말미암는 것이고, 富貴는 하늘에 달린 것임을 말하였다. 맹자가 다음과 같이 말한 것이다. 仁, 義, 禮, 智는 본성이 지니고 있는 것이니, 만일 본성에 나아가 구하면 얻게 되고 버려두고 구하지 않으면 잃게 된다. 이것이 仁, 義, 禮, 智를 구함이 얻음에 유익하다는 것이니, 구하는 것

이 나에게 있기 때문이다. 仁, 義, 禮, 智는 사람이 태어나는 처음부터 본래 있는 것이므로 나에게 있는 것이며, 이것이 바로 天爵이다. 구함에 방법이 있는 것은 天爵을 닦으면 人爵이 따라오기 때문이다. 天爵을 이미 닦았는데도 人爵을 얻지 못하는 경우가 있다는 것은, 얻기도 하고 얻지 못하기도 하는데 얻음에 명이 있다는 것이다. 이것이 人爵을 구함이 얻음에 무익하다는 것이니, 구하는 것이 나의 밖에 있기 때문이다. 人爵은 자신이 마음대로 할 수 있는 것이 아니기 때문에 나의 몸의 밖에 있는 것이 된다. 이를테면, ≪論語≫ 〈述而〉에 "仁을 구하다가 仁을 얻었다."라고 하였으니, 이는 구하면 얻게 됨을 말한 것이다. ≪周易≫ 〈頤卦〉에 "그대의 신령한 거북을 버려두니, 凶하다."라고 하였으니, 이는 버려두면 잃게 됨을 말한 것이다. ≪詩經≫ 〈旱麓〉에 "화락한 君子여, 福을 구함이 삿되지 않도다."라고 하였으니, 이는 구함에 방법이 있음을 말한 것이다. ≪荀子≫ 〈非十二子篇〉에 "君子는 능히 남에게 쓰일 수 있으나, 남이 반드시 자기를 쓰게 하지는 못한다."라고 하였으니, 이것은 얻음에 命이 있음을 말한 것이다. 맹자가 그렇게 말한 것은 이러한 것 때문이다.

4. 孟子曰 萬物이 皆備於我矣니 反身而誠이면 樂莫大焉이요

맹자가 말하였다. "萬事가 모두 나에게 갖추어져 있으니, 자신을 돌이켜보아 진실하면 즐거움이 이보다 더 클 수 없다.

【注】 物은 事也요 我는 身也라 普謂人爲成人已往은 皆備知天下萬物하니 常有所行矣라 誠者는 實也라 反自思其身所施行하여 能皆實而無虛면 則樂莫大焉이라

物은 일이고, 我는 나 자신이다. 사람들이 널리 말하기를 "사람이 成人이 된 이후로는 天下의 萬事를 갖추어 아니 행하는 일이 항상 있다."라고 한다. 誠이라는 것은 진실함이다. 자신이 행하는 일을 돌이켜 스스로 생각해보아 능히 모두 진실하고 허위가 없다면 즐거움이 이보다 클 수 없다.

强恕而行이니 求仁莫近焉이니라

힘써 忠恕를 행해야 하니, 仁을 구하는 방법 중에 이보다 빠른 것은 없다."

【注】當自强勉以忠恕之道니 求仁之術에 此最爲近也라

마땅히 忠恕의 道를 스스로 힘써야 하니, 仁을 구하는 방법 중에 이것이 가장 빠른 방법이다.

【疏】'孟子'至'莫近焉' ○ 正義曰：此章言每必以誠, 恕己而行, 樂在其中, 仁之至者也. 孟子言人之生也, 萬物皆備足於我矣, 但能反己思之以誠, 不爲物之喪己, 是有得於內矣. 有得於內, 則爲樂亦莫大焉. 以其外物爲樂, 則所樂在物, 不在於我, 故爲樂也小. 以內爲樂, 則所樂在己, 不在物, 其爲樂也大. 又言勉强以忠恕之道而行之, 以求仁之術爲最近. 故傳有云"仁者必恕而後行[1)]", 是之謂也, 斯亦"力行近乎仁[2)]"之意歟.

1) 仁者必恕而後行：≪說苑≫ 권5에 "仁이라는 것은 반드시 자신을 미루어 행동한 뒤에 시행되니, 한 가지라도 不義한 일을 하거나 한 사람이라도 무고한 이를 죽인다면 비록 高官大爵을 얻을지라도 仁者는 하지 않는다.〔夫仁者 必恕然後行 行一不義 殺一無罪 雖以得高官大位 仁者不爲也〕"라는 말이 나온다.

2) 力行近乎仁：≪中庸章句≫ 제20장에 "배움을 좋아하는 것은 知에 가깝고, 힘써 행하는 것은 仁에 가깝고, 부끄러움을 아는 것은 勇에 가깝다.〔好學近乎知 力行近乎仁 知恥近乎勇〕"라는 말이 나온다.

經의 〔孟子〕에서 〔莫近焉〕까지

○ 正義曰：이 장에서는 "항상 반드시 진실함으로써 자신을 미루어 행동하면 즐거움이 그 안에 있으니, 仁의 지극함이다."라고 말하였다. 맹자가 "사람이 태어남에 만물이 모두 나에게 갖추어져 있다. 다만 능히 자신을 돌이켜서 진실할 것을 생각하고 사물에 의해 자신을 상실하지 않아야 내면에 얻음이 있게 된다. 內面에 얻음이 있게 되면 즐거움이 또한 그것보다 큰 것이 없다. 外物로 즐거움을 삼으면 즐거워하는 대상이 外物에 있고 나에게 있지 않으므로 즐거움이 작다. 內面에 있는 것으로 즐거움을 삼으면 즐거워하는 대상이 자기에게 있고 外物에 있지 않으므로 그 즐거움이 크다."라고 말한 것이다. 또 "힘써 忠恕의 道를 행하는 것이 仁을 구하는 방법 중에서 가장 빠르다."라고 말한 것이다. 그러므로 전하는 말에 "仁이라는 것은 반드시 자신을 미루어 행동한 뒤에 행해지는 것이다."라고 한 것이 바로 이것을 일컬은 것이고, 이는 또한 "힘써 행하는 것은 仁에 가깝다."라는 의미가 아니겠는가.

5. 孟子曰 行之而不著焉하며 習矣而不察焉이라 終身由之而不知其道者衆也니라

맹자가 말하였다. "그것을 행하면서도 그 道를 밝히지 못하고, 익숙하게 하면서도 그 道를 살피지 못한다. 평생토록 쓰면서도 그 道를 모르는 것이 일반대중이다."

【注】 人皆有仁義之心하여 日自行之(無)〔於其〕[1]所愛나 而不能著明其道以施於大事하며 仁妻愛子도 亦以習矣나 而不能察知可推以爲善이라 由는 用也라 終身用之하여 以爲自然이나 不究其道可成君子하니 此衆庶之人也라

1) (無)〔於其〕: 저본에는 '無'로 되어 있으나, 廖本·孔本·韓本·考文古本에 의거하여 '於其'로 바로잡았다.(阮元의 〈校勘記〉 참조)

사람은 모두 仁과 義의 마음을 지니고 있어 사랑하는 대상에게 날마다 그것을 행하지만, 그 道를 밝혀서 큰 일에 시행하지는 못한다. 아내에게 인자하게 대하고 자식을 사랑하는 것도 익숙하게 하지만, 그 道를 살피고 알아서 善을 행하는 수준까지 확장하지 못한다. 由는 씀이다. 평생토록 그것을 써서 자연스러워졌으나, 그 이치를 궁구함으로써 君子가 되지는 못하니, 이것이 일반대중이다.

【疏】 正義曰 : 此章言人有仁端, 達之爲道, 凡人用之, 不知其爲(實)〔寶〕[1]也. 孟子言仁義之道, 人皆有之. 然而行之而不著, 則其跡不能彰明, 習此仁義之道而不察, 則其理不能推明. 終身用而行之, 而不知其是爲道. 凡如此者, 非君子者也, 是則爲凡衆者矣. 故孟子以此閔之.

1) (實)〔寶〕: 저본에는 '實'로 되어 있으나, 四庫全書本에 의거하여 '寶'로 바로잡았다.

正義曰 : 이 장에서는 "사람은 仁의 단서를 지니고 있으니, 그것을 통달하여 道를 행한다. 보통사람은 그것을 쓰면서도 寶物인 줄 알지 못한다."라고 말하였다. 맹자가 "仁과 義의 道는 사람이 다 지니고 있다. 하지만 그것을 행하더라도 밝히지 못하면 그 자취를 드러낼 수 없으며, 이 仁과 義의 道에 익숙하더라도 살피지 못하면 그 이치를 미루어 밝힐 수 없다. 평생토록 그것을 쓰고 행하면서도 그것이 도라는 것을 모른다. 무릇 이와 같은 사람은 君子가 아니고, 이런 사람은 평범한 大衆이다."라고 말한 것이

다. 그래서 맹자가 이것에 대해 근심하였던 것이다.

6. 孟子曰 人不可以無恥니

맹자가 말하였다. "사람은 부끄러움이 없어서는 안 되니,

【注】人不可以無所羞恥也니 論語에 曰 行己有恥[1)]라하니라

1) 行己有恥 : 子貢이 선비에 대해 묻자, 孔子가 "행동에 염치가 있어야 하고, 외국에 使臣으로 가서 君命을 욕되게 하지 않는다면 선비라고 할 수 있을 것이다.〔行己有恥 使於四方 不辱君命 可謂士矣〕"라고 대답하였다.(≪論語≫ 〈子路〉)

사람은 부끄러워함이 없어서는 안 되니, ≪論語≫에 "행동에 염치가 있어야 한다." 라고 하였다.

無恥之恥면 無恥矣니라

부끄러움이 없는 것을 부끄러워한다면 부끄러워할 일이 없을 것이다."

【注】人能恥己之無所恥면 是爲改行從善之人이니 終身無復有恥辱之累也라

사람이 능히 자기가 부끄러워함이 없다는 것을 부끄러워한다면, 이는 잘못된 행동을 고치고 선을 좇는 사람이니, 평생토록 부끄러워할 잘못이 다시는 없을 것이다.

【疏】正義曰 : 此章言恥身無分, 獨無所恥, 斯必遠辱, 不爲憂矣. 孟子言人之不可無其羞恥也. 人能無恥而尙有羞恥, 是爲遷善遠罪之人, 終身無復有恥辱累之矣. 案禮云 "君子有五恥. 朝不坐, 燕不善, 君子恥之, 居其位, 無其言, 君子恥之, 有其言, 無其行, 君子恥之, 旣得之, 又失之, 君子恥之, 地有餘而民不足, 君子恥之."[1)] 如此, 則人可以無恥乎. 此孟子所以有此言而救時之弊與.

1) 君子有五恥……君子恥之 : ≪說苑≫ 〈談叢〉에 나오는 말이다. ≪禮記≫ 〈雜記 下〉에는 "君子는 다섯 가지 부끄러워할 만한 일이 있다. 벼슬자리에 있으면서 의견을 말하지 않는 것을 君子는 부끄러워하며, 의견을 말하지만 실행이 없는 것을 君子는 부끄러워하며, 이미 얻었다가 다시 잃는 것을 君子는 부끄러워하며, 토지가 넉넉한데 백성

의 衣食이 부족한 것을 君子는 부끄러워하며, 투입한 공력은 같은데 남의 결과가 자신의 배인 것을 君子는 부끄러워한다.〔君子有五恥 居其位 無其言 君子恥之 有其言 無其行 君子恥之 既得之而又失之 君子恥之 地有餘而民不足 君子恥之 衆寡均而倍焉 君子恥之〕"라고 하여 다소 차이가 있다.

正義曰 : 이 장에서는 "부끄러움과 내 몸을 나누지 않으면서 홀로 부끄러워할 일이 없다면, 반드시 치욕을 멀리하여 근심하지 않을 것이다."라고 말하였다. 맹자가 "사람은 부끄러움이 없어서는 안 된다. 사람이 능히 부끄러워할 일이 없는데도 오히려 부끄러움이 있다면 改過遷善하여 죄를 멀리하는 사람이니, 평생토록 치욕에 매이는 일이 없을 것이다."라고 말한 것이다. 禮를 상고하니 "君子는 다섯 가지 부끄러워할 만한 일이 있다. 조정에 앉지 못하고 잔치 자리에서 政事를 의논하지 못하는 것을 君子는 부끄럽게 여기며, 벼슬자리에 있으면서 의견을 말하지 않는 것을 君子는 부끄럽게 여기며, 의견을 말하지만 실행이 없는 것을 君子는 부끄럽게 여기며, 이미 얻었다가 다시 잃는 것을 君子는 부끄럽게 여기며, 토지는 넉넉한데 백성의 衣食이 부족한 것을 君子는 부끄럽게 여긴다."라고 하였다. 이러하니 사람이 부끄러움이 없을 수 있겠는가. 이것이 맹자가 이 말을 함으로써 당시의 폐단을 구제하고자 했던 까닭일 것이다.

7. 孟子曰 恥之於人에 大矣라 爲機變之巧者는 無所用恥焉이니라

맹자가 말하였다. "부끄러워하는 마음이 사람에게 있어서 매우 중대하다. 교묘한 권모술수를 쓰는 자는 부끄러워하는 마음을 쓸 일이 없다.

【注】恥者는 爲不正之道니 正人之所恥爲也라 今造機變阱陷之巧以攻戰者는 非古之正道也라 取爲一切可勝敵之宜면 無以錯於廉恥之心이라

부끄러워하는 것은 不正한 방법을 쓰기 때문이니, 이는 正人이 부끄러워하는 짓이다. 지금 사람이 교묘한 권모술수의 함정을 만들어 공격하는 것은 옛날의 正道가 아니다. 권모술수로 적을 이기는 방법을 취하여 쓴다면 廉恥의 마음을 베풀 수 없다.

不恥不若人이면 何若人有[1)]리오

1) 不恥不若人 何若人有 : 朱熹는 "부끄러워함이 없는 한 가지 일이 남만 못하다면 일마

다 남만 못할 것이다. 或者는 '남만 못함을 부끄러워하지 않는다면 어찌 능히 남만한 일이 있겠는가.'라고 하니, 그 뜻도 통한다.〔無恥一事不如人 則事事不如人矣 或曰 不恥其不如人 則何能有如人之事 其義亦通〕"이라고 하여 두 가지 설을 제시하였다. 이 중에 或者의 설이 趙岐의 注와 비슷하다.

聖人만 못함을 부끄러워하지 않는다면, 어찌 賢人과 같은 이름을 가질 수 있겠는가.

【注】 不恥不如古之聖人이면 何有如賢人之名也리오

옛 聖人만 못함을 부끄러워하지 않는다면, 어찌 賢人과 같은 이름을 가질 수 있겠는가.

【疏】 正義曰：此章言不慕大人, 何能有恥者也.[1] 孟子言人之所以恥者, 以其爲不正之道也. 不正之道, 正宜羞恥而無爲之也, 是爲恥之於人爲大者也. 今之人乃造機變阱陷, 藏兵之巧, 以爲攻戰者, 是爲不正之道也, 是無所用而恥之也. 如不恥不若古之聖賢, 何能有古聖賢之名也.

1) 此章言不慕大人 何能有恥者也：北京大本에는 章指를 "이 장의 章指는 다음과 같다. 大人을 흠모하지 않으면 어떻게 부끄러움이 있을 수 있겠는가. 그러므로 隰朋이 黃帝만 못한 것을 부끄러워하여 桓公을 도와 공훈을 세웠고, 顔淵이 虞舜을 흠모하니 孔子께서 道에 가깝다고 찬탄하셨던 것이다.〔此章指言不慕大人 何能有恥 是以隰朋愧不及黃帝 佐桓公以有勳 顔淵慕虞舜 孔子歎庶幾之云〕"라고 하였다.

正義曰：이 장에서는 "大人을 흠모하지 않으면 어떻게 부끄러움이 있을 수 있겠는가."라고 말하였다. 맹자가 "사람이 부끄러워하는 까닭은 不正한 방법을 쓰기 때문이다. 不正한 방법은 마땅히 부끄러워하고 행하지 말아야 하니, 부끄러워하는 마음이 사람에게 있어 중대하다. 지금 사람이 권모술수의 함정을 만들어 군대를 숨기는 교묘한 방법으로 적을 공격하는 것은 부정한 방법을 쓰는 것이니, 부끄러워하는 마음을 써서 부끄러워함이 없는 것이다. 옛 聖賢만 못함을 부끄러워하지 않는다면, 어찌 옛 聖賢과 같은 이름을 가질 수 있겠는가."라고 말한 것이다.

【疏】 注'隰朋顔淵' ○ 正義曰：凡於趙注有所要者, 雖於文段不錄, 然於事未嘗敢棄之而不明. 今有以隰朋不及黃帝, 佐齊桓以有勳, 顔淵慕虞舜, 仲尼歎庶幾也. 案杜預春秋傳云"隰朋, 齊大夫也." 史記注云"徐廣曰'朋或作崩. 常愧恥不若黃帝之爲人, 後齊桓得之, 輔佐桓公, 四十一年卒.'" 顔淵慕虞舜, 案經云"顔淵曰'舜何人也, 予何人也, 有爲者亦若是.'"[1] 孔子所以曰"回也其庶乎, 屢空",[2] 是其歎也. 趙注所以引而爲解文.

1) 顔淵曰……有爲者亦若是 : 本書〈公孫丑 上〉제1장에 나온다.
2) 回也其庶乎 屢空 : ≪論語≫〈先進〉제18장에 나온다.

○ 注의〔隰朋顔淵〕

○ 正義曰 : 무릇 趙岐의 注에서 필요한 것이 있으면, 비록 文段에 기록하지 않더라도 일에 있어서는 감히 버리고 밝히지 않은 적이 없었다. 지금 "隰朋이 黃帝만 못한 것을 부끄러워하여 桓公을 도와 공훈을 세웠고, 顔淵이 虞舜을 흠모하니 孔子께서 道에 가깝다고 찬탄하셨다."라고 하였는데, ≪春秋左氏傳≫에 대한 杜預의 注에 "隰朋은 齊나라 大夫이다."라고 하였고, ≪史記≫의 注에는 "徐廣은 '朋은 崩이라고도 쓴다. 그는 항상 黃帝의 사람됨만 못한 것을 부끄러워하였는데, 나중에 齊 桓公에게 발탁되어 桓公을 보좌한지 41년 만에 卒하였다.'라고 하였다."라고 하였다. 顔淵이 虞舜을 흠모한 것에 대해, 經文을 상고하니 "顔淵이 말하기를 '舜임금은 어떤 사람이고 나는 어떤 사람인가? 큰 일을 할 수 있다면 또한 舜임금과 같이 될 수 있다.'하였다."라고 하였다. 孔子가 "顔回는 道에 가까웠고, 자주 끼니를 굶었다."라고 말한 것이 바로 찬탄한 것이다. 그러므로 趙岐의 注에서 이것을 인용하여 經文을 풀이하였던 것이다.

8. 孟子曰 古之賢王이 好善而忘勢하더니

맹자가 말하였다. "옛날 賢王들은 善을 좋아하고 자신의 權勢는 잊었는데,

【注】 樂善而自卑하니 若高宗得傅說而稟命이라

善을 좋아하고 스스로 낮추었으니, 이를테면 高宗이 傅說을 얻어 그에게 명령을 받았던 일이다.

古之賢士 何獨不然이리오 樂其道而忘人之勢라

옛날 賢士라고 해서 어찌 그렇지 않았겠는가. 그 道를 즐기고 남이 가진 權勢는 잊었다.

【注】何獨不然은 何獨不有所樂有所忘也라 樂道守志를 若許由洗耳라야 可謂忘人之勢矣리라

"어찌 그렇지 않았겠는가."는 "어찌 유독 즐기는 것이 있지 않았겠으며, 잊는 것이 있지 않았겠는가."라는 말이다. 道를 즐기고 志操를 지키는 것을 許由가 귀를 씻었던 것처럼 하여야 남이 가진 權勢를 잊었다고 할 수 있다.

故로 王公이 不致敬盡禮면 則不得亟(기)見之하니 見且由不得亟온 而況得而臣之乎아

그러므로 王公이 恭敬을 다하고 禮遇를 다하지 않으면 자주 그를 만나볼 수가 없었다. 만나보는 것조차 자주할 수 없었는데, 더구나 그를 신하로 삼을 수 있었겠는가."

【注】亟는 數(삭)也라 若伯夷는 非其君不事하며 伊尹은 樂堯舜之道하니 不致敬盡禮而數見之乎아 作者七人이러니 隱各有方하니 豈可得而臣之리오

亟는 자주이다. 伯夷와 같은 사람은 좋아하는 임금이 아니면 섬기지 않았고 伊尹은 堯舜의 道를 즐겼으니, 恭敬을 다하고 禮遇를 다하지 않으면서 자주 볼 수 있었겠는가. 세상을 피해 은거한 사람이 일곱이었는데, 은거하는 방식이 각자 달랐으니, 어찌 그들을 신하로 삼을 수 있었겠는가.

【疏】'孟子'至'之乎' ○ 正義曰：此章言王公尊賢, 以貴下賤, 樂道忘勢, 不以富貴動其心者也.[1] '孟子曰'至'而況得而臣之者乎', 孟子曰"古之賢者之君, 好人之善而忘己之勢, 古之爲賢士者亦然, 以其能樂己之道而忘人之貴勢也. 如此, 故有王公大人不致其敬而盡其禮, 則不得數數見其賢者. 然而見之且猶尙以爲不可, 而況得臣之而卑下者乎."

1) 章言王公尊賢……不以富貴動其心者也：北京大本에는 章指를 "이 장의 章指는 다음과 같다. 王公이 賢者를 존중하는 것은 귀한 사람이 천한 사람에게 몸을 낮추는 義理이고, 道를 즐기고 權勢를 잊는 것은 富貴로 마음을 동요시키지 않는 分數이다. 각자 숭상할 바를 높인다면 義理가 손상되지 않을 것이다.〔此章指言王公尊賢 以貴下賤之義也 樂道忘勢 不以富貴動心之分也 各崇所尙 則義不虧矣〕"라고 하였다.

經의 〔孟子〕에서 〔之乎〕까지

○ 正義曰 : 이 장에서는 "王公이 賢者를 존중하는 것은 귀한 사람이 천한 사람에게 몸을 낮추는 것이고, 道를 즐기고 權勢를 잊는 것은 富貴로 마음을 동요시키지 않는 것이다."라고 말하였다.

〔孟子曰〕에서 〔而況得而臣之者乎〕까지

맹자가 "옛날의 어진 君王은 남의 善을 좋아하고 자기의 權勢를 잊었는데, 옛날의 賢士도 그러했으니, 능히 자기의 道를 즐기고 남의 地位와 權勢를 잊었기 때문이었다. 이런 까닭에 王公과 大人이 恭敬을 다하고 禮遇를 다하지 않으면 자주 賢士를 만나볼 수 없었다. 그래서 만나는 것조차 오히려 不可하다고 여겼는데, 더구나 신하로 삼은 뒤에 자신을 낮출 수 있었겠는가."라고 말한 것이다.

【疏】 注'高宗得傳說而稟命' ○ 正義曰 : 案尙書說命篇云"高宗夢得說, 使百工營求諸野, 得諸傅岩, 爰立作相. 王置諸其左右, 曰臣下罔有稟命." 孔安國傳云"名說. 稟, 受也, 令, 命也."

○ 注의 〔高宗得傳說而稟命淵〕

○ 正義曰 : ≪尙書≫ 〈說命〉편을 상고하니, "高宗이 傅說을 얻는 꿈을 꾸고는 百工들로 하여금 들에서 그를 찾게 하였는데, 傅巖에서 그를 얻었다. 이에 세워 재상을 삼아서 王이 자신의 곁에 두었는데, '신하들이 명령을 받을 곳이 없습니다.'라고 하였다."라고 하였다. 이에 대해 孔安國의 傳에는 "이름이 說이다. 稟은 받음이고, 令은 명령이다."라고 하였다.

【疏】 ○ 注'經許由洗耳 可謂忘人之勢' ○ 正義曰 : 案高士傳[1]云"許由, 穎川人也, 隱箕山. 堯聞之, 躬聘爲九州長, 由不赴, 遂洗耳於河. 巢父見之, 曰'吾欲飮牛, 汙吾牛口.' 於是牽牛上流飮之. 由大慙而隱"是也.

1) 高士傳 : 晉나라 때 皇甫謐(215~282)이 上古부터 魏晉까지의 隱逸高士 96인의 행적을 기술한 책으로, 총 3권이다.

○ 注의 〔經許由洗耳 可謂忘人之勢〕

○ 正義曰 : ≪高士傳≫에 "許由는 穎川 사람으로, 岐山에 숨어 살았다. 堯가 소문을 듣고 몸소 초빙하여 九州의 우두머리로 삼으려 하자, 許由가 堯에게 달려가지 않고 마침내 河水에 귀를 씻었다. 巢父가 그 광경을 보고는 '내가 소에게 물을 먹이려다가 내

소의 입을 더럽히겠다.'라고 말하고는 마침내 소를 끌고 상류로 가서 물을 먹였다. 許由가 매우 부끄러워하며 숨었다."라고 한 것이 이것이다.

【疏】○ 注'亟數也'至'作者七人' ○ 正義曰：云'伯夷 伊尹'者, 此蓋本孟子之正文[1)]也, 已說之詳矣. 云'作者七人'者, 案論語之文[2)]也. 七人, 包注云"凡七人, 長沮·桀溺·丈人·石門·荷蕢·儀封人·楚狂接輿是也." 王弼云"七人, 伯夷·叔齊·虞仲·夷逸·朱張·柳下惠·少連, 是此七人者也."

1) 孟子之正文：伯夷에 대한 글은 〈公孫丑 上〉 제2장에 나오고, 伊尹에 관한 글은 〈萬章 上〉 제7장에 나온다.
2) 論語之文：≪論語≫ 〈憲問〉 제40장을 가리킨다.

○ 注의 〔亟數也〕에서 〔作者七人〕까지

○ 正義曰：〔伯夷 伊尹〕 이것은 ≪孟子≫ 經文에 근거한 것이니, 이미 자세히 설명하였다.

〔作者七人〕 ≪論語≫의 글이다. 일곱 사람은 包咸의 注에는 "무릇 일곱 사람은 長沮, 桀溺, 丈人, 石門, 荷蕢, 儀封人, 楚狂接輿가 그들이다."라고 하였고, 王弼은 "일곱 사람으로 말하자면, 伯夷, 叔齊, 虞仲, 夷逸, 朱張, 柳下惠, 少連이 바로 그 일곱 사람이다."라고 하였다.

9. 孟子謂宋句踐曰 子好遊乎아 吾語子遊호리라 人知之라도 亦囂囂(효효)하며 人不知라도 亦囂囂니라

맹자가 宋句踐에게 말하였다. "그대는 遊說하기를 좋아합니까? 내가 그대에게 遊說에 관해 말해주겠습니다. 남이 나를 인정해주어도 스스로 만족하고 남이 나를 인정하지 않더라도 스스로 만족해야 합니다."

【注】宋은 姓也요 句踐은 名也라 好以道德遊하여 欲行其道者라 囂囂는 自得無欲之貌也라

宋은 姓이고, 句踐은 이름이다. 道德을 가지고 遊說하는 것을 좋아하여 자신의 道를 행하고자 하였던 사람이다. 囂囂는 스스로 만족하여 욕심이 없는 모양이다.

曰 何如라야 **斯可以囂囂矣**니잇고

宋句踐이 말하였다. "어떻게 해야 스스로 만족할 수 있습니까?"

【注】 句踐問 何執守라야 可囂囂也잇고

宋句踐이 "어떻게 처신해야 스스로 만족할 수 있습니까?"라고 물은 것이다.

曰 尊德樂義면 **則可以囂囂矣**니라

맹자가 말하였다. "德을 존중하고 義를 즐기면 스스로 만족할 수 있습니다.

【注】 尊은 貴也라 孟子曰 能貴德而履之하며 樂義而行之면 則可以囂囂無欲矣니라

尊은 귀하게 여김이다. 맹자가 "능히 德을 귀하게 여겨 실천하고 義를 즐겨서 행하면 스스로 만족하여 욕심이 없을 수 있다."라고 말한 것이다.

故로 **士**는 **窮不失義**하며 **達不離道**니라 **窮不失義故**로 **士得己**[1]**焉**하고 **達不離道故**로 **民不失望焉**이니라

1) 得己 : 趙岐는 "자기의 本性을 얻는다."라고 풀었으나, 朱熹는 "자기를 잃지 않는다.〔不失己〕"라고 풀이하였다.

그러므로 선비는 곤궁해도 義를 잃지 않고 영달해도 道를 떠나지 않습니다. 곤궁해도 義를 잃지 않기 때문에 선비는 자기의 本性을 얻고, 영달해도 道를 떠나지 않기 때문에 백성들이 기대를 버리지 않습니다.

【注】 窮不失義하니 不爲不義而苟得이라 故로 得己之本性也라 達不離道하니 思利民之道라 故로 民不失其望也라

곤궁해도 義를 잃지 않으니 不義를 행하여 구차하게 얻고자 하지 않는다. 그러므로 자기의 本性을 얻게 된다. 영달해도 道를 떠나지 않으니 백성을 이롭게 할 방도를 생각한다. 그러므로 백성들이 그에 대한 기대를 버리지 않는 것이다.

古之人이 **得志**하여 **澤加於民**하고 **不得志**하얀 **修身見**(현)**於世**하니 **窮則獨善其**

身하고 **達則兼善天下**니라

옛 사람들은 뜻을 얻으면 은택이 백성에게 베풀어졌고, 뜻을 얻지 못하더라도 자신을 닦아 세상에 이름을 드러내었습니다. 곤궁하면 홀로 자신을 善하게 닦고, 영달하면 천하 사람들을 모두 선하게 만들었던 것입니다."

【注】 古之人이 得志君國하면 則德澤이 加於民人이라 不得志는 謂賢者不遭遇也라 見은 立也니 獨治其身하여 以立於世間하여 不失其操也라 是故로 獨善其身이라 達은 謂得行其道라 故로 能兼善天下也라

옛 사람들이 뜻을 얻어 나라를 다스리게 되면 은택이 백성에게 베풀어졌다. 뜻을 얻지 못한다는 것은 賢者가 때를 만나지 못한 것을 일컫는다. 見은 섬이니, 홀로 자신을 닦아 세상에 서서 그 지조를 잃지 않는다는 것이다. 그러므로 홀로 자신을 닦는 것이다. 達은 자신의 道를 행할 수 있게 된 것을 일컫는다. 그러므로 능히 천하 사람들을 다 선하게 할 수 있는 것이다.

【疏】 '孟子'至'天下' ○ 正義曰：此章言內定常滿, 囂囂無憂, 可出可處, 故云以(士)〔遊〕[1]. 修身立世, 賤不失道, 達善天下, 乃用其寶. 句踐好遊, 未得其要, 孟子言之, 然後乃喩者也. '孟子謂宋句踐曰'至'囂囂', 宋句踐, 宋人, 姓宋, 名句踐. 孟子謂句踐曰"子好逸遊乎. 我今語以教子之遊也. 言人之知己, 亦但囂囂然自得, 人不知己, 亦但囂囂然而自得." '曰何如斯可以囂囂矣', 句踐問之曰"當何如此可以囂囂然自得矣." '曰尊德樂義'至'達則兼善天下', 孟子又與之曰"尊貴其德, 所樂以義, 以此則可以囂囂自得矣." 蓋德有所得於內, 義有所不爲於外. 既所貴在德, 而盡性於內, 所樂在義, 而窮理於外, 是以樂天知命, 故人知不知, 斯囂囂然自得矣. 如此故士窮而在下, 則不失義而不爲苟得, 達而在上, 則不離道而常思利民. 窮不失義而不爲苟得, 故得己之本性, 達不離道而常思利民, 故民不失其所望. 是以古之人得志遭遇其時, 則布恩澤而加被於民, 不得志, 則修治其身以立於世間. 是其窮則獨善身, 達則得行其道而兼善天下也. 言古之人以是者, 如顏子之徒窮而不得志, 則不改其樂而獨善其身, 伊尹之徒得志而澤加於民也.

1) (士)〔遊〕: 저본에는 '士'로 되어 있으나, 四庫全書本과 北京大本의 章指에 의거하여 '遊'로 바로잡았다.

經의 〔孟子〕에서 〔天下〕까지

○ 正義曰 : 이 장에서는 "내면이 안정되고 항상 충만하면 스스로 만족하여 근심이 없으니, 나아갈 수도 있고 머물러 있을 수도 있다. 그러므로 遊說를 가지고 말한 것이다. 자신을 닦아 세상에 서되, 卑賤해도 道를 잃지 않고 榮達해도 천하 사람들을 善하게 만들어야 보배로운 자신의 道를 쓸 수 있다. 宋句踐이 遊說를 좋아했으나 그 요체를 몰랐는데, 맹자가 말해준 뒤에야 비로소 깨달았다."라고 말하였다.

〔孟子謂宋句踐曰〕에서 〔囂囂〕까지

宋句踐은 宋나라 사람으로, 姓이 宋이고 이름이 句踐이다. 맹자가 句踐에게 "그대는 놀기를 좋아합니까? 내가 지금 그대에게 노는 것에 대해 말하여 가르쳐주겠습니다. 남이 나를 인정해주어도 그저 흡족하게 스스로 만족하고, 남이 나를 인정해주지 않아도 그저 흡족하게 스스로 만족해야 합니다."라고 말한 것이다.

〔曰何如斯可以囂囂矣〕 句踐이 "어떻게 해야 이렇게 흡족하게 스스로 만족할 수 있습니까?"라고 물은 것이다.

〔曰尊德樂義〕에서 〔達則兼善天下〕까지

맹자가 다시 그에게 "德을 존귀하게 여기고 義를 즐기십시오. 이렇게 하면 흡족하게 스스로 만족할 것입니다."라고 말한 것이다. 德은 內面에 얻는 것이 있고, 義는 外面에 하지 않는 점이 있다. 이미 德을 존귀하게 여겨 안으로 本性을 다하고, 義를 즐겨서 밖에서 이치를 궁구하므로 하늘을 즐기고 命을 아는 것이다. 그러므로 남이 인정하던 인정하지 않던 간에 흡족하게 스스로 만족한다. 이러한 까닭에 선비는 곤궁하여 아래 자리에 있더라도 義를 잃지 않고 구차하게 얻는 짓을 하지 않으며, 영달하여 윗자리에 있더라도 道를 떠나지 않고 항상 백성을 이롭게 할 궁리를 한다. 곤궁해도 義를 잃지 않고 구차하게 얻는 짓을 하지 않으므로 자기의 本性을 얻게 되며, 영달해도 道를 떠나지 않고 항상 백성을 이롭게 할 것을 궁리하므로 백성들이 그에 대한 기대를 버리지 않는다. 그런 까닭에 옛 사람은 뜻을 얻고 때를 만나면 은혜를 베풀어 백성에게 가하고, 뜻을 얻지 못하면 자신을 닦아 세상에 서는 것이니, 이것이 곤궁하면 홀로 자신을 善하게 닦고 영달하면 자기의 道를 행하여 천하 사람을 모두 善하게 하는 것이다. 古人 가운데 이렇게 했던 사람을 말하자면, 顔子의 무리는 곤궁하게 살면서 뜻을 얻지 못하자 그 즐거움을 바꾸지 않은 채 홀로 자신을 닦았으며, 伊尹의 무리는 뜻을 얻어 백성에게 은택을 베풀었다.

10. 孟子曰 待文王而後에 興者는 凡民也니 若夫豪傑之士는 雖無文王이라도 猶興이니라

맹자가 말하였다. "文王의 教化가 있고난 뒤에야 興起하는 자는 일반 백성이다. 걸출한 선비는 비록 文王의 教化가 없어도 興起한다."

【注】凡民은 無自知者也라 故로 由文王之化라야 乃能自興起以趨善道라 若夫豪傑之才는 知千萬於凡人者니 雖不遭文王이라도 猶能自起以善守其身하고 正其行하여 不陷溺也라

일반 백성은 스스로 아는 것이 없는 자들이다. 그러므로 文王의 教化를 입은 뒤에야 스스로 興起하여 善한 길을 따를 수 있다. 걸출한 재주를 지닌 선비는 지혜가 일반 백성보다 천만 배 뛰어나니, 비록 文王을 만나지 못하더라도 스스로 興起하여 잘 자신을 지키고 행동을 바르게 하여 곤경에 빠지지 않는다.

【疏】正義曰：此章言小人待化, 乃不邪僻, 君子特立, 不爲俗移, 故稱豪傑自興者也. 孟子言必待文王之化而乃能興起以從善道者, 凡民也, 以其無自知者也. 若夫才有過於千萬人之豪傑者, 雖不遭遇文王之化, 猶能自興起以從善而正立其身也已.

正義曰：이 장에서는 "소인은 教化가 있어야 不正하거나 偏僻되지 않고, 君子는 홀로 서서 世俗에 휩쓸리지 않는다. 그러므로 걸출한 선비는 스스로 흥기한다고 하는 것이다."라고 말하였다. 맹자가 "반드시 文王의 教化가 있어야 비로소 興起하여 善의 길을 따르는 자는 일반 백성이다. 스스로 아는 것이 없기 때문이다. 재주가 천만 사람을 능가하는 豪傑은 비록 文王의 教化를 만나지 못했더라도 오히려 스스로 興起하여 善을 따르고 자신을 바로 세운다."라고 말한 것이다.

11. 孟子曰 附之以韓魏之家라도 如其自視欿(감)然이면 則過人이 遠矣니라

맹자가 말하였다. "韓氏와 魏氏 집안의 財富를 더해 주더라도 스스로 부족하다고 여긴다면, 남보다 훨씬 뛰어난 사람이다."

【注】 附는 益也라 韓魏는 晉六卿之富者也라 言人旣自有家어늘 復益以韓魏百乘之家하여 其富貴已美矣라도 而其人欿然不足하니 自知仁義之道不足也라 此則過人이 甚遠矣라

附는 더함이다. 韓氏와 魏氏는 晉나라 六卿 중에서도 부유한 자들이다. 다음과 같은 말이다. 어떤 사람이 이미 스스로 財富가 있는데, 거기에 다시 韓氏와 魏氏가 지닌 百乘의 財富를 더해 주어 그 富貴가 더 나아지더라도 그 사람은 부족하다고 여기니, 仁義의 道가 부족함을 스스로 아는 것이다. 이 사람은 남보다 훨씬 뛰어난 것이다.

【疏】 正義曰：此章言人情富盛, 莫不驕伉, 有若欿然, 謂不如人, 非但免過, 卓絶乎凡也. 孟子言人自有富, 復附益以韓・魏晉六卿百乘之家富而貴之, 如其自視己於仁義之道欿然不足, 則超絶有過乎衆人遠矣.

正義曰 : 이 장에서는 "人情은 富裕하고 昌盛하면 교만하지 않는 경우가 없으나, 스스로 부족하다 여겨 남만 못하다고 말한다면, 禍를 면할 수 있을 뿐만 아니라 일반 사람을 훨씬 뛰어넘는 것이다."라고 말하였다. 맹자가 "어떤 사람이 본래 富裕한데, 韓氏와 魏氏 같은 晉나라 六卿이 지닌 百乘의 財富를 더해 주어 富貴하게 해주더라도 仁義의 道가 부족하다고 스스로 자신을 평가한다면 일반 사람보다 훨씬 뛰어난 것이다."라고 말한 것이다.

【疏】 注'韓魏 晉六卿百乘之家' ○ 正義曰：已說於梁惠首篇.

○ 注의 〔韓魏 晉六卿百乘之家〕

○ 正義曰 : 〈梁惠王 上〉의 첫 편에서 이미 설명하였다.

12. 孟子曰 以佚道使民이면 雖勞나 不怨하며

맹자가 말하였다. "백성을 편안하게 해줄 목적으로 백성을 부리면 백성들은 비록 수고롭더라도 원망하지 않는다.

【注】 謂敎民趨農하고 役有常時하며 不使失業하면 當(其)〔時〕[1]雖勞라도 後獲其利면 則佚矣니 若亟其乘屋[2]之類也라 故로 曰不怨이라

1) (其)〔時〕 : 저본에는 '其'로 되어 있으나, 岳本・孔本・韓本・考文古本에 의거하여 '時'

로 바로잡았다.(阮元의 〈校勘記〉 참조)

2) 亟其乘屋 : ≪詩經≫〈七月〉에 "낮에는 가서 띠풀을 베어오고 밤에는 새끼를 꼬아서 서둘러 지붕을 이어야 비로소 百穀을 파종할 수 있다.〔晝爾于茅 宵爾索綯 亟其乘屋 其始播百穀〕"라는 말이 나온다. 本書 〈滕文公 上〉 제3장에서 孟子가 인용하였다.

다음과 같은 말이다. 백성으로 하여금 농사에 종사하게 하고 賦役에 일정한 시기가 있으며 生業을 잃지 않게 하면, 당시에는 비록 수고로울지라도 나중에 그 이익을 얻으면 편안한 것이다. "서둘러 지붕을 잇는다."라고 한 것과 같은 경우이므로 원망하지 않는다고 말하는 것이다.

以生道殺民이면 雖死나 不怨殺者니라

백성을 살릴 목적으로 死罪를 지은 자를 죽이면 그 죄인은 비록 죽더라도 죽이는 자를 원망하지 않는다."

【注】 謂殺大辟之罪者는 以坐殺人故也요 殺此罪人者는 其意欲生民也라 故로 雖伏罪而死라도 不怨殺者니라

다음과 같은 말이다. 死罪를 지은 자를 죽이는 것은 살인에 연루되었기 때문이며, 이 죄인을 죽이는 목적은 백성을 살리려는 것이다. 그러므로 비록 죄를 인정하여 죽더라도 죽인 자를 원망하지 않는다.

【疏】 '孟子'至'殺者' ○ 正義曰 : 此章言勞人欲以佚之, 殺人欲以生之, 則民不怨者也. 孟子言國君如使民趨於農耕, 是以佚道使民, 是農耕時雖爲勞, 然後有所獲稼, 則又有以佚樂矣. 如是則何怨恨其勞乎. 故曰"以佚道使民, 雖勞不怨." 又言國君殺戮其罪人者, 以其恐有害於民, 故殺之, 而意有在於欲生其民也. 是則罪人被殺, 雖死且不怨恨殺者也. 故曰"以生道殺民, 雖死不怨殺者."

經의 〔孟子〕에서 〔殺者〕까지

○ 正義曰 : 이 장에서는 "사람을 수고롭게 하되 궁극적으로 백성을 편안하게 해 줄 목적이라면, 사람을 죽이되 궁극적으로 백성을 살릴 목적이라면, 백성은 원망하지 않는다."라고 말하였다. 맹자가 "군주가 백성으로 하여금 농사에 종사하게 하는 것은 백성을 편하게 해줄 목적으로 부리는 것이니, 농사철에는 비록 수고롭더라도 그 뒤에

수확을 하게 되면 다시 편안하고 즐거울 수 있다. 이와 같다면 어찌 그 수고로움을 원망하겠는가."라고 말한 것이다. 그러므로 "백성을 편안하게 해줄 목적으로 백성을 부리면 백성들은 비록 수고롭더라도 원망하지 않는다."하고 한 것이다. 또 "군주가 죄인을 죽이는 것은 백성에게 해가 있을까 두려워서 죽이는 것이니, 그 의도는 백성을 살리려는 데에 있다. 그러니 죄인이 죽임을 당하여 비록 죽더라도 죽인 자를 원망하지 않는 것이다."라고 말한 것이다. 그러므로 "백성을 살릴 목적으로 死罪를 지은 자를 죽이면 그 죄인은 비록 죽더라도 죽이는 자를 원망하지 않는다."라고 한 것이다.

【疏】 ○ 注'若亟其乘屋之類' ○ 正義曰：已於滕文公說之矣.

○ 注의 〔若亟其乘屋之類〕

○ 正義曰：〈滕文公 上〉에서 이미 설명하였다.

【疏】 ○ 注'大辟之罪' ○ 正義曰：孔云"大辟之罪, 死刑也", 前已說.

○ 注의 〔大辟之罪〕

○ 正義曰：孔安國이 "大辟의 罪는 死刑이다."라고 하였으니, 앞에서 이미 설명하였다.

13. 孟子曰 霸者之民은 驩虞如也요 王者之民은 皞(호)皞如也니라 殺之而不怨하며 利之而不庸이라 民日遷善而不知爲之者니라

맹자가 말하였다. "霸者의 백성들은 기뻐하고 王者의 백성들은 여유롭다. 죽여도 원망하지 않고 이롭게 해주어도 功으로 여기지 않는다. 백성들은 날마다 改過遷善하면서도 그렇게 만든 사람이 누구인지 모른다.

【注】 霸者는 行善恤民하니 恩澤이 暴見하여 易知라 故로 民驩虞樂之也라 王者는 道大하니 法天浩浩하여 而德難見也라 殺之不怨이라 故로 曰殺之而不怨이라하니라 庸은 功也라 利之하여 使趨時而農한대 六畜이 繁息하고 無凍餓之老로되 而民不知獨是王者之功이라 修其庠序之教하여 又使日遷善이라도 亦不能覺知誰爲之者라 言化遷善爲之大道者也[1]라

1) 言化遷善爲之大道者也：문맥이 통하지 않아 廖本·孔本·韓本·考文古本에 "言化大也"로 되어 있는 것(阮元의 〈校勘記〉 참조)과 四庫全書本에 "言遷善之大化無過此也"로

되어 있는 것을 참고하여 번역하였다.

霸者는 善을 행하고 백성을 돌보니, 은택이 밖으로 드러나 알기 쉽다. 그러므로 백성들이 기뻐하며 즐기는 것이다. 王者는 道가 크니, 하늘의 廣大함을 본받아 그 德을 엿보기 어렵다. 죽여도 원망하지 않으므로 "백성을 죽여도 원망하지 않는다."라고 한 것이다. 庸은 功이다. 그들을 이롭게 하여 그들로 하여금 시기에 맞추어 농사를 짓게 하자, 온갖 가축이 잘 번식하였고 추위에 떨거나 굶주리는 노약자가 없게 되었는데, 백성들은 오직 王者의 功이라는 것을 몰랐다. 또한 庠序의 교육을 마련하여 다시 그들로 하여금 날마다 改過遷善하게 하여도 누가 그렇게 하는 줄을 깨닫지 못하였다. 改過遷善하게 하는 敎化가 큼을 말한 것이다.

夫君子는 **所過者化**하며 **所存者神**이라 **上下與天地同流**하나니 **豈曰小補之哉**리오

君子가 지나는 곳은 사람들이 敎化되고 머무는 곳은 敎化가 神妙하다. 위로는 하늘과 아래로는 땅과 함께 흘러가니, 어찌 조금 도움을 준다고 말할 수 있겠는가."

【注】 君子는 通於聖人하고 聖人은 如天이라 過此世면 能化之하고 存在此國이면 其化如神이라 故로 言與天地同流也라 天地化物하여 歲成其功하니 豈曰使人知其小補益之者哉리오

君子는 聖人과 통하고 聖人은 하늘과 같다. 聖人이 이 세상을 지나가면 능히 敎化시키고, 이 나라에 머무르면 그 敎化가 神과 같다. 그러므로 天地와 함께 흘러간다고 한 것이다. 天地는 萬物을 敎化하여 해마다 功을 이루니, 어찌 "사람들로 하여금 조금 도움을 준다는 사실을 알게 한다."라고 말할 수 있겠는가.

【疏】 '孟子'至'之哉' ○ 正義曰：此章言王政皥皥, 與天地同流, 霸者德小, 民人速覩, 是以賢者志其大者也.[1) '孟子曰'至'小補之哉'者, 孟子言霸者行善政以及民, 以其恩澤暴見, 故民歡而樂也. 王者道大, 故若天浩浩而難知難見者也, 故民皥皥然自得而已矣. 是以王者之民, 殺之而不怨, 以其生道殺之故也, 利而不知爲王者之功, 以其佚道使之故也. 自跡觀之, 則君子過之而不守拘其一, 自妙道觀之, 則其所感而遂〔通〕[2)天下之故者未嘗不有存焉, 故曰"君子所過者化, 所存者神". 今夫天地之化者, 始乎春而終乎冬, 而萬物皆得以移易者也, 天地之神者, 始乎震而終乎艮, 而陰陽不可測之者是也. 然則王者之於民, 所過者以化, 所存者以神, 宜其與天地上下同流而無間也. 則是天地之化, 以神而存之, 豈曰使萬物知其有小補益哉. 王者之化, 亦存以神, 又豈曰使民知其有小補益之哉. 如此, 故王者之民所以皥皥如也. 蓋虞之爲樂, 必待虞度無患, 然後爲歡, 則其樂淺, 皥皥如也, 以其使民舒通太平, 自得而已, 故於歡虞又有以間矣. 此孟子所以抑區區之爲, 而尊崇其王者也.

1) 章言王政皥皥……是以賢者志其大者也 : 北京大本에는 章指를 "이 장의 章指는 다음과 같다. 王者의 政事는 廣大하여 天地와 道를 함께 하고, 霸者의 德은 작아서 백성들이 빨리 발견한다. 이런 까닭에 賢者는 큰 것에 뜻을 두는 것이다.〔此章指言王政浩浩 與天地同道 霸者德小 民人速覩 是以賢者志其大者也〕"라고 하였다.

2)〔通〕: 저본에는 '通'이 없으나, 閩本·監本·毛本에 의거하여 보충하였다.(阮元의 〈校勘記〉 참조)

經의 〔孟子〕에서 〔之哉〕까지

○ 正義曰 : 이 장에서는 "王者의 政事는 廣大하여 天地와 함께 흘러가고, 霸者의 德은 작아서 백성들이 빨리 발견한다. 이런 까닭에 賢者는 큰 것에 뜻을 두는 것이다." 라고 말하였다.

〔孟子曰〕에서 〔小補之哉〕까지

맹자가 다음과 같이 말한 것이다. 霸者는 善政을 행하여 백성에게 미치니, 그 恩澤이 밖으로 드러난다. 그러므로 백성들이 기뻐하며 즐거워하는 것이다. 王者는 道가 크기 때문에 廣大한 하늘과 같아서 알기 어렵고 엿보기 어려운 것이다. 그러므로 백성이 여유롭게 스스로 만족할 뿐이다. 그런 까닭에 王者의 백성은 죽여도 원망하지 않으니, 백성을 살릴 목적으로 죽이기 때문이다. 이롭게 해주어도 王者의 功이라는 것을 알지 못하니, 백성을 편하게 해줄 목적으로 부리기 때문이다. 자취의 관점에서 본다면 君子는 지나가면서도 한 가지를 固守하여 그것에 매이지 않고, 神妙한 道의 관점에서 본다면 感化되는 바에 따라 마침내 天下의 일을 통하게 함이 있지 않은 곳이 없었다. 그러므로 "君子가 지나는 곳은 사람들이 敎化되고 머무는 곳은 敎化가 神妙하다."라고 말한 것이다. 지금 저 天地의 敎化라는 것은 봄에 시작되어 겨울에 마치는데, 萬物이 모두 그것에 의해 변화되며, 天地의 神妙함이라는 것은 震에서 시작되어 艮에서 마치는데, 陰陽을 헤아릴 수 없는 것이 이것이다. 이와 같은 이치로 王者는 백성에 대하여 지나는 곳은 敎化되고 머무는 곳은 神妙해지니, 마땅히 天地와 위아래로 함께 흘러 서로 차이가 없는 것이다. 그렇다면 天地의 敎化는 神妙함으로 인해 보존되니, 어찌 "萬物로 하여금 조금 보탬이 된다는 사실을 알게 한다."라고 말할 수 있겠는가. 王者의 敎

化도 머무름으로 인해 神妙해지니, 또한 어찌 "백성들로 하여금 조금 도움을 준다는 사실을 알게 한다."라고 말할 수 있겠는가. 이와 같은 까닭에 王者의 백성들이 여유로울 수 있는 것이다. 기쁜 일을 즐거움으로 삼을 때에 반드시 기쁜 일에 근심거리가 숨어 있지 않은가를 헤아려본 뒤에야 기뻐할 수 있다면 그 즐거움은 깊지 않을 것이다. 백성들이 여유로운 것은 백성들로 하여금 펴지고 통하며 크게 평안하게 하여 스스로 만족할 수 있게 하였기 때문이니, 백성들이 〈단순히〉 기뻐하는 것과는 또한 차이가 있다. 이것이 맹자가 〈霸者의〉 區區한 행위를 지양하고 王者를 존숭하는 까닭이다.

14. 孟子曰 仁言이 不如仁聲[1)]之入人深也니라

1) 仁聲 : 趙岐는 雅·頌과 같은 음악으로 풀이하였고, 朱熹는 "仁聲은 仁하다는 名聲이니, 仁한 실제가 있어 여러 사람들에게 칭송을 받는 것이다."라고 하여 '仁하다는 名聲'으로 풀이하였다.

맹자가 말하였다. "仁한 말은 仁한 음악 소리가 사람의 마음에 깊이 스며드는 것보다 못하다.

【注】 仁言은 政教法度之言也요 仁聲은 樂聲이니 雅頌也라 仁言之政雖明이라도 不如雅頌感人心之深也라

仁한 말은 政治·敎化에 관한 法令의 말이고, 仁한 소리는 음악 소리이니 雅와 頌이다. 仁한 말의 政治가 비록 밝더라도 雅와 頌이 사람의 마음을 깊이 감동시키는 것만은 못하다.

善政이 不如善教之得民也니라

좋은 政治는 좋은 教育이 民心을 얻는 것보다 못하다.

【注】 善政은 使民不違上하고 善教는 使民尙仁義하니 心易得也라

좋은 政治는 백성들이 윗사람을 거역하지 못하게 하고, 좋은 教育은 백성이 仁과 義를 숭상하게 하니 民心을 얻기 쉽다.

善政은 **民**이 **畏之**하고 **善教**는 **民**이 **愛之**하나니 **善政**은 **得民財**하고 **善教**는 **得民心**이니라

좋은 政治는 백성들이 두려워하고 좋은 教育은 백성들이 사랑하니, 좋은 政治는 백성의 재물을 얻고 좋은 教育은 백성들의 마음을 얻는다."

【注】 畏之면 不逋怠라 故로 賦役擧而財聚於一家也요 愛之면 樂風化而上下親이라 故로 歡心可得也라

두려워하면 태만하지 않으므로 賦役이 잘 시행되어 재물이 一家에 모이고, 사랑하면 教化를 즐거워하여 윗사람과 아랫사람이 친하게 되므로 歡心을 얻을 수 있다.

【疏】 '孟子'至'民心' ○ 正義曰：此章言明法審令, 民趨君命, 崇寬務化, 民愛君德, 故曰移風易俗, 莫善於樂者也. '孟子曰'至'善教得民心', 孟子言仁言爲政教法度之言, 不若仁聲樂聲雅·頌感人心之深也. 善政使民不違上, 又不若善教得民之易也. 以其善政出於法度之粗, 有刑威以行之, 故民有以畏之. 善教本人之德性, 有仁恩以懷之, 故民有以愛之. 亦以善政有九職(繫)〔任〕[1]萬民, 有九兩以繫萬民. 九職任萬民, 故一曰三農, 以平地山澤, 生黍·稷·(禾)〔秫〕[2]·稻·麻·大·小豆·大·小麥之九穀, 二曰園圃, 以育草木. 三曰虞衡, 作山澤之材. 四曰藪牧, 養蕃鳥獸. 五曰百工, 飭化八材. 八材, 鄭司農云"珠·象·玉·石·金·木·革·羽"是也. 六曰商賈, 阜通貨賄. 七曰嬪婦, 化治絲枲. 鄭玄云"金玉曰貨, 布帛曰賄, 嬪, 婦人之美稱也." 八曰臣妾, 聚斂疏財. 九曰閒民, 無常職, 轉移執事. 鄭玄云"疏材, 百草根實可食者." 九兩繫萬民, 一曰牧, 以地得民. 二曰長, 以貴得民. 三曰師, 以賢得民. 四曰儒, 以道得民. 五曰宗, 以族得民. 六曰(王)〔主〕,[3] 以利得民. 七曰吏, 以治得民. 八曰友, 以任得民. 九曰藪, 以富得民. 凡此善政, 爲民財而已, 善教因民心以教之, 故能得民心矣. 此所以爲仁言不如仁聲之入人深也, 善政不如善教之得民. 然而善政非不能得民, 但得民財而已, 又不若善教得民之心矣.

1) (繫)〔任〕: 저본에는 '繫'로 되어 있으나, 監本·毛本·四庫全書本 및 ≪周禮≫ 〈天官 大宰〉에 의거하여 '任'으로 바로잡았다.
2) (禾)〔秫〕: 저본에는 '禾'로 되어 있으나,≪周禮注疏≫ 〈天官 大宰〉의 注에 의거하여

'秫'로 바로잡았다.

3) (王)〔主〕: 저본에는 '王'으로 되어 있으나, 四庫全書本 및 ≪周禮≫ 〈天官 大宰〉에 의거하여 '主'로 바로잡았다.

經의 〔孟子〕에서 〔民心〕까지

○ 正義曰 : 이 장에서는 "法令을 밝히고 자세하게 하면 백성들이 군주의 命을 따르고, 寬容을 숭상하고 教化에 힘쓰면 백성들이 군주의 德을 사랑한다. 그런 까닭에 '풍속을 변화시키는 방법 중에 음악보다 좋은 것은 없다.'라고 하는 것이다."라고 말하였다.

〔孟子曰〕에서 〔善教得民心〕까지

맹자가 다음과 같이 말한 것이다. 仁한 말 즉 政治와 教育에 관한 法令의 말이, 仁한 소리 즉 雅·頌과 같은 음악 소리가 사람의 마음을 감동시키는 것보다 못하다. 좋은 政治는 백성들이 윗사람을 거역하지 못하게 하지만, 또한 좋은 教育이 民心을 쉽게 얻는 것보다는 못하다. 좋은 政治는 엄정한 法令에서 출발하여 刑罰의 權威를 통해 시행되므로 백성들이 두려워하고, 좋은 教育은 사람의 德性을 근본으로 삼아 仁한 은택으로 품어주기 때문에 백성들이 사랑한다. 또한 좋은 政治에는 아홉 가지 직업을 백성에게 맡기는 것이 있고, 아홉 가지 방법으로 백성을 결속하는 것이 있다. 아홉 가지 직업을 백성에게 맡기는 것은 다음과 같다. 첫째가 三農이니, 平地와 산과 늪지에서 메기장, 찰기장, 차조, 벼, 마, 대두, 소두, 대맥, 소맥과 같은 아홉 곡식을 생산한다. 둘째가 園圃이니, 草木을 기른다. 셋째가 虞衡이니, 山澤의 材木을 생산한다. 넷째가 藪牧이니, 날짐승과 들짐승을 기른다. 다섯째가 百工이니, 여덟 가지 재료를 가공한다. 여덟 가지 재료는, 鄭司農이 "眞珠, 象牙, 玉, 돌, 쇠, 나무, 가죽, 깃털이다."라고 한 것이 이것이다. 여섯째는 商賈이니, 財貨〔貨賄〕를 풍성하게 유통시킨다. 일곱째는 嬪婦이니, 生絲와 삼실을 가공한다. 鄭玄은 "金이나 玉을 貨라고 하고, 베나 비단을 賄라고 한다. 嬪은 婦人을 아름답게 칭한 것이다."라고 하였다. 여덟째는 臣妾이니, 각종 草木의 뿌리와 열매〔疏材〕를 채집한다. 아홉째는 閒民이니, 일정한 직업이 없이 옮겨 다니며 일한다. 鄭玄은 "疏材는 먹을 수 있는 각종 草木의 뿌리와 열매이다."라고 하였다. 아홉 가지 방법으로 백성을 결속하는 것은 다음과 같다. 첫째가 牧이니, 토지로써 민심을 얻는다. 둘째가 長이니, 존귀한 爵位로써 민심을 얻는다. 셋째가 師이니, 어진 德으로써 민심을 얻는다. 넷째가 儒이니, 道로써 민심을 얻는다. 다섯째가 宗이니, 親族으로써 민심을 얻는다. 여섯째가 主이니, 이익으로써 민심을 얻는다. 일곱째가 吏이니, 政治로써 민심을 얻는다. 여덟째가 友이니, 일을 맡김으로써 민심을 얻는다. 아홉

째가 藪이니, 부유하게 해줌으로써 민심을 얻는다. 무릇 이러한 좋은 政治는 백성의 財貨를 얻기 위한 것일 뿐이다. 좋은 教育은 민심에 의거하여 가르치므로 능히 민심을 얻을 수 있는 것이다. 이것이 仁한 말이 仁한 음악 소리가 사람의 마음에 깊이 스며드는 것보다 못한 까닭이며, 좋은 政治가 좋은 教育이 민심을 얻는 것보다 못한 까닭이다. 하지만 좋은 政治가 민심을 얻지 못한다는 것은 아니고, 백성의 財貨를 얻을 뿐이라면 또한 좋은 교육이 민심을 얻는 것만 못하다는 것이다.

【疏】○ 蓋'移風易俗 莫大乎樂', 此禮之文然也, 孟子所以同其趨焉.

○〔移風易俗 莫大乎樂〕이것은 禮書의 글이 그러한 것이니, 맹자가 그 趣旨에 찬동한 이다.

15. 孟子曰 人之所不學而能者는 其良能也요 所不慮而知者는 其良知也니라

맹자가 말하였다. "사람이 배우지 않고도 능할 수 있는 것이 良能이고, 생각해보지 않고도 저절로 아는 것이 良知이다.

【注】不學而能은 性所自能이라 良은 甚也니 是人之所能이 甚也라 知도 亦猶是能也라

배우지 않고도 능한 것은 본성에 따라 스스로 능한 것이다. 良은 심함이니, 사람이 능한 정도가 심하다는 것이다. 아는 것도 이런 능한 것과 같다.

孩提之童이 無不知愛其親者[1)]며 及其長也하여는 無不知敬其兄也니라

1) 者 : ≪孟子集註≫에는 '也'로 되어 있다.

어린아이라도 자기 부모를 사랑할 줄 모르는 자가 없으며, 장성해서는 자기 형을 공경할 줄 모르는 자가 없다.

【注】孩提는 二三歲之間에 在繈褓하여 知孩笑可提抱者也라 少知愛親하고 長知敬兄하나니 此所謂良能良知也라

孩提는 2, 3세 쯤 나이에 襁褓에 싸여 해맑게 웃을 줄 아는, 안아주어야 하는 아이이다. 어려서는 부모를 사랑할 줄 알고 커서는 형을 공경할 줄 아니, 이것이 이른바

良能과 良知이다.

親親은 仁也요 敬長은 義也니 無他라 達之天下也[1)]니라

1) 親親……達之天下也：朱熹는 "부모를 사랑하고 어른을 공경하는 것은 비록 한 개인의 사사로운 일이지만, 천하에 通行하여 같지 않음이 없으니, 이 때문에 仁과 義가 되는 것이다.〔親親敬長 雖一人之私 然達之天下 無不同者 所以爲仁義也〕"라고 하여 趙岐의 풀이와는 차이가 있다. 朱熹의 주석에 따르면 "達之天下也"는 "천하에 똑같이 통용되는 이치이다."라고 번역된다.

부모를 사랑하는 것이 仁이고 어른을 공경하는 것이 義인데, 〈사람들이 善을 행하는 것은〉 다른 이유가 아니라 이 마음을 通達하여 천하에게 베풀려는 것이다."

【注】 人은 仁義之心을 少而皆有之니 欲爲善者는 無他라-達은 通也라- 但通此親親敬長之心하여 施之天下人也라

사람은 仁과 義의 마음을 어려서부터 다 가지고 있는데, 善을 행하려는 것은 다른 이유가 아니라,-達은 통함이다.- 단지 부모를 사랑하고 어른을 공경하는 마음을 通達하여 천하 사람에게 베풀려는 것이다.

【疏】 '孟子'至'天下也' ○ 正義曰：此章言本性良能，仁義是也，達之天下，恕乎己者也．'孟子曰人之所不學而'至'達之天下也'者，孟子言人之所以不學而性自能，是謂良能者也，所以不待思慮而自然知者，是謂良知者也．孩提繈褓之童子，無有不知愛其父母，及其長大，無不知欽順其兄，是則厚愛其親，欽順其兄，是仁義也，仁義卽良知良能者也．言人之爲善者，無更於他求也，但通達此親親敬長之良能良知，施之於天下耳．

經의 〔孟子〕에서 〔天下也〕까지

○ 正義曰：이 장에서는 "본성인 良能은 仁과 義가 이것이니, 通達하여 천하에 베푸는 것은 자기로부터 미루어가는 것이다."라고 말하였다.

〔孟子曰人之所不學而〕에서 〔達之天下也〕까지

맹자가 다음과 같이 말한 것이다. 사람이 배우지 않고도 본성에 따라 스스로 능한 것을 良能이라고 하고, 생각해보지 않고도 자연스럽게 아는 것을 良知라고 한다. 繈褓에 싸인 어린 아이가 자기 부모를 사랑할 줄 모르는 경우가 없고, 장성해서는 자기 형

을 공경할 줄 모르는 경우가 없는데, 이것은 자기 부모를 깊이 사랑하고 자기 형을 공경하기 때문이니, 이것이 仁과 義이다. 仁과 義가 바로 良知와 良能이다. 사람이 善을 행하는 것으로 말하면, 달리 그 이유를 더 찾을 것이 없으니, 단지 이러한 부모를 사랑하고 어른을 공경하는 良能과 良知를 천하에 베풀려는 것일 뿐이다.

【疏】○ 注'繈褓'者 ○ 正義曰：釋云"繈褓, 負也. 負, 兒衣也. 織縷爲之, 廣八寸, 長二尺, 以負兒於背上者也." 是亦知孩提爲二三歲.

注의 〔繈褓〕

○ 正義曰：글자 풀이에 "繈褓는 포대기〔負〕이다. 포대기는 아이 옷이다. 실을 짜서 만드는데, 너비가 8寸이고 길이가 2尺이니, 아이를 등에 업을 때 사용하는 것이다."라고 하였다. 이를 통해서도 孩提가 2, 3세의 아이라는 것을 알 수 있다.

16. 孟子曰 舜之居深山之中에 與木石居하시며 與鹿豕遊하시니 其所以異於深山之野人者幾希리오

맹자가 말하였다. "舜이 깊은 산골에 살 때에 나무와 돌 사이에서 살면서 사슴과 멧돼지와 함께 놀았으니, 깊은 산속의 野人과 차이가 어찌 컸겠는가.

【注】舜耕歷山之時에 居木石間하니 鹿豕이 近人하여 若與人遊也라 希는 遠也라 當此之時하여 舜與野人相去豈遠〔哉〕[1]리오

1)〔哉〕: 저본에는 '哉'가 없으나, 廖本·孔本·韓本·考文古本에 의거하여 보충하였다.(阮元의 〈校勘記〉 참조)

舜이 歷山에서 농사를 지을 때에 나무와 돌 사이에서 살았는데, 사슴과 멧돼지가 가까이 다가와 마치 사람과 노는 듯하였다. 希는 멈이다. 당시에 舜이 野人과 차이가 어찌 컸겠는가.

及其聞一善言하시며 見一善行하사는 若決江河라 沛然莫之能禦也러시다

그러나 한 마디 善한 말을 듣거나 한 가지 善한 행동을 보고나서는 〈실천하고자 하는 것이〉 마치 江河를 터놓은 것과 같아서 물이 쏟아져 내리는 듯한 그 기

세를 막을 수 없었다.”

【注】舜雖外與野人同其居處나 聞人一善言則從之하고 見人一善行則識之하여 沛然不疑하니 若江河之流하여 無能禦止其所欲行也라

舜은 비록 겉으로는 野人과 사는 곳이 같았지만, 다른 사람의 한 마디 좋은 말을 들으면 따르고 다른 사람의 한 가지 좋은 행동을 보면 기억하여 물이 쏟아져 내리는 듯이 의심하지 않았으니, 마치 江河가 흘러가는 것과 같아서 실천하고자 하는 것을 아무도 막을 수 없었다.

【疏】'孟子'至'禦也' ○ 正義曰：此章言聖人潛隱，若神龍亦能飛天，亦能潛藏，(同)[1] 舜之謂也.[2] 孟子言虞舜初起於歷山耕時，居於木石之間，以其近木石故也，與鹿豕遊，以其鹿與豕近於人也. 然而舜於此，其所以有異於深山之野人不遠，但能及其聞一善言，見一善行，其從之若決江河之水，沛然其勢，莫之能禦止之也.

1) (同)：저본에는 '同'이 있으나, 北京大本의 章指와 문맥에 의거하여 衍文으로 처리하였다.

2) 章言聖人潛隱……同舜之謂也：北京大本에는 章指를 “이 장의 章指는 다음과 같다. 聖人은 몸을 숨기고 있으나 마치 神龍과도 같아서 하늘을 날 수도 있고 조금 같을 수도 있다고 하니, 舜을 가리키는 말이다.〔此章指言聖人潛隱 辟若神龍 亦能飛天 亦能小同 舜之謂也〕”라고 하였다. 여기서 '小同'의 의미를 알 수 없어 글자대로 번역하였다.

經의 〔孟子〕에서 〔禦也〕까지

○ 正義曰：이 장에서는 “聖人은 몸을 숨기고 있으나 마치 神龍과도 같아서 하늘을 날 수도 있고 몸을 숨길 수도 있다고 하니, 舜을 가리키는 말이다.”라고 말하였다. 맹자가 “虞舜이 歷山에서 농사를 짓던 초기에, 나무와 돌 사이에서 살았던 것은 나무와 돌이 가까이 있었기 때문이며, 사슴과 멧돼지와 놀았던 것은 사슴과 멧돼지가 사람에게 가까이 다가왔기 때문이다. 그러므로 舜이 당시에는 깊은 산속의 野人과 차이가 크지 않았다. 그러나 한 마디 善한 말을 듣거나 한 가지 善한 행동을 보게 되면, 그것을 따라 실천하는 것이 마치 江河의 물을 터놓은 것과 같아서 물이 쏟아져 내리는 듯한 그 기세를 막을 수 없었다.”라고 말한 것이다.

【疏】○ 注'聖人潛隱若神龍者' ○ 正義曰：此蓋周易乾卦之文也，趙注引之以解其經.

注의〔聖人潛隱若神龍者〕

○ 正義曰 : 이것은 ≪周易≫ 〈乾卦〉의 글이니, 趙岐의 注에서 인용하여 經文을 해석하였다.

17. 孟子曰 無爲其所不爲하며 無欲其所不欲[1)]이니 如此而已矣니라

1) 無爲其所不爲 無欲其所不欲 : 趙岐는 자기가 원하지 않는 것을 남에게 요구하지 말라는 의미로 풀이하였으나, 일반적으로 "하지 않아야 할 것을 하지 말며, 원하지 않아야 할 것을 원하지 말라."라고 풀이한다.

맹자가 말하였다. "자기가 하고 싶지 않은 것을 남이 하게 하지 말며, 자기가 원하지 않는 것을 남이 원하게 하지 말아야 하니, 이와 같이 할 뿐이다."

【注】 無使人爲己所不欲爲者하며 無使人欲己之所不欲者니 每以身先之如此면 則人道足也니라

남들로 하여금 자기가 하고 싶지 않은 것을 하게 하지 말며, 남들로 하여금 자기가 원하지 않는 것을 원하게 하지 말아야 하니, 항상 이와 같이 率先하면 사람의 도리가 충분하다.

【疏】 正義曰 : 此章言己所不欲, 勿施於人, 仲尼之道也. 孟子言人無爲其所不爲, 以其所不爲者不義也, 無欲其所不欲者, 以其不欲爲不善也. 人能無爲不義, 又不欲其所不善, 則人道於是足矣, 故曰如此也.

正義曰 : 이 장에서는 "자기가 원하지 않는 것을 남에게 요구하지 않는 것이 仲尼의 道이다."라고 말하였다. 맹자가 다음과 같이 말한 것이다. 사람이 하지 않아야 할 것을 하지 말아야 하는 것은, 하지 않아야 할 것이 不義이기 때문이며, 원하지 않아야 할 것을 원하지 말아야 하는 것은, 원하지 않아야 할 것이 不善이기 때문이다. 사람이 능히 不義를 하지 않고 또 不善한 것을 원하지 않는다면 사람의 도리가 이로써 충분할 것이다. 그러므로 "이와 같이 할 뿐이다."라고 말한 것이다.

18. 孟子曰 人之有德慧術知[1)]者는 恒存乎疢(진)疾이니라

1) 德慧術知 : 朱熹는 "德慧는 德의 智慧이고 術知는 技術의 知慧이다.〔德慧者 德之慧 術知者 術之知〕"라고 풀이하였다.

맹자가 말하였다. "사람이 뛰어난 德行이나 智慧나 道術이나 才智를 지니게 되는 것은 항상 患難 속에 살아왔기 때문이다.

【注】人所以有德行智慧道術才智者는 以其在於有疢疾之人이니 疢疾之人은 又力學이라 故로 能成德이라

사람이 뛰어난 德行이나 智慧나 道術이나 才智를 지니게 되는 것은 患難 속의 사람으로서 살아왔기 때문이니, 患難 속에 사는 사람은 더욱 힘써 배우므로 능히 德을 이룬다.

獨孤臣孽子는 其操心也危하며 其慮患也深이라 故로 達이니라

유독 소외된 신하나 妾의 자식은 마음가짐이 편치 않고 患難에 대한 염려가 깊기 때문에 通達하게 되는 것이다."

【注】此卽人之疢疾也라 自以孤微로 懼於危殆之患而深慮之하여 勉爲仁義라 故로 至於達也라

이 사람들이 바로 患難 속에 사는 자들이다. 스스로 소외되고 미천한 처지이므로 위태로운 患難을 두려워하고 깊이 염려하여 힘써 仁義를 실천한다. 그런 까닭에 통달하는 경지에 이르는 것이다.

【疏】'孟子'至'故達' ○ 正義曰 : 此章言孤孽自危, 故能顯達, 膏粱(自)〔難〕[1)]正, 多用沈溺, 是故在上不驕, 以戒諸侯也. 孟子言人之所以有德慧術知者, 常在於疢疾之人也. 疢疾, 人之有小疾, 常沾在身不去者, 是爲疢疾也. 如孤臣孽子, 其操心也常危, 其慮患也常深, 是若疢疾也. 此孟子所以執此喩以自解也. 言孤臣不得於其君者也, 孽子不得於其親者也. 不得於其君與不得於其親者, 故能秉心常危, 慮患常深, 以勉力於爲道德, 故能顯達也. 操心常危, 慮患常深, 是人之疢疾常沾在身而不去也, 是孟子所以爲疢疾之人有德慧術智也. 然而非謂德慧術智必繫乎有疢疾者, 但常存乎疢疾之人而已. 蓋有得於己謂之德, 述而行之謂之術. 然德又以慧連, 術又以智連之者, 以其德以慧明, 術以智釋耳. 是則所謂智慮生於憂患, 豈非德慧術智存於疢疾之意有同歟. 此孟子所以有是言之, 而戒當時之人者也.

1) (自)〔難〕: 저본에는 '自'로 되어 있으나, 北京大本의 章指에 의거하여 '難'으로 바로잡았다.

經의 〔孟子〕에서 〔孽也〕까지

○ 正義曰 : 이 장에서는 "소외된 신하나 妾의 자식은 스스로 위태로움을 느끼는 까닭에 능히 顯達하고, 富貴한 자들은 바로잡기 어려우므로 곤경에 빠지는 경우가 많다. 이런 까닭에 윗자리에 있으면서 교만하지 않도록 제후를 훈계하는 것이다."라고 말하였다. 맹자가 다음과 같이 말한 것이다. 사람이 뛰어난 德行이나 智慧나 道術이나 才智를 지니게 되는 것은 患難 속의 사람으로서 살아왔기 때문이다. 疢疾은 사람이 지닌 작은 질병으로서, 항상 몸에 붙어 떨어지지 않는 것이 바로 疢疾이다. 소외된 신하나 妾의 자식은 마음가짐이 항상 편치 않고 염려가 항상 깊은데, 이것은 마치 疢疾과 비슷하다. 이것이 맹자가 이것을 가지고 비유하여 스스로 풀이한 까닭이다. 또 다음과 같이 말한 것이다. 소외된 신하는 자기 임금에게 사랑을 받지 못한 자이고, 妾의 자식은 자기 부모에게 사랑을 받지 못한 자이다. 임금에게 사랑을 받지 못한 자와 부모에게 사랑을 받지 못한 자인 까닭에 마음가짐이 항상 편치 못하고 염려가 항상 깊어서 道德을 실천하는 일에 힘을 쓸 수 있다. 그래서 능히 顯達할 수 있는 것이다. 마음가짐이 항상 편치 못하고 염려가 항상 깊은 것은, 사람에게 疢疾이 항상 몸에 붙어서 떨어지지 않는 것과 같으니, 이것이 맹자가 患難 속에 사는 사람이 뛰어난 德行이나 智慧나 道術이나 才智를 지니게 된다고 여긴 까닭이다. 하지만 德行이나 智慧나 道術이나 才智가 반드시 患難을 지닌 자에 달려 있다는 말은 아니고, 단지 항상 患難 속에 살아온 사람은 지니게 된다는 말일 뿐이다. 자신에게 터득한 것을 德이라고 하고, 계승하여 행하는 것을 術이라고 한다. 그런데 德을 다시 慧로 연결하고, 術을 다시 智로 연결한 것은 德이 慧로써 밝아지고 術이 智로써 풀리기 때문이다. 이것이 이른바 智慮는 憂患에서 생겨난다는 것이니, 어찌 德行이나 智慧나 道術이나 才智가 患難 속에 있다는 의미와 같은 것이 아니겠는가. 이것이 맹자가 이 말을 했던 까닭이니, 당시 사람들을 훈계한 것이다.

19. 孟子曰 有事君人者하니 事是君이면 則爲容悅者也니라

맹자가 말하였다. "군주를 섬기는 자가 있으니, 임금을 섬길 때에 비위를 맞추어 기쁘게 하는 자이다.

【注】 事君은 求君之意니 爲苟容以悅君者也라

군주를 섬긴다는 것은 군주의 뜻에 영합한다는 것이니, 비위를 맞추어 군주를 기쁘게 하는 것이다.

有安社稷臣者하니 以安社稷爲悅者也니라

社稷을 안정시키는 신하가 있으니, 社稷을 안정시키는 것을 기쁨으로 삼는 자이다.

【注】 忠臣은 志在安社稷而後爲悅者也라

忠臣은 社稷을 안정시키는 데에 뜻을 두고 나서 기쁨으로 삼는 자이다.

有天民者하니 達可行於天下而後에 行之者也니라

天民이 있으니, 榮達하여 천하에 道를 실천할 수 있게 되고 나서야 실천하는 자이다.

【注】 天民은 知道者也니 可行而行하고 可止而止라

天民은 道를 아는 자이니, 道를 실천할 만하면 실천하고 그만둘 만하면 그만둔다.

有大人者하니 正己而物正者也니라

大人이 있으니, 자신을 바르게 함으로써 사물도 바르게 되는 사람이다."

【注】 大人은 大丈夫니 不爲利害動移者也라 正己하여 物正하니 象天不言而萬物化成也라

大人은 大丈夫이니, 利害에 따라 움직이지 않는 사람이다. 자기를 바르게 함으로써 사물이 바르게 되니, 하늘을 본받아 말하지 않아도 萬物이 敎化되어 성취된다.

【疏】'孟子'至'者也' ○ 正義曰：此章言爲悅凡臣, 社稷股肱, 天民行道, 大人正身. 凡此四科, 優劣之差者也. '孟子曰 有事君人者 事是君則爲容悅者也', 孟子言有人事其君以求君之意者, 是爲苟容以悅君者也. '有安社稷臣者 以安社稷爲悅者也', 孟子又言有忠臣爲安社稷臣者也, 在於安社稷而後爲悅者也. '有天民者 達可行於天下而後行之者也', 言天民爲之先覺者, 志在於行道, 然而旣達而在位, 可以行其道於天下, 然後乃行之也. 以其若窮而在下, 未可行其道, 則亦止而不行矣. 是其窮達一歸於天而已. '有大人者 正己而物正者也', 言有大丈夫不爲利害之所易動, 是則自正治其己, 而物後自取正於我也. 凡此是其四科優劣差等也.

經의 〔孟子〕에서 〔者也〕까지

○ 正義曰 : 이 장에서는 "군주를 기쁘게만 하는 자는 평범한 신하이고, 社稷을 안정시키는 자는 팔다리와 같은 신하이고, 天民은 道를 실천하고, 大人은 자신을 바르게 한다. 이 네 가지 부류에 優劣의 차등이 있다."라고 말하였다.

〔孟子曰 有事君人者 事是君則爲容悅者也〕 맹자가 "군주를 섬길 때에 군주의 뜻에 영합하는 자가 있으니, 군주의 비위를 맞추어 기쁘게 하는 자이다."라고 말한 것이다.

〔有安社稷臣者 以安社稷爲悅者也〕 맹자가 또 "忠臣으로서 社稷을 안정시키는 신하가 있으니, 社稷을 안정시킨 뒤에야 기쁨으로 삼는 자이다."라고 말한 것이다.

〔有天民者 達可行於天下而後行之者也〕 맹자가 "天民은 먼저 깨달은 자로서 뜻이 道를 실천하는 데에 있다. 하지만 이미 榮達하여 地位에 올라 道를 천하에 실천할 수 있게 된 뒤에야 실천하는 자이다. 만일 곤궁하여 아래 자리에 있어서 道를 실천할 수 없다면 또한 그만두고 실천하지 않는다. 이 자는 곤궁과 榮達을 모두 하늘에 맡길 뿐이다."라고 말한 것이다.

〔有大人者 正己而物正者也〕 맹자가 "大丈夫는 利害에 따라 움직이지 않는다. 이 사람이 스스로 자기를 바르게 다스리면, 사물이 뒤따라 스스로 이 사람에게서 바름을 취한다."라고 말한 것이다. 무릇 이것이 네 가지 부류에 따른 優劣의 差等이다.

20. 孟子曰 "君子有三樂而王天下不與(예)存焉이니라 父母俱存하며 兄弟無故 一樂也요 仰不愧於天하며 俯不怍於人이 二樂也요 得天下英才而教育之三樂也니

맹자가 말하였다. "君子에게 세 가지 즐거움이 있는데, 천하의 왕이 되는 일은 여기에 들어 있지 않다. 부모님이 모두 생존해 계시고 형제가 무고한 것이 첫 번째 즐거움이고, 위로 하늘에 부끄럽지 않고 아래로 사람에게 부끄럽지 않은 것이 두 번째 즐거움이며, 천하의 英才를 얻어 교육하는 것이 세 번째 즐거움이다.

【注】 天下之樂은 不得與此三樂之中이라 兄弟無故는 無他故라 不愧天하고 又不怍人은 心正無邪也라 育은 養也라 教養英才하여 成之以道하니 皆樂也라

천하를 소유하는 즐거움은 이 세 가지 즐거움 가운데 낄 수 없다. 형제가 무고하다는 것은 별다른 사고가 없다는 것이다. 하늘에 부끄럽지 않고 또 사람에게 부끄럽지 않다는 것은 마음이 발라서 삿됨이 없다는 것이다. 育은 기름이다. 英才를 교육하여 道로써 성취시키니, 모두 즐거운 것이다.

君子有三樂而王天下不與存焉이니라

君子에게 세 가지 즐거움이 있는데, 천하의 왕이 되는 일은 여기에 들어 있지 않다."

【注】 (君)〔孟〕[1]子重言이니 是美之也라

1) (君)〔孟〕: 저본에는 '君'으로 되어 있으나, 宋本·孔本·韓本·考文古本에 의거하여 '孟'으로 바로잡았다.(阮元의 〈校勘記〉 참조)

맹자가 거듭 말하였으니, 讚美한 것이다.

【疏】 '孟子曰'至'存焉' ○正義曰: 此章言保親之養, 兄弟無他, 誠不愧天, 育養英才, 吾[1]人能之, 樂過萬乘, 孟子重焉, 一章再云也. '孟子曰 君子有三樂而王天下不與存焉'至'存焉'者, 孟子言君子有三樂, 而爲王天下者不得與於其間. 父母皆在, 兄弟無有他故者, 以其無嫌隙之事也, 此乃一樂也. 存誠於己, 而仰無以有羞愧於天, 俯無以有慚怍於人, 此乃二樂也. 己之有德, 又得天下英才大賢, 而推己以教而養育之, 此乃三樂也. 三樂如此, 故孟子又重言之. 然君子有三樂, 而王天下不與存焉, 以其有天下之樂, 不若此三樂矣. 故重言之, 而美此三樂也. 是以舜得天下而無足解憂.[2] 楊子云"紆朱懷金之樂, 不如顏氏子之樂",[3] 是亦與此同意也.

1) 吾 : 北京大本의 章指에는 '賢'으로 되어 있다.

2) 舜得天下而無足解憂 : 본서 〈萬章 上〉 제1장에 "천하 사람들이 자신을 좋아하여 따르는 것은 사람들이 모두 바라는 바였으나, 이것으로 舜의 근심을 풀 수가 없었으며……사람들이 좋아하여 따르는 것과 아름다운 여인을 얻는 것과 부유하고 존귀해지는 것을 성취하고서도 근심을 풀 수 없었던 것은 오직 부모에게 사랑을 받아야만 근심을 풀 수 있었기 때문이다.〔天下之士悅之 人之所欲也 而不足以解憂……人悅之 好色富貴 無足以解憂者 惟順於父母 可以解憂〕"라는 말이 나온다.

3) 紆朱懷金之樂 不如顏氏子之樂 : 揚雄의 《揚子法言》 〈學行〉에 "붉은색 官服을 입고 金印을 찬 자의 즐거움은 顏氏 집안 아들(顏淵)의 즐거움만 못하다. 顏氏 집안 아들의 즐거움은 內面에 있는 것이고, 붉은 官服을 입고 金印을 차는 즐거움은 外面에 있는 것이다.〔紆朱懷金者之樂 不如顏氏子之樂 顏氏子之樂也內 紆朱懷金之樂也外〕"라는 말이 나온다.

經의 〔孟子曰〕에서 〔存焉〕까지

○ 正義曰 : 이 장에서는 "부모님이 생존하시도록 봉양하고 형제가 무고한 즐거움과 성실함이 하늘에 부끄럽지 않은 즐거움과 英才를 교육하는 즐거움을 우리가 능히 지니고 있다면, 그 즐거움은 萬乘의 즐거움을 능가하니, 맹자가 거듭하여 한 장 안에서 다시 언급한 까닭이다."라고 말하였다.

〔孟子曰 君子有三樂 而王天下不與存焉〕에서 〔存焉〕까지

맹자가 "君子에게 세 가지 즐거움이 있는데, 천하의 왕이 되는 일은 여기에 들어 있지 않다. 부모님이 모두 생존해 계시고 형제가 별다른 사고가 없는 것은 남에게 怨恨을 살 만한 일이 없기 때문이니, 이것이 첫 번째 즐거움이다. 자기에게 정성을 보존하여 우러러 하늘에 부끄러움이 없고 굽혀서 사람에게 부끄러움이 없으니, 이것이 두 번째 즐거움이다. 자기에게 德이 있고, 또 천하의 英才와 大賢을 얻어서 자신의 德을 미루어 가르치고 기르니, 이것이 세 번째 즐거움이다."라고 말한 것이다. 세 가지 즐거움이 이와 같은 까닭에 맹자가 다시 거듭하여 말한 것이다. 하지만 君子에게 세 가지 즐거움이 있는데, 천하의 왕이 되는 것은 여기에 들어 있지 않으니, 천하를 소유한 즐거움이 이 세 가지 즐거움만 못하기 때문이다. 그러므로 거듭하여 말하여 이 세 가지 즐거움을 讚美하였던 것이다. 이런 까닭에 舜이 천하를 얻었으나 근심을 풀 수 없었던 것이다. 楊子가 "붉은색 官服을 입고 金印을 찬 자의 즐거움은 顔氏 집안 아들(顔淵)의 즐거움만 못하다."라고 하였으니, 또한 이것과 같은 의미이다.

21. 孟子曰 廣土衆民[1]을 君子欲之나 所樂은 不存焉이니라 中天下而立하여 定四海之民을 君子樂之나 所性은 不存焉이니라

1) 廣土衆民 : 朱熹는 "땅이 개척되고 백성이 모여야 은택이 멀리 베풀어질 수 있다. 그러므로 君子가 이것을 원한다.〔地闢民聚 澤可遠施 故君子欲之〕"라고 하였다. 朱熹의 풀이에 따라 번역하면 "토지를 넓히고 백성을 늘리는 것"이 된다.

맹자가 말하였다. "넓은 영토와 많은 백성을 君子가 바라지만, 君子가 즐거움으로 삼는 것은 여기에 있지 않다. 천하의 한 가운데에 서서 천하의 백성을 안정시키는 것을 君子가 즐거워하지만, 君子가 본성으로 삼는 것은 여기에 있지 않다.

【注】 廣土衆民은 大國諸侯也라 所樂不存은 欲行禮也라 中天下而立은 謂王者라 所性不存은 乃所謂性於仁義者也라

넓은 영토와 많은 백성은 大國의 제후를 가리킨다. 즐거움으로 삼는 것이 여기에 있지 않다는 것은 禮를 행하고자 한다는 것이다. 천하의 한 가운데 선다는 것은 王者를 일컫는 것이다. 본성으로 삼는 것이 여기에 있지 않다는 것은 이른바 仁과 義를 본성으로 삼는다는 것이다.

君子所性은 雖大行이나 不加焉이며 雖窮居나 不損焉이니 分定故也니라

君子가 본성으로 삼는 것은 비록 크게 道를 행하더라도 더 늘어나지 않고 비록 곤궁하게 살더라도 더 줄어들지 않으니, 分數가 정해져 있기 때문이다.

【注】 大行은 行之於天下라 窮居라도 不失性也니 分定故不變이라

大行은 道를 천하에 행하는 것이다. 곤궁하게 살더라도 본성을 잃지 않으니, 分數가 정해져 있기 때문이다.

君子所性은 **仁義禮智根於心**이라 **其生色也睟然見**(현)**於面**하며 **盎於背**하며 **施於四體**하니 **四體不言而喩**[1]니라

1) 四體不言而喩 : 朱熹는 "四肢가 내 말을 기다리지 않고도 저절로 내 뜻을 깨닫는다.〔四體不待吾言而自能曉吾意也〕"라고 풀이하였다.

君子가 본성으로 삼는 것은 仁과 義와 禮와 智이니, 마음속에 뿌리박고 있다. 그 氣色이 밖으로 드러날 때에는 윤택하게 얼굴에 나타나고 등에 넘쳐나며 四肢에까지 성대하게 흐르니, 굳이 말하지 않더라도 四肢를 보고 사람들이 깨닫게 된다."

【注】 四者는 根生於心하여 色見於面이라 睟然은 潤澤之貌也라 盎은 視其背而可知니 其背盎盎然盛하여 流於四體라 四體有匡國之綱[1]하니 雖口不言이라도 人自曉喩而知也라

1) 四體有匡國之綱 : 四肢의 威儀를 백성들이 보고 본받으므로 나라를 바로잡는 紀綱이 된다는 의미이다.

〈仁과 義와 禮와 智〉 네 가지는 마음에 뿌리를 박고 생겨나 氣色이 얼굴에 나타난다. 睟然은 윤택한 모양이다. 盎은 등을 보고 알 수 있으니, 그 등에 가득히 넘쳐서 四肢까지 흐르는 것이다. 四肢에 나라를 바로잡는 紀綱이 있으니, 입으로 말하지 않더라도 사람들이 스스로 깨달아 알게 된다.

【疏】 '孟子曰'至'而喩' ○正義曰 : 此章言臨蒞天下, 君國子民, 君子之樂, 尙不與存. 仁義內外[1]充, 身體履方, 四支不言, 蟠辟用張. 心邪意溺, 進退無容, 於是之際, 知其所不同也. '孟子曰 廣土衆民'至'不言而喩', 孟子言廣土地之大, 衆民人之多, 以爲大國之諸侯, 君子者心欲好之, 然其所樂不在此也. 中天下之中而立, 以安四海之民, 是爲之王, 君子者雖樂於此, 然而稟天性不在此焉. 蓋君子欲廣土衆民, 以其足以行道於一國故也, 然其所樂又在於定四海之民, 而未樂於此一國而已. 雖樂在於中天下而立, 定四海之民, 得以行道於天下, 奈何所性不在此焉, 是所性者特在仁義禮智耳. 故言於下文是也. 是則君子所稟天之性, 雖大而行道於天下, 且不能加益其性, 雖窮居在下, 且不能損滅其性. 以其所生之初, 受之於天, 有其分定故也. 故君子所性, 是仁義禮智, 四者根生於心, 顯而形諸德容. 其生於色, 則睟然潤澤見於面, 又有輝光乎其前, 盎盎然見於背, 又有充實乎其後, 而旁溢流通乎左右上下四體, 則一動靜, 一行止, 固雖不言, 而人以曉喩而知其所存. 是其不言仁而喩其能仁, 不言義而喩其能義, 以至禮也智也亦若是矣. 此所以故云"四體不言而喩". 荀子云"君子之學入乎耳, 著乎心, 布乎四體, 形乎動靜", 又曰"君子至德, 默然而喩", 同意.

1) 外 : 北京大本의 章指에는 '外'가 없다.

經의 〔孟子曰〕에서 〔而喩〕까지

○ 正義曰 : 이 장에서는 "천하에 君臨하여 나라를 다스리고 백성을 돌보는 것은 君子의 즐거움에 오히려 들어 있지 않다. 仁과 義는 안팎으로 충만하니, 身體가 正道를 행하면 四肢가 말하지 않더라도 威儀가 베풀어진다. 마음이 不正하고 뜻이 방탕하면 움직임에 威儀가 없으니, 이것을 통해 같지 않은 것을 알 수 있다."라고 말하였다.

〔孟子曰廣土衆民〕에서 〔不言而喩〕까지

맹자가 다음과 같이 말한 것이다. 넓은 영토와 많은 백성을 소유하여 大國의 제후가 되는 것을 君子가 마음속으로 바라지만, 그가 즐거움으로 삼는 것은 여기에 있지 않다. 천하의 한 가운데 서서 천하의 백성을 안정시키는 사람은 王者인데, 君子는 비록 이것을 즐거워하지만 하늘에서 부여받은 본성은 여기에 있지 않다. 君子가 영토를 넓히고 백성을 늘리고자 하는 것은 한 나라에서 道를 행할 수 있기 때문이다. 하지만 즐거움으로 삼는 것은 또한 천하의 백성을 안정시키는 데 있으니, 이 한 나라에서만 〈道를 행하는 것을〉 즐거워하지 않을 뿐이다. 비록 천하의 한 가운데 서서 천하의 백성을 안정시켜 천하에 道를 행할 수 있게 되더라도, 어찌하여 본성으로 삼는 것은 여기에 있지 않은 것인가? 이것은 본성으로 삼는 것이 단지 仁·義·禮·智에 있기 때문이다. 그러므로 아래 글에서 말한 것이 이러한 의미이다. 그렇다면 君子가 하늘에서 부여받은 본성은, 비록 크게 천하에 道를 행하더라도 그 본성을 증가시킬 수 없고, 비록 아래 자리에 곤궁하게 살더라도 그 본성을 훼손시킬 수 없는 것이다. 태어나는 처음에 하늘에서 부여받을 때에 分數가 정해져 있기 때문이다. 그러므로 君子가 본성으로 삼는 것은 仁·義·禮·智이니, 네 가지는 마음에 뿌리를 박고 생겨나 德을 지닌 容貌를 통해 겉으로 드러난다. 〈네 가지가〉 氣色으로 발현되면, 얼굴에 함치르르 윤택함이 나타나 다시 前面에 빛을 발하고, 등으로 넘치게 드러나 다시 後面을 가득 채운 뒤에, 옆으로 흘러넘쳐서 左右와 上下의 四肢로 흘러서 통하게 되면, 한 번 움직였다 멈추고 한 번 가다 서다 하는 사이에 본디 말을 하지 않더라도 사람들이 깨닫고서 지니고 있는 본성을 알게 된다. 이는 仁을 말하지 않더라도 仁에 능함을 깨닫는 것이고, 義를 말하지 않더라도 義에 능함을 깨닫는 것이니, 禮와 智의 경우도 이와 같다. 이것이 "굳이 말하지 않더라도 四肢를 보고 사람들이 깨닫게 된다."라고 말한 까닭이다. ≪荀子≫ 〈勸學篇〉에 "君子의 학문은 귀로 들어와서 마음에 붙었다가 四肢로 퍼져서 움직임에 드러난다."라고 하고, 또 〈不苟篇〉에 "君子의 지극한 德은 말하지 않더라도 깨닫는다."라고 하였으니, 같은 의미이다.

孟子注疏解經 卷第十三 下

盡心章句 上

趙氏 注 孫奭 疏

22. 孟子曰 伯夷辟紂하여 居北海之濱이러니 聞文王作興하고 曰 盍歸乎來리오 吾聞西伯은 善養老者라하며 太公辟紂하여 居東海之濱이러니 聞文王作興하고 曰盍歸乎來리오 吾聞西伯은 善養老者라하니

맹자가 말했다. "伯夷가 紂王을 피하여 北海의 바닷가에 살았는데 文王이 王道를 일으킨다는 소식을 듣고는 '어찌 돌아가지 않겠는가. 나는 西伯이 노인을 잘 봉양하는 사람이라고 들었다.'라고 하였으며, 太公이 紂王을 피하여 東海의 바닷가에 살았는데 文王이 王道를 일으킨다는 소식을 듣고는 '어찌 돌아가지 않겠는가. 나는 西伯이 노인을 잘 봉양하는 사람이라고 들었다.'라고 하였다.

【注】已說於上篇이라

이미 윗 편(〈離婁 上〉)에서 설명하였다.

天下에 有善養老면 則仁人이 以爲己歸矣리라

천하에 노인을 잘 봉양하는 사람이 있으면 仁人이 자기가 돌아갈 곳으로 삼을 것이다.

【注】天下有能若文王者면 仁人이 (呼)〔將〕[1]復歸之矣리라

1) (呼)〔將〕: 저본에는 '呼'로 되어 있으나, 阮元의 〈校勘記〉에 의거하여 '將'으로 바로잡았다.

천하에 文王처럼 할 수 있는 사람이 있다면 仁人이 장차 돌아갈 것이다.

五畝之宅에 **樹牆下以桑**하여 **匹婦蠶之**면 **則老者足以衣帛矣**며 **五母雞**와 **二母彘**를 **無失其時**면 **老者足以無失肉矣**며 **百畝之田**을 **匹夫耕之**면 **八口之家足以無飢矣**리라

5묘의 택지에서 담장 아래 뽕나무를 심어 匹婦가 누에를 치면 노인이 비단옷을 입을 수 있으며, 다섯 마리의 암탉과 두 마리의 암돼지를 사육하여 그 번식시기를 놓치지 않으면 노인이 고기를 못 먹는 일이 없게 될 것이며, 100묘의 토지를 匹夫가 경작하면 여덟 식구의 가정이 굶주리지 않을 수 있다.

【注】 五雞二彘를 八口之家畜之면 足以爲畜產之本也라

다섯 마리의 닭과 두 마리의 돼지를 여덟 식구의 가정에서 키우면 이것으로 畜産의 밑천을 삼을 수 있다.

所謂西伯이 **善養老者**는 **制其田里**하여 **教之樹畜**하고 **導其妻子**하여 **使養其老**니 **五十**에 **非帛不煖**하고 **七十**에 **非肉不飽**하나니 **不煖不飽**를 **謂之凍餒**니 **文王之民**이 **無凍餒之老者**는 **此之謂也**니라

이른바 西伯이 노인을 잘 봉양하는 사람이라고 하는 것은 토지와 마을을 조성하여 뽕나무 재배와 가축 사육하는 법을 가르치고 妻子를 인도하여 노인을 봉양하게 한 것을 두고 한 말이다. 오십의 나이에는 비단이 아니면 따뜻하게 지낼 수 없고, 칠십의 나이에는 고기가 아니면 배가 부르지 않으니, 따뜻하지 않고 배부르지 않는 것을 춥고 배고프다고 한다. 文王의 백성 가운데 춥고 배고픈 노인이 없다고 한 것은 이를 두고 한 말이다.

【注】 所謂無凍餒者는 教導之하여 使可以養老者耳요 非家賜而人益之也라

이른바 춥고 배고픈 사람이 없다고 한 것은 백성들을 가르치고 인도하여 노인을 봉양할 수 있게 만드는 것이지 집집마다 재물을 내려주고 사람마다 보태주는 것이 아니다.

【疏】'孟子'至'此之謂也'. ○ 正義曰：此章言王政普大, 教其常業, 各養其老, 使不餒乏. 二老聞之, 歸身自(己)〔託〕[1], 所謂衆鳥不羅, 翔鳳來集[2]之類者也. '孟子曰伯夷辟紂'至'此之謂也', 已說於上篇矣. 此以大同小異, 更不復說焉. 然其類亦孔子所云"刳胎殺夭, 則麒麟不至, 覆巢毁卵, 則鳳凰不翔"[3], 此亦類也.

1) (己)〔託〕: 저본에는 '己'로 되어 있으나, 阮元의 〈校勘記〉에 의거하여 '託'으로 바로잡았다.
2) 衆鳥不羅 翔鳳來集 : 뒤의 '覆巢毁卵 則鳳凰不翔'와 같은 의미이다.
3) 刳胎殺夭 則麒麟不至 覆巢毁卵 則鳳凰不翔 : ≪孔子家語≫ 〈困誓〉에 나오는 말이다. 孔子가 衛나라에서 晉나라로 들어가기 위해 黃河에 이르렀을 때 晉나라 대부 趙簡子가 어진 대부 竇犫鳴犢(두주명독)과 舜華를 죽였다는 소식을 듣고는 이 말을 인용한 다음 鳥獸도 의롭지 못한 일을 보면 오히려 피할 줄 아는데 하물며 사람이야 말할 것이 있겠느냐고 하면서 晉나라로 들어가지 않았다. 伯夷와 太公이 紂王을 피하여 北海의 바닷가에 산 것과 孔子가 趙簡子가 집권한 晉나라에 들어가지 않은 것이 유사하다는 것이다.

經의 〔孟子〕에서 〔此之謂也〕까지

○ 正義曰：이 장은 王道政治를 널리 시행함으로써 백성들에게 일정한 생업을 가르쳐 각자 노인을 봉양하여 굶주리지 않게 해야 함을 말한 것이다. 두 노인이 文王이 왕도정치를 한다는 소식을 듣고 자신의 몸을 돌려서 의탁하였으니, 이른바 새들을 그물로 잡지 않은 다음에야 봉황이 날아와 모이는 것과 같은 것이다.

〔孟子曰伯夷辟紂〕에서 〔此之謂也〕까지

이미 윗 편에서 설명하였다. 이 내용과 大同小異하므로 더 이상 설명하지 않는다. 그런데 이 말은 또한 공자의 이른바 "새낀 밴 짐승의 배를 갈라 어린 태아를 죽이면 기린이 오지 않고 새의 둥지를 뒤엎어 그 속의 알을 깨뜨리면 봉황이 날아오지 않는다."라고 한 것과 같은 말이다.

23. 孟子曰 易(이)其田疇하고 薄其稅斂이면 民可使富也니라 食之以時하고 用之以禮면 財不可勝用也니라

맹자가 말했다. "토지를 잘 가꾸게 하고 그 세금을 가볍게 거두면 백성들을 부유하게 만들 수 있으며, 세금을 시기에 맞게 거두어들이고 예법에 맞게 사용한다면 재물을 이루다 쓰지 못하게 될 것이다.

【注】 易는 治也라 疇는 一井也라 (庶)〔敎〕[1]民治其田疇하고 薄其稅斂하여 不踰什一이면 則民富矣라 食取其征賦以時하고 用之以常禮라-不踰禮以費財也[2]라- 故로 畜積有餘하여 財不可勝用也라

1) (庶)〔敎〕: 저본에는 '庶'로 되어 있으나, 宋本・孔本・韓本・考文古本에 의거하여 '敎'로 바로잡았다.(阮元의 〈校勘記〉 참조)

2) 不踰禮以費財也 : 앞의 '用之以常禮'를 부연 설명한 것이다.

'易'는 가꾸다는 뜻이다. '疇'는 1井을 가리킨다. 백성들에게 토지를 잘 가꾸게 하고 세금을 가볍게 거두어서 10분의 1을 넘지 않게 하면 백성들이 부유하게 될 것이다. 세금을 시기에 맞게 거두어들이고 정해진 예법에 맞게 사용하므로-예법을 초과하여 재물을 사용하지 않는 것이다.- 축적한 것이 남아돌아 재물을 이루다 쓰지 못하게 될 것이다.

民非水火면 不生活이로되 昏暮에 叩人之門戶하여 求水火어든 無弗與者는 至足矣일새니 聖人이 治天下에 使有菽粟을 如水火니 菽粟이 如水火면 而民이 焉有不仁者乎리오

백성들에게 물과 불이 없으면 생활을 할 수 없다. 하지만 저물녘에 남의 문을 두드려 물과 불을 달라고 하면 누구나 주게 되는 것은 매우 풍족하게 있기 때문이다. 聖人이 천하를 다스릴 때는 곡식을 물과 불처럼 많이 소유하게 하였으니, 곡식이 물과 불처럼 많이 있다면 백성들 가운데 어질지 않은 사람이 어찌 있겠는가."

【注】 水火能生이나 人有不愛者는 至饒足故也라 菽粟饒多若是면 民皆輕施於人이니 (而)[1]何有不仁者也리오

1) (而) : 저본에는 '而'가 있으나, 宋本・孔本・韓本・考文古本에 의거하여 衍文으로 처리하였다.(阮元의 〈校勘記〉 참조)

물과 불은 사람을 살아갈 수 있게 하는 것이지만 사람들이 이를 아끼지 않는 것은 매우 풍족하게 있기 때문이다. 만약에 곡식이 물과 불처럼 풍족하다면 백성들 모두가 남들에게 쉽게 베풀 것이니 그리되면 어질지 않는 사람이 어찌 있겠는가.

【疏】'孟子'至'者乎'. ○ 正義曰：此章言教民之道, 富而節用, 蓄積有餘, 焉有不仁, 故曰倉廩實知禮節也. '孟子曰易其田疇'至'不可勝用也', 孟子言如使在下者易治其田疇而不難耕作, 則地無遺(其利, 又)〔利, 其〕[1]在上者又薄其賦斂而無橫賦, 則民皆可令其賦足也. 又食之以時而其用不屈,-用之以禮而其欲不窮- 則財用有餘而不可勝用也. '民非水火不生活'至'焉有不仁者乎', 孟子又言人民非得其水火則不能生活, 然而昏暮之時, 有敲人之門戶而求之水火, 無不與之者, 以其水火至多矣. 聖人如能治其天下, 使民有其菽粟亦如水火之多, 則民人孰不以有餘而補其不足, 而爲仁者乎? 故曰,"菽粟如水火, 而民焉有不仁者乎? 此所謂倉廩實而知禮節者也.

1) (其利又)〔利其〕: 저본에는 '其利又'로 되어 있으나, 閩本·監本·毛本에 의거하여 '利其'로 바로잡았다.(阮元의 〈校勘記〉 참조)

經의 〔孟子〕에서 〔者乎〕까지

○ 正義曰 : 이 장은 백성들을 가르치는 道는 백성들을 부유하게 만들고 소비를 절약하는 것이니, 그리하여 축적한 것이 남아돌면 어질지 않은 사람이 어찌 있겠느냐고 말한 것이다. 그래서 창고가 가득 차 있어야 예절을 알게 된다는 말이 있는 것이다.

〔孟子曰易其田疇〕에서 〔不可勝用也〕까지

맹자가 한 말이다. 아랫사람들로 하여금 그들의 토지를 잘 가꾸어서 경작하기 어렵지 않게 한다면 그 토지를 최대한 활용하게 될 것이며 거기에다 윗사람이 세금을 함부로 부과하지 않고 가볍게 거두어 들인다면 백성들을 모두 풍족하게 만들 수 있다. 그리고 시기에 맞게 받아들이고 이를 고갈되도록 모두 사용하지 않는다면-예법에 맞게 사용함으로써 끝까지 다 사용하지 않으려고 하는 것이다.- 재물이 남아돌아 이루다 쓰지 못하게 될 것이다.

〔民非水火不生活〕에서 〔焉有不仁者乎〕까지

맹자가 다시 말한 것이다. 백성들이 물과 불을 얻지 못하면 생활을 할 수가 없다. 하지만 저물녘에 남의 문을 두드려 물과 불을 달라고 하면 누구나 주게 되는 것은 물과 불이 매우 많기 때문이다. 聖人이 천하를 다스리면서 백성들로 하여금 곡식을 물과 불처럼 많이 소유하게 할 수 있다면 백성들 가운데 어느 누가 자기에게 남는 것을 부족한 사람에게 보태주어서 仁을 행하지 않겠는가. 그러므로 "곡식이 물과 불처럼 풍족하다면 백성들 가운데 어찌 어질지 않은 사람이 있겠는가."라고 한 것이다. 이는 이른바 '창고가 가득 차 있어야 예절을 알게 된다'는 말이다.

【疏】○ 注'疇, 一井也'. ○ 正義曰：說文云, "爲耕治之田也." 不知一井何據.

○ 注의 〔疇 一井也〕

○ 正義曰：≪說文≫에서는 '疇'를 "경작하는 토지이다."라고 하였는데, 趙岐가 '1井'이라고 주해한 것은 어디에 근거한 것인지 모르겠다.

24. 孟子曰 孔子登東山而小魯하시고 **登太山而小天下**하시니 **故**로 **觀於海者**엔 **難爲水**요 **遊於聖人之門者**엔 **難爲言**이니라

맹자가 말했다. "孔子께서는 東山에 올라가 보고 魯나라를 작다고 여기셨고 太山에 올라가 보고 天下를 작다고 여기셨다. 그러므로 큰 바다를 본 사람에게는 그 어떤 물도 물이 되기가 어렵고 聖人의 문하에서 공부한 사람에게는 그 어떤 말도 말이 되기가 어렵다.

【注】所覽大者意大하고 觀小者志小也라

본 것이 큰 사람은 뜻이 크고 본 것이 작은 사람은 뜻이 작다.

觀水有術하니 **必觀其瀾**이니라

물을 보는 데는 방법이 있으니, 반드시 물결이 크게 치는 여울을 보아야 한다.

【注】瀾은 水中大波也라

'瀾'은 물에 이는 큰 물결이다.

日月有明하니 **容光**에 **必照焉**이니라

해와 달은 밝은 빛을 가지고 있으니, 빛을 받아들이는 곳이라면 어디든 반드시 비춘다.

【注】容光은 小郤也니 言大明照幽微也라

'容光'은 작은 틈을 가리킨 것이니, 大明은 아주 은미한 곳도 비춘다는 말이다.

流水之爲物也 不盈科면 **不行**하나니 **君子之志於道也**에도 **不成章**이면 **不達**이니라

흐르는 물의 속성이 구덩이를 가득 채우지 않으면 앞으로 나아가지 않듯이 君子가 道에 뜻을 두었을 때에도 일정한 경지에 오르지 않으면 벼슬길에 나아가지 않는다.

【注】盈은 滿也라 科는 坎也라 流水滿坎乃行하니 以喻君子之學必至成章이라야 乃仕進者也[1]라

1) 君子之學必至成章 乃仕進者也：韓本・考文古本에는 '之', '至', '者'가 없이 '君子學必成章乃仕進也'로 되어 있다.(阮元의 〈校勘記〉 참조)

'盈'은 가득 채우는 것이다. '科'는 구덩이이다. 흐르는 물은 구덩이를 가득 채운 다음에야 흘러간다는 말로서, 君子는 학문이 반드시 일정한 경지에 오른 다음에야 벼슬길에 나아감을 비유한 것이다.

【疏】'孟子'至'不達'. ○ 正義曰：此章言弘[1](也)〔大〕[2]明者無不照, 包聖道者成其仁也. '孟子曰孔子登東山'至'難爲言'者, 孟子言孔子登魯國之東山, 而所覽者大, 故小其魯國, 以魯國莫大於東山也. 登太山而能小其天下, 亦所覽者大, 而天下亦莫大(也)[3]於大山也. 如此故觀之於海者難爲水也, 以其水所同歸於海者也, 是以海爲百谷王. 遊聖人之門者難爲言, 以其道之所同出又同歸於此者也. 楊子云"視日月而知衆星之蔑如, 仰天庭而知天下之居卑", 亦與此同意. '觀水有術, 必觀其瀾'者, 孟子又言人之觀於水, 以其有術也, 有術者, 所謂觀水必觀其波瀾, 是爲能觀水者也. 云此者, 以其人之觀書亦若是也, 言觀書亦當觀其五經而已矣, 五經所以載聖人之大道者也. '日月有明, 容光必照焉'者, 又言日月之有明, 凡於幾隙, 但有容其光者, 則必照之, 亦若道之在天下無往而不在也. '流水之爲物也, 不盈科不行'至'不成章不達'者, 又言流水爲物, 所流遇於科坎, 不盈滿其科坎則不流進而行也. 如君子之學志在於道也, 不成章則不達而進仕. 以其君子於道, 至於成章則充實, 美在其中, 暢於四支, 發於事業, 爲美之至者也. 此孟子所以有水爲之喩焉.

1) 弘 : 閩本·監本·毛本에는 '能'으로 되어 있다.(阮元의 〈校勘記〉 참조)
2) (也)〔大〕: 저본에는 '也'로 되어 있으나, 阮元의 〈校勘記〉에 의거하여 '大'로 바로잡았다.
3) (也) : 저본에는 '也'가 있으나, 阮元의 〈校勘記〉에 의거하여 衍文으로 처리하였다.

經의 〔孟子〕에서 〔不達〕까지

○ 正義曰 : 이 장은 아주 큰 빛은 비추지 않는 곳이 없듯이 聖人의 道를 품고 있는 사람은 그 仁을 이룸을 말한 것이다.

〔孟子曰孔子登東山〕에서 〔難爲言〕까지

맹자가 한 말이다. 孔子가 魯나라의 東山에 올라가서 내려다본 것이 광대하였으므로 魯나라를 작게 여긴 것이니, 魯나라에 東山보다 더 큰 산이 없기 때문이다. 太山에 올라가서는 天下를 작게 여기셨으니, 이 역시 내려다 본 것이 크고 天下에 또한 太山보다 더 큰 산이 없기 때문이다. 그러므로 바다를 본 사람에게는 그 어떤 물도 물이 되기가 어려운 법이니, 그 물들이 다같이 바다로 돌아가기 때문이다. 이런 까닭에 바다가 모든 골짜기의 왕이 된 것이다. 聖人의 문하에서 공부한 사람에게는 그 어떤 말도 말이 되기가 어려운 법이니, 그 말 속에 담긴 道가 모두 聖人에게서 나왔거나 聖人에게 돌아가기 때문이다. 楊子가 말하기를, "해와 달을 보고 나서야 뭇별들이 자잘함을 알게 되며, 天庭을 우러러 보고 나서야 天下가 낮게 있다는 것을 알게 된다."라고 한 것 또한 이와 동일한 의미를 담고 있다.

〔觀水有術 必觀其瀾〕 맹자가 다시 말한 것이다. 사람이 물을 보는 데는 방법이 있다. 그 방법은 이른바 물을 본다는 것은 반드시 그 속의 큰 물결을 보아야 한다는 것으로, 이렇게 해야 물을 제대로 볼 수가 있다는 것이다. 이 말은 사람이 책을 보는 데 있어서도 마찬가지로 적용된다. 책을 본다고 하는 말은 반드시 五經을 본다는 것이니, 五經은 聖人의 大道를 담고 있기 때문이다.

〔日月有明 容光必照焉〕 맹자가 다시 말한 것이다. 해와 달은 밝은 빛을 가지고 있어 빛을 받아들일 수 있는 약간의 틈만 있으면 어느 곳이든 반드시 비춘다. 이는 또한 천

하에 존재하는 道가 어디를 가도 있지 않는 곳이 없는 것과 같다.

〔流水之爲物也 不盈科不行〕에서 〔不成章不達〕까지

맹자가 다시 말한 것이다. 흐르는 물의 속성은 흘러가는 도중에 구덩이를 만날 경우 그 구덩이를 가득 채우지 않으면 앞으로 흘러가지 않는다. 이는 마치 道에 뜻을 둔 君子의 학문이 일정한 경지에 오르지 않으면 벼슬길에 나아가지 않는 것과 같다. 君子가 道에 뜻을 두어 일정한 경지에 오르면 그 善이 가득 차서 그 속에 아름다움이 있게 되며, 그 아름다움이 四肢에 드러나고 事業에 드러나서 아름다움의 극치를 이루기 때문이다. 이러한 이유로 맹자가 물을 가지고 비유한 것이다.

25. 孟子曰 雞鳴而起하여 孳孳爲善者는 舜之徒也요 雞鳴而起하여 孳孳爲利者는 蹠之徒也니 欲知舜與蹠之分인댄 無他라 利與善之間也니라

맹자가 말했다. "닭이 울면 일어나서 부지런히 善을 행하는 사람은 舜임금을 따르는 무리이며, 닭이 울면 일어나서 부지런히 利를 행하는 사람은 盜跖을 따르는 무리이니, 舜임금과 盜跖을 가르는 기준을 알고자 한다면 이는 다른 데 있는 것이 아니라 利를 추구하느냐 善을 추구하느냐의 차이일 뿐이다.

【注】 蹠은 盜蹠也라 蹠舜之分(故)[1]은 以此別之也라

1) (故) : 저본에는 '故'가 있으나, 焦循의 ≪孟子正義≫에 의거하여 衍文으로 처리하였다.

'蹠'은 盜跖이다. 盜跖과 舜임금은 이것으로 구별된다.

【疏】 ○ 正義曰 : 此章言好善從舜, 好利從蹠, 明明求之, 常若不足, 君子・小人, 各一趣也. '孟子曰'至'間也'者, 孟子言人之雞鳴而起, 孳孳勸篤於爲善者, 乃爲舜之徒黨也, 如雞鳴而起, 孳孳但勤篤於爲利者, 乃爲盜蹠之徒也. 儻言欲知舜與盜蹠爲君子・小人之分別, 無他事焉, 特一趨於利・一趨於善之間而已.

○ 正義曰 : 이 장은 善을 좋아하면 舜임금을 따르고 利를 좋아하면 盜跖을 따르되 분명하게 어느 것을 추구하여 항상 부족한 듯이 하였으니, 君子와 小人은 각각 추구한 점이 달랐음을 말한 것이다.

〔孟子曰〕에서 〔間也〕까지

맹자가 한 말이다. 사람들 가운데 닭이 울면 일어나서 부지런히 善을 행하는 데에 열심인 사람은 舜임금을 따르는 무리가 된다. 반면에 닭이 울면 일어나서 부지런히 利를 행하는 데에 열심인 사람은 도척을 따르는 무리가 된다. 만약 舜임금과 盜跖을 君子와 小人으로 구분하는 기준을 알고자 한다면 이는 다른 데 있는 것이 아니라 단지 利를 추구하느냐 善을 추구하느냐의 차이일 뿐이다.

【疏】○ 注"盜蹠". ○ 正義曰：案李奇≪漢書傳≫云, "盜蹠乃是秦之大盜也."

○ 注의 〔盜蹠〕

○ 正義曰：李奇의 ≪漢書傳≫에 이르기를, "盜跖은 秦나라의 大盜이다."라고 하였다.

26. 孟子曰 楊子는 取爲我하니 拔一毛而利天下라도 不爲也하며

맹자가 말했다. "楊朱는 利己主義를 주장하여 털끝 하나를 뽑아서 천하를 이롭게 한다 하더라도 하지 않을 것이며,

【注】楊子는 楊朱也라 爲我는 爲己也라 拔己一毛以利天下之民이라도 不肯爲也라

楊子는 楊朱이다. '爲我'는 자기만을 위하는 것이다. 그는 자기의 털 하나를 뽑아서 천하의 백성들을 이롭게 할 수 있다 하더라도 하려 들지 않는다는 말이다.

墨子는 兼愛하니 摩頂放踵이라도 利天下인댄 爲之하니라

墨子는 兼愛主義를 주장하여 정수리부터 발꿈치까지 갈아서 없어진다 하더라도 천하를 이롭게 할 수 있다면 기꺼이 할 것이다.

【注】墨子는 墨翟也라 兼愛他人하니 摩突其頂하여 下至於踵이라도 以利天下인댄 己樂爲之也라

墨子는 墨翟이다. 그는 他人을 똑같이 사랑하여 정수리부터 아래로 발꿈치까지 갈아서 없어진다 하더라도 그것으로 천하를 이롭게 할 수 있다면 자신이 기꺼이 할 것이라는 말이다.

子莫은 **執中**하니

子莫은 中和를 주장하였으니

【注】子莫은 魯之賢人也니 其性中和專一者也라

子莫은 魯나라의 賢人으로, 그 성품이 오로지 中和에만 매진한 사람이다.

執中이 **爲近之**나 **執中無權**이 **猶執一也**니라

中和를 주장하는 것이 道에 가깝기는 하지만 中和만 주장하고 상황에 따라 權道를 부릴 줄 모른다면 이는 하나만을 주장하는 것과 같게 된다.

【注】執中和가 近聖人之道나 然이나 不權聖人之重權하여-執中而不知權[1]이라- 猶執一介之人하여 不知時變也라

1) 執中而不知權 : 앞의 '不權聖人之重權'를 부연 설명한 것이다.

中和를 주장하는 것이 聖人의 道에 가깝기는 하지만 聖人이 중시한 權道를 저울질하지 못한 채-中和만 주장하고 權道를 부릴 줄 모르는 것이다.- 무작정 한 가지만 주장하는 사람처럼 되어서 상황에 따라 변통할 줄 모른다는 말이다.

所惡執一者는 **爲其賊道也**니 **擧一而廢百也**니라

한 가지만 주장하는 것을 미워하는 것은 그것이 道를 해치기 때문이니, 이는 한 가지를 주장하다 백 가지를 폐하는 결과를 초래할 수 있다."

【注】所以惡執一者는 爲其不知權하여 以一知而廢百道也라

한 가지만 주장하는 것을 미워하는 것은 그것이 權道를 부릴 줄 몰라 한 가지 아는 것을 가지고 백 가지 道를 폐할 수 있기 때문이다.

【疏】'孟子'至'百也'. ○ 正義曰 : 此章楊・墨放蕩, 子莫執一, 聖人量時, 不取此術, 孔子行止, 唯義所在也. '孟子曰, 楊子取爲我, 拔一毛而利天下, 不爲也'至'爲之', 孟子謂楊朱所取以爲己, 雖拔己之一毛以利天下, 且不爲也, 墨翟兼愛他人, 雖摩突其頂而至於踵而利天下, 且以爲之. '子莫執一', 子莫, 魯賢人, 言子莫執中和之性而不專一者也, 以其無爲己・兼愛之過而已, 故曰'執中爲近之', 言子莫執中爲近聖人之道者也. 如執中而不知權變, 但若執一介之人, 不知時變者也. 然而所以惡疾其執一者, 是爲其有以賊害其道也, 是若知擧一道而廢其百道也, 故曰,'執中無權, 猶執一也. 所惡執一者, 爲其賊道, 擧一而廢其百也.'

經의 〔孟子〕에서 〔百也〕까지

○ 正義曰 : 이 장은 楊朱와 墨翟은 放蕩하고 子莫은 한 가지만 주장한 것을 말한 것이다. 반면에 聖人은 상황을 잘 헤아려서 이와 같은 방법을 취하지 않았으니, 孔子는 오로지 義를 따라 행동하였을 뿐이다.

〔孟子曰 楊子取爲我 拔一毛而利天下 不爲也〕에서 〔爲之〕까지

맹자가 한 말이다. 楊朱의 주장은 자신만을 위하는 爲我이니, 비록 자기의 털끝 하나를 뽑아서 온 천하를 이롭게 한다고 하더라도 그 또한 하지 않는다는 것이며, 墨翟은 他人을 똑같이 사랑하는 兼愛이니, 비록 머리끝에서 발끝까지 갈아서 없어진다 하더라도 그것이 천하를 이롭게 하는 것이라면 그 또한 한다는 것이다.

〔子莫執一〕 子莫은 魯나라의 賢人이다. 子莫은 中和의 性을 주장하여 한 가지에 매진하지 않는 자로서 爲己와 兼愛의 잘못에 빠지지 않았으므로 '中和를 주장하는 것이 도에 가깝다'고 한 것이다. 이는 子莫이 中和를 주장하여 聖人의 道에 가깝다는 것을 말한 것이다. 하지만 中和만 주장하고 權道를 부릴 줄 몰라 단지 한 가지만 무작정 주장하여 상황에 따라 변통을 할 줄 모르는 사람처럼 되었다. 그런데 한 가지만 주장하는 사람을 미워하는 까닭은 그가 道를 해치기 때문이니, 이는 한 가지 道를 내세우다 백 가지 道를 폐하는 꼴을 초래할 수 있다. 그래서 '中和만 주장하고 상황에 따라 權道를 부릴 줄 모르는 것은 한 가지만 주장하는 것과 같다. 한 가지만 주장하는 것을 미워하는 것은 그것이 道를 해치기 때문이니, 이는 한 가지를 주장하다 백 가지를 폐하는 결과를 초래할 수 있다.'라고 한 것이다.

27. 孟子曰 飢者甘食하고 渴者甘飮하나니 是未得飮食之正也라 飢渴이 害之也니

맹자가 말했다. "배고픈 사람은 무엇이든 맛있게 먹고 목마른 사람은 무엇이든 달게 마신다. 하지만 이것은 음식의 올바른 맛을 얻은 것이 아니다. 단지 배고픔과 목마름이 그 맛을 방해한 것일 뿐이다.

【注】飢渴害其本所以知味之性하여 令人强甘之라

배고픔과 목마름이 본래 맛을 느끼는 본성을 방해함으로써 사람들에게 억지로 맛있게 여기도록 한 것이다.

豈惟口腹有飢渴之害리오 **人心**이 **亦皆有害**하니라

어찌 입과 배로 먹고 마시는 것만 배고픔과 목마름의 방해를 받겠는가. 사람의 마음 또한 방해를 받는다.

【注】爲利欲所害가 亦猶飢渴得之라

利慾에 의해 방해를 받는 것이 또한 배고픔과 목마름이 방해하는 것과 같다는 것이다.

人能無以飢渴之害爲心害면 **則不及人**이 **不爲憂矣**리라

사람이 만약 배고픔과 목마름 때문에 마음이 방해를 받지 않을 수 있다면 富貴가 다른 사람에게 미치지 못하는 것이 근심거리가 되지 않을 것이다."

【注】人能守正하여 不爲邪利所害면 雖謂富貴之事不及逮人이라도 猶爲君子니 不爲善人所憂患也라

사람이 正道를 잘 지켜서 사악한 利慾에 방해를 받지 않는다면 富貴가 다른 사람에게 미치지 못한다 하더라도 君子가 될 수 있으므로 善人의 근심거리가 되지 않는다는 것이다.

【疏】'孟子'至'憂矣'. ○正義曰：此章言飢不妄食，忍情節欲，賤不失道，不爲苟求. 能無心害，夫將何憂者也. '孟子曰飢者甘食'至'不爲憂矣'，孟子言人之飢餓，則易爲食，故以甘之, 渴者易爲飮, 故以甘之. 然而不得飮食味之正者也, 以其但爲飢渴害其本性耳. 豈獨飮食於口腹爲有飢渴以害之.(言)[1]人心亦皆有以害之也, 以其利慾害之故也. 人能無以飢渴之害爲心之害, 則所養不及於人, 亦不足爲可憂矣. 蓋無以飢渴爲心害, 則孟子以飢渴之害亦猶利欲之害, 故假托而言之也.

1) (言) : 저본에는 '言'이 있으나, 문맥이 통하지 않아 衍文으로 처리하였다.

經의 〔孟子〕에서 〔憂矣〕까지

○ 正義曰 : 이 장은 배가 고파도 아무거나 먹지 않고 감정을 억제하고 욕망을 절제하며, 빈천해도 正道를 잃지 않고 구차하게 구하지 않음으로써 마음이 방해를 받지 않을 수 있다면 장차 무슨 근심을 하겠느냐고 말한 것이다.

〔孟子曰飢者甘食〕에서 〔不爲憂矣〕까지

맹자가 한 말이다. 사람이 배가 고프면 쉽게 먹게 되므로 무엇이든 맛있게 먹으며 목이 마른 사람은 쉽게 마시게 되므로 무엇이든 달게 마신다. 하지만 그것은 음식의 올바른 맛을 얻은 것이 아니다. 단지 배고픔과 목마름이 맛을 느끼는 본성을 방해한 것일 뿐이다. 어찌 입과 배로 먹고 마시는 것만 배고픔과 목마름의 방해를 받겠는가. 사람의 마음 또한 모두 방해를 받는다. 利慾이라는 형태로 방해를 하기 때문이다. 사람이 만약 배고픔과 목마름 때문에 마음이 방해를 받지 않을 수 있다면 자신이 축적한 것이 다른 사람에게 미치지 못한다 하여 그것이 근심할 만한 거리가 되지 않는다. 대체로 배고픔과 목마름 때문에 마음이 방해를 받지 않는다고 한 것은, 맹자가 배고픔과 목마름의 해를 利慾의 해와 같은 것으로 보았기 때문에 이에 가탁하여 말한 것이다.

28. 孟子曰 柳下惠는 不以三公易其介하니라

맹자가 말했다. "柳下惠는 三公의 지위로도 그의 큰 생각을 바꾸지 않았다."

【注】 介는 大也라 柳下惠執弘大之志하여 不恥汚君하고 不以三公榮位易其大量也라

'介'는 크다는 뜻이다. 柳下惠는 큰 뜻을 품고서 더러운 임금 섬기는 것도 부끄러워하지 않았고 三公의 영예로운 지위로도 그의 큰 생각을 바꾸지 않았다는 것이다.

【疏】○ 正義曰：此章言柳下惠不恭，用志大也，無可無否，以貴爲賤者也．孟子言柳下惠不以三公之榮位而移易己之大志也，以其所守之介，在道而已，是所以不羞小官者焉．今夫三公者，乃百僚之師師也，人臣之位極者也，衣則服衮，圭則執桓圭[1]，而世之所謂富貴崇顯者，無以過也．

1) 桓圭：公，侯，伯，子，男의 제후가 천자를 조회할 때 잡는 笏 가운데 公이 잡는 홀을 이른다. ≪周禮≫〈春官宗伯〉에 "王은 鎭圭를 잡고，公은 桓圭를 잡고，侯는 信圭를 잡고，伯은 躬圭를 잡는다.〔王執鎭圭 公執桓圭 侯執信圭 伯執躬圭〕"라고 하였다.

○ 正義曰：이 장은 柳下惠는 공손하지 못하고 뜻이 커서 可한 것도 없고 不可한 것도 없으며 신분이 귀한 사람도 천하게 여겼음을 말한 것이다.

맹자가 말하기를，柳下惠는 三公의 영예로운 지위로도 자신의 큰 생각을 바꾸지 않았다고 하였으니，그가 지키려고 한 큰 생각이 道에 있었기 때문에 작은 관직도 부끄러워하지 않았던 것이다. 지금 저 三公은 백관의 모범이자 신하들 가운데 지위가 가장 높은 사람이다. 옷은 곤룡포를 입고 笏은 桓圭를 잡았으니 세상 사람들이 말하는 높은 부귀라고 하는 것이 이보다 더한 것이 없다고 하겠다.

29. 孟子曰 有爲者辟若掘井하나니 掘井九軔이라도 而不及泉이면 猶爲棄井也니라

맹자가 말했다. "仁義를 행하는 사람은 비유컨대 우물을 파는 것과 같다. 우물을 아홉 길이나 깊이 파내려갔다 하여도 지하수에 이르지 못하면 그것은 우물을 포기한 것이나 마찬가지이다."

【注】有爲는 爲仁義也라 軔는 八尺也라 雖深而不及泉은 喻有爲者能於中道而盡棄前行者也라

'有爲'는 仁義를 행하는 것이다. 軔은 여덟 자이다. 우물을 아무리 깊이 파도 지하수에 이르지 못하는 것은 비유컨대 仁義를 행하는 사람이 中道를 잘 걷다가 이전의 행실을 모두 버리는 것과 같다.

【疏】○ 正義曰：此章言爲仁由己，必在究之，九軔而輟，無益成功者也．孟子曰今之有爲之道者, 譬如掘井者也, 掘井至九軔之深, 而不及泉則止之, 是棄其前掘井之功者也, 喩爲仁義之道, 而不及之, 則止而不爲, 是亦棄其仁義之道者也. 孔子曰, "爲山未成一簣, 止, 吾止也.[1)]" 與此同意.

1) 山未成一簣…… 吾止也 : ≪論語≫ 〈子罕〉에 나오는 말이다.

○ 正義曰 : 이 장은 仁을 행하는 것은 자신의 의지에 달려 있는 것으로서 반드시 끝까지 추구해야 하는데 아홉 길이나 파고도 중단해버린다면 功을 이루는데 아무런 보탬이 되지 않음을 말한 것이다.

맹자가 말하기를, '지금 仁義의 道를 행하는 사람은 비유컨대 우물을 파는 사람과 같다. 우물을 아홉 길이나 깊이 파내려갔다 하여도 지하수에 이르지 못한채 중지한다면 이는 앞서 우물을 파는 데 든 공력을 포기하는 것이 된다.'라고 하여 仁義의 道를 행하려다 미치지 못한채 중지한다면 이 또한 仁義의 道를 포기한 것이 됨을 비유하였다. 孔子가 말한, "산을 쌓을 때 한 삼태기의 흙을 붓지 않아 산이 되지 않았다면 그 중지한 것은 내가 중지한 것이다."라고 한 것과 동일한 의미이다.

【疏】 ○ 注'軔, 八尺也'. ○ 正義曰 : 案釋云, 七尺曰軔.

○ 注의 〔軔 八尺也〕

○ 正義曰 : ≪經典釋文≫에 이르기를, "일곱 자를 軔이라고 한다."라고 하였다.

30. 孟子曰 堯舜은 性之也요 湯武는 身之也요 五霸는 假之也니라

맹자가 말했다. "堯임금과 舜임금은 본성대로 仁을 행하였고 湯王과 武王은 몸으로 체득하여 仁을 행하였고 五霸는 빌려서 仁을 행하였다.

【注】 性之는 性好仁하니 自然也라 身之는 體之行仁하니 視之若身也라 假之는 假仁以正諸侯也라

'性之'는 본성이 仁을 좋아하여 저절로 그렇게 한 것이다. '身之'는 몸으로 체득하여 仁을 행하는 것이 마치 본래부터 몸에 있었던 것처럼 보인 것이다. '假之'는 仁의 이름을 빌려서 제후를 바로잡은 것이다.

久假而不歸하니 惡知其非有也리오

오랫동안 빌려쓰고 돌려주지 않으니 그것이 진정으로 소유한 것이 아님을 어찌 알겠는가.

【注】 五霸(而)〔方〕[1)]能久假仁義가 譬如假物하여 久而不歸니 安知其不眞有也리오

1) 而)〔方〕: 저본에는 '而'로 되어 있으나, 足利本에 의거하여 '方'으로 바로잡았다.(阮元의 〈校勘記〉 참조)

五霸가 오랫동안 仁義를 빌린 것이 비유컨대 물건을 빌려서 오랫동안 돌려주지 않은 것과 같으니 그것이 진정으로 소유한 것이 아님을 어찌 알겠는가.

【疏】 '孟子'至'非有也'. ○ 正義曰：此章言仁在性體, 而行仁本性之自然者也.[1)] 湯・武利而行仁, 視之若身也. 五霸强而行仁, 則力假之而已. 然而久假而行之, 而不歸止, 安知其非眞有也. 楊子曰, "假儒衣書服而讀之, 三月不歸, 孰曰非儒也."[2)] 亦同其旨.

1) 此章言仁在性體 而行仁本性之自然者也 : 北京大本에는 "이 장의 章指는 다음과 같다. 仁은 본성 속에 있기도 하고 몸으로 체득하기도 하며 그 다음은 빌려다 쓰기도 한다. 빌려다 쓰고서 돌려주지 않는다 해서 체득한 것과 어떻게 바뀌겠는가. 이는 억지로 하는 것일 뿐이다. 진정으로 仁을 행하는 것은 본성에 따라 저절로 그렇게 하는 것이다.〔此章指言仁在性體 其次假借 用而不已 實何以易 在其勉之也 而行仁 本性之自然者也〕"라고 하였다.
2) 假儒衣書服而讀之 三月不歸 孰曰非儒也 : ≪揚子法言≫에 나오는 말이다.

經의 〔孟子〕에서 〔非有也〕까지

○ 正義曰 : 이 장은 仁은 본성 속에 있기도 하고 몸으로 체득하기도 하는데, 仁을 행하는 것은 본성에 따라 저절로 그렇게 하는 것임을 말한 것이다. 湯王과 武王은 이롭게 여겨서 仁을 행한 것으로 마치 仁이 본래부터 몸에 있었던 것처럼 보였던 것이고, 五霸는 억지로 仁을 행한 것이므로 마지못해 빌린 것 뿐이다. 하지만 오랫동안 빌려서 행하고 돌려주지 않았으니 그것이 진정으로 소유한 것이 아님을 어찌 알겠는가. 楊子가 "儒者의 옷을 빌려입고 儒者의 책을 읽으면서 석 달 동안 돌려주지 않으면 어느 누가 儒者가 아니라고 말하겠는가."라고 한 말과 또한 그 의미가 같다.

31. 公孫丑曰 伊尹曰 予不狎於不順이라하고 放太甲于桐한대 民大悅하고 太甲이 賢이어늘 又反之한대 民大悅하니 賢者之爲人臣也에 其君不賢이면 則固可放與잇가

공손추가 물었다. "伊尹이 말하기를, '나는 正道를 따르지 않는 사람과는 가까이할 수 없다.'고 말하면서 太甲을 桐宮으로 추방하였는데 백성들이 크게 기뻐하였으며, 太甲이 어진 사람이 되자 다시 돌아오게 하였는데 백성들이 크게 기뻐하였습니다. 賢者가 남의 신하가 되어 자신의 군주가 어질지 못하면 이렇게 추방해도 되는 것입니까?"

【注】 丑怪伊尹賢者而放其君何也라

공손추가 伊尹과 같은 賢者가 자신의 군주를 어찌하여 추방한 것인지 괴이하게 여긴 것이다.

孟子曰 有伊尹之志면 則可커니와 無伊尹之志면 則簒也니라

맹자가 대답했다. "만약 伊尹과 같은 뜻을 가지고 있으면 그렇게 해도 되지만 伊尹과 같은 뜻이 없으면 찬탈하는 것이 된다."

【注】 人臣秉忠하고 志若伊尹欲寧殷國이면 則可放惡而不卽立君하고 宿留冀改而復之라 如無伊尹之忠하여 見間乘利면 簒心乃生하니 何可放也리오

충성심을 가진 신하가 그 뜻이 伊尹이 殷나라를 안정시키려고 한 마음과 같다면 악한 군주를 추방한 후 곧바로 군주를 세우지 않고 잠시 잘못을 고치기를 기다려 복위시킬 수가 있다. 만약 伊尹의 충성심이 없이 자신의 이익만을 노린 것이라면 찬탈하는 마음이 일어나게 될 것이니 어찌 추방할 수 있겠는가.

【疏】 '公孫'至'簒也'. ○ 正義曰：此章言憂國忘家, 意在出身, 志在寧君, 放惡攝政, 伊周有焉. 凡人志異, 則生簒心也. 公孫丑問孟子, 謂伊尹有言我不邇於〔不〕[1)]順(己)[2)]者, 故放太甲于桐宮, 而民心大悅, 及太甲悔改其過而歸賢, 則伊尹又迎而反之以復君位, 商民大悅, 且賢者之爲人臣也, 其君有不賢者, 則固可以放之與. 孟子對曰,如賢者有伊尹愛君之志, 則可以放君, 如無伊尹秉忠心以愛君, 則放君而生簒奪君位之心者也, 以爲不可矣.

1)〔不〕: 저본에는 '不'이 없으나, 四庫全書本에 의거하여 보충하였다.
2)(已): 저본에는 '已'가 있으나, 문맥이 통하지 않아 衍文으로 처리하였다.

經의 〔公孫〕에서 〔簒也〕까지

○ 正義曰: 이 장은 나라의 안위를 근심하고 집안의 안위를 잊은채 그 뜻이 자신의 몸을 헌신하고 군주를 안정시키는데 있으니, 악한 군주를 추방하고 섭정을 한 것은 伊尹과 周公이 여기에 해당하며 일반 사람들은 그 뜻이 다르므로 찬탈하려는 마음이 일어남을 말한 것이다.

공손추가 맹자에게 묻기를, '伊尹이 자신은 正道를 따르지 않는 사람을 가까이 할 수 없다고 말하면서 太甲을 桐宮으로 추방하자 민심이 크게 기뻐하였으며, 太甲이 자신의 잘못을 뉘우치고 어질게 됨에 따라 伊尹이 다시 맞아들여 군주의 지위에 복귀시키자 商나라 백성들이 크게 기뻐하였으니, 賢者가 남의 신하가 되어 그 군주가 어질지 못하면 추방해도 되느냐'고 말한 것이다. 맹자가 대답하기를, '군주를 사랑하는 伊尹의 마음을 지닌 賢者라면 군주를 추방할 수 있지만 군주를 사랑하는 伊尹의 충성심이 없다면 군주를 추방함으로써 군주의 지위를 찬탈하려는 마음을 일으킨 것이 되므로 그렇게 해서는 안 된다.'고 말한 것이다.

32. 公孫丑曰 詩曰 不素餐兮라하니 君子之不耕而食은 何也잇고

공손추가 물었다. "≪詩經≫에 '공밥 먹지 않는다.'라고 하였는데 君子가 농사도 짓지 않고 먹는 것은 무엇 때문입니까?"

【注】 詩는 魏國伐檀之篇也라 無功而食을 (則)[1]謂之素餐이라 世之君子가 有不耕而食은 何也오

1) (則): 저본에는 '則'이 있으나, 廖本·孔本·韓本·考文古本에 의거하여 衍文으로 처리하였다.

詩는 魏國風 〈伐檀〉편이다. 아무 공도 없이 먹는 것을 素餐이라고 한다. 세상의 군

자들이 농사도 짓지 않으면서 녹을 먹는 것은 무엇 때문이냐고 한 것이다.

孟子曰 君子居是國也에 **其君用之**하면 **則安富尊榮**하고 **其子弟從之**하면 **則孝悌忠信**하나니 **不素餐兮**가 **孰大於是**리오

맹자가 대답했다. "君子가 한 나라에 거처할 때 그 나라 군주가 그를 등용을 하게 되면 군주가 편안하고 나라가 부유해져 군주의 위상이 높아지고 나라가 번영을 누리게 될 것이며, 젊은이들이 그를 따르면 집안에서 부모에게 효도하고 어른을 공경하여 충성과 신의를 바칠 것이니, 공밥 먹지 않는 것이 무엇이 이보다 크겠는가."

【注】 君子能使人化其道德하고 移其習俗하여 (身)〔君〕[1]安國富而保其尊榮하고 子弟孝悌而樂忠信하리니 不素餐之功이 誰大於是라 何爲不可以食祿이리오

1) (身)〔君〕: 저본에는 '身'으로 되어 있으나, 宋本·孔本·韓本에 의거하여 '君'으로 바로잡았다.

군자는 백성들이 도덕과 습속을 변화시키게 함으로써 군주가 편안하고 나라가 부유해져 군주의 위상을 높이고 나라의 번영을 누리게 할 수 있으며, 젊은이들이 집안에서 부모에게 효도하고 어른을 공경하며 나라에는 충성과 신의를 기꺼이 바칠 것이다. 그리되면 공밥 먹지 않는 것이 이보다 큰 것이 없을 것이니, 어찌 녹을 먹지 않을 수 있겠는가.

【疏】 '公孫丑'至'於是'. ○ 正義曰：此章言君子正己, 以立於世, 世美其道, 君臣是貴, 所過者化, 又何素餐之謂也. 公孫丑問孟子曰, 魏國伐檀之詩有云"不素餐兮",-言無功而食謂之素餐.[1]- 然而君子有不自耕而食祿者, 是如之何. 孟子對之曰, 君子居處此國, 其君任用之, 則安富尊榮,-言安國保其尊榮.[2]- 子弟從之, 則能孝悌忠信, 是則不素餐兮, 誰有大於此者.-言何爲而不可食祿.[3]-

1) 言無功而食謂之素餐：앞의 '素餐'을 부연 설명한 것이다.
2) 言安國保其尊榮：앞의 '安富尊榮'을 부연 설명한 것이다.
3) 言何爲而不可食祿：앞의 '是則不素餐兮 誰有大於此者'를 부연 설명한 것이다.

經의 〔公孫丑〕에서 〔於是〕까지

○ 正義曰 : 이 장은 君子가 자신을 바로잡아 세상에 서면 세상 사람들이 그 道를 아름답게 여겨 君臣관계를 높이 받들고 지나는 곳마다 교화가 될 것이니, 이를 어찌 공밥 먹는다 하겠느냐고 말한 것이다.

공손추가 맹자에게 묻기를, 魏國風 〈伐檀〉시에 '공밥 먹지 않는다.'는 말이 있는데, -아무 공도 없이 녹을 먹는 것을 素餐이라 한다.- 그런데 君子의 경우 스스로 농사를 짓지 않고도 녹을 먹으니, 이는 무엇 때문이냐고 한 것이다. 맹자가 대답하기를, 군자가 한 나라에 거처할 때 그 나라 군주가 그를 등용하면 安富尊榮하게 되고-나라를 안정시켜 번영을 보장한다는 말이다.- 젊은이들이 따르면 孝弟忠信할 것이니, 그리되면 素餐하지 않는 것으로 무엇이 이보다 크겠느냐고 한 것이다.-어찌 녹을 먹지 않을 수 있겠냐는 말이다.-

【疏】 ○ 注'魏國伐檀之篇'. ○ 正義曰 : 此詩蓋刺在位貪鄙, 無功而受祿, 君子不得進仕爾.

○ 注의 〔魏國伐檀之篇〕

○ 正義曰 : 이 시는 지위가 높은 사람이 탐욕스럽고 비루하여 아무 공도 없이 녹을 받음에 따라 군자가 벼슬길에 나아가지 못하게 된 것을 풍자한 것이다.

33. 王子墊이 問曰 士[1]는 何事잇고

1) 士 : 士農工商의 하나로 公卿大夫와 같은 벼슬에 오르지 않은 지식인을 말한다.

王子墊이 물었다. "士는 무슨 일을 해야 합니까?"

【注】 齊王子名墊也라 問士當何事爲事者耶[1]라

1) 者耶 : 廖本·孔本·韓本·考文古本에는 '也'로 되어 있다.(阮元의 〈校勘記〉 참조)

齊王의 아들로 이름은 墊이다. 士는 무슨 일을 일삼아야 하느냐고 물은 것이다.

孟子曰 尙志니라

맹자가 대답했다. "뜻을 고상하게 하는 일을 한다."

【注】 尙은 貴也니 士當貴上於用志也라

尙은 귀하게 만드는 것이니, 士는 마땅히 마음가짐을 귀하게 해야 한다는 것이다.

曰 何謂尙志니잇고 **曰 仁義而已矣**니 **殺一無罪 非仁也**며 **非其有而取之 非義也**라 **居惡在**오 **仁是也**요 **路惡在**오 **義是也**니 **居仁由義**면 **大人**[1]**之事備矣**니라

1) 大人 : 公卿大夫를 가리킨다.

王子墊이 물었다. "뜻을 고상하게 한다는 것은 무엇을 말하는 것입니까?"

맹자가 대답했다. "仁과 義를 받드는 것이다. 한 사람이라도 죄없는 사람을 죽이는 것은 仁이 아니며, 자기의 소유가 아닌 것을 취하는 것은 義가 아니다. 거처할 곳이 어디에 있는가? 仁이 바로 그곳이다. 가야할 길이 어디에 있는가? 義가 바로 그 길이다. 仁에 거처하고 義를 따라 가면 大人의 자격이 갖추어지게 된다."

【注】 孟子言志之所尙은 仁義而已矣라 不殺無罪하고 不取非有者를 爲仁義라하니 欲知其所當居者仁爲(士)〔上〕[1]하고 所由者義爲貴하면 大人之事備矣라

1) (士)〔上〕 : 저본에는 '士'로 되어 있으나, 廖本·孔本·韓本에 의거하여 '上'으로 바로잡았다.(阮元의 〈校勘記〉 참조)

맹자가 말하기를, 뜻이 숭상하는 것은 仁義 뿐이다. 죄없는 사람을 죽이지 않고 자기 소유가 아닌 것을 취하지 않는 것을 仁義라 하니, 마땅히 거처해야 할 곳으로 仁을 받들고 따라가야 할 길로 義를 받들면 大人의 자격이 갖추어짐을 알게 하고자 한 것이다.

【疏】 '王子'至'備矣'. ○ 正義曰 : 此章言人當尙志, 〔志〕[1]於善也, 善之所由, 仁與義也. 欲使王子無過差者也. '王子墊問曰, 士何事'者, 王子墊, 齊王之子名墊也. 問孟子曰爲士者當以何事爲尙也. '孟子曰尙志', 孟子答之, 曰爲士者當以志爲尙也. '曰何謂尙志', 王子又問孟子何以謂之尙志. '曰仁義而已矣'至'大人之事備矣', 孟子又答之, 曰尙志則以仁義而已矣. 言能以仁義爲尙, 則爲尙志也. 如殺一人之無罪, 是爲非仁也, 非己之所有而取求之, 是爲非義也. 如此非仁非義者, 亦以所居有惡疾, 在於仁, 所行有惡疾,在於義是也. 如仁以爲居, 義以爲行, 則大人之事亦備矣. 此孟子所以欲使王子墊於無過之地也.

1)〔志〕: 저본에는 '志'가 없으나 北京大本 章指에 의거하여 보충하였다.

經의 〔王子〕에서 〔備矣〕까지

○ 正義曰 : 이 장은 사람은 마땅히 뜻을 고상하게 하는 것, 즉 善에 뜻을 두어야 하며, 善이 가야 할 길은 仁과 義임을 말한 것으로, 王子로 하여금 과실이 없게 하고자 한 것이다.

〔王子墊問曰 士何事〕 王子墊은 齊王의 아들로 이름은 墊이다. 맹자에게 士는 마땅히 무슨 일을 숭상해야 하느냐고 물은 것이다.

〔孟子曰尙志〕 맹자가 대답하기를, 士는 뜻을 고상하게 해야 한다고 한 것이다.

〔曰何謂尙志〕 왕자가 또 맹자에게 묻기를, 뜻을 고상하게 한다는 것이 무엇을 말하는 것이냐고 한 것이다.

〔曰仁義而已矣〕에서 〔大人之事備矣〕까지

맹자가 다시 대답한 것이다. 뜻을 고상하게 한다는 것은 仁과 義를 받드는 것뿐이다. 이는 仁과 義를 받드는 것이 뜻을 고상하게 하는 것이 됨을 말한 것이다. 한 사람이라도 죄없는 사람을 죽이는 것은 仁이 아니며, 자기의 소유가 아닌 것을 취하는 것은 義가 아니다. 이것이 仁이 아니고 義가 아니라면 또한 거처함에 있어 어디에 있어야 하는가? 仁에 있어야 한다. 가야할 길이 어디에 있어야 하는가? 義에 있어야 한다. 仁으로 거처를 삼고 義로써 가는 길을 삼으면 大人의 자격이 또한 갖추어진 것이다. 이것은 맹자가 王子墊을 과실이 없는 상태로 만들려고 한 것이다.

34. 孟子曰 仲子는 不義로 與之齊國而弗受를 人皆信之어니와 是舍簞食豆羹之義也라

맹자가 말했다. "仲子는 의롭지 않은 방법으로는 齊나라를 준다 하더라도 받지 않을 것이라고 사람들은 모두 믿는다. 하지만 이는 밥 한 그릇과 국 한 사발을 사양하는 작은 의리에 불과하다.

【注】 仲子는 陳仲子處於陵者니 人以爲廉하여 謂以不義而與之齊國이라도 必不受之라하나 孟

子以爲仲子之義는 若上章所道簞食豆羹은 無禮則不受하고 萬鍾則不辨禮義而受之也[1)]라

1) 上章所道簞食豆羹 無禮則不受 萬鍾則不辨禮義而受之也 : 〈告子 上〉의 "밥 한 그릇과 국 한 사발을 얻어먹으면 살고 얻어먹지 못하면 죽는 상황이라도, 꾸짖으면서 주면 길 가는 사람도 받지 않으며, 발로 차서 주면 구걸하는 사람도 깨끗하게 여기지 않는다. 반면에 萬鍾의 祿은 禮義를 따지지 않고 받는다.〔一簞食一豆羹 得之則生 弗得則死 嘑爾而與之 行道之人弗受 蹴爾而與之 乞人不屑也 萬鍾則不辯禮義而受之〕"라고 한 것을 가리킨다.

仲子는 於(오)陵에 거처한 陳仲子이니, 사람들은 그를 청렴하다고 하면서 의롭지 않는 방법으로는 齊나라를 준다 하더라도 반드시 받지 않을 것이라고 말한다. 하지만 맹자는 陳仲子의 의리는 윗 장에서 언급한 밥 한 그릇과 국 한 사발은 무례하게 주면 받지 않으면서 萬鍾의 봉록은 禮義를 따지지 않고 받는 것과 같은 그런 의리라고 생각한 것이다.

人莫大焉亡親戚君臣上下[1)]어늘 以其小者로 信其大者가 奚可哉리오

1) 人莫大焉亡親戚君臣上下 : 王引之는 ≪經傳釋詞≫에서 '焉'을 '於'와 같은 의미로 보아 이 구절을 "친척, 군신, 상하를 무시하는 것보다 더 큰 것이 없다〔焉猶於也 人莫大焉亡親戚君臣上下 言人莫大於無親戚君臣上下也〕"고 풀이하였다.

사람에게는 친척, 군신, 상하의 차례를 무시하는 것보다 더 큰 일이 없거늘, 사소하게 청렴한 것을 가지고 어찌 큰 청렴을 행할 것이라 믿을 수 있겠는가."

【注】 人當以禮義爲正이어늘 陳仲子避兄離母하여 不知仁義親戚上下之敍[1)]하니 何可以其小廉으로 信以爲大哉리오

1) 不知仁義親戚上下之敍 : 焦循은 ≪孟子正義≫에서 이 구절을 "親戚은 仁에 속하고 君臣은 義에 속하므로 仁義를 알지 못한 것이다.〔親戚屬仁 君臣屬義 故不知仁義〕"라고 주해하였다.

사람은 마땅히 禮義에 따라 행동해야 하거늘 陳仲子는 형을 피하고 어머니를 떠나 仁義, 즉 親戚과 上下의 차례를 알지 못하였으니, 어찌 그런 사소하게 청렴한 것을 가지고 큰 청렴을 행할 것이라 믿을 수 있겠는가.

【疏】 '孟子曰'至'奚可哉'. ○正義曰 : 此章言事有輕重, 行有大小, 以大包小可也, 以小信大, 未之聞者也. 孟子言陳仲子以不義雖與之齊國之大而且不受, 國人皆信之以爲廉, 是爲舍簞食豆羹之小義也. 人之所尙, 當以莫大爲尙焉者, 是其知以親戚君臣上下之敍者也. 今陳仲子避兄離母, 處於陵而不仕, 是棄親戚君臣上下之大分, (爾)〔而〕[1]徒取其辭受之小節而已 而信廉之大, 又安可哉. 以其非義之本耳, 宜孟子以是(聞)〔闢〕[2]之.

1) (爾)〔而〕: 저본에는 '爾'로 되어 있으나 四庫全書本에 의거하여 '而'로 바로잡았다.
2) (聞)〔闢〕: 저본에는 '聞'으로 되어 있으나, 四庫全書本에 의거하여 '闢'으로 바로잡았다.

經의 〔孟子曰〕에서 〔奚可哉〕까지

○ 正義曰 : 이 장은 일에는 輕重이 있고 행동에는 大小가 있으니, 큰 것으로 작은 것을 포괄할 수는 있지만 작은 것을 가지고 큰 것을 믿었다는 말은 듣지 못했음을 말한 것이다.

맹자가 한 말이다. 陳仲子는 의롭지 않은 방법으로는 비록 齊나라와 같은 큰 땅을 준다 하더라도 받지 않을 것이라고 나라 사람들은 모두 그의 청렴함을 믿는다. 하지만 이는 밥 한 그릇과 국 한 사발을 사양하는 작은 의리에 불과하다. 사람들이 숭상하는 것은 가장 중요한 것을 숭상거리로 삼으니 그것은 바로 친척, 군신, 상하의 차례를 아는 것이다. 그런데 지금 陳仲子는 형을 피하고 어머니를 떠나 於陵에 숨어 살면서 벼슬에 나오지 않으니, 이는 친척, 군신, 상하의 큰 본분을 버리고 단지 사양하는 사소한 절개만을 취한 것 뿐인데, 크게 청렴할 것이라고 어찌 믿을 수 있겠는가. 그것이 의리에 맞지 않은 행동이기에 맹자가 이 말로 배척한 것이다.

【疏】 ○ 注'陳仲子'至'受之也'. ○ 正義曰 : 此於前篇已說矣.

○ 注의 〔陳仲子〕에서 〔受之也〕까지

○ 正義曰 : 이에 대해서는 前篇(〈告子 上〉)에서 이미 설명했다.

35. 桃應이 問曰 舜爲天子요 皐陶(요)爲士어든 瞽瞍殺人이면 則如之何잇고

桃應이 물었다. "舜임금이 천자로 있고 皐陶가 법관으로 있을 때 만약 瞽瞍가 사람을 죽였다고 한다면 皐陶가 어떻게 했겠습니까?

【注】 桃應은 孟子弟子라 問皐陶爲士官하여 主執罪人하고 瞽瞍惡暴而殺人이면 則皐陶何

如오

桃應은 맹자의 제자이다. 그가 묻기를, 皐陶가 법관이 되어 죄인을 잡는 일을 주관하고 있을 때 瞽瞍가 만약 나쁜 일을 저질러 사람을 죽였다면 법관인 皐陶가 어떻게 했겠느냐고 한 것이다.

孟子曰 執之而已矣니라

맹자가 대답했다. "잡아들일 뿐이다."

【注】孟子曰 皐陶執之耳라

맹자가 대답하기를, 皐陶는 잡아들일 뿐이라고 한 것이다.

然則舜은 不禁與잇가

"그리하면 舜임금이 막지 않겠습니까?"

【注】桃應以〔爲〕[1]舜爲天子하여 使有司執其父니 不禁止之邪아

1)〔爲〕: 저본에는 '爲'가 없으나, 宋本・孔本・韓本에 의거하여 보충하였다.(阮元의 〈校勘記〉 참조)

桃應이 말하기를, 舜임금이 천자로 있으면서 담당 관리에게 자기 아버지를 잡아들이게 한 것이 될 것이니, 이를 막지 않겠느냐고 한 것이다.

曰 夫舜이 惡得而禁之시리오 夫有所受之也니라

"舜임금이 어찌 이를 막을 수 있겠는가. 물려받은 법대로 할 뿐이다."

【注】夫는 辭也라 孟子曰 夫舜惡得禁之리오 夫天下乃受之於堯하니 當爲天理民이요 王法不曲이니 豈得禁之也리오

'夫'는 語辭이다. 맹자가 말하기를, '舜임금이 어찌 이를 막을 수 있겠는가. 천하는 堯임금에게 물려받은 것이므로 마땅히 하늘을 대신해 백성을 다스릴 뿐 王法을 어겨서는 안 될 것이니, 어찌 이를 막을 수 있겠는가.'라고 한 것이다.

然則舜은 **如之何**잇고

"그렇다면 舜임금은 어떻게 했겠습니까?"

【注】 應問舜爲之將如何라

桃應이 묻기를, 舜임금이 장차 어떻게 했을 것이냐고 한 것이다.

曰 舜이 **視棄天下**하시되 **猶棄敝蹝也**하사 **竊負而逃**하사 **遵海濱而處**하사 **終身訢然樂而忘天下**하시니라

"舜임금이 천하를 버리는 것을 헌신짝 버리듯이 하였을 것이니, 몰래 瞽瞍를 업고 도망을 가 바닷가에 살면서 종신토록 즐거워하며 천하를 잊고 지낼 것이다."

【注】 孟子曰 舜視棄天下如捐棄敝蹝라 蹝는 草履也라 敝는 喩不惜이라 舜必負父而遠逃하여 終身訢然하여 忽忘天下之爲至貴也라

맹자가 말하기를, 舜임금이 천하를 버리기를 헌신짝 버리듯이 하였을 것이라고 한 것이다. '蹝'는 짚신이다. '敝'은 아깝지 않음을 비유적으로 표현한 것이다. 舜임금은 틀림없이 그 아비를 등에 업고 멀리 도망을 가 종신토록 즐거워하며 금새 천하의 막중함도 잊어버렸을 것이라고 한 것이다.

【疏】 '桃應'至'天下'. ○ 正義曰：此章言奉法承天, 政不可枉, 大孝榮父, 遺棄天下. 虞舜之道, 趨將若此, 孟子之言, 揆聖意者也. '桃應問曰, 舜爲天子, 皐陶爲士, 瞽瞍殺人, 則如之何', 桃應問孟子曰, 舜爲天子, 命皐陶爲士官以執罪人, 舜父瞽瞍殺人, 則皐陶之士當如何也. '孟子曰, 執之而已矣', 孟子答之, 但當執而不縱也. '然則舜不禁與', 桃應問曰, 如是則舜爲天子, 使有司執其父, 而不禁之耶. '曰, 夫舜惡得而禁之, 夫有所受之也', 孟子又答之, 曰, 夫舜豈得而禁止之哉. 夫以其法有所受之而已. '然則舜如之何', 桃應問曰, 如是, 舜不敢禁止皐陶無執其父, 則舜將如之何. '曰舜視棄天下'至'忘天下', 孟子又答之曰, 舜視天下如捐棄敝蹝而不惜也, 必將竊負戴其父而逃, 循海濱而處以逃之, 且終身訢然樂而忘去天下. 是以舜得天下不足解憂, 惟順父母可

以解憂也.[1)]

1) 舜得天下不足解憂 惟順父母可以解憂也 : 자세한 내용은 〈萬章 上〉에 나온다.

經의 〔桃應〕에서 〔天下〕까지

○ 正義曰 : 이 장은 법과 하늘을 받드는 천자는 政令을 어길 수 없지만 부모를 잘 모시는 큰 효자는 천하도 버릴 수 있음을 말한 것이다. 虞舜의 입장에서는 장차 이와 같이 하였을 것이니, 맹자의 말은 聖人의 마음을 헤아린 것이다.

〔桃應問曰 舜爲天子 皐陶爲士 瞽瞍殺人 則如之何〕 桃應이 맹자에게 묻기를, 舜임금이 천자로 있으면서 皐陶를 법관에 임명하여 죄인을 잡으라고 하였는데, 그때 만약 舜임금의 아버지인 瞽瞍가 사람을 죽였다고 한다면 법관인 皐陶가 어떻게 했을 것이냐고 한 것이다.

〔孟子曰 執之而已矣〕 맹자가 대답하기를, 응당 잡아들일 뿐 풀어주지 않았을 것이라고 한 것이다.

〔然則舜不禁與〕 桃應이 묻기를, 이와 같이 된다면 舜임금이 천자로 있으면서 담당 관리에게 자기 아버지를 잡아들이게 한 것이 될 것이니 이를 막지 않겠느냐고 한 것이다.

〔曰 夫舜惡得而禁之 夫有所受之也〕 맹자가 다시 대답하기를, '舜임금이 어찌 이를 막을 수 있겠는가. 물려받은 법대로 할 뿐이다.'라고 한 것이다.

〔然則舜如之何〕 桃應이 묻기를, 이와 같이 舜임금이 皐陶가 자기 아버지를 잡지 못하도록 막을 수 없다면 舜임금이 장차 어떻게 했을 것이냐고 한 것이다.

〔曰舜視棄天下〕에서 〔忘天下〕

맹자가 다시 대답하기를, 舜임금이 천하를 버리는 것을 마치 헌신짝 버리듯이 하여 아까워하지 않았을 것이니, 틀림없이 자기 아버지를 몰래 등에 업고 도망을 가 바닷가에 숨어 살면서 종신토록 즐거워하며 천하를 잊어버렸을 것이라고 한 것이다. 이 때문에 舜임금은 천하를 얻는 것으로도 근심을 풀 수가 없고 부모에게 사랑을 받아야만 근심을 풀 수 있었던 것이다.

36. 孟子自范之齊러시니 望見齊王之子하시고 喟然歎曰 居移氣하며 養移體하나니 大哉라 居乎여 夫非盡人之子與아

맹자가 范邑에서 齊나라로 가는 길에 齊王의 아들을 멀리서 바라보고는 크게 감탄하면서 말했다. "거처가 氣를 변화시키고 保養이 몸을 변화시키니 거처의 영향이 참으로 크도다. 모두 사람의 자식이 아니던가."

【注】 范은 齊邑이니 王庶子所封食也라 孟子之范하여 見王子之儀〔體〕[1]聲氣高涼이 不與人同하고 還至齊하여 謂諸弟子하고 喟然歎曰 居尊則氣高하고 居卑則氣下하니 居之移人氣志하여 使之高涼이 若供養之移人形身使充盛也라 大哉居乎者는 言當愼所居하여 人必居仁也라 凡人與王子豈非盡是人之子也리오마는 王子居尊勢라 故로 儀聲이 如是也라

1)〔體〕: 저본에는 '體'가 없으나, 閩本·監本·毛本·韓本(阮元의 〈校勘記〉 참조) 및 孫奭의 疏에 의거하여 보충하였다.

范은 齊나라에 소속된 고을이니, 王의 아들들에게 食邑으로 봉해주는 곳이다. 맹자가 范邑으로 가서 王子의 풍모와 목소리의 고상함이 일반 사람들과는 같지 않은 것을 보고서 齊로 돌아가 제자들을 보고 크게 감탄하면서 말하기를, '높은 지위에 거처하면 氣가 높아지고 낮은 지위에 거처하면 氣가 낮아지니, 거처하는 지위가 사람의 氣를 변화시켜 고상하게 만드는 것이 保養이 사람의 몸을 충실하게 만드는 것과 같다.'고 하였다. '거처의 영향이 참으로 크다'고 한 것은 사람은 마땅히 거처할 곳을 신중하게 가려서 반드시 仁에 거처해야 함을 말한 것이다. 일반 사람들과 王子가 어찌 모두 사람의 자식이 아니겠는가마는 王子는 권세있는 존귀한 지위에 거처하므로 풍모와 목소리가 이와 같았던 것이다.

【疏】 ○ 正義曰 : (趙云)[1] 此章言人性皆同, 居使之異, 君子居仁, 小人處利, 譬猶王子, 殊於衆品也. 孟子嘗自范邑見齊王之子, 儀體聲氣高爽, 不與人同, 乃往歸齊, 而於弟子之間喟然嘆息之曰, 夫居足以移易人之氣, 所養足以移易人之體. 以其王子之儀體聲氣如是者, 亦以所居所養之大移之使然也. '大哉居乎', 言人當愼所居, 以仁爲廣居. 衆之人, 豈非盡人之子與. 言齊王之子亦人之子也, 凡人亦人子也. 下文觀宜合此章.

1) (趙云) : 저본에는 '趙云'이 있으나, 전체 체재에 맞추어 衍文으로 처리하였다.

○ 正義曰 : 이 장은 사람의 본성은 모두 같지만 거처하는 지위가 서로 다르게 만들

어서 君子는 仁에 거처하고 小人은 利에 거처하니, 이는 비유컨대 王子가 일반 사람들과 매우 다르게 보이는 것과 같음을 말한 것이다.

맹자가 일찍이 范邑에서 齊王의 아들을 보았는데 풍모와 목소리가 일반 사람들과 달리 고상하였다. 이에 齊나라로 돌아가서 제자들을 보고 크게 감탄하기를, 거처하는 지위가 사람의 氣를 변화시키고 먹고사는 보양이 사람의 몸을 변화시키니, 王子의 풍모와 목소리가 이와 같은 것은 거처하는 지위와 먹고사는 보양이 그렇게 큰 변화를 가져온 것이라고 하였다. '大哉居乎'는 사람은 마땅히 거처하는 곳을 신중하게 가려서 仁으로 광대한 거처를 삼아야 한다는 말이다. '뭇사람들이 어찌 모두 사람의 자식이 아니겠느냐'고 한 것은 齊王의 아들 또한 사람의 자식이고 일반 사람들 또한 사람의 자식이라는 말이다.

아래 문장은 이 장과 합하여 보아야 한다.

37. 孟子曰[1] 王子宮室車馬衣服이 多與人同이로되 而王子若彼者는 其居使之然也니 況居天下之廣居者乎아

1) 孟子曰 : 이하 내용은 趙岐가 별도의 章으로 나누었으나 孫奭이 이를 통합하여 주해하였고, 朱熹 또한 ≪孟子集註≫에서 '孟子曰' 3자를 衍文으로 처리하고 하나의 章으로 묶어서 주해하였다.

맹자가 말했다. "王子의 궁실과 수레와 의복이 대부분 일반 사람들과 같은데 왕자가 저처럼 된 것은 그가 거처한 지위가 그렇게 만든 것이니, 하물며 天下의 廣居에 거처한 사람이야 어떠하겠는가.

【注】 言王子宮室乘服이 皆人之所用之耳로되 然而王子若彼高涼者는 居勢位故也라 況居廣居는 謂行仁義하여 仁義在身이니 不言而喩也라

王子의 궁실과 수레와 의복이 모두 일반 사람들이 쓰는 것들 뿐인데 그런데도 王子가 저와 같이 고상한 것은 권세 있는 지위에 거처했기 때문이다. '하물며 天下의 廣居에 거처한 사람이야 어떠하겠는가'라고 한 것은 仁義를 행하여 仁義가 자기 몸에 들어와 있음을 일컬은 것으로, 직설적으로 표현하지 않고 비유적으로 말한 것이다.

魯君이 **之宋**하여 **呼於垤澤之門**이어늘 **守者曰 此非吾君也**로되 **何其聲之似我君也**오하니 **此**는 **無他**라 **居相似也**일새니라

魯나라 임금이 宋나라에 가 垤澤의 성문에서 고함을 치자 문지기가 말하기를, '이분은 우리 임금이 아닌데 그 목소리가 어찌 우리 임금과 닮았단 말인가.'라고 하였으니, 이는 다름이 아니라 거처하는 지위가 서로 같았기 때문이다."

【注】 垤澤은 宋城門名也라 人君之聲相似者는 以其俱居尊勢라 故로 音氣同也라 以城門不自肯夜開라 故로 君自發聲耳라

'垤澤'은 宋나라 성문의 이름이다. 군주의 목소리가 서로 닮았던 것은 그들이 모두 존귀한 자리에 거처했기 때문에 말투가 같았던 것이다. 성문을 밤에는 잘 열려고 하지 않기 때문에 군주가 직접 소리를 지른 것이다.

【疏】 ○ 正義曰：此章宜與上章合而爲一, 不當分而爲二也. 孟子言王子所居宮室與車馬之乘・衣服之飾, 是皆與人同所用之也, 然而王子若彼儀體聲氣高涼者, 必其居勢位, 使之如是與人不同耳. 言王〔子〕[1]所居勢位能如此, 而況居天下之廣居-以仁爲居[2]- 者乎. 且以魯國之君往宋, 乃呼於垤澤之門, 守者曰此非吾君之身也, 何其呼聲 (似其呼聲)[3] 似我君也. 言(大)〔此〕[4]亦無他事異焉, 亦以皆居尊勢, 故其聲之如是相似也. 垤澤, 宋城門之名. 守者, 監門之官也. 是言能以大人之所居者處己, 而與大人相似者也.

1) 〔子〕: 저본에는 '子'가 없으나, 四庫全書本에 의거하여 보충하였다.
2) 以仁爲居 : 앞의 '居天下之廣居'를 부연 설명한 것이다.
3) (似其呼聲) : 저본에는 '似其呼聲'이 있으나, 阮元의 〈校勘記〉에 의거하여 衍文으로 처리하였다.
4) (大)〔此〕: 저본에는 '大'로 되어 있으나, 四庫全書本에 의거하여 '此'로 바로잡았다.

經의 〔孟子曰〕에서 〔居相似也〕까지

○ 正義曰 : 이 장은 윗장과 합하여 한 장으로 만들어야지 두 장으로 나누어서는 안 된다.

맹자가 말한 것이다. 王子가 거처하는 궁실과 수레와 의복이 모두 일반 사람들이 사용하는 것과 같은데 그런데도 王子가 저와 같이 풍모와 목소리가 고상한 것은 틀림없이 그가 거처한 권세 있는 지위가 이와 같이 일반 사람들과 다르게 만든 것이다.

즉, 王子가 거처한 권세 있는 지위가 이와 같이 만들 수 있었던 것이다. 하물며 天下의 廣居에 거처한-仁으로 거처를 삼은- 사람이야 어떠하겠는가. 魯나라 임금이 宋나라에 가 垤澤의 성문에서 고함을 치자 문지기가 말하기를, 이분은 우리 임금이 아닌데 고함치는 소리가 어찌 우리 임금과 닮았단 말인가. 이 또한 다른 이유가 아니라 두 사람이 모두 존귀한 자리에 거처했기 때문에 그 목소리가 이처럼 서로 닮았던 것이다. '垤澤'은 宋나라 성문의 이름이다. '守者'는 문을 감시하는 관리이다. 이상은 大人이 거처하는 곳에다 자신을 두게 되면 大人과 서로 닮게 됨을 말한 것이다.

38. 孟子曰 食(사)而弗愛면 豕交之也요 愛而不敬이면 獸畜之也니라 恭敬者는 幣之未將者也니라 恭敬而無實이면 君子不可虛拘니라

맹자가 말했다. "먹이기만 하고 사랑하지 않으면 이는 돼지를 대하듯이 사귀는 것이요, 사랑하기만 하고 공경하지 않으면 이는 짐승을 기르듯이 사귀는 것이다. 恭敬하는 마음은 예물을 보내기 전부터 있는 것이다. 공경하는 마음만 있고 그 마음을 표현하는 실제 내용이 없으면 君子를 붙잡아두지 못한다."

【注】 人之交接에 但食之而不愛면 若養豕也라 愛而不敬이면 若人畜禽獸하여 但愛而不能敬也라 且恭敬者如有幣帛이면 當以行禮하되 而未以命將行之也라 恭敬貴實이니 如其無實이면 何可虛拘致君子之心也리오

사람이 교제를 할 때 단지 먹이기만 하고 사랑하지 않으면 이는 돼지를 기르는 것과 같다. 사랑을 하되 공경하지 않으면 이는 사람이 짐승을 기를 때와 같아서 단지 사랑만 하고 공경하지 않는 것이 된다. 공경이라는 것은 폐백이 있으면 이것으로 마땅히 예를 행해야 한다. 하지만 공경은 폐백을 아직 받들지 않았을 때부터 있는 것이다. 공경은 실제 내용을 중요하게 여기니, 실제 내용이 없으면 어떻게 군자의 마음을 붙잡아두겠는가.

【疏】 '孟子曰'至'君子不可虛拘' ○ 正義曰：此章言取人之道, 必以恭敬, 恭敬貴實, 虛則不應. 實者謂敬愛者也[1]. 孟子言人之交接, 但飮食爲備, 而歡意弗加者, 非以愛相接者也, 是爲豕交之也. 犬馬者, 人所愛而畜養者也, 如愛誠雖至, 而敬心弗加者, 是謂愛而弗敬, 以爲獸畜之也. 然而恭敬者, 是幣帛之禮未行之也. 蓋以恭敬爲先, 而幣帛從之也, 如恭敬而無幣帛之實以將之, 是又君子不可以虛拘矣.-以其禮不可以徒虛而行(何)〔耳〕[2)3)].- 必以恭敬修於內而爲之本, 幣帛以將之而爲之末, 則君子交接之道畢矣.

1) 實者謂敬愛者也 : 판본에 따라 '實者謂敬愛也' 또는 '實者言敬愛也' 등 약간의 차이를 보인다.
2) (何)〔耳〕: 저본에는 '何'로 되어 있으나, 四庫全書本에 의거하여 '耳'로 바로잡았다.
3) 以其禮不可以徒虛而行耳 : 앞의 '蓋以恭敬爲先……是又君子不可以虛拘矣'를 부연 설명한 것이다.

經의 〔孟子曰〕에서 〔君子不可虛拘〕까지

○ 正義曰 : 이 장은 사람을 얻는 방법은 반드시 공경하는 마음으로 하되 공경은 이를 표현하는 실제 내용을 중요하게 여기니, 실제 내용이 없으면 응하지 않음을 말한 것이다. 실제 내용이라는 것은 공경과 사랑을 이른다.

맹자가 말한 것이다. 사람이 교제를 할 때 단지 음식만 갖추고 호의를 베풀지 않으면 사랑으로 교제를 하는 것이 아니라 돼지를 대하듯이 교제를 하는 것이다. 개와 말은 사람들이 사랑으로 기르는 동물인데, 사랑이 아무리 지극하다 해도 공경하는 마음이 더해지지 않으면 이를 일러 '사랑만 하고 공경하는 마음이 없다'고 하는 것이니, 짐승을 기르듯이 교제하는 것이 된다. 하지만 공경이란 것은 폐백을 보내는 예가 시행되기 이전에 있는 것이다. 대체로 공경하는 마음이 앞서고 폐백이 그 뒤를 따르는 것이니, 만약 공경하는 마음만 있고 폐백이라는 실제로 바치는 예물이 없으면 또한 군자를 그냥 메어둘 수 없다.-禮를 갖추는 것만으로는 그냥 가지 않는다는 말이다.- 반드시 공경하는 마음을 안으로 닦아서 그것을 근본으로 삼고 폐백을 바치는 것을 말단으로 삼으면 군자를 교제하는 법도가 완성된다고 하겠다.

39. 孟子曰 形色은 天性也니 惟聖人然後에 可以踐形이니라

맹자가 말했다. "남자의 외모와 여자의 얼굴은 天性으로 타고난 것이니, 오직 聖人의 경지에 오른 뒤에야 외모대로 살 수가 있다."

【注】 形은 謂君子體貌尊嚴也니 尙書洪範에 一曰貌라하니라 色은 謂婦人妖麗之容이니 詩云

顔如舜華라하니라 此는 皆天假施於人也라 踐은 履居之也라 易曰 黃中通理라하니 聖人內外文明然〔後〕[1)]에 能以正道로 履居此美形이라 不言居而言踐[2)]은 尊陽抑陰之義也라

1) 〔後〕: 저본에는 '後'가 없으나, 廖本·孔本·韓本·考文古本에 의거하여 보충하였다.(阮元의 〈校勘記〉 참조)

2) 而言踐 : 廖本·孔本·韓本·考文古本에는 '色主名'으로 되어 있으며, 阮元은 校勘記에서 '色主名'이 옳다고 하였으나, 양쪽 다 의미가 정확하지 않다.

'形'은 君子, 즉 남자의 엄숙한 외모를 말하는 것이니, ≪尙書≫ 〈洪範〉에 "첫 번째는 외모이다."라고 한 것이 이에 해당한다. '色'은 婦人, 즉 여자의 요염한 얼굴을 말하는 것이니, ≪詩經≫에 이르기를, "얼굴이 무궁화꽃과 같다."고 한 것이 이에 해당한다. 이것은 모두 하늘이 사람에게 빌려준 것이다. '踐'은 있는 그대로 사는 것이다. ≪周易≫에서 "君子는 내면에 빛이 나고 이치에 밝게 통한다."라고 하였으니, 聖人은 안으로는 빛이 나고 밖으로는 밝게 통한다. 그런 다음에야 正道에 따라 이 아름다운 모습대로 살 수 있는 것이다. 여기에서 얼굴대로 사는 것은 말하지 않고 외모대로 사는 것만 말한 것은 陽을 높이고 陰을 누르는 뜻이 담겨 있다.

【疏】'孟子曰, 形·色, 天性也. 惟聖人然後可以踐形.' ○ 正義曰 : 此章言體德正容, 大人所履者也.[1)] 孟子言人之形與色, 皆天所賦, 性所有也. 惟獨聖人能盡其天性, 然後可以踐形而履之, 不爲形之所累矣. 蓋形有道之象, 色爲道之容, 人之生也, 性出於天命, 道又出於率性, 是以形之與色皆爲天性也. 惟聖人能因形以求其性, 體性以踐其形, 故體性以踐目之形, 而得於性之明, 踐耳之形, 而得於性之聽, 以至踐肝之形以爲仁, 踐肺之形以爲義, 踐心之形以通於神明. 凡於百骸·九竅·五臟之形, 各有所踐也, 故能以七尺之軀, 方寸之微, 六通四辟, 其運無乎不在, 玆其所以爲聖人與. 然而形與色皆天性, 何獨踐形而不踐色, 何耶? 蓋形則一定而不易者也, 色則有喜怒哀樂之變, 以其無常者也, 不可以踐之矣. 亦以聖人吉凶與人同, 何踐之以爲異哉. 是又孟子之深意然也.

1) 此章言體德正容 大人所履者也 : 北京大本에는 "이 장의 章指는 다음과 같다. 타고난 德과 타고난 얼굴을 大人이 그대로 받아들였으니, 겉만 번지르하고 속이 없는 것을 柚梓(유자와 가래나무)라고 한다. 그래서 성인은 외모대로 사는 것을 감내한다.〔此章指言體德正容 大人所履 有表無裏 謂之柚梓 是以聖人乃堪踐形也〕"라고 하였다.

經의〔孟子曰 形色 天性也 惟聖人然後可以踐形〕

○ 正義曰 : 이 장은 타고난 德과 타고난 얼굴을 大人이 그대로 받아들였음을 말한 것이다.

맹자가 한 말이다. 사람의 외모와 얼굴은 모두 하늘로부터 타고난 것으로 本性 속에 이미 가지고 있는 것이다. 하지만 오직 聖人만이 그 天性을 모두 발휘할 수 있으니, 그런 다음에야 그 외모대로 살면서 외모에 구애를 받지 않을 수 있다. 남자의 외모에는 그 사람의 道가 구현되어 있고 여자의 얼굴에는 그 사람의 道가 담겨 있다. 인간의 삶에서 性은 天命에서 나왔고, 道는 또 率性에서 나왔다. 이 때문에 남자의 외모와 여자의 얼굴은 모두 天性에 해당한다고 한 것이다. 오직 聖人만이 외모를 통해 그 천성을 구하고 그 천성을 체득하여 외모대로 살 수가 있다. 그러므로 천성을 체득하는 것은, 자신의 눈을 통해 천성의 밝음을 터득하고, 귀를 통해 천성의 밝은 소리를 터득하며, 나아가 肝을 통해 仁을 터득하고 肺를 통해 義를 터득하고, 심장을 통해 神明과 통한다. 우리 몸의 온갖 뼈마디와 아홉 개 구멍과 다섯 개의 장기는 각자 고유의 특성을 가지고 있다. 그러므로 7척의 몸뚱이에서 사방 한 치의 작은 심장까지 사방팔방으로 꿰뚫어서 어느 것 하나 다룰 줄 모르는 것이 없으니, 이것이 바로 聖人이 된 이유이다. 하지만 외모와 얼굴은 모두 천성으로 타고난 것인데 외모대로 산다고만 하고 얼굴대로 살지 않은 것은 무엇 때문인가. 대체로 외모는 일정하여 바뀌지 않지만 얼굴은 희노애락의 감정 변화로 인해 일정하지 않기 때문에 얼굴대로 살 수 없는 것이다. 또 성인의 吉凶은 일반 사람들과 똑같으니 무슨 삶이 다를 수 있겠는가. 여기에 또 맹자의 깊은 뜻이 담겨 있다.

【疏】 ○ 注'形謂君子'至'抑陰之義也'. ○ 正義曰 : 云"洪範一曰貌"者, 蓋以五事之一者也. 孔安國云, "貌, 容儀也, 謂婦人妖麗之容." "詩云, 顏如舜華"者, 此蓋有女同車之篇文也, 注云, "舜, 木槿也." "易曰, 君子黃中通理"者, 蓋坤之卦文也, 謂君子黃中通理, 正位居體, 美在其中, 而暢於四支, 發於事業, 美之至也. 是亦以正道履居此美形, 不言居而言踐, 尊陽而抑陰也.

○ 注의〔形謂君子〕에서〔抑陰之義也〕까지

○ 正義曰 :〔洪範一曰貌〕五事 가운데 하나이다. 孔安國의 傳에 이르기를, "'貌'는 容儀이니, 여자의 요염한 얼굴을 이른다."고 하였다.

〔詩云 顏如舜華〕 이는 〈有女同車〉편의 구절이다. 注에 이르기를, "'舜'은 무궁화나무이다."라고 하였다.

〔易曰 君子黃中通理〕 坤卦의 구절로, 全文은 "군자는 내면에 빛이 나고 이치에 밝게 통하여 높은 자리에 있으면서도 아랫사람의 자세를 유지하며, 내면의 아름다움이 四肢에 밝게 드러나고 事業에 나타나서 아름다움의 극치를 이룬다."라고 하였다. 이 또한 正道에 따라 이 아름다운 모습대로 살 수 있는 것이다. 여기에서 얼굴대로 사는 것은 말하지 않고 외모대로 사는 것만 말한 것은 陽을 높이고 陰을 누르는 뜻이 담겨 있다.

40. 齊宣王이 欲短喪이어늘 公孫丑曰 爲朞之喪이 猶愈於已乎인저

齊宣王이 喪期를 단축하려고 하자 공손추가 맹자에게 물었다. "기년상으로 하는 것이 그만두는 것보다 그래도 낫지 않겠습니까?"

【注】 齊宣王이 以三年之喪으로 爲太長久라 欲減而短之하여 因公孫丑使自以其意問孟子라 旣不能三年喪이면 以朞年差愈於止而不行喪者也라

齊宣王이 삼년상이 너무 길므로 짧게 줄이고자 하는 마음에 공손추를 통해 공손추 자신의 생각으로 포장하여 맹자에게 묻게 한 것이다. 기왕에 삼년상을 치를 수 없다면 기년상으로 하는 것이 아예 상을 그만두고 치르지 않는 것보다 조금 낫지 않겠느냐고 한 것이다.

孟子曰 是猶或이 紾其兄之臂어든 子謂之姑徐徐云爾로다 亦教之孝悌而已矣니라

맹자가 말했다. "이렇게 하는 것은 마치 어떤 사람이 자기 형의 팔을 비틀고 있는데 그대가 잠시 천천히 비틀라고 말하는 것과 같다. 이런 경우는 단지 孝悌를 가르치면 된다."

【注】 紾은 戾也라 孟子言有人戾其兄之臂爲不順也한대 而子謂之曰 且徐徐云爾라 是豈以徐徐之爲差者乎아 不若教之以孝悌하여 勿復戾其兄之臂也라 (令)〔今〕[1]欲行其朞喪은

亦猶曰徐徐之類也라

1) (令)〔今〕: 저본에는 '令'으로 되어 있으나, 宋本·孔本·韓本·考文古本에 의거하여 '今'으로 바로잡았다.(阮元의 〈校勘記〉 참조)

'紾'은 비트는 것이다. 맹자가 말하기를, '어떤 사람이 자기 형의 팔을 비트는 불순한 짓을 하는데 그대가 그에게 잠시 천천히 비틀라고 말한다면 이 어찌 천천히 비트는 것이 좀 더 나은 것이라 할 수 있겠는가. 이런 경우는 孝悌를 가르쳐서 다시는 형의 팔을 비틀지 않게 하는 것이 낫다.'라고 한 것이다. 이번에 기년상을 치르고자 하는 것은 단지 천천히 팔을 비트는 것과 같다는 것이다.

王子有其母死者어늘 **其傅爲之請數月之喪**이러니 **公孫丑曰 若此者**는 **何如也**잇고

왕자 가운데 生母가 죽은 이가 있어 그의 사부가 그를 위해 수개월의 상을 치르게 해줄 것을 청한 일을 두고서 공손추가 물었다. "이와 같은 경우는 어떠합니까?"

【注】丑曰 王之庶夫人死에 迫於適夫人하여 不得行其喪親之數한대 其傅爲請之於君하여 欲使得行數月喪하니 如之何오

공손추가 말하기를, 왕의 庶夫人이 죽은 것이어서 왕자가 嫡夫人의 핍박을 받아 부모상의 햇수대로 상을 치르지 못하게 되자 왕자의 사부가 군주에게 청하여 수개월의 상을 치를 수 있게 하고자 한 것은 어떠하냐고 한 것이다.

曰 是欲終之而不可得也라 **雖加一日**이나 **愈於已**하니 **謂夫莫之禁而弗爲者也**니라

맹자가 대답했다. "이 경우는 상복을 마치고 싶어도 그럴 수 없는 상황이니, 비록 하루를 더하더라도 그만두는 것보다 나을 것이다. 앞의 경우는 금지하지 않는데도 하지 않은 것을 두고 한 말이다."

【注】孟子曰 如是王子欲終服其子禮而不能者也니 加益一日則愈於止라 況數月乎아 所謂不當者는 謂無禁自欲短之라 故로 譏之也라

이 경우는 王子가 아들의 예로 상복을 마치고 싶으나 그럴 수 없는 상황이다. 따라서 하루라도 더하는 것이 그만두는 것보다 나을 것이니, 하물며 수개월이겠는가. 이

른바 부당한 경우는 금지하지도 않았는데 스스로 상기를 줄이고자 한 것을 이른다. 그래서 기롱한 것이다.

【疏】'齊宣'至'者也'. ○ 正義曰：此章言禮斷三年, 孝者欲益, 富貴怠厭, 思減其日. 君子正言, 不可阿情, 丑欲朞之, 故譬以紾兄徐徐者也. '齊宣王欲短喪. 公孫丑曰, 爲朞之喪, 猶愈於己乎', 齊宣王欲短三年之喪, 公孫丑勸之, 以爲朞年之喪, 猶勝於止而不爲者矣. 朞年, 十二月也. '孟子曰'至'而已矣'者, 孟子言如此, 是若或有紾戾其兄之臂者, 子以爲之姑且徐徐然紾其兄之臂云爾. 但當教之以孝悌, 不復戾兄之臂也. 今子欲勸齊王短其三年之喪, 而且謂爲朞年之喪, 亦若徐徐然之謂也. '王子有其母死者, 其傅爲之請數月之喪. 公孫丑曰, 若此何如也', 公孫丑又復問孟子, 曰王子有母死之者, 其傅相者爲之請行數月之喪, 如此者, 是如之何也. 以其王子庶生之母死, 迫於嫡母, 而不敢終喪者也. '曰是欲終之而不可得也'至'弗爲者也', 孟子答之. 曰是王子欲終之喪, 有所禦而不可得而爲者也, 雖加益一日, 亦足勝於止而不爲者矣. 今齊宣王欲短三年之喪, 以其禮所當終之, 而且謂朞年之喪猶愈於已以勸之, 是謂夫莫之禁止而自弗爲者也. 此孟子所以不取之也. 論語"宰我問三年之喪, 朞已久矣", 孔子所以責之曰, "予之不仁也, 汝安之則爲之乎." 是亦孟子於此不取公孫丑之意也.

經의 〔齊宣〕에서 〔者也〕까지

○ 正義曰：이 장은 禮法에 三年喪으로 정했으나 효성스런 자는 더 하고 싶어하고 부귀한 자는 태만하고 싫증을 내어 그 날수를 줄이고 싶어함을 말한 것이다. 君子는 正道에 맞는 말을 하고 세태에 아부해서는 안 되는데 공손추가 朞年喪으로 줄이려 하였기 때문에 형의 팔을 천천히 비틀라는 말로 비유한 것이다.

〔齊宣王欲短喪 公孫丑曰 爲朞之喪 猶愈於己乎〕 齊宣王이 三年喪을 줄이고 싶어하자, 공손추가 朞年喪이라도 치르는 것이 그래도 그만두고 하지 않는 것보다 낫다고 권유한 것이다. '朞年'은 12개월이다.

〔孟子曰〕에서 〔而已矣〕까지

맹자가 한 말이다. 이렇게 하는 것은 마치 어떤 사람이 자기 형의 팔을 비틀고 있는데 그대가 나서서 잠시 그 형의 팔을 천천히 비틀라고 말하는 것과 같다. 이런 경우는 단지 孝悌를 가르쳐서 형의 팔을 다시는 비틀지 않게 하면 되는 것이다. 그런데 지금 그대가 齊王에게 삼년상을 줄이는 것으로 권유하고자 했고 게다가 기년상을 지내자고 말을 했으니, 이는 천천히 팔을 비틀라는 말과 같다는 것이다.

〔王子有其母死者 其傅爲之請數月之喪 公孫丑曰 若此何如也〕 공손추가 또다시 맹자에게 물은 것이다. 王子 가운데 生母가 죽은 이가 있어 그의 사부가 그를 위해 수개월의 상을 치르게 해 줄 것을 청한 일이 있는데, 이런 경우는 어떠냐고 한 것이다. 이것은 그 王子의 生母가 죽은 것이어서 嫡母의 핍박을 받아 감히 상을 마치지 못한 경우이다.

〔曰是欲終之而不可得也〕에서 〔弗爲者也〕까지

맹자가 대답한 것이다. 이 경우는 王子가 喪을 마치고자 하였으나 저지를 당해 마칠 수 없는 상황이다. 이럴 때에는 비록 하루를 더해주더라도 그만두고 하지 않는 것보다 나은 법이다. 이번에 齊宣王이 예법상 당연히 마쳐야 하는 三年喪을 단축시키려 하고 게다가 공손추가 朞年喪이 그래도 그만두는 것보다 낫다는 말로 권유를 하였으니, 이는 금지하지 않았는데도 스스로 하지 않은 것을 이른다. 이런 까닭에 맹자가 취하지 않은 것이다. ≪論語≫에서 宰我가 三年喪에 대해 1년만 하는 것도 매우 긴 것 같다고 질문을 하자 孔子가 질책하기를, "宰予의 不仁함이여! 네가 편안하면 그렇게 하라."라고 하였는데, 여기에서도 맹자가 공손추의 뜻을 취하지 않은 것이다.

41. 孟子曰 君子之所以教者五이니

맹자가 말했다. "君子가 사람을 가르치는 방법에는 다섯 가지가 있다.

【注】 教民之道有五品이라

백성들을 가르치는 방법에 다섯 등급이 있다는 것이다.

有如時雨化之者하며

때맞춰 내리는 단비처럼 변화시키는 방법이 있고

【注】 教之漸漬而浹洽也라

가르침이 점차로 스며들어 푹 적시는 것이다.

有成德者하며 **有達財者**하며 **有答問者**하며 **有私淑艾者**하니

德을 완성하게 해주는 방법이 있고, 재능을 발달시켜주는 방법이 있고, 질문에 답해주는 방법이 있고, 홀로 자신의 몸을 선하게 간직함으로써 남들이 본받게 하는 방법이 있다.

【注】私는 獨이요 淑은 善이요 艾는 治也라 君子獨善其身이면 人法其仁하나니 此亦與教法之道無差也라

'私'는 혼자라는 것이요 '淑'은 善하다는 것이요 '艾'는 다스리는 것이다. 君子가 자신의 몸을 善하게 간직하면 남들이 그 사람의 仁을 본받게 되니, 이 또한 가르치는 방법과 차이가 없다.

此五者는 **君子之所以教也**니라

이 다섯 가지는 君子가 사람을 가르치는 방법이다."

【注】申言之는 孟子貴重此教之道也라

거듭 말한 것은 맹자가 이 가르치는 방법을 매우 중시한 것이다.

【疏】'孟子'至'教也'. ○ 正義曰：此章言教人之術, 莫善五者, 養育英才, 君子所珍, 聖所不倦, 其惟誨人者也. '孟子曰, 君子之所以教者五'至'所以教也'者, 孟子言君子所以教人之道有五品也, 有如時雨之教者, 以其教人漸漬, 恰如時雨之澤也, 是其潤之以德, 漸之以仁, 善有萌芽, 則誘之使敷秀, 性有其材, 則養之使長茂. 凡此因其大以成大, 小以成小, 是爲有若時雨而教者也. 有成德者, 以其因固有之德, 但教而成之也, 是其能仁不能反者, 則教之以克己復禮[1], 能勇不能怯者, 則教之以臨事而懼[2]. 是爲有成德者也. 有達財者, 以其有財之具而不能用者, 則教而達之也, 子貢問曰, "賜也何如" 子曰, "女, 器也." 曰, "何器也." 曰, "瑚璉也.", 子謂子夏曰"女爲君子儒, 無爲小人儒.", 是爲有達財之教者也. 有答問者, 以其在於答問之間也, 不憤不啓, 不悱不發, 擧一隅不以三隅反則不復也, 是爲有答問之教也. 有私淑艾者, 以其獨善其身, 使彼法之也, "子曰, 我非生而知之者, 好古敏以求之者也", "子不語怪力亂神", 凡此之類, 是有私淑艾之教也. 故重言之曰此五者之教, 乃君子之所以教者也. 論語云“有教無類”, 同.

1) 能仁不能反者 則教之以克己復禮 : ≪論語≫ 〈顏淵〉에서 顏淵이 仁에 대해 묻자 공자가 “사욕을 이기고 禮로 돌아가는 것이 仁이니, 하루 동안이라도 사욕을 이기고 禮로 돌아가면 천하가 그 仁을 허여할 것이다. 仁을 행하는 것은 자기에게 달려 있는 것이니, 어찌 남을 통해서 하는 것이겠는가.”라고 한 것을 두고 한 말이다. 〔顏淵問仁 子曰 克己復禮爲仁 一日克己復禮 天下歸仁焉 爲仁由己 而由人乎哉〕

2) 能勇不能怯者 則教之以臨事而懼 : ≪論語≫ 〈述而〉에서 子路가 孔子에게 묻기를, “선생님께서 三軍을 이끌고 전장에 나가신다면 누구와 함께 가시겠습니까?”라고 하자, 孔子가 “맨손으로 호랑이를 때려잡고 맨몸으로 황하를 건너려고 대들다가 죽어도 후회하지 않는 자와는 함께 하지 않을 것이다. 반드시 일을 할 때 두려워할 줄 알아서 좋은 계책으로 성공을 이끌어내는 자와 함께 갈 것이다.”라고 한 것을 두고 한 말이다. 〔子路曰 子行三軍 則誰與 子曰 暴虎馮河 死而無悔者 吾不與也 必也臨事而懼 好謀而成者也〕

經의 〔孟子〕에서 〔教也〕까지

○ 正義曰 : 이 장은 사람을 가르치는 방법에 이 다섯 가지보다 더 좋은 것이 없으며, 영재를 교육하는 것을 君子가 가장 소중하게 여기므로 聖人이 게을리하지 않은 것은 오직 사람을 가르치는 일임을 말한 것이다.

〔孟子曰 君子之所以教者五〕에서 〔所以教也〕까지

맹자가 한 말이다. 君子가 사람을 가르치는 방법에는 다섯 등급이 있다. 첫째, 때맞춰 내리는 단비처럼 가르치는 방법이 있으니, 사람을 가르쳐 그 대상에게 스며드는 것이 때맞춰 내리는 비처럼 푹 적셔주는 것이다. 그것은 德으로 윤택하게 하고 仁으로 적셔주어 善의 싹이 있으면 잘 유도하여 꽃이 피게 하고 타고난 자질이 있으면 잘 길러서 발휘할 수 있게 하는 것이다. 매사에 크면 큰 대로 이루어주고 작으면 작은 대로 이루어주는 것이니, 이것이 바로 때맞춰 내리는 단비처럼 가르쳐주는 것이다.

둘째, 德을 완성하게 해주는 방법이 있으니, 사람이 가진 고유의 덕을 기반으로 가르쳐서 완성시켜주는 것이다. 예를 들어 仁은 잘하지만 禮로 돌아가지 못하는 자에 대해서는 ‘克己復禮’란 말로 가르치고 용맹하기만 하고 겁이 없는 자에 대해서는 ‘臨事而懼’란 말로 가르치니, 이것이 德을 완성하게 해주는 방법이다.

셋째, 재능을 발달시켜주는 방법이 있으니, 재능을 갖추고 있으나 이를 활용하지 못하는 자를 대상으로 가르쳐서 발달시켜주는 것이다. ≪論語≫ 〈公冶長〉에서 子貢이 孔子에게 “저는 어떤 사람입니까?”라고 묻자 공자가 “너는 그릇이다.” 자공이 “어떤 그릇입니까?"라고 묻자 "瑚璉이다."라고 하였고, ≪論語≫ 〈雍也〉에서 孔子가 子夏에게, "너는 君子儒가 되고 小人儒가 되지 말라."고 하였으니, 이것이 재능을 발달시키는 교육방법이다.

넷째, 질문에 답해주는 방법이 있으니, 그것은 問答하는 시간에 이루어진다. ≪論語≫ 〈述而〉에서 孔子는 "제자가 깨닫지 못해서 분하게 여기지 않으면 깨우쳐 주지 않고, 말로 표현할 줄 몰라서 더듬거리지 않으면 말해 주지 않았다. 한 가지 일을 들어 보여 주어서 세 가지 일을 미루어 알지 못하면 더 이상 말해 주지 않았다."라고 하였으니, 이것이 질문에 답해주는 교육방법이다.

다섯째, 私淑艾하는 방법이 있으니, 그것은 홀로 자신의 몸을 선하게 간직함으로써 남들이 본받게 하는 것이다. ≪論語≫ 〈述而〉에서 孔子가 말하기를, "나는 태어날 때부터 아는 사람이 아니라 옛것을 좋아하여 민첩하게 탐구하는 사람이다."라고 하였고, 또 "선생님께서는 怪力亂神에 대해 말씀하지 않았다."고 하였으니, 이러한 것들이 私淑艾하는 교육방법이다. 그러기에 이 다섯 가지 교육방법은 군자가 사람을 가르치는 방법이라고 거듭 말한 것이다.

이상은 ≪論語≫에서 "가르침에는 사람의 차별을 두지 않는다."고 한 것과 같은 맥락의 말이다.

42. 公孫丑曰 道則高矣美矣나 宜若登天然이라 似不可及也니 何不使彼爲可幾及而日孶孶也잇고

공손추가 말했다. "聖人의 道는 높고도 아름답지만 하늘을 오르는 것과 같아서 도달할 수 없을 것만 같으니, 어찌 저들이 도달할 수 있게끔 만들어서 날마다 부지런히 힘쓰도록 하지 않습니까?"

【注】 丑以爲聖人之道大高遠이나 將若登天이라 人不能及也니 何不少近人情하여 令彼凡人可庶幾하여 使日孶孶自勉也잇고

공손추가 말하기를, '聖人의 道는 매우 높고도 원대하지만 마치 하늘을 오르기라도 하듯 사람들이 도달할 수가 없으니, 어찌 사람들의 정서에 조금 가깝게 만들어 저 凡人들로 하여금 도달할 수 있다는 희망을 가지고 날마다 부지런히 힘쓰도록 하지 않습

니까?'라고 한 것이다.

孟子曰 大匠이 **不爲拙工**하여 **改廢繩墨**하며 **羿不爲拙射**하여 **變其彀率**이니라 **君子引而不發**하여 **躍如也**하여 **中道而立**이어든 **能者從之**[1]니라

1) 君子引而不發 躍如也 中道而立 能者從之 : 君子의 교육 방식을 활쏘기에 비유하여 표현한 것이다. 즉, 君子가 바른 자세를 취하고 과녁에 맞추겠다는 마음으로 정신을 집중하고 서 있으면 다음에 활을 쏠 사람이 이를 보고 따라서 배운다는 내용으로 보아야 전체 맥락이 연결된다.

맹자가 말했다. "뛰어난 목수는 서투른 목공을 위해 먹줄 쓰는 법을 고치거나 폐하지 않으며, 활을 잘쏘는 羿는 서투른 궁수를 위해 활 당기는 법을 바꾸지 않는다. 군자가 활을 당긴 채 쏘지 않고 쏠 듯 말 듯 하면서 中道에 서 있으면 능력있는 사람이 따라오는 법이다."

【注】大匠不爲新學拙工故爲之改鑿廢繩墨(必)〔之〕[1]正也하며 羿不爲新學拙射者變其彀率之法也라 彀弩張嚮表率之正體하여 望之極思用巧之時니 不可變也라 君子謂[2]於射則引弓彀弩而不發은 以待彀偶也라 於道則中은 道(德)〔體〕[3]之中이니 不以學者不能故卑下其道하고 將以須於能者往取之也라

1) (必)〔之〕: 저본에는 '必'로 되어 있으나, 四庫全書本에 의거하여 '之'로 바로잡았다.
2) 謂 : '之'의 誤字로 보인다.
3) (德)〔體〕: 저본에는 '德'으로 되어 있으나, 考文古本에 의거하여 '體'로 바로잡았다. (阮元의 〈校勘記〉 참조)

뛰어난 목수는 새로 배우는 서투른 목수를 위해 먹줄의 올바른 사용법을 고치거나 폐하지 않는다. 활을 잘쏘는 羿는 새로 배우는 서투른 궁수를 위해 활당기는 법을 바꾸지 않는다. 즉, 활을 당겨 정확한 표적을 향함에 있어 멀리서 바라보고 정신을 집중하여 정교한 재주를 쓸 때이므로 그 법을 바꾸어서는 안 된다. 군자가 활쏘기를 할 때 활을 당기기만 하고 쏘지 않는 것은 함께 활을 당길 사람을 기다린 것이다. 道에서 中이라 함은 道體의 중간 수준을 가리키니, 배우는 사람이 도달할 수 없다는 이유로 그 道를 〈중간 이하로〉 낮추지 않고 장차 능력이 뛰어난 사람이 가서 터득할 수 있도록 한 것이다.

【疏】'公孫丑'至'從之'. ○ 正義曰：此章言曲高和寡, 道大難追, 然而履正者不枉, 執德者不回, 故曰人能弘道. 丑欲下之, 非也. '公孫丑曰'至'孶孶也'者, 公孫丑問孟子, 謂聖人之道則至高至美矣, 學者跂慕之, 宜如登天之難, 似其不可得而跂及也, 何不使彼之道幾近, 令人可庶幾能及, 而使之日孶孶自勉而至也. '孟子曰, 大匠不爲拙工改變繩墨'至'能者從之', 孟子答之, 曰大匠之師不爲新學拙工改去其繩墨之正, 羿之善射不爲新學拙射更變其彀率之法. 彀率張弓嚮的, 正體極思, 用巧之時也. 君子循循善誘而引人於道, 不以開發者又且躍如, 使進而無退也. 是其不高不卑, 但於中道而立教, 使賢愚智者皆能從而學之也. 此孟子所以譏於公孫丑也.

經의 〔公孫丑〕에서 〔從之〕까지

○ 正義曰 : 이 장은 노래가 고상하면 화답하는 이가 적고 道가 크면 따르기가 어려운 법이지만, 正道를 실천하는 사람은 뜻을 굽히지 않고 德을 지닌 사람은 품행이 단정하므로 그래서 사람이 道를 넓힌다고 하였던 것이니, 공손추가 道를 낮추자고 한 것은 잘못된 것임을 말한 것이다.

〔公孫丑曰〕에서 〔孶孶也〕까지

공손추가 맹자에게 묻기를, '聖人의 道는 지극히 높고 지극히 아름다워 학자들이 이를 향해 우러러 보지만 하늘을 오르는 것처럼 어려워서 아마도 도달하지 못할 듯합니다. 그러니 어찌 저 道를 가까이 내려 사람들로 하여금 도달할 수 있다는 희망을 가지고 날마다 부지런히 노력하여 이를 수 있게 하지 않습니까.'라고 한 것이다.

〔孟子曰 大匠不爲拙工改變繩墨〕에서 〔能者從之〕까지

맹자가 대답한 것이다. 뛰어난 목수는 새로 배우는 서투른 목수를 위해 먹줄 쓰는 법을 고치지 않으며 활을 잘쏘는 羿는 새로 배우는 서투른 궁수를 위해 활당기는 법을 바꾸지 않는다. '彀率'은 표적을 향해 활을 당길 때 몸을 바르게 하고 정신을 집중하는 것이니, 정교한 재주를 쓸 때이다. 君子는 차근차근 道가 있는 쪽으로 사람들을 잘 이끌어다 놓고는 그들을 직접 계발시키지 않고 가르쳐줄 듯 말 듯 하면서 그들이 나오면 물러나지 못하게 만든다. 가르치는 道의 수준을 높이지도 않고 낮추지도 않은 채 중간 수준으로 가르침으로써 똑똑한 사람이건 어리석은 사람이건 할 것없이 모두가 좇아서 배울 수 있게 한다. 이 점이 맹자가 공손추에게 기롱을 받은 것이다.

43. 孟子曰 天下有道엔 以道殉身하고 天下無道엔 以身殉道하나니 未聞以道殉乎人者也로라

맹자가 말했다. "천하에 道가 있으면 道를 가지고 내 몸을 따르게 하고 천하에 道가 없으면 내 몸을 가지고 道를 따르게 해야 하는 것이니, 올바른 道를 가지고 속된 인간을 따랐다는 말은 아직 들어보지 못했다."

【注】殉은 從也라 天下有道면 得行王政하여 道從身施功實也라 天下無道면 道不得行하여 以身從道하여 守道而隱하리니 不聞以正道從俗人也라

'殉'은 따르는 것이다. 천하에 道가 있으면 王道政治를 시행할 수 있어서 道가 내 몸을 따라 공을 베풀 수 있다. 천하에 道가 없으면 道가 시행될 수 없어서 내 몸이 道를 따라가 道를 지키며 숨어지내야 할 것이니, 올바른 道를 가지고 속된 인간을 따랐다는 말은 아직 들어보지 못했다.

【疏】○ 正義曰：此章言窮達卷舒, 屈伸異變者也. 孟子言天下有治道之時, 則當以道從身, 以施其功實也. 以其身顯而道彰也. 天下無治道之時, 則當以身從道, 而卷藏守伏也. 以其道藏則身伏也. 未聞於此無道之時, 以道從人, 而饕富貴也. 論語云, "天下有道則見, 無道則隱." 同意.

○ 正義曰：이 장은 窮達과 進退에 따라 사람의 행동이 달라져야 함을 말한 것이다.

맹자가 한 말이다. 天下에 다스리는 道가 있을 때는 마땅히 道를 가지고 내 몸을 따르게 함으로써 세상에 공을 베풀어야 한다. 왜냐하면 몸이 현달하면 道도 밝게 드러나기 때문이다. 천하에 다스리는 道가 없을 때는 마땅히 내 몸을 가지고 道를 따르게 함으로써 깊숙한 곳으로 숨어서 지내야 한다. 왜냐하면 道가 감추어지면 몸도 숨어야 하기 때문이다. 이러한 無道한 때에 道를 가지고 다른 사람을 따르면서 부귀를 누렸다는 말은 아직 들어보지 못했다. ≪論語≫에 이르기를, "천하에 道가 있으면 나타나고 道가 없으면 숨는다."고 한 것과 의미가 같다.

44. 公都子曰 滕更(경)之在門也에 若在所禮로되 而不答은 何也잇고

公都子가 물었다. "滕更이 지금 門下에 있어 그에게는 예를 갖추셔야 할 것 같은데 선생님께서 그의 질문에는 대답도 하지 않으시니, 무슨 까닭입니까?"

【注】滕更은 滕君之弟로 來學於孟子也라 言國君之弟而樂在門人中하니 宜答見禮어늘 而夫子不答하시니 何也잇고

滕更은 滕나라 임금의 아우로서 맹자에게 와서 배우는 자이다. 國君의 아우로서 흔쾌히 문인 속에 들어와 있어 마땅히 대답을 하여 예를 보여야 할 것인데 夫子께서 그의 질문에 대답도 하지 않으시니 무엇 때문이냐고 한 것이다.

孟子曰 挾貴而問하며 挾賢而問하며 挾長而問하며 挾有勳勞而問하며 挾故而問이 皆所不答也니 滕更이 有二焉하니라

맹자가 대답했다. "높은 신분을 끼고서 질문하는 것, 뛰어난 재능을 끼고서 질문하는 것, 나이가 많음을 끼고서 질문하는 것, 그동안 세운 공로를 끼고서 질문하는 것, 스승과의 친분을 끼고서 질문하는 것에 대해서는 모두 대답을 해주지 않았는데, 滕更이 이 가운데 두 가지를 가지고 있기 때문이다."

【注】挾은 接也[1]라 接己之貴勢하며 接己之有賢才하며 接己長老하며 接己(當)〔嘗〕[2]有功勞之恩하며 接己與師有故舊之好하니 凡恃此五者하여 而以學問하되 望師之待以異意而教之면 皆所不當答이라 滕更이 有二焉하여 接貴接賢하니 故로 不答矣라

1) 挾 接也 : '挾'과 '接'은 둘 다 '持'(지니다, 끼다)의 뜻을 가지고 있다. 또한 '接'은 '恃'와도 통용된다. 이러한 이유로 本章의 注疏에는 '挾', '接', '恃'가 같은 의미로 혼재되어 사용되고 있다.

2) (當)〔嘗〕: 저본에는 '當'으로 되어 있으나, 宋本·孔本·韓本에 의거하여 '嘗'으로 바로잡았다.(阮元의 〈校勘記〉 참조)

'挾'은 '接(지니다, 끼다)'의 뜻이다. 자기의 높은 신분을 끼는 것, 자기의 뛰어난 재능을 끼는 것, 자기의 나이 많음을 끼는 것, 자기가 예전에 세운 공로를 끼는 것, 자기와 스승 사이의 친분을 끼는 것, 이렇게 다섯 가지를 끼고 있으면서 학문을 배울 때에 스승이 자기에게 특별한 호의를 가지고 가르쳐줄 것을 바란다면 모두 대답해 주어서는 안 된다. 滕更이 이 가운데 두 가지, 즉 높은 신분과 뛰어난 재능을 끼고 있으므로

대답해주지 않은 것이다.

【疏】'公都'至'二焉'. ○ 正義曰：此章言學尙虛己, 師誨貴平, 是以滕更恃二, 孟子弗應者也. '公都子曰'至'何也', 公都子問孟子, 謂滕君之弟滕更者, 樂在門人中, 宜若在所禮敬之, 然而有所問而夫子不答, 是如之何也. '孟子曰挾貴而問'至'滕更有二焉', 孟子答之, 曰有挾己之貴勢而問者, 有挾己之賢才而問者, 有挾己之長老而問者, 有挾己有功勞之恩而問者, 有挾己與師(友)〔有〕[1]故舊之好而問者, 凡恃此五者而問, 我皆所不答也. 今滕更有二於此五者之中, 以恃己之貴勢與恃賢才, 我所以不答之也. 挾, 接也. 此孟子於滕更所以不答者, 是亦不屑教之道[2]也. 奈何公都子不知以此, 故有復而問焉[3].

1) (友)〔有〕: 저본에는 '友'로 되어 있으나, 四庫全書本과 趙岐의 注에 의거하여 '有'로 바로잡았다.

2) 不屑教之道 : 가르치는 것을 탐탁하게 여기지 않음으로써 도리어 그 사람에게 교훈을 주는 것을 말한다. 〈告子 下〉에 "가르침에는 또한 방법이 많은데, 내가 탐탁하게 여기지 않음으로써 가르치는 것도 가르치는 것이다.〔教亦多術矣 予不屑之教誨也者 是亦教誨之而已矣〕"라고 한 데서 나온 말이다.

3) 奈何公都子不知以此 故有復而問焉 : 孫奭이 "公都子曰 滕更之在門也 若在所禮 而不答何也"에 대한 당시의 異說에 대해 반박한 것으로 보인다. 異說의 내용을 추론하자면, 滕更을 예우하지 않은 것에 대해 문제를 제기한 公都子의 질문에 맹자가 답변하지 않은 것에 대해 공도자가 다시 질문한 것으로 본 듯하다.

經의 〔公都〕에서 〔二焉〕까지

○ 正義曰 : 이 장은 배울 때는 자신을 비우는 것이 중요하고 스승이 가르칠 때는 제자들을 똑같이 대우하는 것을 귀하게 여기는데 滕更이 두 가지를 끼고서 행동하였으므로 맹자가 응답하지 않았음을 말한 것이다.

〔公都子曰〕에서 〔何也〕까지

公都子가 맹자에게 묻기를, '滕나라 임금의 아우인 滕更이 흔쾌히 문인 속에 들어와 있으니 마땅히 예우를 해 주어야 할 듯합니다. 그런데 그의 질문에 부자께서 대답도 않으시니, 무슨 까닭입니까?'라고 한 것이다.

〔孟子曰挾貴而問〕에서 〔滕更有二焉〕까지

맹자가 대답한 것이다. 자기의 높은 신분을 끼고서 질문하는 것, 자기의 뛰어난 재능을 끼고서 질문하는 것, 자기의 나이 많음을 끼고서 질문하는 것, 자기가 세운 공로를 끼고서 질문하는 것, 자기와 스승 사이의 친분을 끼고서 질문하는 것, 이렇게 다섯 가지를 끼고서 질문하는 것에 대해 나는 모두 대답해 주지 않는다. 이번에 滕更은 이 다섯 가지 가운데 두 가지를 가지고 있다. 즉, 자기의 높은 신분을 끼고 자기의 뛰어난 재능을 끼고서 질문하였기에 내가 대답을 하지 않은 것이다. '挾'은 '接(지니다, 끼다)'의 뜻이다. 여기에서 맹자가 滕更에 대답하지 않은 것 또한 탐탁하게 여기지 않는 방식으로 가르친 것이다. 어찌 公都子가 이 말을 이해하지 못했기 때문에 다시 질문한 것이겠는가.

45. 孟子曰 於不可已而已者는 無所不已요 於所厚者薄이면 無所不薄也니라 其進銳者는 其退速[1)]이니라

1) 孟子曰……其退速 : 趙岐는 이 장을 군주의 賞罰과 用人의 측면에서 주해하였다. 반면에 朱熹는 ≪孟子集註≫에서 개인의 處世 방식을 말한 것으로 주해하였다.

맹자가 말했다. "버려서는 안 되는데 버리는 사람은 누구인들 버리지 않는 일이 없을 것이요, 후하게 대해야 할 사람에게 박하게 대하면 누구인들 박하게 대하지 않는 일이 없을 것이다. 등용하기를 빨리하는 사람은 퇴출하는 것도 빠른 법이다."

【注】已는 棄也라 於義所不當棄而棄之則不可라 所以不可而棄之하여 使無罪者咸恐懼也라 於義當厚而反薄之면 何不薄也리오 不憂見薄者 亦皆自安矣라 不審察人而過進이면 不肖越其倫하여 悔而退之必速矣라 當翔而後集이니 愼如之何아

'已'는 버리는 것이다. 이치상 버려서는 안 되는 사람을 버리는 것은 옳지 않다. 때문에 그런 사람을 버리지 않음으로써 죄가 없는 사람들에게 두려워하는 마음을 덜어 주어야 한다. 이치상 후하게 상을 주어야 하는데 반대로 박하게 대하면 누구인들 박하게 대하지 않겠는가. 박하게 대접받을까 염려하지 않게 되면 모두가 편안한 마음을 가지게 될 것이다. 사람을 제대로 살피지 않고 급하게 등용하면 능력이 없는 사람이 차례를 뛰어넘어 등용되고 나중에 후회하여 퇴출할 때에도 반드시 빠르게 내칠 것이다. 따라서 신하 될 사람은 마땅히 새가 빙빙 돌며 잘 살펴본 다음에 내려앉듯이 해야 할 것이니, 그 얼마나 신중히 해야 할 일이겠는가.

【疏】'孟子曰'至'退速'. ○ 正義曰：此章言賞僭及淫, 刑濫傷善. 不僭不濫, 詩人所紀. 是以季文三思, 而後行之者也. 孟子言人君於不可棄去之者而反棄去之, 是其餘之類無所不棄也. 不可棄者, 以其無罪之人也. 所以棄之者, 以其有罪者也, 故棄之使人有所懼也. 如堯去四凶[1]之罪, 是可以棄而棄之者也. 其於賞, 當所厚者反而薄之, 是其餘之類亦無所不薄也. 所以厚賞之者, 以其有功, 故厚賞之使人有所勵也. 如舜擧八元・八凱[2], 是所厚而厚之也. 其於無所不棄・無所不薄之君, 得銳進而爲仕, 則其被退黜亦必急速矣. 無他, 以其君不能鑒其賢否, 不能信任, 所以如是矣. 故詩之商頌, 所以於殷武之篇有云"不僭不濫", 論語"翔而後集"・"季文子三思而後行也".

1) 四凶：舜임금이 堯임금의 명을 받아 추방한 네 부족을 가리키는 것으로, 渾敦・窮奇・檮杌・饕餮을 일컫는다.(≪春秋左氏傳≫ 文公 18년)
2) 八元 八凱：八元은 전설상의 임금인 高辛氏 顓頊의 재주있는 여덟 명의 아들로, 伯奮・仲堪・叔獻・季仲・伯虎・仲熊・叔豹・季貍를 가리키며, 八凱는 高陽氏 帝嚳의 여덟 명의 아들로, 蒼舒・隤敳・檮戭・大臨・尨降・庭堅・仲容・叔達을 가리킨다. (≪春秋左氏傳≫ 文公 18년)

經의 〔孟子曰〕에서 〔退速〕까지

○ 正義曰：이 장은 상이 어긋나면 방종하게 되고 형벌이 남용되면 善을 손상시킴을 말한 것이다. 상이 어긋나지 않고 형벌이 남용되지 않는다〔不僭不濫〕는 말은 詩人이 한 말이다. 그래서 季文子는 세 번 생각한 뒤에 행동하였던 것이다.

맹자가 한 말이다. 군주가 버려서는 안 되는 사람을 반대로 버린다면 나머지 사람들도 모두 버리게 될 것이다. 버려서는 안 되는 사람은 죄가 없는 사람이고 버려야 할 사람은 죄가 있는 사람이므로 버리는 행위를 통해 사람들에게 두려움을 가지게 한다. 예를 들어 堯임금이 四凶의 죄를 처벌한 것은 버릴 만한 사람을 버린 것이다. 상을 줄 경우에 있어서, 마땅히 후하게 상을 주어야 할 사람에게 반대로 박하게 한다면 그 나머지 사람들에 대해서도 모두 박하게 대접할 것이다. 후하게 상을 주는 이유는 그에게 功이 있기 때문에 후하게 상을 줌으로써 다른 사람들을 격려하기 위함이다. 예를 들어 舜임금이 八元과 八凱를 등용한 것이 후하게 대할 사람에게 후하게 대한 것이다. 누구든지 버리고 누구에게나 박한 군주에게 급하게 등용되어 벼슬을 하게 되면 퇴출될 때도 반드시 빠르게 쫓겨난다. 그 이유는 다름이 아니라 군주가 신하의 능력 여부를 제대로 살필 줄 몰라 그를 신임하지도 못하기 때문에 이렇게 된 것이다. 그래서 ≪詩經≫ 商頌의 〈殷武〉편에 이르기를, “상이 어긋나지 않고 형벌이 남용되지 않는다”라고 하였고, ≪論語≫에 이르기를, “새가 빙빙 돌며 잘 살펴본 다음에 내려앉는다.”고 하고 “季文子는 세 번 생각한 다음에 행동하였다.”라고 한 것이다.

46. 孟子曰 君子之於物也에 愛之而弗仁하고

맹자가 말했다. “君子는 사물에 대해 愛育하기만 할 뿐 仁愛하지는 않으며,

【注】 物은 謂凡物可以養人者也니 當愛育之나 而不加之仁이니 若犧牲不得不殺也라

‘物’은 인간을 먹여 살리는 일반 사물을 이르는 것이므로 당연히 愛育은 하지만 그렇다고 仁愛하지는 않는다. 희생으로 바칠 소를 부득이하게 죽이는 것이 그 예이다.

於民也에 仁之而弗親하나니

백성들에 대해 仁愛하기는 하지만 親愛하지는 않는다.

【注】 臨民以非己族類라 故로 不得與親同也라

백성들을 대할 때는 그들이 자기의 친족이 아니기 때문에 친족과 동일하게 대할 수는 없다.

親親而仁民하고 仁民而愛物이니라

그렇게 보면 먼저 자기 친족을 親愛한 다음에 백성을 仁愛하고 백성을 仁愛한 다음에 사물을 愛育해야 한다.”

【注】 先親其親戚然後에 仁民하고 仁民然後에 愛物하니 用恩之次者也라

먼저 자기 친족을 親愛한 다음에 백성을 仁愛하고 백성을 仁愛한 다음에 사물을 愛育하니, 이것이 은혜를 베푸는 차례이다.

【疏】 ○ 正義曰：此章言君子布德, 各有所施, 事得其宜, 故謂之義者也. 孟子言君子於凡物也, 但當愛育之, 而弗當以仁加之也, 若犧牲不得不殺也. 於民也, 當仁愛之,而弗當親之也, 以愛有差等也. 是則先親其親而後仁愛其民, 先仁愛其民然後愛育其物耳, 是又見君子用恩有其倫序也, 故楊子所以事得其宜之謂義[1]也.

1) 楊子所以事得其宜之謂義 : ≪揚子法言≫ 〈重黎篇〉에서 어떤 사람이 義에 대해 질문하자 "일이 마땅함을 얻는 것을 의라고 한다."라고 한 것〔問義 曰事得其宜之謂義〕을 가리킨다.

○ 正義曰 : 이 장은 君子가 德을 펼칠 때 각각의 베푸는 대상이 있고 그에 따른 일마다 마땅함을 얻었으므로 이를 義라고 함을 말한 것이다.

맹자가 말한 것이다. 君子는 일반 사물에 대해서 단지 愛育하기만 할 뿐 仁愛를 베풀지는 않는다. 희생으로 바칠 소를 부득이하게 죽이는 것이 그 예이다. 백성들에 대해서는 仁愛하기는 하지만 親愛하지는 않는다. 사랑에도 차등이 있기 때문이다. 그렇다면 친족을 親愛한 다음에 백성을 仁愛하고 백성을 仁愛한 다음에 사물을 愛育하는 것이다. 여기에서 또한 君子가 은혜를 베풀 때 차례가 있음을 알 수 있다. 그래서 楊子가 일이 마땅함을 얻는 것을 義라고 한 것이다.

47. 孟子曰 知者無不知也나 當務之爲急이요 仁者無不愛也나 急親賢之爲務니

맹자가 말했다. "智者는 모르는 것이 없겠으나 마땅히 힘써야 할 일을 서둘러 하였고 仁者는 사랑하지 않는 대상이 없겠으나 賢人을 親愛하는 일을 서둘러 하였다.

【注】 知者는 知所務善也라 仁者는 務愛(其)[1]賢也라

1) (其) : 저본에는 '其'가 있으나, 廖本·孔本·韓本·考文古本에 의거하여 衍文으로 처리하였다.(阮元의 〈校勘記〉 참조)

智者는 善에 힘쓸 줄을 알고 仁者는 賢人을 親愛하는데 힘쓴다는 말이다.

堯舜之知로 而不徧物은 急先務也요 堯舜之仁으로 不徧愛人은 急親賢也니라

堯舜의 지혜로도 百官의 일을 두루 알 수 없었던 것은 먼저 힘써야 할 일을 서둘렀기 때문이며, 堯舜의 仁으로도 사람들을 두루 사랑할 수 없었던 것은 賢人

을 親愛하는 일을 서둘렀기 때문이다.

【注】物은 事也라 堯舜不徧知百工之事하고 不徧愛衆人하여 先愛賢使治民하니 不一一自往親加恩惠也라

'物'은 일을 의미한다. 堯舜이 百官의 일을 두루 알지 못하고 뭇사람들을 두루 사랑하지 못하므로 먼저 賢人을 親愛하여 백성들을 다스리게 하였으니, 일일이 직접 가서 몸소 은혜를 베풀지 않은 것이다.

不能三年之喪하고 **而緦小功之察**하며 **放飯流歠**(철)하고 **而問無齒決**이 **是之謂不知務**니라

三年喪도 제대로 치르지 못하면서 緦麻와 小功의 예를 살피며, 입을 크게 벌리고 밥을 먹고 국을 죽 들이키면서 마른 고기를 이빨로 끊어먹지 말라고 나무라는 것을 일러 급선무를 알지 못한다고 하는 것이다.

【注】尙不能行三年之喪하고 而復察緦麻小功之禮라 放飯은 大飯也라 流歠은 長歠也라 齒決은 斷肉置其餘也라 於尊者前賜食에 大飯長歠은 不敬之大者요 齒決은 小過耳라 言世之先務에 舍大譏小는 有若大飯長歠而問無齒決類也라

아직 삼년상을 제대로 치르지 못하면서 다시 緦麻와 小功의 예를 살핀다는 것이다. '放飯'은 입을 크게 벌리고 밥을 먹는 것이다. '流歠'은 국을 죽 들이키는 것이다. '齒決'은 마른고기를 이빨로 끊어서 그 나머지를 놓아두는 것이다. 어른 앞에서 내려준 음식을 먹을 때 입을 크게 벌리고 밥을 먹거나 국을 죽 들이키는 것은 크게 不敬한 행동이요 마른고기를 이빨로 끊어 먹는 것은 작은 허물이다. 세상의 급선무를 이야기하면서 큰 잘못은 놓아두고 작은 것만 비판하는 것은 마치 입을 크게 벌리고 밥을 먹거나 국을 죽 들이키면서 고기를 이빨로 잘라먹지 말라고 나무라는 것과 같다.

【疏】'孟子'至'不知務'. ○ 正義曰：此章言君子百行, 先務其崇, 是以堯舜親賢, 大化以隆道爲要者也.[1] '孟子曰, 知者無不知也, 當務之爲急'至'是之謂不知務'者, 孟子言爲之智者, 以其多知, 故無所有而不知者也, 然而但當知要務爲急耳. 爲之仁者, 以其泛愛, 故無所有而不愛者也, 然而但當急親其賢爲之要務. 是以堯・舜二帝之智不能徧知百工之事, 但急於知賢之爲先務也, 爲仁不能偏愛於衆人, 但能急親任其賢能, 使之以治民也. 今夫不能三年之喪, 爲不孝之大者也, 而察緦・小功之禮, 是孝之小者也. 放飯流歠, 不敬之大者也, 問無齒決, 責其不敬之小者也. 如不能以知賢爲先務, 而務偏知百工之事爲之先, 不能以親賢爲急務, 而務偏愛衆人之爲急, 是若執親之喪不能去不孝之大者, 而乃反察孝之小者, 食於尊者之前, 不能去不敬之大者, 而乃反責問不敬之小者也. 如此, 又安知先後之務爲緩急乎. 蓋緦麻, 三月之服者, 小功, 五月之服者也. 荀子云, "若挈裘領, 屈(三)〔五〕[2]指而頓之, 順者不可勝數." 史云, "綱擧而綱疎, 提其綱則衆目張." 與此同意.

1) 此章言君子百行……大化以隆道爲要者也 : 北京大本에는 "이 장의 章指는 다음과 같다. 갖옷을 정리할 때는 옷깃을 잡고 그물을 정리할 때는 벼리를 잡듯이 군자의 모든 행동은 급선무를 중시하였으므로 堯舜이 賢人을 親愛한 것이니, 큰 교화는 道를 높이는 것을 요체로 삼는다.〔此章指言振裘持領, 正羅維綱, 君子百行, 先務其崇, 是以堯舜親賢, 大化以隆道爲要者也〕"라고 하였다.

2) (三)〔五〕: 저본에는 '三'으로 되어 있으나, ≪荀子≫ 〈勸學〉의 원문에 의거하여 '五'로 바로잡았다.

經의 〔孟子〕에서 〔不知務〕까지

○ 正義曰 : 이 장은 君子의 모든 행동은 급선무를 중시한 까닭에 堯舜이 賢人을 親愛한 것이니, 큰 교화는 道를 높이는 것을 요체로 삼음을 말한 것이다.

〔孟子曰 知者無不知也 當務之爲急〕에서 〔是之謂不知務〕까지

맹자가 말한 것이다. 智者는 아는 것이 많기 때문에 모르는 것이 없겠으나, 단지 마땅히 힘써야 할 일을 알아서 서두르는 것뿐이다. 仁者는 널리 사랑하기 때문에 사랑하지 않는 것이 없겠으나, 단지 賢人을 親愛하는 일을 서둘러서 힘쓴 것뿐이다. 그렇기 때문에 堯임금과 舜임금의 지혜로도 百官의 일을 두루 알지 못하고 단지 賢人을 알아보는 것을 급선무로 여겼던 것이며, 堯임금과 舜임금의 仁으로도 모든 사람들을 두루 사랑하지 못하고 단지 賢能한 인물을 친애하여 그로 하여금 백성들을 다스리도록 맡긴 것이다. 지금 三年喪을 치르지 못하는 것은 不孝 가운데 큰 것에 해당하고 緦麻와 小功의 예를 살피는 것은 작은 孝에 해당한다. 입을 크게 벌리고 밥을 먹고 국을 죽 들이키는 것은 不敬 가운데 큰 것에 해당하고 마른고기를 이빨로 끊어먹지 말라고 나무라는 것은 작은 不敬을 나무라는 것이다. 賢人을 알아보는 일을 급선무로 삼지 못하

고 百官의 일을 두루 아는 일을 급선무로 삼으며, 賢人을 親愛하는 일을 급선무로 삼지 못하고 백성들을 널리 사랑하는 일을 급선무로 삼는다면, 이는 부모의 초상을 집행하면서 큰 不孝 행위는 없애지 못하면서 반대로 작은 孝를 살피는 것과 같으며, 어른 앞에서 식사를 할 때 큰 不敬 행위는 없애지 못하면서 반대로 작은 不敬 행위를 문책하는 것과 같다. 이렇게 하고서 어찌 먼저 해야 할 일과 나중에 해야 할 일의 緩急을 알 수 있겠는가. 緦麻는 3개월의 상복을 입는 것이고, 小功은 5개월의 상복을 입는 것이다. ≪荀子≫에 이르기를, "갖옷의 옷깃을 잡고 다섯 손가락을 굽혀 쓸어내리면 털이 아래로 가지런히 쏠리는 것을 이루 다 헤아릴 수 없다"라고 하였고, 史書에 이르기를, "벼리를 들었다가 벼리를 성글게 하니, 벼리를 들어올리면 수많은 그물눈들이 펼쳐진다."고 한 것은 이것과 같은 의미이다.

孟子注疏解經 卷第十四 上

盡心章句 下

凡三十(九)〔八〕[1)]章

모두 38章이다.

1) (九)〔八〕: 저본에는 '九'로 되어 있으나, 阮元의 〈校勘記〉에 의거하여 '八'로 바로잡았다.

趙氏 注 孫奭 疏

【疏】○正義曰：此卷卽趙注分上卷爲之者也，此卷凡三十八章．一章言發政施仁，一國被恩，好戰輕民，災及所親．二章言春秋撥亂，時多戰爭．三章言文之過實，聖人不改，錄其意也．四章言民思明君，若旱望雨，以仁伐暴，誰不欣喜．五章言規矩之法，喩若典禮．六章言阨窮不憫，貴而思降．七章言恕以行仁，遠禍之端，暴以殘民，招咎之患．八章言修理關梁，譏而不征．九章言率人之道，躬行爲首．十章言務利蹈姦，務德蹈仁．十一章言廉貪相殊，名亦卓異．十二章言親賢正禮，明其五教．十三章言王者當天，然後處之．十四章言得民爲君，〔得君〕[1)]爲臣，重民敬祀，治之所先．十五章言伯夷・下惠變貪厲薄．十六章言仁恩(及)〔須〕[2)]人，人能弘道．十七章言孔子周流，不遇則去．十八章言君子固窮，窮不變道．上下無交，無賢援也．十九章言正己信心，不患衆口．二十章言以明照暗，暗者以開，以暗責明，暗者愈迷．二十一章言聖人之道，學而時習，仁義在身，當常被服，舍而不修，猶茅是塞．二十二章言前聖後聖，所向者同，三王一體，何得相逾．二十三章言可爲則從，不可則止，非時逆指，猶若馮婦暴虎無已，必有害也．二十四章言尊德樂道，治性勤禮．二十五章言神聖以下，優劣異(羞)〔差〕[3)]，樂正好善，(猶)〔應〕[4)]下二科．二十六章言驅邪反正，正斯可矣，來者不(追)〔綏〕，追其前罪，君子甚之，以爲過．二十七章言養民輕斂，君子道也．二十八章言寶此三者，以爲國珍．二十九章言小知自私，藏怨之府，大雅先人，福之所聚．三十章言教誨之道，受之如海，百川移流，不得有拒．三十一章言善恕仁義，充其大美，無受爾汝，何施不可. 三十二章言道之善, 以心爲原. 三十三章言君子之行, 動合中禮, 湯武之隆, 不是過. 三十四章言富貴而驕, 自遺咎也, 茅茨采椽, 聖堯表也, 以賤說貴, 懼有蕩心. 三十五章言淸淨寡欲, (行)〔德〕[5]之高者, 畜聚積實, 穢行之下, 廉者招福, 濁者速禍. 三十六章言曾參至孝, 思親異心, 羊棗之感, 終身不嘗. 三十七章言士行有科, 人有等級, 中道爲上, 狂狷不合, 似是而非, 色厲而內荏, 鄕原之惡, 聖人所甚戒. 三十八章言三皇已來, 人倫攸敍, 聖人不出, 名世承間, 雖有斯限, 蓋有遇不遇焉. 是以仲尼止於獲麟, 孟子終於無有乎爾. 凡此三十(九)〔八〕[6]章, 合前四十五章, 是盡心篇有八十(四)〔三〕[7]章矣.

1)〔得君〕: 저본에는 '得君'이 없으나, 14장의 본문 章指에 의거하여 보충하였다.
2) (及)〔須〕: 저본에는 '及'으로 되어 있으나, 16장의 본문 章指에 의거하여 '須'로 바로잡았다.
3) (羞)〔差〕: 저본에는 '羞'로 되어 있으나, 25장의 본문 章指에 의거하여 '差'로 바로잡았다.
4) (猶)〔應〕: 저본에는 '猶'로 되어 있으나, 25장의 본문 章指에 의거하여 '應'으로 바로잡았다.
5) (行)〔德〕: 저본에는 '行'으로 되어 있으나, 35장의 본문에 의거하여 '德'으로 바로잡았다.
6) (九)〔八〕: 저본에는 '九'로 되어 있으나, 北京大本에 의거하여 '八'로 바로잡았다.
7) (四)〔三〕: 저본에는 '四'로 되어 있으나, 北京大本에 의거하여 '三'으로 바로잡았다.

○ 正義曰 : 이 卷은 趙氏의 注에서 윗 卷(〈盡心〉편)을 나누어 만든 것이다. 이 권은 총 38장으로 구성되어 있다. 제1장에서는 어진 정치를 베풀면 온 나라가 그 은혜를 입게 되고 전쟁을 좋아하여 백성들의 목숨을 가벼이 여기면 그 재앙이 가까운 사람에게까지 미침을 말했다. 제2장에서는 ≪春秋≫는 亂世를 바로잡은 책으로 당시에는 전쟁이 많이 일어났음을 말했다. 제3장에서는 문장에서 사실보다 지나치게 표현한 것을 聖人이 고치지 않고 놓아둔 것은 그 속에 담긴 의도를 기록해 놓았기 때문임을 말했다. 제4장에서는 백성들이 明君을 그리워하는 것이 마치 가뭄에 단비를 바라듯이 하였는데 어진 군주가 포악한 군주를 정벌하였으므로 누구나 기뻐하였음을 말했다. 제5장에서는 規矩를 사용하는 법이 비유컨대 典禮와 같음을 말했다. 제6장에서는 곤궁한 처지에 있어도 근심하지 않고 귀한 신분에 있으면서도 자신을 낮추려고 하였음을 말했다. 제7장에서는 자신의 입장에서 남을 바라보는 마음으로 仁을 행하는 것이 재앙을 멀리하는 단초가 되며, 폭정으로 백성들을 잔혹하게 다스리는 것은 재앙을 불러오

는 폐해를 낳음을 말했다. 제8장에서는 관문과 교량을 관리할 때 기찰만 하고 세금을 거두지 않아야 함을 말했다. 제9장에서는 사람을 통솔하는 방법은 자신이 몸소 실천하는 것이 가장 우선임을 말했다. 제10장에서는 이익에 힘쓰다 보면 간악한 길을 가게 되고 德에 힘쓰다 보면 仁의 길을 가게 됨을 말했다. 제11장에서는 청렴함과 탐욕스러운 면에서 서로 차이가 나기 때문에 그에 따른 명예 또한 특출함을 말했다. 제12장에서는 어진이를 가까이하고 禮義를 바로잡으며 五教를 밝혀야 함을 말했다. 제13장에서는 王者는 天命을 받은 다음에야 자처할 수 있음을 말했다. 제14장에서는 백성의 마음을 얻으면 군주가 되고 군주의 마음을 얻으면 신하가 되므로 백성을 소중히 여기고 제사를 경건하게 지내는 것이 통치를 하는데 최우선이 됨을 말했다. 제15장에서는 伯夷와 柳下惠는 탐욕스런 사람과 천박한 사람을 〈청렴하고 돈후한 사람으로〉 교화시켰음을 말했다. 제16장에서는 仁恩은 그 대상인 사람을 필요로 하고 사람은 그 道를 넓힐 수 있음을 말했다. 제17장에서는 孔子가 여러 나라를 떠돌다 뜻을 얻지 못하면 떠났음을 말했다. 제18장에서는 君子는 본래 곤궁하지만 곤궁해도 자신이 지키는 道를 변하지 않기 때문에 아래위로 교제가 없어 賢人의 도움을 받지 못했음을 말했다. 제19장에서는 자신을 바로잡고 마음을 信實하게 하여 뭇 사람의 비방을 근심하지 말 것을 말했다. 제20장에서는 밝은 법도로 어둠을 비추면 어두운 것이 밝아지고 어두운 법도로 밝아지기를 요구하면 어두운 것이 더욱 혼미해 짐을 말했다. 제21장에서는 聖人의 道는 배우고 이를 수시로 익혀서 仁義를 몸에 간직하기를 옷을 늘 입고 다니듯이 해야 하는데, 이를 버려두고 닦지 않으면 마치 띠풀이 길을 막아버리는 것과 같아짐을 말했다. 제22장에서는 앞 시대의 聖人과 뒷 시대의 聖人이 숭상하는 바가 서로 동일하여 三王이 일치하거늘 어찌 누가 누구보다 더 나을 수 있겠느냐고 말했다. 제23장에서는 할 수 있는 상황이면 따르고 할 수 없는 상황이면 멈추는 법이니, 좋은 말이 왕에게 채용되는 것은 그 때를 잘 맞추었기 때문이요, 그 때가 아니어서 왕의 뜻을 거스르게 되면 마치 馮婦가 무턱대고 호랑이를 때려잡는 것과 같아서 반드시 해가 미칠 것임을 말했다. 제24장에서는 德을 높이고 道를 즐기며 性을 기르고 禮를 행해야 함을 말했다. 제25장에서는 神人과 聖人 이하로 優劣의 차이가 있으며 樂正子는 善을 좋아하였으므로 아래 두 부류에 해당함을 말했다. 제26장에서는 邪道를 몰아내고 正道를 회복함에 있어 正道로 돌아오면 그만이거늘 돌아온 사람들을 편히 놓아두지 않고 지난날의 죄를 추궁하니 군자가 이를 잘못된 것이라고 강하게 비판하였음을 말했다. 제27장에서는 백성들을 부양하고 조세를 가볍게 거두는 것이 君子의 道임을 말했다. 제28장에서는 이 세 가지를 보배로 생각하는 사람은 이것을 가지고 그 나라의 보배라 여길 것임을 말했다. 제29장에서는 작은 지혜로 개인의 이익만 도모하면 원한을 집중적으로 받게 되며 고상한 덕으로 남을 앞세우면 복을 많이 받게 될 것임을 말했다. 제30장에서는 맹자가 사람을 가르치는 道는 마치 바다가 온갖 냇물을 거절하지 않고 받아들이듯이 하였음을 말했다. 제31장에서는 仁과 義를 잘 미루어서 그 좋은 점을 확충하여 '너너'소리를 듣지 않게 하면 무슨 일을 하든 못할 것이 없음을 말했다. 제32장에서는 좋은 道는 마음을 근본으로 삼음을 말했다. 제33장에서는 君子의 행동은 모두가 禮法에 맞으며 湯王과 武王의 위대함이 이에 지나지 않음을 말했다. 제34장에서는 富貴하면서 교만하면 스스로 허물을 남기게 되고 초가지붕과 서까래를 다듬지 않고 그대로 쓴 것은 堯임금이 보인 훌륭한 모습이며 신분이 낮은 사람이 높은 사람에게 유세를 할 때는 두려워 떨리는 마음이 있게 됨을 말했다. 제35장에서는 욕심이 적게 하여 청빈하게 사는 것은 덕행이 높은 사람의 삶이고 곡식과 재화를 축적하는 것은 추악한 사람의 삶이니, 청렴한 사람은 福을 불러오고 혼탁한 사람은 禍를 불러옴을 말했다. 제36장에서는 曾參이 지극한 효성으로 부친에 대한 그리움이 각별하여 羊棗에 대한 감회 때문에 종신토록 그것을 먹지 못하였음을 말했다. 제37장에서는 선비의 행실에는 등급이 있고 사람에도 등급이 있어서 中道를 실천하는 사람이 최상이 되고 狂者와 狷者는 여기에 들지 않으며, 진짜인 듯하면서 진짜가 아니어서 겉으로는 근엄한 얼굴을 하고 있지만 속으로는 겁이 많은 것이 鄕原의 나쁜 점이므로 聖人이 이를 심하게 경계하였음을 말했다. 제38장에서는 三皇 이래로 人倫이 바로 잡혔으나 聖人이 나오지 않을 때는 세상에 명분을 바로 세우는 인물이 그 사이에 나오게 되는데 비록 일정한 연한이 있기는 하지만 대체로 사람에 따라 때를 만나기도 하고 만나지 못하기도 한 까닭에 仲尼는 '獲麟'에서 붓을 멈추었고 맹자는 '無有乎爾'로 篇章을 끝맺었음을 말했다. 이상의 38장은 앞의 45장과 합하여 盡心篇 83장이 된다.

1. 孟子曰 不仁哉라 梁惠王也여 仁者는 以其所愛로 及其所不愛하고 不仁者는 以其所不愛로 及其所愛니라

맹자가 말했다. "어질지 못하도다, 梁惠王이여! 어진 사람은 자신이 사랑하는 바로써 사랑하지 않는 바에 미치게 한다. 반면, 어질지 못한 사람은 자신이 사랑하지 않는 바로써 사랑하는 바에 미치게 한다."

【注】梁은 魏都也라 以는 用也라 仁者는 用恩於所愛之臣民하여 王政不偏하고 普施德教하여 所不親愛者가 竝蒙其恩澤也라 用不仁之政으로 加於所不親愛면 則有災傷하여 所親愛之臣民이 亦竝被其害하니라 惠王이 好戰殺人이라 故로 孟子曰不仁哉라하니라

梁은 魏나라 도읍이다. '以'는 '用(~로써, ~를 가지고)'의 뜻이다. 어진 사람은 자신이 사랑하는 臣民에게 베푸는 은혜를 가지고 王政을 치우치지 않게 펴고 德教를 널리 베풂에 따라 사랑하지 않는 사람들까지도 모두 그 은택을 입는다. 반면, 어질지 않은 정치로써 사랑하지 않는 사람들에게 베풀게 되면 큰 재앙이 발생하여 사랑하는 臣民들까지도 모두 그 피해를 입게 된다. 惠王이 전쟁을 좋아하여 사람들을 죽게 하였으므로 맹자가 그를 어질지 못하다고 말한 것이다.

公孫丑問曰 何謂也잇고

공손추가 물었다. "그것이 무슨 말씀입니까?"

【注】丑問及所愛之狀何謂也라

공손추가 묻기를, 사랑하는 바에 미치게 한다는 것이 무슨 말이냐고 한 것이다.

梁惠王이 **以土地之故**로 **糜爛其民而戰之**라가 **大敗**하고 **將復之**하되 **恐不能勝**이라 **故**로 **驅其所愛子弟以殉之**하니 **是之謂以其所不愛**로 **及其所愛也**니라

맹자가 말했다. "梁 惠王이 영토에 대한 욕심 때문에 자신의 백성들을 죽여가며 전쟁을 하다가 大敗한 후 다시 전쟁을 일으키려 하였으나 승리하지 못할까 염려한 나머지 자신이 사랑하는 子弟들을 전쟁터로 내몰아 죽게 하였으니, 이것을 일러 자신이 사랑하지 않는 바로써 사랑하는 바에 미치게 한 것이라고 한 것이다."

【注】孟子言 惠王이 貪利隣國之土地而戰하여 其民이 死亡於野하고 骨肉糜爛而不收兵이라가 大敗하고 而欲復戰하되 恐士卒少不能用勝이라 故로 復驅其所愛近臣及子弟而以殉之하니라

殉은 從也라 所愛가 從其所不愛而往趨死亡이라 故로 曰及其所愛也라하니라 東敗於齊에 長子死焉하니라

맹자가 한 말이다. 惠王이 이웃 나라의 영토를 탐하여 전쟁을 일으켜서 자신의 백성들이 들판에서 죽어 그 뼈와 살이 썩어 문드러져도 전쟁을 멈추지 않다가 결국 크게 패하였고, 다시 전쟁을 일으키려 하였으나 군사가 적어 승리하지 못할까 염려한 나머지 다시 자신이 사랑하는 가까운 신하들과 子弟들을 전쟁터로 내몰아 죽게 한 것이다. '殉'은 '從'의 뜻이다. 사랑하는 바가 사랑하지 않는 바를 따르다 죽음으로 나아간 것이므로 사랑하는 바에 미치게 한 것이라고 말한 것이다. 〈梁惠王〉편에서 '동쪽으로 齊나라에 패하여 長子가 전사하였다'고 한 것이 이에 해당한다.

【疏】'孟子曰'至'愛也'. ○ 正義曰 : 此章言發政施仁, 一國被恩, 好戰輕民, 災及所親. 著此魏王, 以戒人君者也. '孟子曰, 不仁哉梁惠王也'至'及其所愛也', 孟子言世稱不仁之人是梁惠王也, 仁者之君以其用恩於所愛親幸者, 以加及於所不親幸者, 是自近及遠之謂也. 不仁之君以其用不仁之政加於所不親愛幸者, 則有災傷及其所親愛幸者也. '公孫丑問曰, 何謂也', 公孫丑未曉其旨, 乃問孟子曰, "及所愛之狀, 是何所謂也." '梁惠王以土地之故'至'及其所愛也', 孟子解其旨, 以曉公孫丑之問也. 言梁惠王貪利隣國之土地而戰鬪, 其民戰死於野, 糜爛其骨肉, 及兵大敗, 將欲復戰之, 恐懼其不能戰勝, 以其士卒之少, 故驅率其所愛幸之親臣及親愛之子弟以從之, 而往趨於戰死, 是謂以其所不愛及其所愛者也. 此所以見梁惠王不仁之甚也. 左傳云, "未陣而薄之曰敗某師, 大崩曰敗績." 今梁王之敗, 獨謂之大敗者, 以其敗某師與敗績不足言, 故稱爲大敗. 抑又言梁王不以義戰, 以見梁王不仁之甚也.

經의 〔孟子曰〕에서 〔愛也〕까지

○ 正義曰 : 이 장은 어진 정치를 베풀면 온 나라가 그 은혜를 입게 되고 전쟁을 좋아하여 백성들의 목숨을 가벼이 여기면 그 재앙이 가까운 사람에게까지 미침을 말한 것이다. 魏나라 왕의 행태를 드러냄으로써 군주들을 경계시킨 것이다.

〔孟子曰 不仁哉梁惠王也〕에서 〔及其所愛也〕까지

맹자가 한 말이다. 어질지 못한 사람이라고 세상에 일컬어지고 있는 사람은 바로 梁 惠王이다. 어진 군주는 자신이 사랑하는 사람에게 베푸는 은혜를 가지고 사랑하지 않는 사람들에게까지 미치게 하니, 이는 가까운 데서 시작하여 먼 곳에까지 미침을

말한 것이다. 반면, 어질지 못한 군주가 어질지 못한 정치를 가지고 사랑하지 않는 사람들에게 펼치게 되면 큰 재앙이 발생하여 자신이 사랑하는 사람들에까지 그 피해가 미치게 된다.

〔公孫丑問曰 何謂也〕 공손추가 그 뜻을 이해하지 못해 맹자에게 묻기를, 사랑하는 바에 미치게 된다는 것이 무엇을 말하는 것이냐고 한 것이다.

〔梁惠王以土地之故〕에서 〔及其所愛也〕까지

맹자가 그 뜻을 풀이하여 公孫丑의 질문에 명쾌하게 답해준 것이다. 梁 惠王이 이웃 나라의 영토를 탐하여 전쟁을 일으켜서 자신의 백성이 들판에서 전사하고 그들의 뼈와 살이 썩어 문드러져 군대가 大敗하였고, 다시 전쟁을 일으키려 하였으나 군사가 적어 전쟁에서 승리하지 못할까 염려한 나머지 자신이 사랑하는 가까운 신하와 사랑하는 子弟들을 전쟁터로 내몰아 따라가서 전사하게 하였으니, 이를 일러 사랑하지 않는 바로써 사랑하는 바에 미치게 한다고 한 것이다. 이를 통해 梁 惠王이 매우 어질지 못했음을 볼 수 있다. ≪春秋左氏傳≫에 이르기를, "적이 진을 치기 전에 공격하는 것을 '敗某師(아무 군대를 패배시켰다)'라 하고 크게 붕괴되는 것을 '敗績'이라고 한다."라고 하였는데, 지금 梁 惠王이 패한 것만 유독 '大敗'라고 한 것은 '敗某師'와 '敗績'이란 말만으로는 이를 표현하기가 부족했기 때문에 '大敗'라는 말을 쓴 것이다. 또한 梁 惠王이 義로운 전쟁을 하지 않았음을 말함으로써 梁 惠王이 매우 어질지 못했음을 나타내 보인 것이다.

【疏】 ○ 注'梁, 魏都'及'東敗於齊, 長子死焉'. ○ 正義曰：此蓋首篇說矣.

○ 注의 〔梁 魏都〕와 〔東敗於齊 長子死焉〕

○ 正義曰 : 이에 대해서는 첫 편(〈梁惠王〉篇)에서 설명하였다.

2. 孟子曰 春秋에 無義戰하니 彼善於此는 則有之矣니라 征者는 上伐下也니 敵國은 不相征也니라

맹자가 말했다. "≪春秋≫에는 大義에 맞는 전쟁이 없다. 다만 저 전쟁이 이 전쟁보다 나은 경우는 있다. 정벌이란 윗사람이 아랫사람을 치는 것이니, 대등한 나라끼리는 서로 정벌하지 못한다."

【注】春秋所載戰伐之事는 無應王義者也요 彼此相覺(교)[1]有善惡耳라 孔子擧毫毛之善하고 貶纖芥之惡이라 故로 皆錄之於春秋也라 上伐下를 謂之征이라하니 諸侯는 敵國이라 不〔得〕[2]相征하니라 五霸之世에 諸侯相征하니 於三王之法에 皆不得其正者也라

1) 覺(교) : '比較하다'는 뜻이다.
2) 〔得〕 : 저본에는 '得'이 없으나, 廖本·孔本·韓本·考文古本·足利本에 의거하여 보충하였다.

≪春秋≫에 기록되어 있는 전쟁 가운데는 先王의 大義에 맞는 전쟁이 없고 피차간에 善惡 정도의 차이만 있을 뿐이다. 孔子는 털끝만한 善이라도 칭찬하고 깨알만한 惡이라도 배척하였으므로 이를 ≪春秋≫에다 모두 기록해 놓았다. 윗사람이 아랫사람을 치는 것을 정벌이라 하는데, 諸侯들은 서로 대등한 나라이므로 서로 정벌하지 못한다. 五霸가 천하의 패권을 쥐고 있던 시대에는 제후들끼리 서로 정벌하였으니, 이는 三王의 법도에 비추어볼 때 모두 그 정당성을 얻지 못한다.

【疏】○ 正義曰 : 此章言春秋撥亂, 時多爭戰, 事實違禮, 以文反正. 誅討征伐, 不自王命, 故曰無義戰者也. '孟子曰'至'敵國不相征也', 孟子言春秋之世, 凡兵之所起, 皆小役大, 弱役强. 或因怒興師, 或棄禮貪利, 未嘗有禁暴救亂之義也, 是以春秋無義戰. 然而春秋雖謂無義戰, 其彼國之戰有善於此國, 未嘗無也. 是以彼善於此, 則有之矣. 夫征者以上伐下, 無有敵於我師[1], 所以正彼之罪也. 如抗敵之國, 則相爲强弱以結禍亂, 非上之所以伐下, 罔有敵於我師者也, 其勢皆足以相抗, 皆出於交惡者也, 故曰敵國不相征也.

1) 無有敵於我師 : ≪尙書≫ 〈武成〉편에서 周 武王이 殷 紂王을 정벌하는 장면을 묘사하면서 "갑자일 동틀녘에 紂王이 수풀처럼 뻗친 군대를 이끌고 나와 목야에 진을 쳤으나, 그들은 어느 누구도 우리 군사에게 대적하지 못하고 앞에 있는 군사들이 창을 거꾸로 잡고 뒤의 군사들을 공격하면서 패주하니 그들의 피가 넘쳐흘러 절굿공이를 띄워보냈다.〔甲子昧爽 受率其旅若林 會于牧野 罔有敵于我師 前徒倒戈 攻于後以北 血流漂杵〕"라고 한 데서 나온 말이다. 我師는 주 무왕의 군대, 즉 天子의 군대를 가리킨다.

○ 正義曰 : 이 장은, ≪春秋≫는 亂世를 바로잡은 책으로 당시에는 전쟁이 많이 일어나고 사건들이 禮法에 어긋나서 글로써 이를 바로잡았음을 말한 것이다. 征伐이 王命에서 나오지 않은 까닭에 大義에 맞는 전쟁이 없다고 말한 것이다.

〔孟子曰〕에서 〔敵國不相征也〕까지

맹자가 한 말이다. 春秋時代에는 무릇 전쟁이 일어난 원인이 모두 작은 나라가 큰 나라에게 부림을 당하고 약한 나라가 강한 나라에게 부림을 당했기 때문이다. 더러는 분노한 마음으로 인해 군사를 일으키기도 하고 더러는 예법을 무시한채 이익만을 탐하여 일으키기도 하였으나 그 어느 것도 포악함과 혼란을 막고자 하는 大義를 갖춘 것이 없었다. 이 때문에 春秋時代에는 大義에 맞는 전쟁이 없게 되었다. 그렇지만 춘추시대에 비록 大義에 맞는 전쟁이 없다고 말한다 하더라도 저 나라에서 일으킨 전쟁이 이 나라에서 일으킨 전쟁보다 나은 점이 있는 경우는 없지 않았다. 그래서 저 전쟁이 이 전쟁보다 나은 경우가 있다고 한 것이다. 무릇 征伐이라는 것은 윗사람이 아랫사람을 치는 것으로 어느 누구도 天子의 군대에 대적하지 못한다. 그러므로 저 제후들의 죄를 바로잡을 수 있었던 것이다. 하지만 대등한 지위의 제후국인 경우에는 서로간에 强弱을 다투어 禍亂을 발생시키니, 이는 윗사람이 아랫사람을 치는 것이 아니어서 어느 누구도 천자의 군대에 대적하지 못하는 그러한 경우에 해당하지 않는다. 즉 그 형세면에서 모두가 상호 대적할 만한 관계에 있고 모든 것이 상대방에 대한 증오심에서 나온 것이므로 대등한 나라끼리는 서로 정벌하지 못한다고 한 것이다.

【疏】 ○ 注'孔子擧毫毛'至'春秋也'. ○ 正義曰：此蓋言春秋無義戰之謂也, 如有之, 則孔子必書, 故有是之言也.

○ 注의 〔孔子擧毫毛〕에서 〔春秋也〕까지

○ 正義曰：이것은 ≪春秋≫에는 大義에 맞는 전쟁이 없음을 말한 것으로, 만약 있다고 한다면 孔子가 반드시 기록해 놓았을 것이다. 그러므로 이런 말을 한 것이다.

3. 孟子曰 盡信書면 則不如無書니라 吾於武成에 取二三策而已矣로라 仁人은 無敵於天下니 以至仁으로 伐至不仁이어니 而何其血之流杵也리오

맹자가 말했다. "≪尙書≫를 모두 다 믿는다면 ≪尙書≫가 없느니만 못하다. 나는 〈武成〉편에서 두세 개의 竹簡만 취할 뿐이다. 어진 사람은 天下에 대적할 사람이 없으니, 지극히 어진 사람으로서 지극히 어질지 못한 사람을 정벌한 것인데 어찌하여 그 피가 흘러서 절굿공이를 띄워 보냈겠는가?"

【注】書는 尙書라 經有所美에 言(爭)〔事〕[1]或過하여 若康誥曰冒聞於上帝와 甫刑[2]曰(皇)[3]帝淸問下民과 梓材曰欲至于萬年과 又曰子子孫孫永保民이라한대 人不能聞天하고 天不能問於民하며 萬年永保는 皆不可得爲書니 豈可案文而皆信之哉리오 武成은 逸書之篇名[4]으로 言武王誅紂하여 戰鬪殺人하니 血流舂杵라한대 孟子言 武王이 以至仁으로 伐至不仁할새 殷人이 簞食壺漿으로 而迎其王師어니 何乃至於血流漂杵乎아 故로 吾取武成兩三簡策可用者耳요 其過辭則不取之也라하니라

1) (爭)〔事〕: 저본에는 '爭'으로 되어 있으나, 宋本・廖本・孔本・韓本・考文古本에 의거하여 '事'로 바로잡았다.(阮元의 〈校勘記〉 참조)
2) 甫刑 : 〈呂刑〉편을 가리킨다. 이 편은 周 穆王 때 司寇에 임명된 呂侯가 왕명에 따라 형벌의 시행과 관련하여 반포한 내용을 다루고 있다. 나중에 呂侯의 후손이 甫侯에 봉해졌기 때문에 〈呂刑〉을 〈甫刑〉으로 일컫기도 한다.
3) (皇) : 저본에는 '皇'이 있으나, 宋本・廖本・孔本・韓本・考文古本・足利本에 의거하여 衍文으로 처리하였다.(阮元의 〈校勘記〉 참조) 원출처인 〈呂刑〉편에는 이 구절의 주체가 三皇五帝 중의 하나인 '皇帝'로 되어 있으나, 趙岐는 하늘, 즉 上帝를 뜻하는 '帝'로 파악하여 ≪孟子≫를 주해하였다.(≪尙書注疏≫ 卷十八考證)
4) 武成 逸書之篇名 : ≪尙書≫는 秦나라 박사 伏勝이 전한 29편의 ≪今文尙書≫와 漢나라 景帝 때 孔子의 舊宅 벽속에서 발견된 ≪古文尙書≫가 세상에 전해지다. ≪古文尙書≫는 얼마 후 망실되고 東晉의 梅賾이 헌상한 ≪僞古文尙書≫가 ≪今文尙書≫와 함께 전해졌는데, 〈武成〉편은 ≪僞古文尙書≫에 수록되어 있다. 따라서 趙岐가 활동하던 後漢시대에 〈武成〉편은 세상에 존재하지 않는 逸書였다.

書는 ≪尙書≫이다. 경전에서 아름답게 꾸미기 위해 사건을 표현한 것이 간혹 지나치기도 한다. 예를 들어 〈康誥〉의 "위로 上帝에게 알려졌다"든가 〈甫刑〉의 "上帝가 下民에게 겸허히 물었다."든가 〈梓材〉에서 "萬年에 이르기를 바란다"든가 또 "子子孫孫 영원히 백성들을 보존한다."고 하였는데, 사람이 하늘에 알릴 수 없고 하늘이 사람에게 물을 수 없으며 백성을 萬年이 되도록 영원히 보호한다는 말은 모두 정상적인 글이 될 수가 없다. 어찌 그 글의 내용을 있는 그대로 모두 믿을 수 있겠는가. 〈武成〉은 逸書의 편명으로, 武王이 紂王을 주벌하기 위해 전투를 벌여 사람들을 죽이자 마침내 그 피가 절굿공이를 띄워 보냈다고 하였는데, 맹자가 말하기를, '武王이 지극히 어진 사람으로서 지극히 어질지 못한 사람을 정벌한 것이기에 殷나라 백성들이 대나무 그릇에 담긴 밥과 병에 담은 음료를 가지고 왕의 군대를 맞이했던 것이니, 어찌 그 피가

절굿공이를 띄워보내는 지경에 이르렀겠는가. 그러므로 나는 〈武成〉편 가운데 쓸 만한 두세 개의 竹簡만 취할 뿐 지나치게 표현한 말들은 취하지 않는다.'라고 한 것이다.

【疏】○ 正義曰：此章言文之有美過實，聖人不改，錄其意也，是故取於武成二三策而已.[1] 孟子言尙書之文不可盡信之也，如盡信其書之文，則不若無書而已. 以其辭之有過，適所以疑惑於人也. 故孟子言我於書之武成篇特取二三策而爲不盡信之而已，蓋尙書之過辭多矣，所以不暇具言之，故於武成但取二三策而言耳. 曰，仁人用兵，故前徒倒戈，無有敵於我師也，是以至仁之人而誅伐其至不仁之人，而何其武王誅紂，戰鬪殺人乃至於血流舂杵也. 此孟子於武成，所以執此而言書之不可盡信矣.

1) 此章言文之有美過實……是故取於武成二三策而已：北京大本에는 "이 장의 章指는 다음과 같다. 문장에서 아름답게 꾸미기 위해 사실보다 지나치게 표현한 것을 聖人이 고치지 않고 놓아둔 것이니, 그 속에 담긴 의도를 기록해 놓았기 때문이다. 이는 ≪尙書≫만 그러한 것이 아니다. ≪詩經≫에서도 또한 '높은 산이 하늘까지 이르다.(〈崇高〉)'라든가 '아들이 백 명이나 되었다.(〈思齊〉)'라고 하였다. 그래서 〈武成〉편 가운데 두세 개의 竹簡만 취하였을 뿐이다.〔此章指言文之有美過實 聖人不改 錄其意也 非獨書云 詩亦有言 崧高極天 則百斯男 是故取於武成二三策而已〕"라고 하였다.

經의〔孟子曰〕에서〔而何其血之流杵也〕까지

○ 正義曰：이 장은 문장에서 아름답게 꾸미기 위해 사실보다 지나치게 표현한 것을 聖人이 고치지 않고 놓아둔 것이니, 그 속에 담긴 의도를 기록해 놓았기 때문이다. 그래서 〈武成〉편 가운데 두세 개의 竹簡만 취하였을 뿐이다. 孟子가 말하기를, '≪尙書≫의 문장을 모두 다 믿을 수는 없다. 만약 ≪尙書≫의 문장을 다 믿는다면 ≪尙書≫가 없느니만 못하다.'라고 하였으니, ≪尙書≫의 말 속에 사람들의 의혹을 사기에 알맞은 지나친 표현들이 있기 때문이다. 그러므로 맹자가 말하기를, '나는 ≪尙書≫의 〈武成〉편에서 단지 두세 개의 竹簡만 취하고 다 믿지는 않는다.'고 한 것이니, ≪尙書≫에서 지나치게 표현한 말들이 많이 있어 이를 모두 다 말할 겨를이 없는 까닭에 〈武成〉편에서 단지 두세 개의 죽간만 취하여 말한 것뿐이다. 즉, 어진 사람이 공격해 왔으므로 앞에 있는 군사들이 창을 거꾸로 잡고서 우리 군사를 대적하지 않았으니, 이는 지극히 어진 사람으로서 지극히 어질지 못한 사람을 주벌했기 때문이다. 그런데 어찌하여 武王이 紂王을 주벌하기 위해 전투를 벌여 사람들을 죽이자 마침내 그 피가 절굿공이를 띄워 보냈겠는가. 이는 맹자가 〈武成〉편 속에서 이 구절을 가져다가 ≪尙書≫의 내

용이 다 믿을 수는 없는 것임을 말한 것이다.

【疏】 ○ 注'書, 尙書'至'不取也'. ○ 正義曰：'康誥曰冒聞于上帝'者, 蓋成王伐管叔·蔡叔, 以殷餘民封康叔, 作此康誥也. 云"我西土, 惟時怙冒, 聞于上帝, 帝休", 孔安國云, "我西土岐周[1), 惟是怙恃文王之道, 故其政教冒被四表, 上聞于天也." 云'甫刑曰, 皇帝淸問於下民'者, 蓋呂侯見命爲天子司寇, 後爲甫侯, 故或稱甫刑, 此篇蓋以穆王命作夏禹贖刑之法, 以布告天下也. '皇帝淸問下民'者, 孔安國云. "堯帝詳問民患也." 云'梓材曰欲至于萬年, 又曰子子孫孫, 永保民'者, 蓋康叔爲政之道, 亦如梓人治材, 故曰梓材. 言欲至于萬年, 惟王子子孫孫永保民. 孔注云, "我周家惟欲使至於萬年, 承奉王室, 又欲令子孫累世長居國以安民也." 餘已前說.

1) 岐周：周나라의 옛 도읍으로 지금의 陝西省 岐山縣에 해당한다. 古公亶父가 이곳으로 천도하였고 文王이 이곳에서 태어나 왕업을 이룩하였다.

○ 注의 〔書尙書〕에서 〔不取也〕까지

○ 正義曰：〔康誥曰 冒聞于上帝〕 成王이 管叔과 蔡叔을 정벌하여 그들이 다스리던 殷나라의 남은 백성들을 康叔에게 봉해준 다음 이 〈康誥〉편을 지었다. 여기에서 '우리 西土가 이에 믿고 은택을 입어 上帝에게 알려지니 上帝가 아름답게 여겼다.'고 하였는데, 孔安國의 傳에 이르기를, "우리 서방의 岐周 백성들이 이에 文王의 道를 믿었으므로 그 政敎가 사방에 펼쳐져 위로 하늘에까지 알려졌다."고 하였다.

〔甫刑曰 皇帝淸問於下民〕 呂侯가 왕명으로 천자의 司寇가 되었다가 나중에 甫侯가 되었으므로 혹 〈呂刑〉을 〈甫刑〉이라 일컫기도 한다. 이 편은 穆王의 命으로 夏禹氏가 시행한 贖刑의 법을 글로 써서 천하에 포고한 것이다. '皇帝淸問下民'에 대해 孔安國의 傳에 이르기를, "堯임금이 백성들의 고통에 대해 상세하게 물었다."고 하였다.

〔梓材曰 欲至于萬年 又曰 子子孫孫 永保民〕 康叔이 정사를 돌보는 방법이 또한 梓人이 목재를 다루는 것과 같았으므로 篇名을 〈梓材〉라 하였다. '欲至于萬年'이라 하고 또 '惟王子子孫孫永保民'이라고 한 것에 대해 孔安國의 傳에 이르기를, "우리 周나라가 萬年까지 지속되어 周 王室을 받들어 모시게 되기를 바란다는 것이고 또 자손으로 하여금 대대로 길이 나라를 다스려 백성들을 편하게 하기를 바란다는 것이다."라고 하였다. 나머지는 이미 앞에서 설명하였다.

4. 孟子曰 有人曰 我善爲陳[1)]하며 我善爲戰이라하면 大罪也니라 國君이 好仁이면 天下에 無敵焉이니 南面而征에 北夷[2)]怨하며 東面而征에 西夷怨하여 曰 奚爲後我오하니라

1) 陳 : 전투대형을 뜻하는 '陣'과 同字이다.
2) 夷 : 宋本・孔本・韓本에는 '夷'로 되어 있고, 閩本・監本・毛本 및 四庫全書本과 朱熹의 孟子集註本에는 '狄'으로 되어 있다. 그리고 아래 孫奭의 疏에는 '夷'로 되어 있다.

맹자가 말했다. "어떤 사람이 말하기를, '나는 陣을 잘 치며 나는 전투를 잘 한다.'라고 하면 큰 죄인이다. 國君이 仁을 좋아하면 천하에 대적할 사람이 없으니, 남쪽을 향해 정벌할 때에는 北夷가 원망하고, 동쪽을 향해 정벌할 때에는 西夷가 원망하여 '어찌하여 우리를 나중에 정벌하는가?'라고 하였다.

【注】此人이 欲勸諸侯以攻戰也라 故로 謂之有罪라하니라 好仁無敵이니 四夷怨望遲하여-願見征[1)]이라- 何謂而[2)]後我오하니라 已說於上篇矣라

1) 願見征 : 앞의 '怨望遲'를 부연 설명한 것이다.
2) 謂而 : 宋本에는 '謂'가 '爲'로 되어 있고, 廖本에는 '而'가 없으며, 孔本・韓本・考文古本에는 '謂而'가 '爲'로 되어 있다.(阮元의 〈校勘記〉 참조)

이 사람이 제후에게 전쟁을 권하려고 한 것이기 때문에 죄가 있다고 말한 것이다. 仁을 좋아하면 대적할 사람이 없으니, 사방의 이민족들이 늦게 오는 것을 원망하여-정벌 당하기를 바란 것이다.- 어찌하여 우리를 나중에 정벌하느냐고 말한 것이다. 윗 편(〈梁惠王 下〉)에서 이미 설명하였다.

武王之伐殷也에 革車三百兩[1)]이요 虎賁이 三千人이러니라 王曰 無畏하라 寧爾也요 非敵百姓也라하신대 若崩厥角하여 稽首하니라 征之爲言은 正也라 各欲正己也니 焉用戰이리오

1) 兩 : '輛'의 古字로 수레를 세는 단위이다.

武王이 殷나라를 정벌할 때에 革車가 삼백 량이요 虎賁이 삼천 명이었다. 이때

武王이 포고하기를, '두려워하지 말라. 너희들을 편안케 해주기 위함이요 백성들을 적으로 여기는 것이 아니다.'라고 하니, 백성들이 모두 짐승이 뿔을 땅에 박은 듯 머리를 조아렸다. '征'이라는 말은 바로잡는다는 뜻이다. 백성들이 저마다 자기 나라를 바로잡아 주기를 원하고 있으니, 어찌 전투 잘하는 사람을 쓸 필요가 있겠는가."

【注】 革車는 兵車也라 虎賁은 武士爲小臣者也라 書云 虎賁과 贅衣와 趣馬와 小尹[1)]이라하니라 三百兩은 三百乘也라 武王令殷人曰 無驚畏하라 我來安止爾也라하니 百姓이 歸周하니라 若崩厥角은 額角(犀)〔屖〕[2)]厥地라 稽首는 拜命이니 亦以首至地也라 欲令武王來征己之國이니 安用善戰陳者리오

1) 虎賁贅衣 趣馬小尹 : 《尙書》〈立政〉편에 나오는 말로, 四庫全書本 《尙書注疏》에는 '虎賁綴衣趣馬小尹'으로 되어 있다. 여기에서 綴衣(추의), 즉 贅衣는 의복을 관장하는 관리이고 趣馬는 말을 관장하는 관리이며 小尹은 낮은 관직의 책임자이다.
2) (犀)〔屖〕 : 저본에는 '犀'로 되어 있으나, 宋本·孔本·韓本에 의거하여 '屖'로 바로잡았다.

革車는 전차이다. 虎賁은 武士 가운데 낮은 관리이다. 《尙書》에 이르기를, '虎賁과 贅衣와 趣馬와 小尹'이라 하였다. 삼백 량은 삼백 乘이다. 武王이 殷나라 백성들에게 포고하기를, "두려워하지 말라. 내가 온 것은 너희들을 편안케 해주기 위함이니라."라고 하니, 백성들이 周나라에 귀복하였다. '若崩厥角'은 이마의 양쪽 뿔이 땅에 머무는 것이다. 稽首는 명령을 받드는 것이니, 이 또한 머리가 땅에 닿는 것이다. 武王으로 하여금 자기 나라에 와서 바로잡아 주기를 바라고 있었으니, 어찌 전투를 잘하고 진을 잘 치는 사람을 쓸 필요가 있겠는가.

【疏】 '孟子曰'至'焉用戰'. ○ 正義曰 : 此章言民思明君, 若旱望雨, 以仁伐暴, 誰不欣喜. 是以殷民厥角, 周師歌舞, 焉用善戰者也. '孟子曰, 有人曰我善爲陳, 我善爲戰'至'焉用戰'者, 孟子言有人謂我善爲行陳, 我善爲戰鬪, 以其是欲勸諸侯以攻戰者也, 是爲大罪之人也. 且國君好行仁政以及民人, 凡有所征, 天下無敢有敵者也, 故南面而征則北夷怨, 東面而征則西夷怨, 曰"奚爲後我". 說已在上篇矣. 武王之誅伐商紂, 有兵車三百乘, 虎賁之勇士有三千人. 武王令告於商之人, 曰, 無驚畏, 我來安止爾也. 故不敢抗敵之, 百姓皆崩摧其角, 若無所容頭, 乃稽首拜命. 故征之所以言正彼之罪也. 百姓各欲武王來征己之國, 焉用爲善戰者乎. 此孟子所以有是而戒時君好仁以爲無敵之道而已, 是又戒時之臣無以戰事言於時君耳.

經의 〔孟子曰〕에서 〔焉用戰〕까지

○ 正義曰 : 이 장은, '백성들이 明君을 그리워하는 것이 마치 가뭄에 단비를 바라듯이 하였는데 어진 군주가 포악한 군주를 정벌하였으니 누군들 기뻐하지 않겠는가. 이 때문에 殷나라 백성들이 머리를 조아리고 周나라 군사가 노래하고 춤을 춘 것이니, 어찌 전투를 잘하는 사람을 쓸 필요가 있겠느냐'고 말한 것이다.

〔孟子曰 有人曰我善爲陳 我善爲戰〕에서 〔焉用戰〕까지

맹자가 한 말이다. 어떤 사람이 '나는 陣을 치는 것을 잘하며 나는 전투를 잘한다.'고 말한다면 이는 제후에게 전쟁을 권하려는 마음을 가지고 있는 것이므로 큰 죄인에 해당한다. 그리고 國君이 백성들에게 仁政을 행하기를 좋아하면 정벌을 할 때마다 천하에 감히 대적할 사람이 없게 된다. 그런 까닭에 남쪽을 향해 정벌할 때에는 北夷가 원망하였으며, 동쪽을 향해 정벌할 때에는 西夷가 원망하여 '어찌하여 우리를 나중에 정벌하는가?'라고 한 것이다. 이에 대한 설명은 윗 편(〈梁惠王 下〉)에서 이미 해놓았다. 武王이 商 紂王을 주벌할 때에 兵車가 삼백 乘이고 虎賁의 용사가 삼천 명이었다. 武王이 商나라 백성들에게 포고하기를, "두려워하지 말라. 내가 온 것은 너희들을 편안케 해주기 위함이니라."라고 하였으므로 백성들이 감히 대적하지 못하고 모두 짐승이 뿔을 땅에 박은 듯 머리 둘 곳이 없는 듯이 하였으니, 이는 머리를 조아리고 武王의 명을 받드는 것을 표현한 것이다. 그런 까닭에 '征'을 다른 사람의 죄를 바로잡는 것이라고 말한 것이다. 백성들이 각자 武王이 자기 나라에 와서 바로잡아 주기를 바라고 있었으니, 어찌 전투를 잘하는 사람을 쓸 필요가 있겠는가. 이상은 맹자가 이 말을 함으로써 당시의 군주를 대상으로 仁을 좋아하는 것이 대적할 사람이 없게 하는 방도라고 충고한 것이며, 또한 당시의 신하들을 대상으로 전투하는 일을 가지고 당시의 군주에게 말하지 말라고 충고한 것이다.

【疏】 ○ 注'革車'至'戰陳者'. ○ 正義曰 : 革車者, 以皮爲飾者也. 牧誓言武王戎車三百兩, 虎賁三千人.[1] 孔安國云, "兵車, 百夫長所載車, 稱兩, 一車步卒七十二人, 凡二萬一千人, 擧全數. 虎賁, 勇士稱也, 若虎賁獸, 言其猛也, 皆百夫長也." 又案太誓篇云,

"百姓懍懍, 若崩厥角."[2] 孔安國言民畏紂之虐, 危懼不(寗)〔安〕[3]若崩厥角(角)[4]無所容頭者也.

1) 武王戎車三百兩 虎賁三千人 : ≪尙書≫ 〈牧野〉의 서문에 나오는 구절로, 〈牧野〉는 周 武王이 殷 紂王을 공격하기 위해 牧野에 주둔하였을 때 군사들에게 맹세한 내용을 담고 있다.
2) 百姓懍懍 若崩厥角 : ≪尙書≫ 〈牧野〉에 나오는 구절로, 〈泰誓〉는 周 武王이 殷 紂王을 공격하기 위해 孟津에서 河水를 건널 때 군사들에게 맹세한 내용을 담고 있다.
3) (寗)〔安〕 : 저본에는 '寗'로 되어 있으나, ≪尙書注疏≫에 의거하여 '安'으로 바로잡았다.
4) (角) : 저본에는 '角'이 있으나, ≪尙書注疏≫에 의거하여 衍文으로 처리하였다.

○ 注의 〔革車〕에서 〔戰陳者〕까지

○ 正義曰 : 革車는 가죽으로 장식한 수레이다. ≪尙書≫ 〈牧誓〉의 序에 '武王이 戎車 삼백 량과 虎賁 삼천 명을 거느렸다'고 하였는데, 이에 대한 孔安國의 傳에는, "兵車는 百夫長이 타는 수레로 '兩'이라 칭한다. 수레 한 량에 步卒 72명이 배속되니 총 2만 1천명이 전체 인원수이다. 虎賁은 勇士를 일컫는 말이다. 호랑이처럼 날랜 짐승이라는 뜻이니, 그 용맹함을 표현한 것이다. 모두 百夫長을 가리킨다."라고 하였다. 그리고 〈泰誓〉편에 '백성들이 두려워하여 짐승이 뿔을 땅에 박은 듯이 하였다.'고 하였는데, 孔安國이 傳에는, 백성들이 紂王의 학정에 겁을 먹고 두렵고 불안한 마음에 마치 짐승이 뿔을 땅에 박고 머리 둘 곳을 몰라 하듯이 한 것이라고 하였다.

5. 孟子曰 梓匠輪輿 能與人規矩언정 不能使人巧니라

맹자가 말했다. "목공과 수레공은 다른 사람에게 規矩를 사용하는 방법을 가르쳐 줄 수는 있으나 그 사람을 정교하게 만들 수는 없다."

【注】 梓匠輪輿之(功)〔工〕[1]은 能以規矩與人이나 人之巧는 在心이라 拙者雖得規矩之法[2]이라도 亦不能成器也니 蓋喩人不志仁이면 雖誦典憲이라도 不能以善이라

1) 功 : 저본에는 '功'으로 되어 있으나, 閩本·監本·毛本과 四庫全書本에 의거하여 '工'으로 바로잡았다.(阮元의 〈校勘記〉 참조)
2) 之法 : 廖本·孔本·韓本·考文古本에는 '之法'이 없다.(阮元의 〈校勘記〉 참조)

목공이나 수레공은 다른 사람에게 規矩를 사용하는 방법을 가르쳐 줄 수는 있으나,

그 사람이 정교해지는 것은 마음으로 터득하느냐에 달려 있다. 따라서 마음이 졸렬한 사람은 規矩를 사용하는 방법을 아무리 배웠다 하더라도 제대로 된 기물을 만들 수가 없다. 이 말은 사람이 仁에 뜻을 두지 않으면 아무리 책을 읽는다 하더라도 善人이 될 수 없음을 비유한 것이다.

【疏】 ○ 正義曰：此章言規矩之法, 喩若典禮, 人不志仁, 雖誦憲籍, 不能以善者也.[1)] 孟子言梓匠輪輿之工, 能與人規矩法度, 而不能使人之巧. 以其人之巧在心, 如心拙, 雖得規矩法度, 亦不能成美器也. 喩當時之君, 如心不在仁, 雖誦憲籍, 亦不能成美政也. "梓匠輪輿", 已說於上篇矣.

1) 此章言規矩之法……不能以善者也：北京大本에는 "이 장의 章指는 다음과 같다. 規矩를 사용하는 법은 비유컨대 典禮와도 같아서 그 사람이 仁에 뜻을 두지 않으면 아무리 책을 읽는다 하더라도 善人이 될 수 없다. 善人이 道를 닦고 公輸子가 먹줄 쓰는 법을 지킴으로써 훌륭한 정사가 이루어지고 아름다운 그릇이 만들어지게 되니, 이는 법도에 응하여 그 이치를 얻은 것이다.〔此章指言規矩之法 喩若典禮 人不志仁 雖誦典憲 不能以善 善人修道 公輸守繩 政成器美 惟度是應 得其理也〕"라고 하였다.

○ 正義曰：이 장은 規矩를 사용하는 법은 비유컨대 典禮와도 같아서 그 사람이 仁에 뜻을 두지 않으면 아무리 책을 읽는다 하더라도 善人이 될 수 없음을 말한 것이다. 맹자가 말하기를, '목공과 수레공은 남에게 規矩를 사용하는 법을 가르쳐 줄 수는 있으나 그 사람이 정교해지게 만들 수는 없다. 그 사람이 정교해지는 것은 마음으로 터득하느냐에 달려있으므로 만약에 마음이 졸렬하면 아무리 規矩를 사용하는 방법을 터득한다 하더라도 아름다운 기물을 말들 수가 없다.'라고 한 것이다. 이는 당시의 군주가 마음속에 仁이 없으면 아무리 책을 읽는다 하더라도 아름다운 정사를 이룰 수 없음을 비유한 것이다. '梓匠輪輿'에 대해서는 윗 편(〈滕文公 下〉)에서 이미 설명하였다.

6. 孟子曰 舜之飯糗茹草也에 若將終身焉이러시니 及其爲天子也하사는 被袗衣하시며 鼓琴하시며 二女果를 若固有之러시다

맹자가 말했다. "舜임금이 미숫가루를 타서 먹고 푸성귀를 뜯어 먹을 때에는 마치 그렇게 평생을 살아갈 것처럼 하더니, 천자가 되어서는 그림을 수놓은 옷을 입고 거문고를 연주하고 堯임금의 두 딸에게 시중을 받기를 마치 본래부터 이를 가지고 있었던 것처럼 하였다.”

【注】 糗는 (飯)[1]乾糒也라 袗은 畫也라 果는 侍也라 舜이 耕陶之時에 飯糗茹草를 若將終身如是러니 及爲天子하얀 被畫衣黼黻絺繡也하며 鼓琴以協音律也하며 以堯二女自侍하되 亦不佚豫하여 如固自當有之也러라

1) (飯) : 저본에는 '飯'이 있으나, 문맥이 통하지 않아 孫奭의 疏에 의거하여 衍文으로 처리하였다.

'糗'는 말린 미숫가루이다. '袗'은 그림이다. '果'는 시중을 드는 것이다. 舜임금이 농사를 짓고 도자기를 굽던 시절에는 미숫가루를 타서 먹고 푸성귀를 뜯어 먹으면서 마치 평생을 그렇게 살아갈 것처럼 하더니, 천자가 되어서는 黼黻의 그림을 수놓은 화려한 옷을 입고 음률에 맞추어 거문고를 연주하고 堯임금의 두 딸에게 시중을 받으면서도 또한 방탕하게 향락에 빠지지 않아 마치 본래부터 이를 가지고 있었던 것처럼 하였다.

【疏】 ○ 正義曰：此章言阨窮不憫, 貴而思降, 凡人所難, 虞舜獨降, 聖德所以殊者也. 孟〔子〕[1]言舜初於耕歷山・陶河濱之時, 以糗而飯, 以草而茹, 若終身如是焉. 及堯禪位, 爲之天子, 所被以畫衣黼黻絺繡, 鼓五弦之琴, 以堯帝二女事之, 實若固自當有之也.

1) 〔子〕: 저본에는 '子'가 없으나, 閩本・監本・毛本에 의거하여 보충하였다.(阮元의 〈校勘記〉 참조)

○ 正義曰 : 이 장은 곤궁한 처지에 있어도 근심하지 않고 귀한 신분에 있으면서도 자신을 낮추기를 생각하는 것은 일반 사람들로서는 하기 어려운 일이거늘 虞舜이 홀로 자신을 낮추었으니, 聖人의 덕이 남다른 점이다. 맹자가 말하기를, '舜임금이 처음 歷山에서 농사를 짓고 河濱에서 도자기를 굽던 시절에는 미숫가루를 먹고 푸성귀를 뜯어 먹으면서 마치 평생을 그렇게 살아갈 것처럼 하더니, 堯임금이 선위함에 따라 천자가 되자 黼黻의 그림을 수놓은 화려한 옷을 입고 다섯 줄의 거문고를 연주하고 堯임금의 두 딸로 섬기게 하기를 실로 본래부터 이를 가지고 있었던 것처럼 하였다'고 하였다.

【疏】○ 注'糗, 乾糒也'至'黼黻絺繡也'. ○ 正義曰：云糗, 糒也, 按釋名云, "糗, 乾飯屑[1)]也." 云"袗, 畫也", 說文云"袗, 玄衣也.", 孔傳[2)]云, "黼若斧形. 黻爲兩已相背. 葛之精曰絺, 五色備曰繡." 云"果, 侍也", 按許愼謂女侍曰婐, 今釋果爲侍, 謂二女之侍舜, 是以有惑於許愼之說而遂誤歟. 蓋木實曰果, 云果者, 取其實而言也.

1) 乾飯屑：≪五倫行實圖≫ 〈趙孝就烹〉조에서 '米糒'를 '쌀미시'로 언해하였고, 崔世珍의 ≪訓蒙字會≫에서 '糗'를 '미시 구 乾飯屑'로 풀이한 것으로 볼 때 '乾飯屑'은 쌀이나 보리 등의 곡식을 볶아서 가루로 만든 미숫가루를 의미한다.

2) 孔傳：≪尙書≫ 〈益稷〉에 수록된 孔安國의 주석을 가리킨다.

○ 注의 〔糗 乾糒也〕에서 〔黼黻絺繡也〕까지

○ 正義曰：〔糗 糒也〕 ≪釋名≫에 이르기를, "'糗'는 미숫가루를 의미한다."라고 하였다.

〔袗 畫也〕 ≪說文解字≫에 이르기를, "'袗'은 검은색의 옷을 의미한다."라고 하였고, 孔安國의 傳에는 "'黼'는 도끼 모양과 같고 '黻'은 두 '己'자가 서로 등진 모양이다. 정교하게 만든 갈포를 '絺'라 하고 五色을 모두 갖춘 것을 '繡'라고 한다."라고 하였다.

〔果 侍也〕 許愼이 여자가 시중드는 것을 '婐'라 한다고 풀이하였는데, 지금 注에서 '果'를 '시중들다'는 뜻으로 해석하여 '두 딸이 舜임금의 시중을 들었다.'고 설명하였으니, 이는 許愼의 설에 미혹되어 오류를 범한 것으로 보인다. 대체로 나무의 열매, 木實을 '果'라 하는데, 이 章에서 '果'는 그 實의 의미를 취하여 말한 것이다.

7. 孟子曰 吾今而後에 知殺人親之重也로라 殺人之父면 人亦殺其父하고 殺人之兄이면 人亦殺其兄하나니 然則非自殺之也언정 一間耳니라

맹자가 말했다. "나는 이제야 비로소 다른 사람의 부모형제를 죽이는 것이 매우 중대한 일임을 알았다. 누군가가 다른 사람의 아비를 죽이면 다른 사람 또한 그 사람의 아비를 죽일 것이요, 다른 사람의 형을 죽이면 다른 사람 또한 그 사람의 형을 죽일 것이다. 그렇게 되면 부모형제를 자신이 직접 죽이지 않았을지언정 자신이 직접 죽인 것이나 거의 다름이 없다."

【注】父仇不同天이요 兄仇不同國이라 以惡加人이면 人必加之니 知其重也라 一間者는 我往彼來하여 間一人耳니 與自殺其親으로 何異哉리오

아버지의 원수와는 같은 하늘 아래 살 수 없고 형의 원수와는 같은 나라에서 살 수 없다. 다른 사람에게 해악을 가하면 다른 사람이 반드시 그에게 해악을 가할 것이니 그것이 얼마나 중대한 일인지 알 수 있다. '一間'이란 나와 상대방이 왕래하는 사이가 단지 한 사람 들어갈 정도의 공간일 뿐이라는 것이니, 결국 자기 부모형제를 자신이 직접 죽이는 것과 무엇이 다르겠느냐는 말이다.

【疏】○ 正義曰：此章言恕以行仁, 遠禍之端, 暴以殘民, 招咎之患. 是以君子好生惡殺, 反諸身者也. 孟子言我於今然後知殺人之親之爲最重者也, 殺彼人之父, 彼人亦殺己父而報之, 殺彼人之兄, 彼人亦殺己兄而報之. 如是, 則非己之殺, 但一間耳, 以其與自殺之無異也.

○ 正義曰：이 장은 '자신의 입장에서 남을 바라보는 마음으로 仁을 행하는 것이 재앙을 멀리하는 단초가 되며, 폭정으로 백성들을 잔혹하게 다스리는 것은 재앙을 불러오는 폐해를 낳는다. 그렇기 때문에 군자는 살리기를 좋아하고 죽이기를 싫어하며 더 나아가 이를 자신에게 돌이켜본다.'고 한 것이다. 맹자가 말하기를, '나는 지금 이후에야 다른 사람의 부모형제를 죽이는 것이 매우 중대한 일임을 알았다. 저 사람의 아비를 죽이면 저 사람 또한 나의 아비를 죽여서 보복할 것이요, 저 사람의 형을 죽이면 저 사람 또한 나의 형을 죽여서 보복할 것이다. 이렇게 되면 자신이 직접 죽인 것은 아니라 하더라도 자신이 죽인 것과 단지 한 칸밖에 차이가 나지 않으니, 자신이 직접 죽인 것과 다름이 없다.

【疏】○ 注'父仇不同天, 兄仇不同國'. ○ 正義曰：案禮云, 父之讐弗與共戴天, 交遊之讐不同國, 兄弟之讐不反兵. 蓋所以避之也. 周官云, "父之讐, 避諸四海之外." 所謂不與共其國, 蓋非周禮歟. 又周官謂人凡殺人而義者勿令(勿)〔讐〕[1], 讐則殺之而不義. 在邦法不可殺者, 必避之而已.

1) (勿)〔讐〕: 저본에는 '勿'로 되어 있으나, 閩本·監本·毛本에 의거하여 '讐'로 바로잡았다.(阮元의 〈校勘記〉 참조)

○ 注의 〔父仇不同天 兄仇不同國〕

○ 正義曰 : ≪禮記≫ 〈曲禮〉에 "아버지의 원수와는 같은 하늘 아래 살지 않고 친구를 죽인 원수와는 같은 나라에 살지 않으며 형제를 죽인 원수는 무기를 도로 거두지 않는다."라고 하였는데, 이는 그 대상을 피한 것이다. ≪周官≫ 〈調人〉에 이르기를, "아버지의 원수와는 四海 밖으로 피한다."고 하였으니, 이른바 같은 나라에 함께 살지 않는 것이 周나라의 禮인 듯하다. 또 ≪周官≫ 〈調人〉에 이르기를, "어떤 사람이 살인을 하되 義에 맞게 한 경우에는 그에게 복수를 해서는 안된다."라고 하였으니, 복수를 하면 사람을 죽인 것이 義에 맞지 않게 된다. 나라법에 죽이지 말라고 한 것이니, 반드시 피하라는 말이다.

8. 孟子曰 古之爲關也는 將以禦暴러니 今之爲關也는 將以爲暴로라

맹자가 말했다. "옛날에 관문을 설치한 목적은 포학한 자를 막기 위함이었는데 지금 관문을 설치한 목적은 포학한 짓을 하기 위한 것이다."

【注】 古之爲關은 將以禦暴亂譏閉非常也러니 今之爲關은 反以征稅出入之人하니 將以爲暴虐之道也라

옛날에 관문을 설치한 목적은 수상한 사람을 기찰하여 포학한 자를 막기 위함이었는데, 지금 관문을 설치한 목적은 반대로 출입하는 사람들에게 세금을 거두는 것으로 보아 포학한 짓을 하기 위한 것이다.

【疏】 ○ 正義曰 : 此章言修理關梁, 譏而不征. 如以稅斂, 非其程式, 懼將爲暴, 故譏之也. 孟子言古之爲關, 譏而不稅, 將以禦暴亂・非常之人而已. 今之爲關, 乃征稅而不譏, 將以爲暴亂之道也. 按周禮・司關云, "凡四方之賓客叩關, 則爲之告, 有內外之送〔令〕[1], 則以節傳出納之." 是以爲關將以禦暴也. 孟子之時, 司關征取其稅, 適所以爲暴. 此孟子所以有是言歟.

1) 〔令〕 : 저본에는 '令'이 없으나, ≪周禮≫ 〈司關〉의 본문에 의거하여 보충하였다.

○ 正義曰 : 이 장은 관문과 교량을 관리할 때 기찰만 하고 세금을 거두지 않아야 함을 말한 것이다. 이를 통해 세금을 거두는 것은 법도에 맞는 일이 아니므로 포학한 짓이 될까 염려되었기 때문에 기찰만 한 것이다. 맹자가 말하기를, '옛날에는 관문을 설

치하고서 기찰만 하고 세금은 거두지 않았으니 이는 포학하거나 수상한 사람을 막기 위한 것이었다. 그런데 지금은 관문을 설치하고서 세금만 거두고 기찰은 하지 않으니 이는 장차 포학한 짓을 하기 위한 것이다.'라고 하였다. ≪周禮≫ 〈司關〉에 이르기를, "사방에서 오는 賓客이 관문을 두드리면 상부에 고하고 외부나 내부로 통과시키라는 명이 있으면 통행증을 발급하여 밖으로 내보내거나 안으로 들여보낸다."라고 하였으니, 이는 관문을 설치한 것이 포학한 자를 막기 위한 것이라는 말이다. 그런데 맹자 당시에는 司關이 세금을 거두어 포학한 짓을 하였으므로 이 때문에 맹자가 이 말을 한 것으로 보인다.

9. 孟子曰 身不行道면 不行於妻子요 使人不以道면 不能行於妻子니라

맹자가 말했다. "자신이 몸소 道德을 실천하지 않으면 처자에게도 행해지지 않을 것이요. 남을 부리되 道理에 맞지 않으면 처자에게도 행해지지 못한다."

【注】 身不自履行道德而欲使人行道德이면 雖妻子라도 不肯行之니 言無所則效라 使人不順其道理면 不能使妻子順之어든 而況他人乎아

자신이 몸소 도덕을 실천하지 않으면서 다른 사람으로 하여금 도덕을 행하게 하고자 한다면 비록 처자라 하더라도 행하려 하지 않을 것이니, 이는 본받을 것이 없음을 말한 것이다. 사람을 부리되 도리에 맞지 않으면 처자조차도 따르게 하지 못할 것인데 하물며 다른 사람들이야 말할 게 있겠는가.

【疏】 ○ 正義曰：此章言率人之道, 躬行爲首者也. 孟子言人身自不履行其道德, 雖妻子之間且有所不行, 以其無所效法者也. 使人如不以道理, 雖妻子且有不順, 況能行於民乎. 荀況云, "有分義[1], 則合天下而治, 無分義, 則一妻一妾而亂."[2] 亦與同意. 論語曰, "其身正, 不令而行. 其身不正, 雖令不從."亦其意也.

1) 分義：각자 제 위치에 맞는 정해진 역할을 의미한다.
2) 有分義……則一妻一妾而亂：≪荀子≫ 〈大略篇〉에 나오는 말이다.

○ 正義曰：이 장은 사람을 통솔하는 방법은 자신이 몸소 실천하는 것이 가장 우선임을 말한 것이다. 맹자가 말하기를, '사람이 몸소 도덕을 실천하지 않으면 비록 처자

사이라 하더라도 행해지지 않을 것이니, 본받을 것이 없기 때문이다. 사람을 부리되 도리에 맞지 않으면 비록 처자라 하더라도 따르지 않을 것인데 하물며 백성들에게 행해질 수 있겠는가. 荀況이 이르기를, "分義가 있으면 온 천하가 잘 다스려지고, 分義가 없으면 妻妾들조차도 다스려지지 않는다."라고 하였으니, 또한 같은 의미이다. ≪論語≫ 〈子路〉에 이르기를, "자기 자신이 바르면 명령하지 않아도 행해지고, 자신이 바르지 못하면 아무리 명령한다 하더라도 따르지 않는다."라고 하였으니, 이 또한 같은 뜻이다.

10. 孟子曰 周于利者는 凶年이 不能殺하고 周于德者는 邪世不能亂이니라

맹자가 말했다. "이익을 쌓는 일에 통달한 사람은 흉년이 들더라도 그를 죽이지 못하고 덕을 쌓은 일에 통달한 사람은 사악한 세상을 만난다 하더라도 그 뜻을 어지럽게 하지 못한다."

【注】 周達於利하여 營苟得之利而趨生이면 雖凶年이라도 不能殺之하고 周達於德하여 身欲行之면 雖遭邪世라도 不能亂其志也라

이익을 쌓는 일에 통달하여 의롭지 않은 이익까지 추구하는 삶을 살게 되면 비록 흉년이 들더라도 그를 죽게 하지 못하며, 德을 쌓는 일에 통달하여 이를 몸소 실천하고자 하면 비록 사악한 세상을 만난다 하더라도 그 뜻을 어지럽게 하지 못한다.

【疏】 ○ 正義曰 : 此章言務利蹈姦, 務德蹈仁, 舍生取義, 其道不均者也. 孟子言人積備其利物, 以爲周于利者, 則所養常厚, 故凶荒之年且不能殺死. 喩人之能盡其性, 以爲周于德者, 則所守彌篤, 故姦邪之世不能亂其志. 蓋以戰國之時, 無富而教之之術, 此孟子所以救之以此.

○ 正義曰 : 이 장은 이익에 힘쓰다 보면 간악한 길을 가게 되고 德에 힘쓰다 보면 仁의 길을 가게 되니, 현재의 삶을 버리고 義를 취한다는 점에서 그 길이 서로 같지 않음을 말한 것이다. 맹자가 '사람이 재물을 비축하여 이익을 쌓는 일에 통달하게 되면 먹고사는 것이 늘 여유가 있으므로 흉년이 들어도 그를 죽이지 못한다.'고 말한 것은 뒷 구절에 나오는 '사람이 자신의 본성을 다하여 德을 쌓는 일에 통달하면 지키는

바가 더욱 돈독해지므로 사악한 세상이 되어도 그 뜻을 어지럽게 하지 못한다'는 것을 비유적으로 표현한 것이다. 戰國時代에는 부자가 되어도 예의를 가르치는 일이 없었기 때문에 맹자가 이 말로 그 폐단을 막은 것이다.

11. 孟子曰 好名之人은 能讓千乘之國이어니와 苟非其人이면 簞食豆羹에 見於色하나니라

맹자가 말했다. "명예를 좋아하는 사람은 천승의 나라도 사양할 수 있다. 하지만 그런 사람이 아니라면 밥 한 소쿠리와 국 한 사발에도 얼굴빛이 변한다."

【注】 好不朽之名者는 輕讓千乘하나니 伯夷季札之類是也라 誠非好名者면 爭簞食豆羹變色하여 訟之致禍하나니 鄭(公子)〔子公〕[1]染指黿羹之類是也라

1) (公子)〔子公〕: 저본에는 '公子'로 되어 있으나, 廖本・孔本・韓本・考文古本과 ≪春秋左氏傳≫에 의거하여 '子公'으로 바로잡았다. 아래의 疏도 같다.

불후한 명예를 좋아하는 사람은 千乘의 나라도 가벼이 여겨 사양을 한다. 伯夷와 季札 같은 사람이 이에 해당한다. 만약 명예를 좋아하는 사람이 아니라면 밥 한 소쿠리와 국 한 사발에도 얼굴빛이 변하여 서로 다투어서 화를 일으킨다. 자라국에다 손가락을 집어넣은 鄭나라 子公 같은 사람이 이에 해당한다.

【疏】 正義曰: 此章言廉貪相殊, 名亦卓異者也. 孟子言好不朽之名者, 則重名輕利, 故云能讓千乘之國而且不受. 苟非好名之人, 則重利而輕名, 而簞食豆羹之小節, 且見爭奪而變見於顔色.

○ 正義曰: 이 장은 청렴함과 탐욕스러운 면에서 서로 차이가 나기 때문에 그에 따른 명예 또한 특출함을 말한 것이다. 맹자가 말하기를, '불후한 명예를 좋아하는 사람은 명예를 소중히 여기고 이익을 가볍게 여기므로 천승의 나라도 사양하여 받지 않을 수 있다고 말한 것이다. 만약 명예를 좋아하는 사람이 아니라면 이익을 소중히 여기고 명예를 가볍게 여겨서 밥 한 소쿠리와 국 한 사발과 같은 사소한 것에도 서로 다투어서 얼굴빛이 변한다.

【疏】○ 注'伯夷季札與鄭(公子)〔子公〕之類'. ○ 正義曰：案史記・列傳云, "伯夷・叔齊, 孤竹君之二子, 父欲立叔齊. 及父卒, 叔齊讓伯夷, 伯夷曰, '父命也.' 遂逃去. 叔齊亦不肯立, 而逃之." 案春秋・少陽篇, "伯夷姓墨名允, 字公信. 伯, 長也. 夷, 諡也. 叔齊名智, 字公達, 伯夷之弟, 齊亦諡也." 世家云, 王餘昧卒, 欲授弟季札, 季札讓逃去, 於是吳人曰, 先王有命, 兄卒弟代立, 必致季子. 〔季子〕[1]今逃位, 則王餘昧後立, 今卒, 其子當代. 乃立王餘昧之子僚爲王. 凡此是伯夷・季札之讓千乘之國也. 云"鄭(公子)〔子公〕染指黿羹"者, 案魯宣公四年左傳云, "楚人獻黿於鄭靈公. 公子宋與子家將〔入〕[2]見, 子公之食指動, 以示子家曰, '他日我如此, 必嘗異味.' 及入, 宰夫將解黿, 相視而笑. 公問之, 子家以告. 及食大夫黿, 召子公而弗與. 子公怒, 染指於鼎, 嘗之而出. 公怒, 欲殺子公. 子公與子家謀先, 子家曰, '畜老猶憚殺之, 而況君乎.' 反譖子家, 子家懼而從之. 夏, 弑靈公. 故經書曰, '鄭公子弑其君夷.[3]'" 是也.

1) 〔季子〕: 저본에는 '季子'가 없으나, ≪史記≫ 〈伯夷列傳〉의 본문에 의거하여 보충하였다.
2) 〔入〕: 저본에는 '入'이 없으나, ≪春秋左氏傳≫ 본문에 의거하여 보충하였다.
3) 鄭公子弑其君夷 : ≪春秋左氏傳≫ 魯宣公 4년조 經文에는 "여름 6월 乙酉에 정나라 公子 歸生이 그 임금 夷를 시해하였다.〔夏六月乙酉 鄭公子歸生弑其君夷〕"라고 하여 '子公'이 아니라 '公子'로 되어 있는데, 여기에서 公子 歸生는 子家를 가리킨다.

○ 注의 〔伯夷季劄與鄭子公之類〕

○ 正義曰 : ≪史記≫ 〈伯夷列傳〉에 이르기를, "伯夷와 叔弟는 孤竹君의 두 아들로 그 아버지는 叔弟를 왕으로 세우고자 했다. 아버지가 죽자 叔弟는 伯夷에게 왕위를 양보했고 伯夷는 '아버지의 명이다.'라는 말을 남기고 마침내 도망을 갔다. 叔弟 또한 왕위에 오르고 싶지 않아서 도망을 갔다."라고 하였고, ≪春秋≫ 〈少陽篇〉에 이르기를, "伯夷의 성은 墨이고 이름은 允이며 字는 公信이다. 伯은 '맏이'라는 뜻이고 夷는 시호이다. 叔齊의 이름은 智이고 字는 公達이니, 伯夷의 아우이다. 齊 또한 시호이다."라고 하였다. ≪史記≫ 〈吳太伯世家〉에 이르기를, "吳王 餘昧가 죽으면서 그의 아우 季札에게 왕의 자리를 주려고 하였는데 季札이 사양하고는 도망을 갔다. 이에 吳나라 사람들이 '先王이 명을 내리기를, 형이 죽으면 아우가 왕위를 이어받아 반드시 季子(季札)에게까지 이르게 하라고 하였다. 이번에 季子가 왕위를 버리고 도망을 갔으니 吳王 餘昧가 先王의 아들 가운데 마지막 왕이 된 것이고, 이번에 餘昧가 죽었으니 그의 아들이

마땅이 대를 이어야 한다.'고 하면서 吳王 餘昧의 아들 僚를 왕으로 옹립하였다."라고 하였다. 이상은 伯夷와 季札이 千乘의 나라를 양보한 내력이다.

〔鄭子公染指黿羹〕≪春秋左氏傳≫ 宣公 4년 조에 이르기를, "楚나라 사람이 鄭 靈公에게 큰 자라를 바쳤다. 그 무렵 公子宋(子公)이 子家와 함께 어전에 들어가 靈公을 뵈려고 하였는데 마침 子公의 食指가 꿈쩍거렸다. 이에 子家에게 손가락을 보여주며 '예전에 내게 이런 일이 생기면 반드시 진귀한 음식을 맛보게 된다.'라고 하였다. 그들이 어전에 들어서자 요리사가 자라를 요리할 준비를 하고 있기에 서로 바라보며 웃음을 지었다. 靈公이 그 연유를 묻자 子家가 사실대로 고하였다. 얼마 후 大夫들에게 자라를 먹일 때가 되자 靈公은 子公을 불러다 놓기만 하고 자라 요리를 주지 않았다. 이에 子公이 화가 나서 손가락을 솥에 집어넣어 국물 맛을 본 다음 나가버렸다. 靈公이 노하여 子公을 죽이려고 하자 子公이 子家와 함께 선수를 치자고 제안하였는데, 子家가 대답하기를, '늙은 가축도 오히려 죽이기를 꺼리는데 하물며 임금이겠는가.'라고 하기에 子公이 이번에는 반대로 子家를 참소하려고 하였다. 그래서 子家는 두려운 마음에 子公의 제안을 따랐다. 두 사람은 여름에 靈公을 시해하였다. 그래서 經文에 이르기를, '鄭나라 公子가 그 임금 夷를 시해하였다.〔鄭公子弑其君夷〕'고 하였다."고 한 것이 이에 해당한다.

12. 孟子曰 不信仁賢이면 則國空虛하고 無禮義면 則上下亂하고 無政事면 則財用不足이니라

맹자가 말했다. "어진 이를 신뢰하지 않으면 나라가 텅 비게 되고 禮義가 없으면 상하의 질서가 혼란해지고 정사가 없으면 財用이 부족해진다."

【注】 不親信仁賢이면 仁賢去之하여 國無賢人하나니 則曰空虛也라 無禮義以正尊卑면 則上下之敍가 泯亂하니라 無善政以教人農時면 貢賦則不入이라 故로 財用(有所)[1]不足(故也)[2]이라

1) (有所) : 저본에는 '有所'가 있으나, 宋本・孔本・韓本・考文古本에 의거하여 衍文으로 처리하였다.

2) (故也) : 저본에는 '故也'가 있으나, 宋本・孔本・韓本・考文古本에 의거하여 衍文으

로 처리하였다.

어진 이를 가까이 두고 신뢰하지 않으면 어진이가 떠나가서 나라에 어진이가 없게 되므로 텅 비었다고 한 것이다. 尊卑를 바로잡는 禮義가 없으면 상하의 질서가 혼란해진다. 백성들에게 농사지을 때를 가르치는 善政이 없으면 세금이 들어오지 않게 되므로 財用이 부족해진다.

【疏】 ○ 正義曰：此章言親賢正禮，明其五教，爲政之源，聖人以三者爲急也．孟子言人君不親信仁賢，則仁賢去之，仁賢去則國無賢人，是爲空虛之國也．無禮義以正尊卑，則上下之序泯亂．無政事以理財，則財用乏而不足．蓋禮義由賢者出，政事由賢者出，不信仁賢則禮義不興，禮義不興則政事不行，而國之財用於是乎不足．此孟子言之，亦其敍之然．

○ 正義曰：이 장은 어진 이를 가까이 하고 禮義를 바로잡으며 五教를 밝히는 것이 정치의 근본으로 聖人은 이 세 가지를 가장 중요하게 여김을 말한 것이다. 맹자가 말하기를, '임금이 어진 이를 가까이 두고 신뢰하지 않으면 어진 이가 떠나가게 되며 어진 이가 떠나면 나라에 어진 이가 없게 된다. 이것이 텅 빈 나라이다. 尊卑를 바로잡는 禮義가 없으면 상하의 질서가 혼란해진다. 재물을 잘 관리하는 정사가 없으면 재용이 바닥나 부족하게 된다. 대체로 禮義는 어진 이로부터 나오고 政事도 어진 이로부터 나오니 어진 이를 신뢰하지 않으면 예의가 일어나지 못하고 예의가 일어나지 못하면 정사가 행해지지 않으며 나라의 재용이 이에 부족하게 된다.'고 한 것이다. 이것은 맹자가 말한 것이니, 또한 그 순서가 그러하다.

13. 孟子曰 不仁而得國者는 有之矣어니와 不仁而得天下者는 未之有也니라

맹자가 말했다. "不仁하면서 나라를 얻는 경우는 있었지만 不仁하면서 천하를 얻는 경우는 아직껏 없다."

【注】 不仁得國者는 謂象封於有庳와 叔鮮叔度封於管蔡니 以親親之恩而得國也라 雖有誅亡라도 其世有土라 丹朱商均은 天(下)〔子〕[1]元子나 以其不仁으로 天下不與라 故로 不得有天下焉하니라

1) (下)〔子〕: 저본에는 '下'로 되어 있으나, 焦循의 ≪孟子正義≫에 의거하여 '子'로 바로잡았다.

不仁하면서 나라를 얻은 경우는 象이 有庳에 봉해진 것과 叔鮮과 叔度가 管과 蔡에 봉해진 것을 말하는데, 이는 親親의 관계로 인해 나라를 얻은 것이다. 그들은 비록 주벌을 당한다 하더라도 대대로 그 영토를 소유하게 된다. 丹朱와 商均은 천자의 元子이지만 그들의 不仁함으로 인해 천하 사람들이 추종하지 않았다. 그래서 천하를 소유하지 못한 것이다.

【疏】 ○ 正義曰 : 此章言王者當天, 然後處之. 桀・紂・幽・厲, 雖得猶失, 不爲得者也. '孟子曰不仁而得國有之矣, 不仁而得天下未之有也'者. 孟子言世有不仁之(者)〔人〕[1], 而得其國而爲(臣)〔君〕[2]者有之矣. 不仁之人而得天下而爲王者, (故)[3]未之有也. 是以桀・紂・幽・厲, 雖得而終亦失之, 亦且不爲者也.

1) (者)〔人〕: 저본에는 '者'로 되어 있으나, 阮元의 〈校勘記〉에 의거하여 '人'으로 바로잡았다.
2) (臣)〔君〕: 저본에는 '臣'으로 되어 있으나, 四庫全書本에 의거하여 '君'으로 바로잡았다.
3) (故) : 저본에는 '故'가 있으나, 四庫全書本에 의거하여 衍文으로 처리하였다.

○ 正義曰 : 이 장은 王者는 天命을 받은 다음에야 자처할 수 있음을 말한 것이다. 桀王, 紂王, 幽王, 厲王은 비록 천하를 얻기는 하였지만 끝내 잃고 말았으니, 천하를 얻었다고 할 수 없다.

〔孟子曰 不仁而得國者有之矣 不仁而得天下者 未之有也〕 맹자가 말하기를, '세상에는 不仁한 사람이 나라를 얻어서 君主가 되는 경우가 있지만 不仁한 사람이 천하를 얻어 王者가 되는 경우는 없다. 그렇기 때문에 桀王, 紂王, 幽王, 厲王이 비록 천하를 얻기는 하였지만 끝내는 잃고 말았으니, 이는 또한 王者가 되지 못한 것이다.

【疏】 ○ 注'象封有庳, 叔鮮・叔度封於管・蔡'與'丹朱商均'者. ○ 正義曰 : 云'象封有庳', 孟子於萬章篇言之詳矣. 云'叔鮮・叔度'者, 案世家史記云, "管叔鮮・蔡叔度, 周文王子而武王之弟也. 武王克殷紂, 平天下, 封功臣・昆弟, 於是封(鮮叔)〔叔鮮〕[1]於管, 封叔度於蔡." 杜預云, "管在滎陽京縣東北." 世本曰"居上蔡."[2] '丹朱・商均'者, 丹朱, 堯之子也, 商均, 舜之子也. 又言於上篇已詳矣.

1) (鮮叔)〔叔鮮〕: 저본에는 '鮮叔'으로 되어 있으나, ≪史記≫ 〈管蔡世家〉에 의거하여 '叔鮮'으로 바로잡았다.
2) 杜預云 管在滎陽京縣東北 世本曰居上蔡 : ≪史記集解≫에 수록된 裵駰의 注를 재인용한 것이다. 杜預의 말은 본래 ≪春秋左氏傳≫의 杜預注에 나오는 말이며, ≪世本≫은 ≪尙書注疏≫에 '世家'로 되어 있기도 하나 다른 문헌에는 대부분 '世本'으로 표기되어 있다. 世本이 정확히 어떤 문헌을 지칭하는지 분명하지 않다.

○ 注의 〔象封有庳, 叔鮮叔度封於管蔡〕와 〔丹朱商均〕

○ 正義曰 : 〔象封有庳〕 맹자가 〈萬章〉편에서 자세히 언급했다.

〔叔鮮叔度〕 ≪史記≫ 〈管蔡世家〉에 이르기를, "管叔鮮과 蔡叔度는 周 文王의 아들이자 武王의 아우이다. 武王이 殷 紂王을 이기고 천하를 평정한 다음 功臣과 兄弟들을 봉하였다. 이 때 叔鮮을 管땅에 봉하고 叔度를 蔡땅에 봉했다."하였는데, 이에 대해 杜預가 이르기를, "管은 滎陽 京縣의 동북쪽에 있다."고 하였고, ≪世本≫에 이르기를, "〈蔡叔이〉 上蔡에 거처했다."고 하였다.

〔丹朱商均〕 丹朱는 堯임금의 아들이고 商均은 舜임금의 아들이다. 이 또한 윗 편(〈萬章 上〉)에서 자세히 언급하였다.

14. 孟子曰 民爲貴하고 社稷次之하고 君爲輕이니라 是故로 得乎丘民而爲天子요

맹자가 말했다. "백성이 가장 소중하고 사직이 그 다음이며 군주가 가장 가볍다. 그렇기 때문에 백성들의 마음을 얻으면 천자가 되며,

【注】 君輕於社稷이요 社稷輕於民이라 丘는 十六井也라 天下丘民이 皆樂其政이면 則爲天子니 殷湯과 周文이 是也라

군주는 사직보다 가볍고 사직은 백성보다 가볍다. '丘'는 16井이다. 천하의 백성이 모두 그의 정사를 즐긴다면 天子가 될 수 있으니, 殷 湯王과 周 文王이 이에 해당한다.

得乎天子爲諸侯요

천자의 마음을 얻으면 제후가 되며

【注】得天子之心이면 封以爲諸侯라

천자의 마음을 얻으면 제후로 봉해준다는 것이다.

得乎諸侯爲大夫니라

제후의 마음을 얻으면 大夫가 된다.

【注】得諸侯之心이면 諸侯(能)〔封〕[1]以爲大夫라

1) (能)〔封〕: 저본에는 '能'으로 되어 있으나, 焦循의 ≪孟子正義≫에 의거하여 '封'으로 바로잡았다.

제후의 마음을 얻으면 제후가 대부로 봉해준다는 것이다.

諸侯危社稷이면 **則變置**하고

제후가 사직을 위태롭게 하면 제후를 갈아치우고

【注】諸侯爲危社稷之行이면 則變更立賢諸侯也라

제후가 사직을 위태롭게 하는 행동을 하면 어진 제후로 갈아서 세운다는 것이다.

犧牲既成하며 **粢盛既絜**하며 **祭祀以時**로되 **然而旱乾水溢**이면 **則變置社稷**하나니라

희생이 이미 살쪄 있고 곡식이 이미 정결하며 때에 맞춰 제사를 지냈는데도 가뭄과 홍수가 닥친다면 社稷을 갈아치운다."

【注】犧牲已成肥腯하며 粱稻已成絜精하며 祭祀社稷이 常以春秋之時로되 然而其國有旱乾水溢之災면 則得毁社稷而更置之니라

제사에 올릴 희생이 살쪄 있고 제사에 올릴 곡식이 정결하며 사직에 제사지내기를 항상 봄가을의 때에 맞게 하는데도 그 나라에 가뭄과 홍수의 재해가 닥친다면 社稷을 무너뜨려 갈아치울 수가 있다는 것이다.

【疏】'孟子'至'社稷'. ○ 正義曰 : 此章言得民爲君, 得君爲臣, 論君民社稷之輕重也.[1] '孟子曰'至'則變置社稷'者, 孟子言民之爲貴, 不可賤之者也, 社稷次之於民, 而君比於民, 猶以爲輕者. 如此者也, 如此故得乎四邑之民以樂其政, 則爲天子, 以有天下, 得乎天子之心, 則爲諸侯, 以有其國, 得乎諸侯之心, 以爲大夫, 有其家. 如諸侯不能保安其社稷而以危之, 則變更立置其賢君, 是社稷有重於君也. 犧牲旣成以肥腯, 粢盛旣成以精絜, 祭祀又及春秋祈報之時, 然而其國尙有旱乾水溢之災, 則社稷無功以及民, 亦在所更立有功於民者爲之也, 是民又有貴於社稷也. 此孟子所以自解民爲貴, 社稷次之, 君爲輕之敍也. 云社稷者, 蓋先王立五土[2]之神, 祀以爲社, 立五穀之神, 祀以爲稷. 以古推之, 自顓帝以來, 用句龍[3]爲社, 柱[4]爲稷. 及湯之旱, 以棄[5]易其柱. 是亦知社稷之變置, 又有見於湯之時然也.

1) 此章言得民爲君 得君爲臣 論君民社稷之輕重也 : 北京大本에는 "이 장의 章指는 다음과 같다. 백성의 마음을 얻으면 군주가 되고 군주의 마음을 얻으면 신하가 되므로 백성이 가장 소중한 것이다. 먼저는 제후를 쫓아내고 그 다음에는 사직을 무너뜨릴 수 있다 하였으니 군주가 가장 가벼운 것이다. 백성을 소중히 여기고 제사를 경건하게 지내는 것은 통치를 하는데 최우선이 되므로 차례로 나열하여 말한 것이다.〔此章指言得民爲君 得君爲臣 民爲貴也 先黜諸侯 後毁社稷 君爲輕也 重民敬祀 治之所先 故列次而言之〕"라고 하였다.
2) 五土 : 다섯 가지 토지, 곧 山林, 川澤, 丘陵, 墳衍(하천지), 原隰(저습지)를 가리킨다.
3) 句龍 : 전설상의 인물로 治水를 잘하여 社, 즉 토지신으로 제사를 받았다.
4) 柱 : 전설상의 인물로 夏나라 이전에는 稷, 즉 곡신신으로 제사를 받았다.
5) 棄 : 殷나라 이후로 柱를 대신하여 稷으로 제사를 받은 인물이다.

經의 〔孟子〕에서 〔社稷〕까지

○ 正義曰 : 이 장은 백성의 마음을 얻으면 군주가 되고 군주의 마음을 얻으면 신하가 됨을 말하여 군주와 백성과 사직의 경중을 논한 것이다.

〔孟子曰〕에서 〔則變置社稷〕까지

맹자가 말하기를, '백성은 천대해서는 안 될 가장 소중한 존재이며, 사직은 백성 다음에 해당하므로 군주는 백성에 비해 이처럼 가벼운 존재이다. 그렇기 때문에 사방 고을 백성들의 마음을 얻어 그의 정사를 즐기게 한다면 천자가 되어 천하를 소유할 수 있다. 천자의 마음을 얻으면 제후가 되어 그 나라를 소유할 수 있고, 제후의 마음을 얻으면 대부가 되어 그 家를 소유할 수 있다. 만약 제후가 그 나라 사직을 보존하지 못하여 위태롭게 만든다면 그보다 어진 군주를 갈아서 세우니, 이것이 사직이 군주보다 소중한 것이다. 제사에 올릴 희생이 이미 살쪄 있고 곡식이 이미 정결하며 봄 가을로 때에 맞추어 풍년을 기원하고 보답하는 제사를 지냈는데도 그 나라에 가뭄과 홍수의 재해가 닥친다면 사직이 백성들을 위해 아무런 공도 없는 것이니, 또한 백성들에게 공이 있을만한 신으로 갈아치워야 할 것이니, 이것이 또 백성이 사직보다 소중한 것이다.'라고 한 것이다. 이상은 맹자가 백성이 가장 소중하고 사직이 그 다음이며 군주가 가장 가볍다는 것을 스스로 설명한 것이다.

〔社稷〕 先王이 五土의 신을 모셔다 제사를 지내면서 이를 '社(토지신)'라 하고 五穀의 신을 모셔다 제사를 지내면서 이를 '稷(곡식신)'이라 하였다. 옛일로 미루어 보건대, 顓頊 이후로 句龍을 社로 모시고 柱를 稷으로 모시다가 湯王 때 가뭄이 들자 柱대신 棄를 稷으로 모셨다. 여기에서 또한 社稷을 갈아치운 것이 湯王 때 있었음을 알 수 있다.

【疏】 ○ 注'君輕於社稷'至'於殷湯・周文也'. ○ 正義曰：此云"丘, 十六井也"者, 案司馬法云, "六尺爲步, 步百爲畝, 畝百爲夫, 夫三爲屋, 屋三爲井, 井十爲通, 通十爲成." 是一丘爲十六井, 而一井爲九夫之地也. 今云十六井, 蓋有一萬四千四百畝, 爲一百四十四夫所受者也. 云"殷湯・周文"者, 蓋引此二王皆自百里而起爲天下王, 是得乎民心者也.

○ 注의 〔君輕於社稷〕에서 〔殷湯周文也〕까지

○ 正義曰：〔丘 十六井也〕 ≪司馬法≫에 이르기를, "6尺이 步가 되고 100步가 畝가 되며, 100畝가 夫가 되며, 3夫가 屋이 되며 3屋이 井이 되며 10井이 通이 되며 10通이 成이 된다."고 하였다. 그렇다면 1丘가 16井이고 1井은 9夫가 경작하는 땅이다. 지금 16井이라 하였으니, 1만 4천 4백 畝의 땅을 가지고 144夫가 받아서 경작하는 것이다.

〔殷湯周文〕 여기에서 인용한 두 王은 사방 백리의 땅에서 일어나 천하의 왕이 된 사람으로 民心을 얻은 대표적 사례이다.

15. 孟子曰 聖人은 百世之師也니 伯夷柳下惠是也라

맹자가 말했다. "聖人은 백세의 스승이니, 伯夷와 柳下惠가 그러한 분이다.

【注】伯夷之清과 柳下惠之和는 聖人之一槩也라

伯夷의 고결함과 柳下惠의 조화력은 성인의 한 단면이다.

故로 聞伯夷之風者는 頑夫廉하며 懦夫有立志하고 聞柳下惠之風者는 薄夫敦하며 鄙夫寬하나니 奮乎百世之上이어든 百世之下에 聞者莫不興起也하니 非聖人而能若是乎아 而況於親炙之者乎아

그러므로 伯夷의 기풍에 대해 들으면 탐욕스런 사람은 청렴해지고 나약한 사람은 강인한 의지를 갖게 되며, 柳下惠의 기풍에 대해 들으면 천박한 사람은 돈후해지고 편협한 사람은 관대해진다. 百世 이전에 분발한 것을 백세 이후에 듣고서도 마음이 흥기하지 않는 이가 없으니, 聖人이 아니고서야 어찌 이렇게 할 수 있겠는가. 하물며 聖人에게 직접 가르침을 받은 사람이야 어떠하겠는가."

【注】頑은 貪이요 懦는 弱이요 鄙는 狹也라 百世는 言其遠也라 興起는 志意興起也라 非聖人之行이면 何能感人若是리오 喩聞尙然이어늘 況於親見而薰炙之者乎아

'頑'은 탐욕스러움이요 懦는 나약함이요 鄙는 편협함이다. '百世'는 시대가 멀리 떨어져 있음을 말한 것이다. '興起'는 마음이 일어나는 것이다. 성인의 행실이 아니고서야 어찌 사람들에게 이렇게 감동을 줄 수 있겠는가. 듣기만 해도 그러하거늘 하물며 직접 뵙고서 가르침을 받은 사람이야 어떠하겠는가.

【疏】'孟子'至'者乎.' ○ 正義曰：此章言伯夷・柳下惠, 變貪厲薄, 千載聞之, 猶有感激, 謂之聖人, 美其德也. '孟子曰'至'而況於親炙之者乎'者, 此言伯夷・下惠之爲聖人也. 言聖人之道無窮, 爲百世之師法者也, 伯夷・柳下惠二人是也, 故千載之下, 聞伯夷之淸風者, 頑貪之夫化而爲廉儉, 懦弱之夫化而有立毅之志. 聞下惠之和風者, 鄙薄之夫化而爲敦厚寬大. 是則二人淸和之風, 奮發乎百世之上, 而使百世之下聞其風者, 無有不感激而志意興起而化之也. 然而非聖人, 其能若是, 使百世之下, 莫不興起者也. 聞而化者尙如此, 況當時有親見薰炙之者乎.

經의 〔孟子〕에서 〔者乎〕까지

○ 正義曰 : 이 장은 伯夷와 柳下惠는 탐욕스런 사람과 천박한 사람을 〈청렴하고 돈후한 사람으로〉 교화시켜 천년 뒤에 이를 듣고서도 여전히 감동을 일으키게 하므로 이런 사람을 聖人이라 부르면서 그 덕을 찬미한 것이다.

〔孟子曰〕에서 〔而況於親炙之者乎〕까지

이것은 伯夷와 柳下惠의 聖人됨을 말한 것이다. 聖人의 道는 무궁하여 百世의 師法이 되니, 伯夷와 柳下惠 두 사람이 그러하다. 그러므로 천년 뒤에 伯夷의 고결한 기풍에 대해 들으면 탐욕스런 사람은 청렴한 사람으로 교화되고 나약한 사람은 강인한 의지를 가진 사람으로 교화된다. 柳下惠의 조화로운 기풍에 대해 들으면 편협하고 천박한 사람이 돈후하고 관대한 사람으로 교화된다. 그렇다면 백세 이전에 분발한 두 사람의 고결하고 조화로운 기풍이 백세 이후에 이를 들은 사람들로 하여금 모두 감동하여 그 마음이 흥기해서 교화가 되게 한 것이다. 聖人이 아니고서야 어찌 이와 같이 백세 이후 사람들까지 모두 흥기하게 할 수 있겠는가. 백세 이후에 듣고서 교화된 경우도 이와 같거늘 하물며 그 당시에 직접 뵙고서 가르침을 받은 사람이야 어떠하겠는가.

【疏】 ○ 注"頑貪"至"美其德", 此蓋於上篇言之詳矣.

○ 注의 〔頑貪〕까지 〔美其德〕까지

이에 대해서는 윗 편(〈萬章 下〉)에서 자세히 언급하였다.

16. 孟子曰 仁也者는 人也니 合而言之하면 道也니라

맹자가 말했다. "仁이라는 것은 사람을 사람답게 하는 것이니, 합하여 말하면 道가 된다."

【注】 能行仁恩者는 人也니 人與仁을 合而言之하면 可以謂之有道也라

仁恩을 행하는 것은 사람을 사람답게 하는 것이니, 사람과 仁을 합해서 말하면 道가 있다고 말할 수 있다.

【疏】 ○ 正義曰 : 此章言仁恩須人, 人能弘道也. 孟子言爲仁者, 所以盡人道也, 此仁者所以爲人也. 蓋人非仁不立, 仁非人不行. 合仁與人而言之, 則人道盡矣. 楊子云, "仁以人同."

○ 正義曰 : 이 장은 仁恩은 그 대상인 사람을 필요로 하고 사람은 그 道를 넓힐 수 있음을 말한 것이다. 맹자가 말하기를, '仁을 행하는 것은 사람의 도리를 극진히 하는 것이니, 이는 仁이라는 것이 사람을 사람답게 만드는 것이기 때문이다. 대체로 사람은 仁이 아니면 사람으로서 존재할 수가 없고, 仁은 그 대상인 사람이 아니면 행해질 수가 없다. 仁과 사람을 합해서 말하면 사람의 도리가 극진해진다.'고 한 것이다. ≪楊子≫에 이르기를, "仁은 人과 같다."고 하였다.

17. 孟子曰 孔子之去魯에 曰遲遲라 吾行也여하시니 去父母國之道也요 去齊에 接淅而行하시니 去他國之道也니라

맹자가 말했다. "孔子께서 魯나라를 떠나실 때 '내 발걸음이 떨어지지 않는구나!'라고 하셨으니, 이는 부모의 나라를 떠나는 도리이다. 반면에 齊나라를 떠나실 때는 물에 불려놓은 쌀을 그대로 담아들고 급히 떠나셨으니, 이는 타국을 떠나는 도리이다."

【注】 遲遲와 接淅은 說已見上篇言矣니 此不復說焉이라

'遲遲'와 '接淅'은 이미 윗 편(〈萬章 下〉)에서 설명하였으므로 여기에서 더이상 설명하지 않는다.

【疏】 此章蓋言孔子周流, 不遇則去之者也.[1] 其說俱見上篇.

1) 此章蓋言孔子周流 不遇則去之者也 : 北京大本에는 "이 장의 章指는 다음과 같다. 孔子가 여러 나라를 떠돌다 뜻을 얻지 못하면 다른 나라로 훌쩍 떠났으나, 오직 魯나라에 대해서만 미련을 가졌으니, 이는 부모의 나라에 대해 각별했기 때문이다.〔此章言孔子周流不遇 則之他國遠逝 惟魯斯戀 篤於父母之國也〕"라고 하였다.

이 장은 孔子가 여러 나라를 떠돌다 뜻을 얻지 못하면 떠났음을 말한 것이다. 이에 대한 설명은 윗 편에 자세히 보인다.

18. 孟子曰 君子之戹於陳蔡之間은 無上下之交也니라

맹자가 말했다. "군자가 陳나라와 蔡나라 사이에서 곤욕을 치른 것은 위아래로 교제를 하지 않았기 때문이다."

【注】 君子는 孔子也라 論語曰 君子之道三에 我無能焉이라하니 孔子乃尙謙하여 不敢當君子之道라 故로 可謂孔子爲君子也라 孔子所以厄於陳蔡之間者는 其國君臣皆惡하여 上下無所交接이라 故로 厄也니라

君子는 孔子를 가리킨다. ≪論語≫에 이르기를, "君子의 道가 세 가지인데 나는 그 중에 할 줄 아는 것이 하나도 없다."라고 하였으니, 이는 孔子가 겸손하여 감히 君子의 道를 자처하지 않은 것이다. 그러기에 孔子를 君子라 이르는 것이다. 孔子가 陳나라와 蔡나라 사이에서 곤욕을 당한 것은 그 나라의 君臣들이 모두 공자를 싫어하여 그들과 위아래로 교제를 하지 않았기 때문이다. 그래서 곤욕을 치른 것이다.

【疏】 ○ 正義曰：此章言孔子見厄, 謂君子固窮, 窮不變道, 上下無交, 無賢援也. 孟子言孔子見厄於陳・蔡二國之間, 幾不免死, 以無上下之交而已, 以其上無所事, 雖死不爲諂, 下無所可與, 雖死不爲瀆. 是爲無交接也. 論語・衛靈公之篇云, "孔子在陳, 絶糧, 從者病, 莫能興. 子路慍見曰, '君子亦有窮乎.' 子曰, '君子固窮, 小人窮斯濫矣.'" 豈非窮不變道者能如是乎.

○ 正義曰：이 장은 孔子가 곤욕을 치른 일을 두고서 君子는 본래 곤궁하지만 곤궁해도 자신이 지키는 道를 변하지 않기 때문에 위아래로 교제가 없어 賢人의 도움을 받지 못했음을 말한 것이다. 맹자가 말하기를, '孔子가 陳나라와 蔡나라 사이에서 곤욕을 당해 거의 죽을 뻔한 것은 위아래로 교제를 하지 않았기 때문이다.'라고 하였는데, 위로는 섬기는 대상이 없으므로 죽는다 하더라도 아첨을 하지 않았으며 아래로 어울리는 대상이 없으므로 죽는다 하더라도 자신을 더럽히지 않았으니, 이는 그들과의 교제가 없었기 때문이다. ≪論語≫ 〈衛靈公〉편에 이르기를, "孔子가 陳나라에 있을 때 양식이 떨어지자 따르는 이들이 병이 들어 일어나지 못했다. 子路가 성난 얼굴로 공자를 찾아 뵙고서 '君子도 곤궁할 때가 있습니까?'라고 물으니, 공자가 말하기를, '君子는 본래 곤궁한 법이니, 小人은 곤궁하면 무슨 짓이든 다한다.'고 하였다." 하였으니, 곤궁해도 자

신의 道를 지켜서 변하지 않는 사람이 아니면 어찌 이와 같이 할 수 있겠는가.

【疏】 ○ 注'君子道者三, 我無能焉', 所謂乎仁者不憂, 智者不惑, 勇者不懼, 是三者也.

○ 注의 〔君子道者三 我無能焉〕

이른 바 仁者는 근심하지 않고, 智者는 의혹하지 않고, 勇者는 두려워하지 않는다고 한 것이 세 가지이다.

19. 貉(맥)稽曰 稽大不理於口호이다

貉稽가 말했다. "저는 사람들로부터 심하게 비방만 듣고 있습니다."

【注】 貉은 姓이요 稽는 名이니 仕者也[1]라 爲衆口所訕이라 理는 賴也라 謂孟子曰 稽大不賴人之口하니 如之何(也)[2]오

1) 仕者也 : 전후의 맥락이 잘 통하지 않는다. 朱熹의 ≪孟子集註≫에는 趙岐의 注를 인용하면서 '仕者也' 3자를 빼고 '趙氏曰 貉姓 稽名 爲衆口所訕'이라 주해하고 있다.

2) (也) : 저본에는 '也'가 있으나, 廖本·孔本·韓本·考文古本에 의거하여 衍文으로 처리하였다.(阮元의 〈校勘記〉 참조)

貉은 성이요 稽는 이름이다. 그는 벼슬을 하고 있는 사람으로서 뭇사람들로부터 비방을 듣고 있었다. '理'는 의뢰하는 것이다. 그가 맹자에게 말하기를, '저는 사람들로부터 그다지 좋은 말을 듣지 못하고 있으니 어찌해야 하겠습니까?'라고 한 것이다.

孟子曰 無傷也라 士憎兹多口하니라

맹자가 말했다. "근심할 것 없다. 士가 되었으니 더욱 많은 비방을 듣는 것이다.

【注】 審己之德이면 口無傷也라 離於凡人而(仕)〔爲士〕[1]者는 亦益多口라

1) (仕)〔爲士〕 : 저본에는 '仕'로 되어 있으나, 廖本·孔本·韓本에 의거하여 '爲士'로 바로잡았다.(阮元의 〈校勘記〉 참조)

자신의 德을 잘 살피면 다른 사람들의 비방은 근심할 것이 없다. 일반 사람으로서 士가 된 경우에는 더욱 많은 비방을 듣게 된다는 것이다.

詩云 憂心悄悄어늘 **慍於群小**라하니 **孔子也**시고 **肆不殄**(전)**厥慍**하시나 **亦不殞厥問**이라하니 **文王也**시니라

≪詩經≫에 이르기를, '근심하는 마음에 조마조마하거늘 뭇 小人들에게 노여움을 받는다.'라고 하였으니 孔子가 그런 경우를 당했고, '그들의 노여움을 끊어내지는 못했으나 또한 그 명예를 잃지도 않았다.'라고 하였으니 文王이 그런 경우를 당했다."

【注】 詩邶風柏舟之篇에 曰 憂心悄悄라하니 憂在心也요 慍于群小라하니 怨小人聚而非議賢者也라 孔子論此詩에 孔子亦有武叔之口라 故로 曰孔子之所苦也라하니라 大雅緜之篇에 曰 肆不殄厥慍이라하니 殄은 絶이요 慍은 怒也라 亦不殞厥問이라하니 殞은 失也라 言文王不殞絶畎夷之慍怒나 亦不能殞失文王之善聲問也라

≪詩經≫ 〈邶風 柏舟〉편에 "근심하는 마음에 조마조마한다."라고 한 것은 마음속에 근심이 있음을 표현한 것이다. "뭇 小人들에게 노여움을 받는다."라고 한 것은 小人들이 모여서 능력이 없다고 비방하는 것을 원망한 것이다. 孔子가 이 시를 編次할 무렵 공자 또한 武叔의 비방을 듣고 있었다. 그래서 공자가 괴로움을 당한 경우에 해당한다고 말한 것이다. 〈大雅 緜〉편에 "그들의 노여움을 끊어내지 못했다.〔肆不殄厥慍〕"라고 하였는데, 여기에서 '殄'은 끊는다는 뜻이요 '慍'은 노여워한다는 뜻이다. "또한 그 명예를 잃지도 않았다.〔亦不殞厥問〕"라고 하였는데, 여기에서 '殞'은 잃는다는 뜻이다. 즉 文王이 畎夷에게 노여움을 받는 것을 끊어내지는 못했으나 또한 文王의 훌륭한 명성을 잃지도 않았음을 말한 것이다.

【疏】 '貉稽'至'文王也'. ○ 正義曰：此章言正己信心, 不(意)〔患〕[1]衆口. 衆口諠譁, 大聖所有, 況於凡品之所能禦者也.[2] '貉稽曰, 稽大不理於口', 貉, 姓, 稽, 名, 亦當世之士也. 貉稽自稱名, 問於孟子曰, 稽大不能治人之口, 使不訕其己者, 如之何. '孟子曰無傷也'至'文王也'者, 孟子答之, 以爲審己之德已修, 雖人之口訕, 亦不能傷害其己之德也. 以其爲士者益此多口, 不能免人之訕也. 故邶風・柏舟之詩有云"憂心悄悄, 慍于群小", 言憂悄悄常在心, 見怒於群小-衆小人[3]-也. 以其孔子刪此詩, 亦不能免武叔之毁, 故曰孔子尙如是憎多口也. 大雅・綿之詩有云"肆不殄厥慍, 亦不殞厥問", 言不能殄絶畎夷之慍怒, 然亦不能殞失文王之善聲, 故曰文王尙如此, 亦憎多口也. 此所以答貉稽大不理於口, 以爲無傷也.

1) (意)〔患〕: 저본에는 '意'로 되어 있으나, 監本・毛本에 의거하여 '患'으로 바로잡았다.(阮元의 〈校勘記〉 참조)
2) 此章言正己信心……況於凡品之所能禦者也 : 北京大本에는 "이 장의 章指는 다음과 같다. 자신을 바로잡고 마음을 신실하게 하여 뭇사람의 비방을 근심하지 말 것을 말한 것이다. 뭇사람의 시끄러운 비방은 대성인도 받았거늘 하물며 일반 사람들이야 막을 수 있겠는가. 그래서 맥계에게 근심하지 말라고 답한 것이다.〔此章指言正己信心 不患衆口 衆口諠譁 大聖所有 況於凡品之所能禦 故答貉稽曰無傷也〕"라고 하였다.
3) 衆小人 : 앞의 '群小'를 부연설명한 것이다.

經의 〔貉稽〕에서 〔文王也〕에서

○ 正義曰 : 이 장은 자신을 바로잡고 마음을 信實하게 하여 뭇 사람의 비방을 근심하지 말 것을 말한 것이다. 뭇사람의 시끄러운 비방은 大聖人도 받았거늘 하물며 일반 사람들이야 막을 수 있겠는가.

〔貉稽曰 稽大不理於口〕 貉은 姓이요 稽는 名이니 또한 그 당시 士의 신분이었다. 貉稽가 스스로 자기 이름을 부르며 맹자에게 묻기를, '제(稽)가 다른 사람들의 입방아를 잘 처리하지 못했으니, 저 자신을 비방하지 못하게 하려면 어찌해야 하겠습니까?'라고 한 것이다.

〔孟子曰無傷也〕에서 〔文王也〕까지

맹자가 대답한 것이다. 자신의 덕을 잘 살펴서 이미 수양이 되었다면 다른 사람들이 비방한다 하더라도 또한 자신의 덕을 손상시키지 못한다. 士가 된 경우에는 더욱 입방아에 많이 오르기 때문에 사람들의 비방을 면할 수 없다. 그러므로 〈邶風 柏舟〉의 시에서 '憂心悄悄 慍于群小'라고 한 것이니, 이는 근심으로 마음이 늘 조마조마하거늘 뭇 소인들에게 노여움을 받았다는 말이다. 공자가 이 시를 刪定할 무렵 공자 또한 武叔의 비방에서 벗어나지 못하고 있었다. 그래서 공자조차도 이처럼 비방을 많이 들었다고 말한 것이다. 그리고 〈大雅 綿〉의 시에 이르기를, '肆不殄厥慍 亦不殞厥問'라고 하였는데, 이는 畎夷에게 노여움을 받는 것을 끊어내지는 못했으나 또한 文王의 훌륭한 명성을 잃지도 않았다는 말이다. 그래서 文王조차도 이처럼 비방을 많이 들었다고 말한 것이다. 이상은 貉稽가 사람들로부터 심하게 비방을 받는 것에 대해 근심할 것이 없다고 대답한 것이다.

【疏】 ○ 注'邶風・柏舟之篇'至'聲聞也'. ○ 正義曰：此篇蓋言仁人不遇也. 注[1]云, "慍, 怒也. 悄悄, 憂貌." 論語云, "叔孫武叔毁仲尼. 子貢曰, '仲尼不可毁也. 仲尼, 日月也. 人雖欲自絶, 其何傷於日月乎. 多見其不知量也.'" 云'大雅・綿之篇'者, 蓋此篇言文王之興, 本由大王也. 注[2]：肆, 故今也. 慍, 恚. 殞, 墜也. 昆夷[3], 狄國也.

1) 注：毛詩傳을 가리킨다.
2) 注：毛詩傳을 가리킨다.
3) 昆夷：周나라 때 중국 서북부의 거주하던 이민족으로 犬戎, 昆夷, 戎狄 등으로 불린다.

○ 注의〔邶風柏舟之篇〕에서〔聲聞也〕까지

○ 正義曰：이 편은 어진 사람이 때를 만나지 못함을 읊은 것이다. 注에 이르기를, "'慍'은 노여워하는 것이요 '悄悄'는 근심하는 모양이다."라고 하였다. ≪論語≫에 이르기를, "叔孫武叔이 仲尼를 비방하자 子貢이 말하기를, '仲尼는 비방할 수 없는 분이시다. 仲尼는 해와 달 같아서 사람들이 비방하여 스스로 관계를 끊으려 한들 해와 달 같은 분에게 무슨 손상이 가겠는가. 단지 자기의 분수를 알지 못함만 보일 뿐이다.'라고 했다."하였다.

〔大雅綿之篇〕이 편은 文王이 흥기한 것이 본래 太王에게서 시작되었음을 읊은 것이다. 注에 이르기를, "'肆'는 '예전부터 지금까지 줄곧'이라는 뜻이다. '慍'은 노여워하는 것이요, '殞'은 실추하는 것이다. 昆夷는 戎狄의 나라이다.

20. 孟子曰 賢者는 以其昭昭로 使人昭昭어늘 今엔 以其昏昏으로 使人昭昭로다

맹자가 말했다. "옛날에 賢者는 자신의 밝은 법도로 다른 사람을 밝게 만들었는데 지금은 자신의 어두운 법도를 가지고 다른 사람을 밝게 만들려 한다."

【注】 賢者治國엔 法度昭(明)〔昭〕[1]하여 明於道德하니 是躬(行)〔化〕[2]之道可也라 今之治國은 法度昏昏하니 亂潰之政也라 身不能治而欲使〔他〕[3]人昭明하니 不可得也라

1) (明)〔昭〕：저본에는 '明'으로 되어 있으나, 廖本・孔本・韓本・考文古本에 의거하여 '昭'로 바로잡았다.(阮元의〈校勘記〉참조)

2) (行)〔化〕: 저본에는 '行'으로 되어 있으나, 廖本·孔本·韓本·考文古本에 의거하여 '化'로 바로잡았다.(阮元의 〈校勘記〉 참조)
3) 〔他〕: 저본에는 '他'가 없으나, 宋本·孔本·考文古本에 의거하여 보충하였다.(阮元의 〈校勘記〉 참조)

賢者가 나라를 다스릴 때는 법도가 밝아서 도덕에 밝았으므로 자신이 몸소 실천하여 다른 사람을 감화시키는 道를 행할 수 있었다. 그런데 지금 나라를 다스리는 것을 보면 법도가 어두워져서 혼란한 정치를 하고 있다. 그 결과 자신을 제대로 다스리지도 못하면서 다른 사람들을 밝게 만들려 하고 있으니 이는 불가능한 일이다.

【疏】 ○ 正義曰: 此章言以明(昭)〔照〕[1]闇, 闇者以開, 以闇責明, 闇者愈迷. 賢者可遵, 譏今之非也. '孟子曰'至'昭昭'者, 孟子言有諸己然後求諸人之道也. 賢者之君治國, 以其昭昭, 明己之道德, 然後使人昭昭. 今之治國者, 乃以昏昏, 不能自明己之道德, 而欲使他人昭明, (微)〔故〕[2]不可得也. 是亦所謂曲其表而求影之正, 濁其源而求流之(請)〔淸〕[3], 同其旨.

1) (昭)〔照〕: 저본에는 '昭'로 되어 있으나, 卷頭의 장별 개요와 四庫全書本에 의거하여 '照'로 바로잡았다.
2) (微)〔故〕: 저본에는 '微'로 되어 있으나, 四庫全書本에 의거하여 '故'로 바로잡았다.
3) (請)〔淸〕: 저본에는 '請'으로 되어 있으나, 監本·毛本 및 四庫全書本에 의거하여 '淸'으로 바로잡았다.(阮元의 〈校勘記〉 참조)

○ 正義曰: 이 장은 밝은 법도로 어둠을 비추면 어두운 것이 밝아지고 어두운 법도로 밝아지기를 요구하면 어두운 것이 더욱 혼미해 짐을 말한 것이다. 이는 賢者라면 실천할 수 있는 것으로, 지금의 잘못된 세태를 기롱한 것이다.

〔孟子曰〕에서 〔昭昭〕까지

맹자가 자기에게 좋은 점이 있고 나서 남에게 그 좋은 점을 요구하는 도리에 대해 말한 것이다. 어진 군주가 나라를 다스릴 때는 밝은 자질로 자신의 도덕을 밝힌 다음에 남들로 하여금 밝게 한다. 반면에 지금 나라를 다스리는 자들은 어두운 자질로 자신의 도덕을 스스로 밝히지도 못하면서 다른 사람을 밝게 만들려고 하는 까닭에 그렇게 하지 못하는 것이다. 이는 이른바 구부정한 외모를 하고 있으면서 자신의 그림자가 바르기를 바라고, 원류를 흐려놓고서 하류가 맑기를 바라는 것과 그 뜻이 같다.

21. 孟子謂高子曰 山徑之蹊間介然[1)]이라가 用之而成路하고 爲間不用이면 則茅塞之矣나니 今茅塞子之心矣로다

1) 介然 : 趙岐의 注에서 '介'는 '芥'의 통용자로 산길에 자라는 작은 잡풀〔小草〕의 뜻으로 사용되었으며 그에 따라 '介然'은 그러한 잡풀들이 산길을 가득 막고 있는 모습〔梗塞〕을 표현한 것으로 보인다.(≪漢語大詞典≫ 介/芥조 참조) 반면, 朱熹는 ≪孟子集註≫에서 '介然'을 뒷구절로 붙여서 '삽시간〔倏然之頃〕'의 뜻으로 주해하였다.

맹자가 高子에게 말했다. "산 속 고개의 오솔길이 잡풀들로 막혀 있다가 사람들이 사용하게 되면 그 오솔길이 큰 길이 된다. 하지만 한동안 사용하지 않으면 띠풀이 자라서 길을 막아버리게 된다. 지금 띠풀이 그대의 마음을 막고 있구나."

【注】 高子는 齊人也라 嘗學於孟子하여 鄕道而未明하니 則學於他術이라 孟子謂之曰 山徑-山之領[1)]이라- 有微蹊介然이라가 人遂用之不止면 則蹊成爲路라 爲間은 有間也니 謂廢而不用이면 則茅草生而塞之하여 不復爲路라 以喩高子學於仁義之道하여 當遂行之어늘 而反中止하니 正若山路라 故로 曰 茅塞子之心也라하니라

1) 山之領 : 앞의 '山徑'을 부연설명한 것이다. '領'은 '嶺'의 古字이다.

高子는 齊나라 사람이다. 일찍이 맹자에게 배우며 道를 추구하였으나 이를 깨닫지 못하자 맹자를 떠나 다른 학술을 배웠다. 맹자가 말하기를, 山徑-산 속의 고개-의 작은 오솔길이 잡풀들로 막혀 있다가 사람들이 계속해서 사용하게 되면 그 오솔길이 큰 길이 된다고 한 것이다. '爲間'은 일정한 시간 간격을 뜻한다. 오솔길을 내팽겨두고 사용하지 않으면 띠풀이 자라 막아버리게 되어 더 이상 길이 아니게 된다. 이 말을 통해 高子가 仁義의 道를 배워 마땅히 실천해야 함에도 불구하고 반대로 중도에 그만둔 것이 이 산길의 처지와 꼭같다는 것을 비유한 것이다. 그래서 '띠풀이 그대의 마음을 막고 있다.'고 말한 것이다.

【疏】 ○ 正義曰 : 此章言聖人之道, 學而時習, 舍而弗修, 猶茅是塞, 明爲善之不可倦者也.[1)] 孟子謂於高子曰, 山嶺有微蹊, 其間之微小介然而已, 如用而行之, 則蹊成大路. 不用而行之, 茅草生塞之, 不能成其路也. 喩高子之爲善, 止於中道, 而其心爲利欲之所充塞, 亦若茅塞其路矣. 故曰今茅塞子之心矣. 蓋高子嘗於爲詩, 而不通乎意,[2)]

是塞其心之一端也.

1) 此章言聖人之道……明爲善之不可倦者也 : 北京大本에는 "이 장의 章指는 다음과 같다. 聖人의 道는 배우고 이를 수시로 익혀서 仁義를 몸에 간직하기를 옷을 늘 입고 다니듯이 해야 하는데, 이를 버려두고 닦지 않으면 마치 띠풀이 자라서 길을 막아버리는 것과 같아질 것이다. 이는 善을 행하는 것을 게을리해서는 안 됨을 밝힌 것이다.〔此章指言聖人之道 學而時習 仁義在身 當常被服 舍而弗修 猶茅是塞 明爲善之不可倦也〕"라고 하였다.

2) 高子嘗於爲詩 而不通乎意 : 〈告子 下〉에서 高子가 ≪詩經≫ 〈小弁〉의 시를 小人의 시라고 평가한 것을 두고 한 말이다.

○ 正義曰 : 이 장은 聖人의 道는 배우고 수시로 익혀야 하는데 이를 버려두고 닦지 않으면 마치 띠풀이 자라서 길을 막아버리는 것과 같아질 것임을 말한 것이다. 이는 善을 행하는 것을 게을리해서는 안 됨을 밝힌 것이다. 맹자가 高子에게 말하기를, '산속의 고개에 작은 오솔길이 있어 그 사이에 작은 풀들만 가득한데, 만약 사람들이 이를 이용하여 다니게 되면 오솔길이 큰 길이 되고 이용하여 다니지 않으면 띠풀이 자라 막아버려서 길이 아니게 된다.'고 하였는데, 이 말을 통해 高子가 善을 행하다가 중도에 그만두고 그 마음이 利慾에 의해 막혀버린 것이 또한 띠풀이 그 길을 막고 있는 것을 비유한 것이다. 그래서 '띠풀이 그대의 마음을 막고 있다.'고 말한 것이다. 高子가 예전에 詩를 평가하면서 그 의미를 제대로 이해하지 못한 적이 있었는데, 이것이 바로 띠풀이 그의 마음을 막고 있는 한 예이다.

22. 高子曰 禹之聲이 尙文王之聲이로소이다 孟子曰 何以言之오

高子가 말했다. "禹임금의 음악이 文王의 음악보다 낫습니다." 맹자가 물었다. "무엇을 가지고 그렇게 말을 하는가?"

【注】 高子以爲禹之尙聲樂(악)이 過於文王이라하니 孟子難之曰 何以言之오하니라

高子가 禹王의 음악 숭상이 文王보다 낫다고 하였으므로 맹자가 무엇을 가지고 그렇게 말하는 것이냐고 따져 물은 것이다.

曰 以追蠡(퇴려)니이다

高子가 대답했다. "종을 매다는 꼭지가 끊어지려고 하기 때문입니다."

【注】高子曰 禹時鐘在者는 追蠡也라 追는 鐘鈕也니 鈕磨齧處深矣라 蠡는 欲絶之貌也라 文王之鐘不然하여 以禹爲尙樂也라

高子가 말하기를, 禹王 때의 종으로 지금까지 남아 있는 것을 보면 그 꼭지가 끊어지려고 하기 때문이라고 한 것이다. '追'는 종을 매다는 꼭지이니, 그 꼭지가 마모된 곳이 깊은 것이다. '蠡'는 끊어지려고 하는 모양이다. 文王의 종은 그렇지 아니하였으므로 禹王이 음악을 더 숭상한다고 한 것이다.

曰 是奚足哉리오 城門之軌가 兩馬之力與아

맹자가 말했다. "이것만 가지고 어찌 그렇게 말할 수 있겠는가. 성문의 수레바퀴 자국이 兩馬만의 힘으로 그리된 것이겠는가."

【注】孟子曰 是何足以爲禹尙樂乎아 先代之樂器를 後王皆用之니 禹在文王之前千有餘歲하여 用鐘日久라 故로 追欲絶耳라 譬若城門之軌가 齧其限切深者는 用之多耳니 豈兩馬之力이 使之然乎아 兩馬者는 春秋外傳에 曰 國馬足以行關이요 公馬足以稱賦[1]라하니 是兩馬也[2]라

1) 春秋外傳曰……公馬足以稱賦 : ≪春秋外傳≫은 ≪國語≫의 다른 이름이다. 현행 ≪國語≫ 〈楚語 下〉에는 '國馬足以行軍 公馬足以稱賦'라고 하여 '關'이 '行'으로 되어 있다.
2) 是兩馬也 : 廖本・孔本・韓本・考文古本에는 '是兩馬也' 4자가 없다.

맹자가 말하기를, 이것만 가지고 어찌 禹王이 음악을 더 숭상한다고 말할 수 있겠느냐고 한 것이다. 先代의 악기를 후대 왕들이 모두 사용한 것이니, 禹王은 文王보다 천여 년 앞서므로 종을 사용한 날이 오래되었으므로 그 꼭지가 끊어지려고 한 것뿐이다. 비유컨대 성문의 수레바퀴 자국이 양쪽으로 깊게 파여 있는 것은 그 길을 다닌 횟수가 많았기 때문이지 어찌 兩馬가 그렇게 만든 것이겠는가. 兩馬란, ≪春秋外傳≫에 "國馬, 즉 국가에서 징발한 백성의 말은 關文(공문서)을 발송하기에 충분하고, 公馬, 즉 국가에서 관리하는 軍馬는 군사를 일으키기에 충분하다."고 하였으니, 이것이 兩馬이다.

【疏】'高子'至'力與'. ○ 正義曰：此章言前聖後聖, 所尙者同, 三王[1]一體, 何得相踰. 欲以追蠡, 未達一隅. 孟子言之, 將以啓其蒙者也. '高子曰, 禹之聲尙文王之聲'者, 高子言於孟子, 曰禹王之尙聲樂過於文王之聲樂也. '孟子曰何以言之'者, 孟子見高子蔽惑, 故難之曰, 何以言禹之聲尙文王之聲也. '曰以追蠡', 高子曰, 以其追蠡鐘鈕之銳欲絶, 故云然也. '孟子曰, 是奚足哉, 城門之軌, 兩馬之力與', 孟子又以此解高子之蔽也, 言此追蠡何足爲禹之聲-尙樂[2]-過於文王乎. 且譬之城門之軌, 齧其限之深處, 豈以兩馬之力能使之然. 亦以積漸之久故使然也, 非特兩馬之力卽如是之深也. 言禹王至文王, 其鐘用之亦以日久, 故能磨銳至於欲絶也. 此又見高子之蔽不獨於詩也.[3] 所謂太山之溜, 久而穿石, 單極之綆, 久而斷幹, 其來非一日也. 兩馬卽如注所謂春秋外傳云 "國馬・公馬"是也.

1) 三王：夏 禹王, 殷 湯王, 周 文王을 가리킨다.
2) 尙樂：앞의 '聲'을 부연 설명한 것이다.
3) 此又見高子之蔽不獨於詩也：〈告子 下〉에서 高子가 ≪詩經≫ 〈小弁〉의 시를 小人의 시라고 평가한 것을 염두에 두고 한 말이다.

經의 〔高子〕에서 〔力與〕까지

○ 正義曰：이 장은 앞 시대의 聖人과 뒷 시대의 聖人이 숭상하는 바가 서로 동일하여 三王이 일치하거늘 어찌 누가 누구보다 더 나을 수 있겠느냐고 말한 것이다. 종을 매다는 꼭지가 끊어지려고 하기 때문이라고 高子가 대답한 것은 단 한쪽 면도 제대로 파악하지 못한 것이므로 맹자가 이를 지적하여 그의 몽매함을 깨우쳐주려 한 것이다.

〔高子曰 禹之聲尙文王之聲〕 高子가 맹자에게 말하기를, 禹王의 음악 숭상이 文王의 음악보다 낫다고 한 것이다.

〔孟子曰何以言之〕 맹자가 高子가 미혹에 빠진 것을 보았으므로 무엇을 가지고 禹王의 음악이 武王의 음악보다 낫다고 말하는 것이냐고 따져 물은 것이다.

〔曰以追蠡〕 高子가 追蠡, 즉 종을 매다는 꼭지가 가늘게 닳아서 끊어지려고 하였기 때문에 그렇게 말한 것이라고 대답한 것이다.

〔孟子曰 是奚足哉 城門之軌 兩馬之力與〕 맹자가 다시 이 말로 高子의 무지함을 풀어주려고 한 것이다. 즉, 종을 매다는 꼭지가 끊어지려 하는 것을 가지고 어찌 禹王의 음악-음악을 숭상하는 것-이 文王보다 낫다고 말할 수 있겠느냐고 말한 것이다. 비유컨대, 성문의 수레바퀴 자국이 양쪽으로 깊이 파여있는 것이 어찌 兩馬의 힘만으로 그렇

게 할 수 있겠는가. 또한 오랜 세월 쌓였기 때문에 그렇게 된 것이지 단지 兩馬의 힘만으로는 이처럼 깊이 파여지지 않는다. 즉 禹王때부터 文王에 이르기까지 그 종이 오랫동안 사용되었기 때문에 가늘게 닳아서 끊어질 지경이 되었다는 말이다. 여기에서 또한 高子의 무지함이 단지 詩에만 그치지 않았음을 볼 수 있다. 이른바 태산의 작은 물방울이 오래되면 바위를 뚫고 두레박줄이 오래되면 우물 난간을 끊는 것은 그 내력이 짧지 않기 때문이다. '兩馬'는 趙岐의 注에서 말한대로 ≪春秋外傳≫에 나오는 國馬와 公馬가 이에 해당한다.

23. 齊饑어늘 陳臻曰 國人이 皆以夫子로 將復爲發棠이라하니 殆不可復로소이다

齊나라에 기근이 들자 陳臻이 말하였다. "나라 사람들이 모두들 선생님께서 또다시 棠邑의 곡식 창고를 풀게 해줄 것이라고 생각하고 있는데, 아마도 다시 할 수 없으시겠지요?"

【注】棠은 齊邑也라 孟子嘗勸齊王發棠邑之倉하여 以振貧窮하니 時人賴之라 今齊人復饑하니 陳臻이 言一國之人이 皆以爲夫子將復若發棠時勸王也라하니 殆不可復言之也라

'棠'은 齊나라 고을이다. 맹자가 예전에 棠邑의 창고를 열어서 빈궁한 백성들을 구제해 주자고 齊王에게 권유하였으므로 당시 사람들이 그 혜택을 입었다. 이번에 齊나라 사람들이 다시 기근에 빠지자 陳臻이 말하기를, 온 나라 사람들이 모두들 선생님께서 또다시 棠邑의 창고를 풀 때처럼 왕에게 권유해줄 것이라고 생각하고 있는데, 아마도 다시 말할 수 없을 것이라고 말한 것이다.

孟子曰 是爲馮婦也로다 晉人有馮婦者 善搏虎하여 卒爲善士러니 則之野할새 有衆逐虎한대 虎負嵎어늘 莫之敢攖하니 望見[1)]하고 馮婦趨而迎之하고 馮婦攘臂下車하니 衆皆悅之나 其爲士者笑之하니라

1) 望見 : 趙岐는 '望見'의 주체를 馮婦로 보아 주해하였는데, 이에 대해 焦循은 그의 ≪孟子正義≫에서 趙岐의 注를 설명하면서 술어인 '望見'을 앞에 놓고 주어인 '馮婦'를 뒤에 놓은 것은 문장을 쓰는 법에 해당한다〔先言望見 後言馮婦者 屬文之法也〕고 하였다. 반면에, 朱熹는 ≪孟子集註≫에서 望見의 주체를 호랑이를 쫓는 백성들로

보아 주해하였다.

맹자가 말했다. "그리하면 馮婦의 꼴이 되는 것이다. 晉나라 사람 중에 馮婦라는 자가 있어 맨손으로 호랑이를 잘 잡아 마침내 이름난 士가 되었다. 어느 날 그가 교외에 나갔을 때 마침 백성들이 호랑이를 쫓고 있었는데 호랑이가 산모퉁이에 기대고 서 있자 아무도 감히 가까이 다가가지 못하였다. 馮婦가 멀리서 바라보고는 수레를 달려 호랑이에게 가서는 팔을 걷어붙이고 수레에서 내려오자 백성들이 모두 기뻐하였다. 하지만 士의 집단에서는 그를 비웃었다.

【注】 馮은 姓이요 婦는 名也라 勇而有力하여 能搏虎라 卒은 後也라 善士者는 以善搏虎有勇名也라 故로 進以爲士니 之於野外하여 復見逐虎者라 攖은 迫也라 虎依陬而怒어늘 無敢迫近者也라 馮婦가 恥不如前이라가 見虎에 走而迎〔之〕[1]하고 攘臂下車하여 欲復搏之하니 衆人이 悅其勇猛이나 其士之黨은 笑其不知止也라 故로 孟子謂陳臻 今欲復使我如發棠時言之於君이면 是則我爲馮婦也니 必爲知者所笑也라

1)〔之〕: 저본에는 '之'가 없으나, 焦循의 ≪孟子正義≫에 의거하여 보충하였다.

'馮'은 성이요 '婦'는 이름이니, 용맹하고 힘이 세서 맨손으로 호랑이를 잘 잡았다. '卒'은 '나중에'이다. '善士'는 맨손으로 호랑이를 잘 잡는 것으로 용맹하다는 이름을 얻어 士의 신분으로 올라간 것이니, 교외로 나갔다가 호랑이를 쫓는 것을 다시 본 것이다. '攖'은 다가서는 것이다. 호랑이가 산모퉁이에 기대고 서서 노려보자 어느 누구도 감히 가까이 다가서는 자가 없었다. 馮婦가 예전처럼 지내지 못함을 부끄러워하던 차에 호랑이를 보게 되자 수레를 달려 호랑이에게 접근해서는 팔을 걷어부치고 수레에서 내려 다시 호랑이를 때려잡으려 하였다. 이에 백성들이 그의 용맹에 기뻐하였으나 士의 집단에서는 그가 옛 버릇을 그만두지 못함을 비웃었다는 것이다. 그래서 맹자가 陳臻에게 말하기를, 지금 다시 나로 하여금 예전에 棠邑의 곡식을 풀 때처럼 齊나라 군주에게 말하게 하려 든다면 이는 내가 馮婦와 같은 꼴이 되는 것이니 틀림없이 知者들의 비웃음거리가 될 것이라고 한 것이다.

【疏】 '齊饑'至'笑之'. ○ 正義曰:此章言可爲則從, 不可則止, 言善見用, 得其時也. 非時逆指, 猶若馮婦搏虎無已, 必有害也. '齊饑, 陳臻曰'至'殆不可復'者, 蓋齊國之人時皆被饑, 孟子嘗勸齊王發粟以賑之, 今者復饑, 而孟子不復發棠邑之粟以賑. 陳臻爲孟子之弟子, 乃問孟子, 言齊國之人皆以爲夫子將復發棠邑之粟以賑救之, 今夫子不復發棠,-殆爲齊王不可復勸[1]- 是如之何. 故以此問孟子. '孟子曰'至'其爲士者皆笑之'者, 孟子乃以此馮婦之喩而比言於陳臻也. 言如將復發棠, 是爲馮婦者也. 馮婦能暴虎也, 言晉國有馮婦之人, 善能搏虎, 後爲之善士, 則之於野外, 見有衆人逐其虎, 虎倚山嵎而怒, 衆人皆莫敢攖而搏之者. 望見馮婦來, 乃皆趨進而迎之, 馮婦乃下車, 攘臂欲復搏之. 衆人皆悅其勇猛, 其爲士之黨者, 知道則笑其不知止也. 言今齊王恃威虐以斂民, 亦若虎之負嵎, 以難合之說, 迣於暴人之前, 又若迎而搏虎也. 是以孟子將復爲發棠, 非不足以悅衆, 自君子觀之, 亦若爲士者之笑馮婦也, 以其不知止矣.

1) 殆爲齊王不可復勸 : 앞의 '不復發棠'를 부연 설명한 것이다.

經의 〔齊饑〕에서 〔笑之〕까지

○ 正義曰 : 이 장은 할 수 있는 상황이면 따르고 할 수 없는 상황이면 멈추는 법이니, 좋은 말이 왕에게 채용되는 것은 그 때를 잘 맞추었기 때문이요, 그 때가 아니어서 왕의 뜻을 거스르게 되면 마치 馮婦가 무턱대고 호랑이를 때려잡는 것과 같아서 반드시 해가 미칠 것임을 말한 것이다.

〔齊饑 陳臻曰〕에서 〔殆不可復〕까지

齊나라 백성들이 모두 흉년을 당했을 때 맹자가 齊나라 왕에게 권유하여 곡식을 풀어서 백성을 구제한 적이 있었지만, 이번에는 다시 흉년이 들었으나 맹자가 棠邑의 곡식을 풀어서 백성을 구제하자고 하지 않았다. 陳臻은 맹자의 제자이다. 그가 맹자에게 묻기를, 齊나라 사람들이 모두들 선생님께서 다시 棠邑의 곡식을 풀어서 백성을 구제할 것이라고 생각하고 있지만, 지금 선생님께서는 더 이상 棠邑의 곡식을 풀 수 없을 것 같은데-아마도 齊나라 왕에게 다시 권유하지 못할 듯한데- 이러한 자기 생각이 어떠냐고 한 것이다. 그래서 맹자에게 이렇게 질문을 한 것이다.

〔孟子曰〕에서 〔其爲士者皆笑之〕까지

이는 맹자가 馮婦의 예를 들어 陳臻에게 비유적으로 말한 것이다. 맹자가 다시 堂邑의 곡식을 풀게 한다면 이는 馮婦와 같은 사람이 되고 만다는 것이다. 馮婦는 맨손으로 호랑이를 잘 잡는 사람이다. 晉나라에 馮婦라는 사람이 있었는데 맨손으로 호랑이를 잘 잡았다. 나중에 이름난 士가 되어 교외로 나갔는데, 마침 백성들이 호랑이를 쫓고 있는 것을 보았다. 호랑이가 산모퉁이에 기대서서 노려보자 백성들 중에 어느 누구도 감히 가까이 다가가 잡는 자가 없더니 馮婦가 오는 것을 보고는 모두 달려가 그를 맞이하였다. 馮婦가 이에 수레에서 내려 팔을 걷어붙이고 다시 호랑이를 때려잡으려 하자 백성들이 모두 그의 용맹에 기뻐하였으나 士의 집단 사람들은 법도를 알기에 옛 버릇을 그만 둘 줄 모르는 그의 행태를 비웃었다. 지금 齊나라 왕이 위세를 믿고서 가혹하게 백성들을 착취하는 것이 마치 호랑이가 산모퉁이에 기대고 서있는 것과 같으며, 합치되기 어려운 말로 포학한 군주 앞에서 설득하게 하는 것이 또한 그를 맞이하여 호랑이를 때려잡는 것과 같다는 말이다. 이 때문에 맹자가 다시 棠邑의 곡식을 풀게 하는 것이 백성들을 기쁘게 할 수는 있겠지만 君子의 입장에서 보면 또한 士의 무리들이 馮婦를 비웃는 것과 같은 꼴이 될 것이니, 이는 옛 버릇을 그만둘 줄 모르기 때문이다.

【疏】 ○ 注'棠, 齊邑也'. ○ 正義曰：案齊世家史記云, "棠公妻好." 裴駰云, "賈逵曰, 棠公, 齊邑大夫也." 是棠之爲齊邑明矣.

○ 注의 〔棠 齊邑也〕

○ 正義曰：≪史記≫ 〈齊世家〉에 이르기를, "棠公의 아내가 아름답다."라고 하였는데, 裴駰의 ≪史記集解≫에 이르기를, "賈逵의 말에 의하면 棠公은 齊나라 고을의 大夫이다."라고 하였다. 이로 볼 때 棠이 齊나라 고을임이 분명하다.

24. 孟子曰 口之於味也와 目之於色也와 耳之於聲也와 鼻之於臭也와 四肢之於安佚也에 性也나 有命焉이라 君子不謂性也니라

맹자가 말했다. "입이 맛있는 음식을 좋아하고, 눈이 아름다운 색을 좋아하고, 귀가 아름다운 소리를 좋아하고, 코가 향기로운 냄새를 좋아하고, 四肢가 편안한 생활을 좋아하는 것은 인간의 本性에 해당하지만 그 속에는 타고난 運命이 있으므로 군자는 이를 性이라 부르지 않는다.

【注】 口之甘美味요 目之好美色이요 耳之樂五音이요 鼻之喜芬香이라 臭는 香也니 易에 曰 其臭如蘭이라하니라 四體를 謂之四肢라하니 四肢懈倦이면 則思安佚不勞苦라 此는 皆人性之所欲也나 得居此樂者는 有命祿하여 人不能皆如其願也라 凡人은 則(有)〔觸〕[1]情從欲而求可(身)〔樂〕[2]이나 君子之道는 則以仁義爲先하고 禮節爲制하여 不以性欲而苟求之也라

故로 君子不謂之性也니라

1) (有)〔觸〕: 저본에는 '有'로 되어 있으나, 廖本・孔本・韓本・考文古本・宋本에 의거하여 '觸'으로 바로잡았다.(阮元의 〈校勘記〉 참조)
2) (身)〔樂〕: 저본에는 '身'으로 되어 있으나, 廖本・孔本・韓本・足利本에 의거하여 '樂'으로 바로잡았다.(阮元의 〈校勘記〉 참조)

입이 맛있는 음식을 달게 먹고 눈이 아름다운 색을 좋아하며 귀가 五音을 즐기고 코가 아름다운 향기를 좋아하는 것이다. '臭'는 향기이니, ≪周易≫에 이르기를, "그 향기가 난초와 같다."라고 하였다. 四體를 四肢라 하니, 四肢가 나태해지면 고생하지 않고 안락하게 살기를 바란다. 이상은 모두 사람의 本性이 바라는 것이지만, 이러한 즐거움을 차지하는 데에는 타고난 運命이 있어서 사람들이 모두 바라는 대로 할 수가 없다. 일반 사람들은 情欲이 가는 대로 즐거움을 추구하지만, 君子는 仁義를 앞세우고 禮節로 절제를 함으로써 性欲에 따라 구차하게 구하지 않는다. 그래서 군자는 이를 性이라 부르지 않는 것이다.

仁之於父子也와 義之於君臣也와 禮之於賓主也와 知之於賢者也와 聖人之於天道也에 命也나 有性焉이라 君子不謂命也니라

仁이 父子 사이에 베풀어지고, 義가 君臣 사이에 베풀어지고, 禮가 賓主 사이에 베풀어지고, 知가 賢者에게 베풀어지고, 聖人이 天道에 따라 천하를 다스리는 것은 運命에 해당하지만 그 속에는 타고난 本性이 있으므로 군자는 이를 命이라 부르지 않는다.

【注】 仁者는 得以恩愛로 施於父子하고 義者는 得以義理로 施於君臣하고 好禮者는 得以禮敬으로 施於賓主하고 知者는 得以明知로 知賢達善하고 聖人은 得以天道로 王於天下하나니 此는 皆命祿이라 遭遇乃得居而行之하고 不遇者는 不得施行이라 然이나 亦才性有之라 故로 可用也라 凡人은 則歸之命祿하여 (在)〔任〕[1]天而已요 不復治性이나 以君子之道는 則修仁行義하고 修禮學知하여 庶幾聖人亹亹(미미)不倦不但坐而聽命이라 故로 曰君子不謂命也라하니라

1) (在)〔任〕: 저본에는 '在'로 되어 있으나, 廖本・孔本・韓本・考文古本에 의거하여 '任'으로 바로잡았다.(阮元의 〈校勘記〉 참조)

仁한 사람은 恩愛를 가지고 父子 사이에서 베풀 수 있고, 義로운 사람은 義理를 가지고 君臣 사이에서 베풀 수 있고, 禮를 좋아하는 사람은 禮敬을 가지고 賓主 사이에 베풀 수 있고, 지혜로운 사람은 밝은 지혜를 가지고 賢人을 알아보고 善人을 천거할 수 있고, 聖人은 天道를 가지고 천하에 王道를 시행할 수 있으니, 이것은 모두 運命으로 타고난다. 그러한 운명을 만나면 그 자리를 차지하여 행할 수 있고 만나지 못하면 행할 수 없다. 하지만 여기에도 本性이 있어서 그 속에 작용할 수가 있다. 일반 사람들은 이를 타고난 운명으로 돌려서 하늘의 뜻에 맡기기만 하고 더 이상 본성을 기르지 않지만, 君子는 仁을 닦고 義를 실천하며 禮를 닦고 知를 배움으로써 부지런히 노력하여 가만히 앉아 운명을 받아들이지 않는 聖人의 경지를 추구한다. 그래서 군자는 이를 命이라 부르지 않는 것이다.

【疏】'孟子曰'至'命也'. ○ 正義曰：此章言尊德樂道, 不任佚性, 治性勤禮, 不專委命. 君子所能, 小人所病. 究言其事, 以勸戒也. '孟子曰'至'君子不謂性也'者, 孟子言人口之於美味, 目之於好色, 耳之於五聲, 鼻之於芬芳, 四肢之於安佚,-無事以勞之[1]- 凡此五者, 皆人性所欲也. 然而得居於此樂者, 以其有命存焉. 君子以爲有命, 在所不求, 而不可以幸得也, 是所以不謂之性也. '仁之於父子也'至'君子不謂命也'者, 孟子又言仁以恩愛施之於父子, 義以義理施之於君臣, 禮以禮敬施之於賓主, 知以明智施之於賢者, 而具四端, 聖人兼統四體而與於天道以王天下者也, 凡此五者, 皆歸之於命也. 然而有是五者, 皆稟乎天性也, 以其有性存焉. 君子以爲有性, 在所可求, 而不可不勉也, 是所以不謂之命也. 孟子言之, 所以分別凡人・君子, 以勸戒時人.

1) 無事以勞之：앞의 '安佚'을 부연 설명한 것이다.

經의 〔孟子曰〕에서 〔命也〕까지

○ 正義曰：이 장은 德을 높이고 道를 즐김으로써 안락을 바라는 本性대로 내버려두지 않고, 性을 기르고 禮를 행함으로써 이를 전적으로 運命에 맡기지 않는 것을 君子는 잘할 수 있지만 小人은 그렇게 하기 어려움을 말한 것이다. 구체적인 일을 자세히 말하여 勸戒한 것이다.

〔孟子曰〕에서 〔君子不謂性也〕

맹자가 한 말이다. 사람의 입이 맛있는 음식을 좋아하고 눈이 아름다운 색을 좋아하고 귀가 五聲을 좋아하고 코가 향기로운 냄새를 좋아하고 四肢가 안락하게 지내기를 좋아하는 것-일로 고생하지 않는 것-, 이 다섯 가지는 모두 인간의 本性이 바라는 것이다. 하지만 이러한 즐거움을 차지하는 데에는 타고난 운명이 존재한다. 그래서 군자들은 생각하기를, 運命이 존재한다는 것은 구한다고 구해지는 것이 아니므로 요행으로는 얻을 수 없다고 여겼다. 이 때문에 性이라 부르지 않았던 것이다.

〔仁之於父子也〕에서 〔君子不謂命也〕까지

다시 맹자가 말한 것이다. 仁은 恩愛를 가지고 父子 사이에서 베풀고, 義는 義理를 가지고 君臣 사이에서 베풀고, 禮는 禮敬을 가지고 賓主 사이에 베풀고, 知는 밝은 지혜를 가지고 賢者에게 베풀어서 四端을 갖추게 된다. 聖人은 四體를 겸비하고 天道에 참여함으로써 천하에 王道를 실현하는 사람이니, 이 다섯 가지는 모두 運命에 속한다. 하지만 이 다섯 가지에는 天性으로 타고난 것이 있으므로 그 속에 本性이 존재한다. 그래서 군자들은 생각하기를, 本性이 존재한다는 것은 구해질 수 있는 것에 해당하므로 힘쓰지 않아서는 안 된다고 여겼다. 이 때문에 命이라 부르지 않았던 것이다. 맹자가 말을 하면서 일반 사람과 君子를 구분함으로써 당시 사람들을 勸戒한 것이다.

25. 浩生不害問曰 樂正子는 何人也잇고

浩生不害가 물었다. "樂正子는 어떤 사람입니까?"

【注】 浩生은 姓이요 不害는 名이니 齊人也라 見孟子聞樂正子爲政於魯而喜라 故로 問樂政子何等人也라

浩生은 姓이요 不害는 이름으로, 齊나라 사람이다. 樂正子가 魯나라에서 정사를 맡으려 한다는 소식을 맹자가 듣고서 기뻐하는 것을 보았기 때문에 樂正子가 어떤 사람이냐고 물은 것이다.

孟子曰 善人也며 信人也니라

맹자가 대답했다. "善人이고 信人이다."

【注】 樂正子는 爲人이 有善有信也라

樂正子는 사람됨이 善과 信을 갖추고 있다는 말이다.

何謂善이며 **何謂信**이닛고

"무엇을 善이라 하며 무엇을 信이라 합니까?"

【注】不害(爲)〔問〕[1)]善信之行謂何라

1) (爲)〔問〕: 저본에는 '爲'로 되어 있으나, 孔本·韓本·考文古本에 의거하여 '問'으로 바로잡았다.(阮元의 〈校勘記〉 참조)

不害가 善과 信의 행위가 어떤 것을 가리켜 한 말이냐고 물은 것이다.

曰 可欲之謂善이요 **有諸己之謂信**이요 **充實之謂美**요 **充實而有光輝之謂大**요 **大而化之之謂聖**이요 **聖而不可知之之謂神**이니 **樂正子二之中**이요 **四之下也**니라

맹자가 대답했다. "사람들이 누구나 하고 싶어 하는 것을 善이라 하고, 그 善을 자기 내면에 지니고 있는 것을 信이라 하고, 그 善을 가득 채우는 것을 美라 하고, 그 善을 가득 채워 밖으로 빛이 나는 것을 大라 하고, 그 善을 크게 시행하여 천하 사람들이 교화되게 하는 것을 聖이라 하고, 성스러운 지혜를 갖추고 있어 그 道를 알 수 없는 것을 神이라 이른다. 악정자는 앞의 두 가지에 해당하고 뒤의 네 가지 아래에 있다."

【注】己之可欲을 乃使人欲之면 是爲善人이니 己所不欲을 勿施於人也라 有之於己하고 乃謂人有之라하면 是爲信人이니 不(億)〔意〕[1)]不信也라 充實善信하여 使之不虛면 是爲美人이니 美德之人也라 充實善信而宣揚之하여 使有光輝면 是爲大人이라 大行其道하여 使天下化之면 是爲聖人이라 有聖知之明하여 其道不可得知면 是爲神人이라 人有是六等에 樂正子는 能善能信하니 在二者之中이요 四者之下也라

1) (億)〔意〕: 저본에는 '億'으로 되어 있으나, 廖本·孔本·韓本·考文古本에 의거하여 '意'로 바로잡았다.(阮元의 〈校勘記〉 참조)

자기가 하고 싶은 일을 남이 하고 싶게 하면 이런 사람을 善人이라 하니, ≪論語≫의 이른바 자기가 하고 싶지 않은 일을 다른 사람에게 베풀지 않는 사람이 이에 해당한다. 이 善을 자기 내면에 지니고 있고 다른 사람들도 자기처럼 지니고 있다고 말하

면 이런 사람을 信人이라 하니, 이 사람을 우리는 믿지 않을 수 없다. 善과 信을 가득 채워서 비어있지 않게 하면 이런 사람을 美人이라 하니, 아름다운 덕을 갖춘 사람이다. 善과 信을 가득 채워서 이를 드러내 밖으로 빛이 나게 하면 이런 사람을 大人이라 한다. 그 道를 크게 시행하여 천하 사람들로 하여금 교화가 되게 하면 이런 사람을 聖人이라 한다. 성스러운 지혜를 갖추고 있어 그 道를 알 수 없는 경지에 이르면 이런 사람을 神人이라고 한다. 사람은 이렇게 여섯 등급으로 구분할 수 있는데 樂正子는 善과 信을 잘 갖추고 있으므로 앞의 두 등급에 해당하고 뒤의 네 등급 아래에 있다.

【疏】'浩生'至'下也'. ○ 正義曰：此章言神聖以下, 優劣異差, 樂正好善, 應下二科, 是以孟子爲之喜者也. '浩生不害問曰, 樂正〔子〕[1]何人也'者, 浩生不害問孟子, 曰樂正子何等人也. 以其見孟子聞樂正子爲政於魯而喜, 故有此問之也. '孟子曰, 善人也, 信人也', 孟子答之, 以爲樂正子是善人・信人者也, 以其有善有信故也. '何謂善, 何謂信', 不害又問之, 曰何以謂之善, 何以謂之信也. '曰可欲之謂善, 有諸己之謂信'至'四之下也'者, 孟子又答而詳爲之解之, 曰己之可欲, 使人欲之, 是爲善. 有是善於己, 謂人亦有之, 是謂之信. 所謂善卽仁義禮智也, 是爲可欲之善矣. 充實其善, 使之不虛, 是爲美人, 故謂之美. 充實其善, 而宣揚之, 使有光輝於外, 是爲大人, 故謂之大, 人具此善, 不特充實於己, 而推之以化人, 自近以及遠, 自內以及外, 是爲聖人, 故謂之聖. 以此之善, 又至經以萬方, 使人莫知其故, 是爲神人, 故謂之神. 凡是六善, 而樂正子能善能信, 是在二之中, 而在美・大・聖・神四者之下也, 但不能充實而至神也.

1)〔子〕: 저본에는 '子'가 없으나, 閩本・監本・毛本 및 ≪孟子≫ 본문에 의거하여 보충하였다.(阮元의 〈校勘記〉 참조)

經의 〔浩生〕에서 〔下也〕까지

○ 正義曰 : 이 장은 神人과 聖人 이하로 優劣의 차이가 있으며 樂正子는 善을 좋아하였으므로 아래 두 부류에 해당함을 말했다. 그래서 맹자가 기뻐한 것이다.

〔浩生不害問曰 樂正子何人也〕 浩生不害가 맹자에게 묻기를, '樂正子는 어떤 사람입니까?'라고 한 것이다. 樂正子가 魯나라에서 정사를 맡으려 한다는 소식을 맹자가 듣고서 기뻐하는 것을 보았기 때문에 이러한 질문을 한 것이다.

〔孟子曰 善人也 信人也〕 맹자가 대답하기를, '樂正子는 善人이고 信人이다.'라고 말한 것이니, 그가 善을 지니고 있고 信을 지니고 있기 때문이다.

〔何謂善 何謂信〕 浩生不害가 또 묻기를, '무엇을 善이라 하고 무엇을 信이라 합니까?'라고 한 것이다.

〔曰可欲之謂善 有諸己之謂信〕에서 〔四之下也〕까지

맹자가 다시 대답하여 상세히 풀이해 준 것이다. 즉 자신이 하고 싶은 일을 남이 하고 싶어 하게 하면 이를 善이라 한다. 이 善을 자기 내면에 지니고 있고 다른 사람들도 자기처럼 가지고 있다고 말하면 이를 信이라고 한다. 여기에서 말하는 善은 곧 仁·義·禮·智이니, 이 네 가지가 바로 누구나 하고 싶어하는 善이다. 그 善을 가득 채워서 비어있지 않게 하면 이런 사람을 美人이라 한다. 그러므로 美라고 한다. 그 善을 가득 채워서 이를 드러내 밖으로 빛이 나게 하면 이런 사람을 大人이라 한다. 그러므로 大라고 한 것이다. 사람이 이 善을 갖추어 단지 자신의 내면에만 채우지 않고 이를 확장하여 다른 사람들을 교화시킴으로써 가까운 곳에서 시작하여 먼 곳까지 미치고 내부에서 시작하여 외부까지 미친다면 이런 사람을 聖人이라 한다. 그러므로 聖이라 한 것이다. 이러한 善을 가지고 더 나아가 萬方의 모든 일을 처리하면서도 사람들이 그 연유를 알지 못하게 한다면 이런 사람을 神人이라 한다. 그러므로 神이라 한 것이다. 이 여섯 가지 善 가운데 樂正子는 善과 信을 잘 갖추고 있으므로 앞의 두 가지에 해당하고 美, 大, 聖, 神 네 가지의 아래에 있다. 다만 善을 가득 채우는 단계에서 神의 경지까지는 이르지 못한 것이다.

【疏】 ○ 注'孟子聞樂正子爲政於魯'. ○ 正義曰：此蓋經文, 說見上.

○ 注의 〔孟子聞樂正子爲政於魯〕

○ 正義曰 : 이 말은 ≪孟子≫ 經文을 인용한 것으로, 설명은 윗 편(〈告子 下〉)에 보인다.

孟子注疏解經 卷第十四 下

盡心章句 下

趙氏 注 孫奭 疏

26. 孟子曰 逃墨이면 必歸於楊이요 逃楊이면 必歸於儒니 歸커든 斯受之而已矣니라

맹자가 말했다. "墨翟을 떠나면 반드시 楊朱로 돌아가고 楊朱를 떠나면 반드시 儒道로 돌아온다. 그들이 돌아오면 받아주기만 하면 된다.

【注】墨翟之道는 兼愛無親疏之別이니 最爲違禮라 楊朱之道는 爲己愛身하니 雖違禮나 尙得不敢毁傷之義라 逃者는 去也라 去邪歸正이라 故로 曰歸라 去墨歸楊하고 去楊歸儒면 則當受而安之也라

墨翟의 道는 兼愛를 주장하여 親疏의 구별을 무시하므로 가장 예법에 어긋난다. 楊朱의 道는 爲己를 주장하여 자신만을 아끼므로 비록 예법에는 어긋나지만 그래도 부모로부터 물려받은 신체를 감히 훼손하지는 않는다. '逃'는 떠나는 것이다. 邪道를 떠나 正道로 돌아가는 것이므로 '歸'라고 한 것이다. 墨翟을 떠나 楊朱로 돌아가고 楊朱를 떠나 儒道로 돌아온다면 마땅히 받아들여서 편히 있게 해주어야 한다.

今之與楊墨辯者는 如追放豚하니 旣入其苙이어든 又從而招之로다

그런데 지금 사람들이 楊朱, 墨翟과 논쟁하는 것을 보면 마치 우리를 뛰쳐나간 돼지를 쫓아다니는 것과 같아서, 돼지가 이미 우리로 들어왔는데도 다시 따라가 발목을 묶어놓는구나."

【注】苙은 欄也라 招는 罥(견)也라 今之與楊墨辯爭道者는 譬如追放逸之豕豚이니 追而還之入

欄則可어늘 又復從而罥之하니 太甚이라 以言去楊墨歸儒則可어늘 又復從而(非)〔罪〕[1]之하니 亦云太甚이라하니라

1) (非)〔罪〕: 저본에는 '非'로 되어 있으나, 廖本·孔本·韓本·考文古本과 孫奭의 疏에 의거하여 '罪'로 바로잡았다.(阮元의 〈校勘記〉 참조)

苙은 가축의 우리이다. 招는 얽어매는 것이다. 지금 사람들이 楊朱, 墨翟과 道를 논쟁하는 것은 비유컨대 우리를 뛰쳐나간 돼지를 쫓아다니는 것과 같아서 쫓아가 우리로 다시 들어오게 하면 그만이거늘 다시 따라가 도망치지 못하게 발목을 묶어놓으니 이는 너무 심한 것이다. 즉, 楊朱와 墨翟을 떠나 儒道로 돌아오면 그만이거늘 다시 따라가 그 죄를 추궁하니 또한 너무 심하다고 말한 것이다.

【疏】'孟子'至'招之'. ○ 正義曰：此章言驅邪反正，正斯可矣，來者不(追)〔綏〕[1]，追其前罪，君子甚之，以爲過者也. '孟子曰，逃墨必歸於楊'至'歸斯受之而已矣'者，墨翟無親疏之別，楊朱尙得父母生身不敢毁傷之義. 儒者之道，幼學所以爲己，壯而行之所以爲人，故能兼愛. 無親疏之道，必歸於楊朱爲己，逃去楊朱爲己之道，必歸儒者之道也. 然而歸之儒道，則當斯受而安之矣. '今之與楊·墨'(又)〔至〕[2]'從而招之'者，孟子又言今之人有與楊·墨辯爭其道者，如追放逸之豕豚，旣還入其欄，又從而罥之者也. 以其逃墨而歸儒，則可受之而已，而乃又從而罪之，無以異於追放逸之豕豚，旣入其欄，又從而罥之也. 以其爲亦太甚矣，此孟子所以比之.

1) (追)〔綏〕: 저본에는 '追'로 되어 있으나, 北京大本 章指에 의거하여 '綏'로 바로잡았다.
2) (又)〔至〕: 저본에는 '又'로 되어 있으나, 四庫全書本에 의거하여 '至'로 바로잡았다.

經의 〔孟子〕에서 〔招之〕까지

○ 正義曰：이 장은 邪道를 몰아내고 正道를 회복함에 있어 正道로 돌아오면 그만이거늘 돌아온 사람들을 편히 놓아두지 않고 지난날의 죄를 추궁하니 군자가 이를 잘못된 것이라고 강하게 비판하였음을 말한 것이다.

〔孟子曰 逃墨必歸於楊〕에서 〔歸斯受之而已矣〕까지

墨翟은 親疏의 구별을 무시하지만, 楊朱는 그래도 부모로부터 물려받은 신체를 감히 훼손하지는 않는다. 儒家의 道는 어릴 때는 자신을 위하는 것〔爲己〕을 배우고 장성해서는 남을 위하는 것〔爲人〕을 실천하므로 兼愛를 구현할 수 있다. 親疏를 무시하는 墨翟의 道는 반드시 楊朱의 爲己로 돌아가게 되고, 楊朱의 爲己의 道를 떠나면 반드시

儒者의 道로 돌아오게 된다. 이렇게 儒道로 돌아온다면 마땅히 받아들여서 편히 있게 해주어야 한다.

〔今之與楊墨〕에서 〔從而招之〕까지

맹자가 다시 말한 것이다. 지금 사람들이 楊朱, 墨翟과 그 道를 논쟁하는 것은 마치 우리를 뛰쳐나간 돼지를 쫓아가는 가는 것과 같아서, 그 돼지가 이미 우리로 돌아왔는데도 다시 따라가 발목을 묶어놓는 것과 같다. 즉, 墨翟을 떠나 儒道로 돌아오면 받아주기만 하면 되는데 다시 따라가 그 죄를 추궁하니, 이는 우리를 뛰쳐나간 돼지를 쫓다가 그 돼지가 이미 우리로 돌아왔는데도 다시 따라가 발목을 묶어놓는 것과 다름이 없다. 때문에 너무 심하다고 한 것이니, 이는 맹자가 비유적으로 표현한 것이다.

27. 孟子曰 有布縷之征과 粟米之征과 力役之征하니

맹자가 말했다. "조세에는 布縷의 조세와 粟米의 조세와 力役의 조세가 있다.

【注】征은 賦也라 國有軍旅之事하니 則橫興此三賦也라 布는 軍卒以爲衣也요 縷는 紩鎧甲之縷也라 粟米는 軍糧也라 力役은 民負荷廝養之役也라

征은 조세이다. 나라에서 군사와 관련한 일이 발생하면 이 세 가지 조세를 마구 징수한다. 布는 군졸이 입을 옷을 만드는 재료이고 縷는 갑옷을 만들기 위한 실이다. 粟米는 군량미이다. 力役은 백성들이 군용 말을 기르는 노역을 부담하는 것이다.

君子는 用其一이요 緩其二니 用其二면 而民有殍하고 用其三이면 而父子離니라

君子는 그 가운데 한 가지만 쓰고 두 가지를 늦추니, 두 가지를 쓰면 백성들이 굶어 죽게 되고 세 가지를 쓰면 父子가 흩어지게 된다."

【注】君子爲政에 雖遭軍旅라도 量其民力하여 不竝此三役하고 更發異時하니라 急一緩二면 民不苦之니 若竝用二면 則路有餓殍하고 若竝用三이면 則分崩不振하고 父子離析하여 忘禮義矣니라

君子가 정사를 할 때 비록 군사를 동원하는 일을 당하더라도 백성의 힘을 고려하여 이 세 가지 조세를 한꺼번에 징수하지 말고 시기를 달리하여 번갈아 징수해야 한다.

세 가지 가운데 한 가지만 급히 징수하고 나머지 두 가지를 늦추게 되면 백성들은 이를 고통으로 여기지 않는다. 하지만 두 가지를 한꺼번에 징수하면 길 위에 굶어 죽은 시체가 나뒹굴게 되고 세 가지를 한꺼번에 징수하면 나라가 분열되고 父子가 흩어져서 백성들이 禮義를 잊어버리게 된다.

【疏】"孟子曰"至"父子離". ○ 正義曰：此章言原心量力, 政之善者, 繇役竝興, 以致離殍, 養民輕斂, 君(之)〔子〕[1]道也. "孟子曰有布縷之征"至"用其三而父子離"者, 此所以薄稅斂之言, 而有以救時之弊者矣. 孟子言有布縷之征, 有粟米之征, 有力役之征, 布所以爲衣, 縷所以紩鎧甲, 粟米所以爲糧, 力征所以荷負廝養之役. 然而君子爲政, 其於此三者之賦未嘗竝行也, 用其一則緩其二, 今夫三者之賦, 皆取民之類也, 如用其二, 則有傷財而民至於餓死, 用其三則有害民而至於父子離散, 是豈君子之爲政然歟. 蓋征之者義也, 緩之者仁也, 惟君子以仁是守, 以義是行, 然而充類之至而義之盡者, 君子所不爲也. 此孟子不得不權時而救時之弊也.

1) (之)〔子〕: 저본에는 '之'로 되어 있으나, 焦循의 ≪孟子正義≫와 北京大本 章指에 의거하여 '子'로 바로잡았다.

〔孟子曰〕에서 〔父子離〕

○ 正義曰 : 이 장은 民心과 民力을 고려하는 것이 훌륭한 정치로서, 요역을 한꺼번에 거두면 부자가 흩어지고 굶주린 시체가 나뒹굴게 될 것이니, 백성들을 부양하고 조세를 가볍게 거두는 것이 君子의 道임을 말한 것이다.

〔孟子曰有布縷之征〕에서 〔用其三而父子離〕

이는 조세를 가볍게 거두라는 말로써 당시의 폐단을 바로잡은 것이다. 맹자가 말하기를, '조세에는 布縷의 조세와 粟米의 조세와 力役의 조세가 있다.'라고 하였는데, 布는 옷을 만드는 재료이고 縷는 갑옷을 만드는 재료이며 粟米는 양식으로 사용되고 力役은 말을 기르는 노역을 부담하는 것이다. 그런데 君子가 정사를 할 때 이 세 가지 조세를 한꺼번에 징수한 적이 없었으니, 그 가운데 한 가지만 징수하고 나머지 두 가지는 늦추어 징수하였다. 지금 이 세 가지 조세는 모두 백성들에게서 취하는 것이므로 그 가운데 두 가지를 징수하게 되면 재물이 부족해져 백성들이 굶어죽게 되며, 세 가지를 징수하면 백성들이 해를 입어 父子가 흩어지게 된다. 이런 것이 어찌 君子의 정사라고 하겠는가. 조세를 징수하는 것은 위정자의 義에 해당하고 징수를 늦추는 것은 위정자의 仁에 해당하니, 오직 君子라야 仁에 따라 지키고 義에 따라 행할 수 있다. 반면에 가득 채워서 조세를 징수하는 것은 정해진 직분〔義〕을 극도로 심하게 수행하는 것이 되므로 군자는 그렇게 하지 않는다. 이상은 맹자가 어쩔 수 없이 상황에 따라 변통하여 당시의 폐단을 바로잡은 것이다.

28. 孟子曰 諸侯之寶三이니 土地와 人民과 政事니 寶珠玉者는 殃必及身이니라

맹자가 말했다. "제후가 보배로 여기는 것이 세 가지이니 土地, 人民, 政事이다. 만약 珠玉을 보배로 여긴다면 재앙이 반드시 자신에게 미치게 될 것이다."

【注】 諸侯가 正其封疆하여 不侵隣國하고 隣國이 不犯이면 寶土地也라 使民以時하여 (居)〔民〕[1] 不離散이면 寶人民也라 修其德教하고 布其惠政이면 寶政事也라 若寶珠玉하여 求索和氏之璧과 隋氏之珠하여 與强國爭之하여 强國加害면 殃及身也라

1) (居)〔民〕: 저본에는 '居'로 되어 있으나, 焦循의 ≪孟子正義≫에 의거하여 '民'으로 바로잡았다.

제후가 영토의 경계를 바로잡음으로써 이웃나라를 침범하지 않고 이웃나라도 침범하지 않게 하면 土地를 보배로 여기는 것이다. 백성들을 시기에 맞춰 부림으로써 백성들이 흩어지지 않게 하면 人民을 보배로 여기는 것이다. 德教를 닦고 仁政을 펼치면 政事를 보배로 여기는 것이다. 만약 珠玉을 보배로 여겨서 和氏의 구슬과 隋氏의 구슬을 구하느라 강국들과 다투어 강국이 해를 가한다면 재앙이 자신에게 미치게 된다는 것이다.

【疏】 ○ 正義曰：此章言寶此三者, 以爲國珍, 寶於(爭)〔珍〕[1]玩, 以殃其身, 諸侯如玆, 永無患也. 孟子言諸侯之所寶者有三, 曰土地, 曰人民, 曰政事. 使隣國無侵犯其封疆, 是寶其土地也, 撫恤鰥寡煢獨, 使民以時, 民不離散, 是寶人民也, 修德布惠, 是寶政事也. 若不以此三者爲寶, 而寶珠玉者, 殃禍必及身矣. 此孟子見當時之君爭城殺人, 橫賦重斂, 不以土地・人民・政事爲寶, 所以有是言而救之耳.

1) (爭)〔珍〕: 저본에는 '爭'으로 되어 있으나, 北京大本 章指에 의거하여 '珍'으로 바로잡았다.

○ 正義曰 : 이 장은 이 세 가지를 보배로 생각하는 사람은 이것을 가지고 그 나라의 보배라 여길 것이며 진귀한 물건을 보배로 여기면 자신에게 재앙이 미칠 것이니, 제후가 이를 염두에 둔다면 영원히 재앙을 당하지 않을 것임을 말한 것이다. 맹자가 말하기를, 제후가 보배로 여기는 것이 세 가지이니 土地, 人民, 政事라고 한 것이다. 이웃나라로 하여금 자기 영토를 침범하지 못하게 하는 것, 이것이 土地를 보배로 여기는 것이다. 鰥寡孤獨을 잘 보살피고 백성들을 시기에 맞춰 부림으로써 백성들이 흩어지지 않게 하는 것, 이것이 人民을 보배로 여기는 것이다. 군주의 德을 닦고 仁政을 펼치는 것, 이것이 政事를 보배로 여기는 것이다. 이 세 가지를 보배로 여기지 않고 珠玉을 보배로 여긴다면 재앙이 반드시 자신에게 미칠 것이다. 맹자가 당시의 군주들이 城을 뺏기 위해 사람을 죽이고 무거운 조세를 마구 부과하면서 土地, 人民, 政事를 보배로 여기지 않는 것을 보았으므로 이 말을 하여 바로잡은 것이다.

【疏】 ○〔注〕[1]'和氏之璧·隋侯之珠'. ○ 正義曰 : 案韓詩云, "楚人和氏得玉璞於楚山中, 獻武王. 武王使人相之, 曰非也. 王怒, 刖其左足. 後成王卽位, 和抱玉璞泣於楚山下. 成王使人琢之, 果得寶, 名曰和氏之璧." 又隋侯姓祝, 字元暢, 往齊國, 見一蛇在沙中, 頭上血出, 隋侯以杖挑於水中而去, 後回還到蛇處, 乃見此蛇銜珠來隋侯前, 隋侯意不懌. 是夜夢腳踏一蛇, 驚起, 乃得雙珠. 後人稱爲隋侯珠矣.

1)〔注〕: 저본에는 '注'가 없으나, ≪孟子注疏≫의 체제에 의거하여 보충하였다.

○ 注의〔和氏之璧 隋侯之珠〕

○ 正義曰 : ≪韓詩≫에 이르기를, "楚나라 사람 和氏가 楚山에서 璞玉을 얻어 武王에게 바쳤는데, 무왕이 玉人을 시켜 감정하게 하였으나 玉이 아니라고 하였으므로 武王이 노하여 그의 왼쪽 발을 잘랐다. 그 후 成王이 즉위하자 和氏가 박옥을 안고서 楚山 아래에서 슬피 우니 成王이 사람을 시켜 그 옥을 다듬게 하여 보배를 얻었다. 이를 이름하여 '和氏의 구슬'이라 한다."라고 하였다. 隋侯의 성은 祝이고 자는 元暢이다. 隋侯가 齊나라로 가는 길에 뱀 한 마리가 모래 속에서 머리에 피를 흘리고 있는 모습을 보고는 지팡이로 들어서 물속에 넣어주고 떠났다. 그 후 귀국하는 길에 그 뱀이 있던 곳을 지나게 되었는데, 그 뱀이 입에 구슬을 물고 隋侯 앞으로 오는 것을 보고는 수후가 마음속으로 꺼림칙하게 여겨 받지 않았다. 그날 밤에 꿈속에서 뱀 한 마리를 발로 밟은 꿈을 꾸었는데 깜짝 놀라 일어나보니 두 개의 구슬이 놓여 있었다. 후대 사람들

이 이를 '隋侯의 구슬'이라 이름하였다.

29. 盆成括이 仕於齊러니 孟子曰 死矣로다 盆成括이여

盆成括이 齊나라에서 벼슬을 하게 되자 맹자가 말했다. "죽겠구나, 盆成括이여!"

【注】盆成은 姓이요 括은 名也라 嘗欲學於孟子하여 問道未達而去하다 後에 仕於齊한대 孟子聞而嗟歎曰 死矣로다 盆成括이여하니 知其必死라

盆成은 성이요 括은 이름이다. 그는 일찍이 맹자에게 배우고자 하여 道를 물었으나 그 道를 깨우치지 못하고 떠났다. 그 후 齊나라에서 벼슬을 하게 되었는데, 맹자가 이 소식을 듣고는 탄식하기를, '죽겠구나 盆成括이여!'라고 하였으니, 그가 틀림없이 죽을 것임을 안 것이다.

盆成括이 見殺이어늘 門人이 問曰 夫子何以知其將見殺이시니잇고

얼마 후 盆成括이 죽임을 당하자 문인이 물었다. "선생님께서는 그가 장차 죽임을 당하게 될 것을 어떻게 아셨습니까?"

【注】門人問孟子何以知之也라

門人이 맹자에게 어떻게 그것을 알았느냐고 물은 것이다.

曰 其爲人也小有才요 未聞君子之大道也하니 則足以殺其軀而已矣니라

맹자가 대답했다. "그 사람됨이 재주는 조금 있으나 君子의 大道를 듣지 못했으니, 자기 몸을 죽이기에 충분하다."

【注】孟子答門人하여 言括之爲人이 小有才慧하되 而未知君子仁義謙順之道하니 適足以害其身也라

맹자가 문인에게 답하기를, 盆成括의 사람됨이 재주는 조금 있으나 君子가 갖추어야할 仁義와 謙順의 道를 알지 못했으니, 자기 몸을 해치기에 충분하다고 한 것이다.

【疏】'盆成括'至'而已矣'. ○ 正義曰:此章言小智自私, 藏怨之府. 勞謙終吉[1]者也.[2] '盆成括仕於齊, 孟子曰, 死矣, 盆成括'者, 盆成括嘗學於孟子, 未達其道而去之, 後仕於齊國, 孟子聞之, 乃曰"死矣, 盆成括." 以其盆成括之必見死也. '盆成括見殺, 門人問曰, 夫子何以知其將見殺'者, 言盆成括果見殺死, 門人乃問孟子曰, 夫子何以知其盆成括將見殺死. '曰其爲人也小有才, 未聞君子之大道也, 則足以殺其軀而已矣'者, 孟子答之, 曰"盆成括之爲人, 小有才慧, 而未知聞君子仁義謙順之大道, 是則足以知其將見殺其身."

1) 勞謙終吉:≪周易≫ 謙卦에 "공로가 있으면서도 겸손함이니, 군자가 끝마침을 두어야 길하다.〔勞謙君子 有終吉〕"라고 한 것에서 나온 말이다.
2) 此章言小智自私……勞謙終吉者也:北京大本에는 "이 장의 章指는 다음과 같다. 작은 지혜로 개인의 이익만 도모하면 원한을 집중적으로 받게 되며 고상한 덕으로 남을 앞세우면 복을 많이 받게 될 것이다. 공로가 있으면서도 겸손으로 좋은 결말을 맺는 것이 군자의 도이다.〔此章指言小智自私 藏怨之府 大雅先人 福之所聚 勞謙終吉 君子道也〕"라고 하였다.

經의 〔盆成括〕에서 〔而已矣〕까지

○ 正義曰:이 장은 작은 지혜로 개인의 이익만 도모하면 원한을 집중적으로 받게 되므로 공로가 있으면서도 겸손해야 좋은 결말을 맺을 수 있음을 말한 것이다.

〔盆成括仕於齊 孟子曰 死矣 盆成括〕 盆成括이 일찍이 맹자에게 배웠으나 그 道를 깨우치지 못하고 떠났다. 그 후 齊나라에서 벼슬을 하였는데, 맹자가 그 소식을 듣고는 '죽겠구나, 盆成括이여.'라고 하였으니, 盆成括이 틀림없이 죽임을 당할 것이기 때문이다.

〔盆成括見殺 門人問曰 夫子何以知其將見殺〕 盆成括이 정말로 죽임을 당하자 문인이 맹자에게 묻기를, '선생님께서는 盆成括이 장차 죽임을 당하리라는 것을 어떻게 아셨습니까?'라고 한 것이다.

〔曰其爲人也小有才 未聞君子之大道也 則足以殺其軀而已矣〕 맹자가 답하기를, '盆成括의 사람됨이 재주는 조금 있으나, 君子가 갖추어야 할 仁義와 謙順의 大道를 알지 못했으니, 그가 장차 죽임을 당할 것임을 충분히 알 수 있다.'고 한 것이다.

30. 孟子之滕하사 館於上宮이러시니

맹자가 滕나라에 가서 上宮에 머물고 있을 때의 일이다.

【注】館은 舍也요 上宮은 樓也니 孟子舍止賓客所館之樓上也라

'館'은 머무는 것이요 '上宮'은 누각이니, 맹자가 빈객이 유숙하는 누각에 머문 것이다.

有業屨於牖上이러니 **館人**이 **求之弗得**한대 **或問之曰 若是乎從者之廋也**여

하루는 만들다 만 짚신이 창문 위에 놓여 있었는데 객관 사람이 아무리 찾아도 찾을 수가 없었다. 그러자 어떤 사람이 물었다. "從者 중에 이처럼 훔치는 자도 있습니까?"

【注】屨는 (扉)〔扉〕[1]屨也라 業〔屨〕는 織之有次業而未成〔者〕也[2]라 置之窓牖之上이러니 客到之後에 求之不得이라 有來問孟子者曰 是客從者之廋라 廋는 匿也라 孟子與門徒相隨할새 從車數十이라하니 故로 曰侍從者所竊匿也라하니라

1) (扉)〔扉〕: 저본에는 '扉'로 되어 있으나, 宋本·孔本·韓本에 의거하여 '扉'로 바로잡았다.(阮元의 〈校勘記〉 참조)

2) 業〔屨〕 織之有次業而未成〔者〕也: 저본에는 '業 織之有次業而未成也'로 되어 있으나, 趙岐의 注를 인용한 朱熹의 ≪孟子集註≫에는 '業屨 織之有次業而未成者也'라 하여 '屨'와 '者'가 추가되어 있다. 이에 따라 '屨'와 '者'를 보충하였다.

'屨'는 짚신이다. '業屨'는 짚신을 만들 때 다음 작업이 남아 있어 완성되지 않은 것이다. 만들다 만 짚신을 창문 위에 놓아두었는데 賓客이 도착한 뒤로 이를 아무리 찾아도 찾을 수가 없자 어떤 사람이 맹자에게 찾아와 賓客의 從者가 숨긴 것이 아니냐고 물은 것이다. '廋'는 숨기는 것이다. 맹자가 門徒들과 함께 다닐 때 따라다니는 수레가 수십 대였다고 하였으니, 이 때문에 시종한 사람들이 훔쳤을 것이라고 말한 것이다.

曰 子以是爲竊屨來與아

맹자가 말했다. "그대는 이렇게 여러 사람이 따라온 것이 짚신을 훔치기 위해 온 것이라고 생각하는가?"

【注】孟子謂館人曰 子以是衆人來隨事我가 本爲欲竊屨故來邪아

맹자가 객관 사람에게 말하기를, '그대는 이렇게 여러 사람이 나를 따라와 섬기는

것이 본시 짚신을 훔치기 위해 온 것이라고 생각하는가?'라고 한 것이다.

曰 殆非也라

객관 사람이 대답했다. "아마도 그런 것은 아닐 겁니다."

【注】館人曰 殆非爲是來事夫子也라하니 自知問之過也라

객관 사람이 말하기를, 아마도 이 때문에 夫子를 따라와 섬기는 것은 아닐 것이라고 한 것이니, 자신이 물은 것이 지나치다는 것을 스스로 깨달은 것이다.

夫(子)〔予〕[1]之設科也는 往者를 不追하며 來者를 不拒하여 苟以是心至어든 斯受之而已矣니라

1) (子)〔予〕: 저본에는 '子'로 되어 있으나, 宋本·岳本·廖本·孔本·韓本에 의거하여 '予'로 바로잡았다. 아래도 같다. 한편 朱熹는 ≪孟子集註≫에서 이 글자를 '子'로 보아 이하 구절을 맹자의 말이 아닌 或者의 말이 연속된 것으로 주해하였다.

맹자가 말했다. "내가 교육하는 과정을 만들어 사람들을 가르칠 때, 가는 사람을 따라가 부르지도 않고 오는 사람을 막아서 거절하지도 않는다. 진실로 이 마음을 가지고 찾아오면 그대로 받아줄 뿐이다."

【注】孟子曰 夫我設教授之科하여 教人以道德也할새 其去者亦不追呼하며 來者亦不拒逆하여 誠以是學道之心으로 來至我면 則斯受之라하니 亦不知其取之與否라 君子不保其異心也니 見館人〔言〕[1]殆非爲是來하고 亦云不能保知니 謙以(荅)〔答〕[2]之而已라

1) 〔言〕: 저본에는 '言'이 없으나, 廖本·孔本·韓本·考文古本에 의거하여 보충하였다.(阮元의 〈校勘記〉 참조)

2) (荅)〔答〕: 저본에는 '荅'으로 되어 있으나, 廖本·孔本·韓本·考文古本에 의거하여 '答'으로 바로잡았다.(阮元의 〈校勘記〉 참조)

맹자가 말하기를, '내가 교육하는 과정을 만들어 사람들에게 道德을 가르칠 때, 가는 사람을 따라가 부르지도 않고 오는 사람을 막아서 거절하지도 않는다. 진실로 道를 배우겠다는 마음을 가지고 나에게 찾아온다면 그대로 받아줄 뿐 그들이 훔쳤는지 훔치지 않았는지는 알지 못하겠다.'고 한 것이다. 君子라고 해서 그들이 다른 마음을

품고 있는지 어떤지는 보장할 수는 없으므로, 아마도 이 때문에 따라온 것은 아닐 것이라고 하는 客館 사람의 말을 듣고서 그들이 훔쳐가지 않았다고 보장하지는 못하겠다는 말을 한 것이니, 겸손한 말로써 그에게 대답한 것이다.

【疏】'孟子'至'而已矣'. ○ 正義曰：此章言教誨之道, 受之如海, 百川移流, 不得有拒. 雖獨竊屨, 非已所絶, 順答小人, 小人自咎者也. '孟子之滕, 館於上宮'者, 孟子往至滕國, 乃舍止於賓客所館之樓上. '有業屨於牖上, 館人求之弗得. 或問之曰, 若是乎從者之廋也'者, 言業織之有次業而未成之屨, 置之於窓牖之上, 自客到之後, 館主之人求之不得, 或問於孟子曰, 若此屨之不見, 爲從者之廋匿也. '曰子以是爲竊屨來與'者, 孟子見館主乃問己, 以爲從者之廋匿其屨, 乃謂之曰, 子以是從者來隨事我, 本爲欲竊子之屨故來與. '曰, 殆非也', 館主自知責己問之過也, 乃曰殆非爲是來事夫子也. '夫(子)〔予〕之設科也'至'斯受之而已矣'者, 孟子又曰, 夫我之設科以教人, 往去之者則不追呼而還, 來者則不拒逆, 誠以是學道之心來至我, 則斯容受之而教誨, 亦且不保其異心也. 然則不拒從者之匿屨, 亦何累之有. 論語云, "不保其往, 有教無類." 其斯之謂與.

經의 〔孟子〕에서 〔而已矣〕까지

○ 正義曰：이 장은 맹자가 사람을 가르치는 道는 마치 바다가 온갖 냇물을 거절하지 않고 받아들이듯이 하였으니, 그가 비록 신발을 훔치는 도둑이라 할지라도 자기가 거부하는 것이 아니라면 그 소인들을 이치에 맞게 응답하여 소인들이 자신의 허물을 자책하도록 하였음을 말한 것이다.

〔孟子之滕 館於上宮〕 맹자가 滕나라에 가서 賓客이 유숙하는 누각에 머문 것이다.

〔有業屨於牖上 館人求之弗得 或問之曰 若是乎從者之廋也〕 만들다 만 짚신을 창문 위에 놓아두었는데, 賓客이 도착한 뒤로 客館의 주인이 이를 아무리 찾아도 찾지 못하자, 어떤 사람이 맹자에게 묻기를, 이 짚신이 보이지 않는 것은 맹자의 從者들이 숨긴 것이 아니냐고 한 것이다.

〔曰子以是爲竊屨來與〕 從者가 자기 신발을 숨긴 것이라고 客館의 주인이 자신에게 따져묻는 것을 맹자가 보고서 이에 말하기를, '그대는 이처럼 從者들이 나를 따라다니며 섬기는 것이 본시 짚신을 훔치기 위해 온 것이라고 생각하는가?'라고 한 것이다.

〔曰殆非也〕 객관의 주인이 자신이 물은 것이 지나치다는 것을 스스로 깨달았으므로 이에 말하기를, 아마도 이 때문에 夫子를 따라온 것은 아닐 것이라고 한 것이다.

〔夫予之設科也〕에서 〔斯受之而已矣〕

맹자가 다시 말한 것이다. 내가 교육하는 과정을 만들어 사람들을 가르칠 때 떠나가는 사람에 대해서는 따라가 불러서 돌아오게 하지도 않고, 오는 사람에 대해서는 막아서 거절하지도 않는다. 진실로 道를 배우겠다는 마음을 가지고 나에게 찾아온다면 그대로 받아들여 가르쳐줄 뿐, 그들이 다른 마음을 품고 있는지는 보장하지 못한다고 한 것이다. 그렇게 본다면 맹자가 짚신을 훔친 從者를 거절하지 않은 것에 무슨 문제가 있겠는가. ≪論語≫에 이르기를, 지난날의 잘잘못을 보장할 수 없으며 가르침에는 사람을 가리지 않는다고 한 것이 이런 상황을 두고 한 말이다.

31. 孟子曰 人皆有所不忍하니 達之於其所忍이면 仁也요

맹자가 말했다. "사람들은 모두가 차마 하지 못하는 마음을 가지고 있으니, 이를 미루어 차마 할 수 있는 대상에게까지 확대할 수 있다면 仁한 사람이 된다.

【注】人皆有所愛不忍加惡하니 推之以通於所不愛하여 皆令被德이면 此仁人也라

사람들은 모두가 사랑하는 사람에 대해 차마 해악을 가하지 못하는 마음을 가지고 있다. 이를 미루어 사랑하지 않는 사람에게까지 확대함으로써 모든 사람이 그 은덕을 입게 한다면, 그가 바로 仁한 사람이다.

人皆有所不爲하니 達之於其所爲면 義也니라

사람들은 모두가 하고 싶어 하지 않는 마음을 가지고 있으니, 이를 미루어 하고 싶어 하는 대상에까지 확대해 간다면 義로운 사람이 된다.

【注】人皆有不喜爲하니-謂貧賤也[1)]라- 通之於其所喜爲하여-謂富貴也[2)]라- 抑情止欲하여 使若所不喜爲면 此者[3)]義人也라

1) 謂貧賤也 : 앞의 '不喜爲'를 부연 설명한 것이다.
2) 謂富貴也 : 앞의 '喜爲'를 부연 설명한 것이다.
3) 者 : 焦循은 ≪孟子正義≫에서 '者'가 衍文인 듯하다고 하였다.

사람들은 모두가 하고 싶어 하지 않는 마음-貧賤하게 사는 것을 이른다.-을 가지고 있

다. 만약 그 마음을 하고 싶어 하는 대상-富貴하게 사는 것을 이른다.-에까지 확대하여 욕망을 억누름으로써 하고 싶어 하지 않는 일처럼 여기게 할 수 있다면, 그가 바로 義로운 사람이다.

人能充無欲害人之心이면 而仁을 不可勝用也며

사람들이 남을 해치고 싶지 않은 마음을 확충할 수 있다면 仁을 이루 다 쓰지 못할 것이다.

【注】人皆有不害人之心하니 能充大之以爲仁이면 仁不可勝用也라

사람들은 모두 남을 해치고 싶지 않은 마음을 가지고 있으니, 이를 확충해서 仁을 행할 수 있다면 仁을 이루 다 쓰지 못할 것이다.

人能充無穿窬之心이면 而義를 不可勝用也니라

사람들이 담장을 뚫고 지붕을 넘는 등 불법적인 방법으로 이익을 취하지 않겠다는 마음을 확충한다면 義를 이루 다 쓰지 못할 것이다.

【注】穿牆踰屋은 姦利之心也라 人既無此心하니 能充大之以爲義면 義不可勝用也라

담장을 뚫고 지붕을 넘는 것은 불법적으로 이익을 취하려는 마음에서 나온 것이다. 그 사람이 이미 이러한 마음이 없으니, 이를 확충해서 義를 행할 수 있다면 義를 이루 다 쓰지 못할 것이다.

人能充無受爾汝之實이면 無所往而不爲義也니라

사람들이 남들로부터 '너너' 하는 소리를 듣지 않으려는 마음을 확충시킨다면 무슨 일을 하든 義가 되지 않는 것이 없을 것이다.

【注】爾汝之實은 德行可輕賤하여 人所爾汝者也라 既不見輕賤하여 不爲人所爾汝하니 能充大而以自行이면 所至가 皆可以爲義也라

'爾汝之實'은 그 사람의 행동이 무시당할 만해서 사람들로부터 '너너' 소리를 듣는 것

이다. 이미 무시당할 정도가 아니어서 사람들로부터 '너너'소리를 듣지 않으니, 이를 확충해서 자발적으로 행동하면 하는 일마다 모두 義가 될 수 있다.

士未可以言而言이면 **是**는 **以言餂之也**요 **可以言而不言**이면 **是**는 **以不言餂之也**니 **是皆穿踰之類也**니라

士가 된 사람이 말을 해서는 안 되는데 말을 하면 이는 말을 하는 것으로 이익을 얻으려는 것이요, 말을 할 수 있는데 말하지 않으면 이는 말을 하지 않는 것으로 이익을 얻으려는 것이다. 이들은 모두 담장을 뚫고 지붕을 넘는 좀도둑과 같은 부류의 사람들이다."

【注】 餂은 取也라 人之爲士者가 見尊貴者하여 未可與言而强與之言이면 欲以言取之也니 是失言也라 見可與言者而不與之言이면 不知賢人可與之言하고 而反欲以不言取之니 是失人也라 是는 皆趨利入邪無知之人이라 故로 曰穿踰之類也라하니라

'餂'은 취하는 것이다. 士가 된 사람이 자기보다 존귀한 사람을 만나서 함께 말할 만하지 않은데도 억지로 말을 하는 것은 그 목적이 말을 하는 것으로 이익을 얻고자 하는 것이니, 이는 말을 잃은 것이다. 함께 말할 만한 사람을 만나고서도 말을 하지 않는 것은 함께 말할 수 있는 賢人을 알아보지 못하고 도리어 말하지 않는 것으로 이익을 얻고자 한 것이니, 이는 사람을 잃은 것이다. 이들은 모두 이익을 따르느라 옳지 않는 길로 들어선 무지한 사람들이므로 담장을 뚫고 지붕을 넘는 좀도둑과 같은 부류의 사람들이라고 한 것이다.

【疏】 '孟子曰'至'類也'. ○ 正義曰：此章言善恕(行)〔仁〕[1]義, 充大其美, 無受爾汝, 何施不可. 取人不知, 失其臧否, 比之穿踰之類者也. '孟子曰, 人皆〔有所〕[2]不忍'至'是皆穿踰之類也'者, 孟子言人皆有所惻隱而不忍, 如能推之所不忍於其所忍者, 仁人也, 以其所愛及其所不愛, 仁之爲道如是也. 人皆有所不喜爲, 謂貧賤也, 如能推之所不喜爲, 而達之於所喜爲, 謂富貴也, 是爲有義之人也. 人能充大不欲害人之心而爲仁, 則仁道於是乎備, 故不可勝用也, 人能充大其無穿踰姦利之心以爲義, 則義於是乎盡, 故義不可勝用也. 人能充大其不受人爾汝之實, 是不爲人所輕賤, 故無所行而不爲義者也.-言所爲皆可以爲義矣[3]- 蓋惻隱有不忍者, 仁之端也, 羞惡有不爲者, 義也, 但能充而大之, 則爲仁義矣. 人之爲士, 於尊貴者未可與言而與之言, 是以言取之也, 是失言也, 以其失之諂也, 可以與之言而不與之言, 是以不言取之也, 是失人也, 以其失之赦也. 如此者, 是皆爲穿牆踰屋趨姦利之類也.

1) (行)〔仁〕: 저본에는 '行'으로 되어 있으나, 卷頭의 장별 개요에 의거하여 '仁'으로 바로잡았다.
2) 〔有所〕: 저본에는 '有所'가 빠져 있으나, 해당 본문과 閩本·監本·毛本에 의거하여 보충하였다.(阮元의 〈校勘記〉 참조)
3) 言所爲皆可以爲義矣 : 앞의 '無所行而不爲義者也'를 부연 설명한 것이다.

經의 〔孟子曰〕에서 〔類也〕까지

○ 正義曰 : 이 장은 仁과 義를 잘 미루어서 그 좋은 점을 확충하여 '너너'소리를 듣지 않게 하면 무슨 일을 하든 못할 것이 없으며, 사람을 취함에 무지하여 그 사람의 장단점을 놓치게 되면 담장을 뚫고 지붕을 넘는 좀도둑과 같은 부류에 비견됨을 말한 것이다.

〔孟子曰 人皆有所不忍〕에서 〔是皆穿逾之類也〕까지

맹자가 한 말이다. 사람들은 모두가 측은히 여겨서 차마 하지 못하는 마음을 가지고 있으니, 만약 차마 하지 못하는 마음을 미루어 차마 할 수 있는 사람에게까지 확대해 갈 수 있다면 그가 바로 仁한 사람이다. 즉, 사랑하는 대상에 대한 마음을 가지고 사랑하지 않는 사람에게 미루어 적용하는 것이 仁의 道이다. 사람들은 모두가 하고 싶어 하지 않는 마음-貧賤하게 사는 것을 이른다.-을 가지고 있으니, 만약 하고 싶어 하지 않는 마음을 미루어 하고 싶어 하는 대상-부귀하게 사는 것을 이른다.-에까지 확대해 갈 수 있다면 그가 바로 義로운 사람이다. 사람들이 남을 해치고 싶지 않은 마음을 확충해서 仁을 행할 수 있다면 仁道가 이에 다 갖추어지게 되므로 仁을 이루 다 쓰지 못하게 될 것이다. 사람들이 담장을 뚫고 지붕을 넘는 등 불법적인 방법으로 이익을 취하지 않겠다는 마음을 확충해서 義를 행할 수 있다면 義가 이에 다 갖추어지게 되므로 義를 이루 다 쓰지 못하게 될 것이다. 사람들이 남들로부터 '너너'하는 소리를 듣지 않으려는 마음을 확충시킬 수 있다면 남들로부터 무시를 당하지 않게 될 것이다. 그러므로 무슨 일을 하든 義가 되지 않는 것이 없게 될 것이다.-하는 일이 모두 義가 될 수 있다는 말이다.- 측은히 여겨서 차마 하지 못하는 것은 仁의 단서이고, 잘못을 부끄러위하여 하지 않는 것은 義의 단서이니, 이를 확충하여 넓혀나가면 仁과 義가 된다. 士가 된 사람이 존귀한 사람을 만나서 함께 말할 만하지 않은데도 억지로 말을 하는 것은 그 목적이 말을 하는 것으로 이익을 얻고자 하는 것이니, 이는 말을 잃은 것으로 그 잘못이 상대방에 대한 아첨에서 비롯된 것이다. 함께 말할 만한데 말을 하지 않는 것은 말하지 않는 것으로 이익을 얻고자 한 것이니, 이는 사람을 잃은 것으로 그 잘못이 상대방에 대한 오만함에서 비롯된 것이다. 이런 자들은 모두 담장을 뚫고 지붕을 넘는 등 불법적인 방법으로 이익을 취하는 좀도둑 같은 부류의 사람들이다.

32. 孟子曰 言近而指遠者는 善言也요 守約而施博者는 善道也니 君子之言也는 不下帶而道存焉이요

맹자가 말했다. "말이 비근하면서도 그 뜻이 심원한 것은 좋은 말이요, 지키는 것이 간략하면서도 널리 시행될 수 있는 것은 좋은 道이다. 그러므로 君子의 말은 허리띠까지 내려가지 않으면서도 그 속에 道가 존재하며,

【注】言近指遠은 近言正心이나 遠可以事天也요 守約施博은 約守仁義나 大可以施德於天下也니 二者可謂善言善道也라 正心守仁은 皆在胸臆요 吐口而言之하니 四體不與焉이라 故로 曰不下帶而道存焉이라

말이 비근하면서도 그 뜻이 심원하다는 것은, 가까이 자신의 마음을 바로잡는 것을 말했지만 이를 통해 멀리는 하늘까지도 섬길 수 있다는 말이다. 지키는 것이 간략하면서도 널리 시행될 수 있다는 것은, 간략하게 仁義를 지켰지만 이를 통해 크게는 천하에까지도 덕을 베풀 수 있다는 말이다. 따라서 이 두 가지는 좋은 말과 좋은 道라고 이를 만하다. 마음을 바로잡고 仁義를 지키는 것은 모두 가슴속에서 우러나고 입을 통해 말을 하는 것이라 팔과 다리가 여기에 관여하지 않는다. 그래서 허리띠까지 내려가지 않으면서도 그 속에 道가 존재한다고 말한 것이다.

君子之守는 修其身而天下平이니라

군자의 지킴은 자신을 수양함으로써 천하를 안정시킨다.

【注】身正物正이면 天下平矣라

자기 자신이 바르고 세상 사람들이 바르게 되면 천하가 잘 다스려진다는 말이다.

人病은 舍其田而芸人之田이니 所求於人者重이요 而所以自任者輕이니라

사람의 병폐는 자기 밭은 내팽개친 채 남의 밭을 열심히 가꾸는 데에 있다. 즉, 남들에게 요구하는 것은 무겁게 하고 스스로 책임지는 것은 가볍게 하려 한다."

【注】芸은 治也라 田以喩身이니 舍身不治하고 而欲責人治하니 是求人太重이요 自任太輕也라

'芸'은 '治'의 뜻이다. 밭은 몸을 비유한 것이니, 자기 몸을 내팽개진 채 다스리지 않고 남들이 잘 하기를 요구하려는 것이다. 이는 남에게 요구하는 것은 아주 무겁고 스스로 책임지는 것은 아주 가벼운 것이다.

【疏】'孟子曰'至'自任者輕.' ○ 正義曰：此章言道之善, 以心爲原, 當求諸己. 而責於人, 君子尤之, 況以妄芸, 言失務者也. '孟子曰, 言近而指遠者'至'所以自任者輕', 孟子言辭之近而指意已遠者, 乃爲善言(者)[1]也, 所守簡約, 而所施博大者, 乃爲善道(○)〔也〕[2]. '君子之言也, 不下帶而道存焉', 是所謂言近而指遠也, 是孟子自解其旨也. 以其君子於其言也, 皆在胸臆, 以其不遠於心而道存焉. 蓋帶者所以服之, 近於人心也, 故取而喩之, 曰不下帶而道存, 抑又見君子之言非特騰(心)〔口〕[3]說而已. '君子之守, 修其身而天下平', 是所謂守約而施博也, 是孟子又自解其旨也. 以其君子之所守, 特在修身, 而天下由是平矣, 是所謂正己而物正者也. 且人病在舍其己之田, 而耕芸他人之田也, 是所求於人者爲重, 而所以自任其在己者太輕耳. 芸, 治也. 田所以喩人之身也, 言人病在舍其己身, 而治他人之身也, 故爲是云.

1) (者)：저본에는 '者'가 있으나, 監本・毛本에 의거하여 衍文으로 처리하였다.(阮元의 〈校勘記〉 참조)

2) (○)〔也〕：저본에는 '○'로 되어 있으나, 閩本・監本・毛本에 의거하여 '也'로 바로잡았다.(阮元의 〈校勘記〉 참조)

3) (心)〔口〕：저본에는 '心'으로 되어 있으나, 阮元의 〈校勘記〉에 의거하여 '口'로 바로잡았다.

經의 〔孟子曰〕에서 〔自任者輕〕까지

○ 正義曰 : 이 장은 좋은 道는 마음을 근본으로 삼아 자기에게 요구해야 함을 말한 것이다. 반대로 남에게 요구하는 것에 대해서 君子가 이를 비판하여 남의 밭을 쓸데없이 가꾸는 것에다 비유하였으니, 힘써야 할 것에 힘쓰지 않음을 말한 것이다.

〔孟子曰 言近而指遠者〕에서 〔所以自任者輕〕까지

맹자의 말이다. 말이 비근하면서도 그 뜻이 심원한 것은 좋은 말이 되고, 지키는 것이 간략하면서도 널리 시행될 수 있는 것은 좋은 道가 된다는 말이다.

'君子之言也 不下帶而道存焉'은 이른바 말이 비근하면서도 그 뜻이 심원하다는 것으로, 맹자가 스스로 그 의미를 풀이한 것이다. 君子가 말을 하는 것은 모두 가슴속에서 우러나는 것이므로 심장과 멀리 떨어져 있지 않으면서 그 속에 道가 존재한다는 것이다. '帶'는 옷을 입을 때 쓰는 도구이니 사람의 심장에 가깝다. 그러므로 이를 가져다 비유하기를, 허리띠까지 내려가지 않으면서도 그 속에 道가 존재한다고 말한 것이니, 또한 군자의 말은 함부로 입에 올려서는 안 됨을 알 수 있다.

'君子之守 修其身而天下平'은 이른바 지키는 것이 간략하면서도 널리 시행될 수 있다는 것으로, 이 또한 맹자가 스스로 그 의미를 풀이한 것이다. 君子가 지키는 것은 단지 자신의 몸을 닦는 데에 있지만 천하가 이로 말미암아 잘 다스려지니, 이것이 이른바 자기 자신을 바로잡음으로써 세상 사람들이 바르게 된다는 것이다.

그리고 사람의 병폐는 자기 밭은 내팽개친 채 남의 밭을 열심히 가꾸는 데에 있으니, 남들에게 요구하는 것은 무겁게 하고 자기에게 책임지우는 것은 아주 가볍게 하려 한다. '芸'은 '治'의 의미이다. 밭은 사람의 몸을 비유한 것이니, 사람의 병폐는 자기 몸을 내팽개친 채 남의 몸을 다스리려고 하는 데에 있다는 말이다. 그래서 이 말을 한 것이다.

33. 孟子曰 堯舜은 性者也요 湯武는 反之也시니라

맹자가 말했다. "堯임금과 舜임금은 本性대로 한 분이고 湯王과 武王은 本性을 회복한 분이다.

【注】 堯舜之體性自善者也라 殷湯周武은 反之於身하여 身安乃以施人하니 謂加善於民也라

堯임금과 舜임금은 本性대로 행하여 저절로 善해진 것이다. 殷 湯王과 周 武王은 자

신의 本性을 회복함으로써 자신이 편해지고 이어서 다른 사람들에게 베푼 것이니, 이를 일러 백성에게 善을 베풀었다고 한다.

動容周旋中禮者는 **盛德之至也**니

動作과 容儀와 周旋이 예법에 들어맞는 것이 훌륭한 덕의 극치이니,

【注】人動作容儀周旋中禮者는 盛德之至라

사람의 動作과 容儀와 周旋이 예법에 들어맞는 것은 훌륭한 덕의 극치이다.

哭死而哀가 **非爲生者也**며

죽은 사람에게 곡을 하며 슬퍼하는 것이 살아 있는 사람에게 보여주기 위함이 아니며,

【注】死者有德이면 哭者哀也라

죽은 사람이 德이 있으면 곡을 하는 사람이 슬퍼한다는 것이다.

經德不回가 **非以干祿也**며 **言語必信**이 **非以正行也**니라

德을 실천하여 간사하게 살지 않는 것이 벼슬을 얻기 위함이 아니며, 말을 할 때 반드시 미덥게 하는 것이 바른 행실을 한다는 명성을 얻기 위함이 아니다.

【注】經은 行也라 體德之人이 行其節操하여 自不回邪는 非以求祿位也며 庸言必信은 非必欲以正行爲名也니 性不忍欺人也라

'經'은 '行'의 뜻이다. 德을 행하는 사람이 자신의 지조에 따라 행동하여 간사하게 살지 않는 것은 벼슬과 봉록을 구하기 위함이 아니다. 평상시 말을 할 때 반드시 미덥게 하는 것은 반드시 바른 행실을 한다는 명성을 얻으려고 하는 것이 아니다. 본성이 차마 다른 사람을 속이지 못하기 때문이다.

君子는 **行法**하여 **以俟命而已矣**니라

따라서 君子는 法度에 따라 행동하여 하늘의 命을 기다릴 따름이다.”

【注】 君子는 順性蹈德하여 行其法度요 夭壽在天하니 行命以待之而已矣[1]라

1) 行命以待之而已矣 : 四庫全書本에는 ‘待之而已矣’로 되어 있고, 焦循의 ≪孟子正義≫에는 ‘待命而已矣’로 되어 있다. 이 가운데 ‘待命而已矣’가 經文의 의미에 가장 가까운 듯하다.

君子는 本性을 따르고 德을 실천하여 法度에 따라 행동한다. 요절하고 장수하는 것은 하늘에 달린 것이니, 그 命을 기다릴 따름이다.

【疏】 ‘孟子’至‘而已矣’. ○ 正義曰 : 此章言君子之行, 動合禮中, 不惑禍福, 修身俟終. 堯・舜之盛, 湯・武之隆, 不是過也. ‘孟子曰’至於‘君子行法以俟命而已矣’者, 孟子言堯・舜之體性自然善也, 湯王・武王反之於身, 身安乃以施人, 謂加善於人而反之者也. 一則體性之自然, 一則反之於身・身安乃以施人, 無非是禮也, 故動容周旋中禮者, 是爲盛〔德〕[1]之至也. 至者, 以其盛德至矣盡矣, 不可以有加矣. 蓋‘哭死而哀, 非爲生者也’, 是爲動容中禮也, 是孟子自解之旨也, 言哭其死而哀之者, 非爲其生者也, 以其動容中禮, 德性然也. ‘經德不回, 非以干祿也. 言語必信, 非以正(義)〔行〕[2]也’, 是謂周旋中禮者也, 是孟子自解之旨也, 言經德不回邪, 非欲干求爵祿而然也, 以其周旋中禮, 德行然也, 言語必以正, 非欲以正行爲名故然也, 亦以周旋中禮, 德言如是也. 君子者, 順性蹈德, 行其禮法, 修身以俟命而已. 然則堯・舜・禹・湯爲盛德之至, 亦不是過也.

1) 〔德〕 : 저본에는 ‘德’이 없으나, 閩本・監本・毛本에 의거하여 보충하였다.(阮元의 〈校勘記〉 참조)
2) (義)〔行〕 : 저본에는 ‘義’로 되어 있으나, 四庫全書本과 經文에 의거하여 ‘行’으로 바로잡았다.

經의 〔孟子〕에서 〔而已矣〕까지

○ 正義曰 : 이 장은 君子의 행동은 모두가 禮法에 맞아 禍福에 현혹되지 않으며 자신의 덕을 닦아 그 결과를 기다리니, 堯임금과 舜임금의 위대함과 湯王과 武王의 위대함이 이에 지나지 않음을 말한 것이다.

〔孟子曰〕에서 〔君子行法以俟命而已矣〕까지

맹자의 말이다. 堯임금과 舜임금은 본성대로 행하여 저절로 善해진 것이며, 湯王과 武王은 자신의 본성을 회복함으로써 자신이 편안해지고 이어서 다른 사람들에게 베푼 것이니, 이를 일러 다른 사람들에게 善을 베풀어서 本性을 회복한 것이라고 한다. 한쪽은 본성 그대로 행한 것이며, 다른 한쪽은 자신의 본성을 회복함으로써 자신이 편안해지고 이어서 다른 사람들에게 베푼 것이니, 어느 것 하나 예에 맞지 않는 것이 없다. 그래서 動容과 周旋함이 예법에 들어맞는 것은 훌륭한 덕의 극치라고 한 것이다. '극치〔至〕'라고 한 것은 훌륭한 덕이 지극하고 극진하기 때문에 더 이상 더할 수 없다는 것이다.

'哭死而哀, 非爲生者也'는 動容이 예법에 들어맞은 사례로써, 맹자가 스스로 그 뜻을 풀이한 것이다. 즉, 죽은 사람에게 곡을 하며 슬퍼하는 것은 살아 있는 사람에게 보여주기 위함이 아니라 動容이 예법에 들어맞은 것으로서 德性이 그렇게 만든 것임을 말한 것이다.

'經德不回, 非以干祿也. 言語必信, 非以正行也'는 周旋이 예법에 들어맞는 사례로써, 맹자가 스스로 그 뜻을 풀이한 것이다. 즉, 德을 실천하여 간사하게 살지 않는 것이 벼슬과 봉록을 얻기 위해 그리한 것이 아니라 周旋이 예법에 맞은 것으로서 德行이 그렇게 한 것임을 말한 것이며, 말을 할 때 반드시 바르게 하는 것이 바른 행실을 한다는 명성을 얻기 위해서 그렇게 하는 것이 아니라 그 또한 周旋이 예법에 들어맞은 것으로서 德言이 이와 같이 한 것임을 말한 것이다.

따라서 君子는 本性을 따르고 德을 실천하며 禮法을 행하고 몸을 닦아서 하늘의 命을 기다릴 따름이다. 그렇다면, 堯임금, 舜임금, 禹王, 湯王이 훌륭한 덕의 극치라고 한 것이 또한 이에 지나지 않는다.

34. 孟子曰 說(세)大人이어든 則藐(묘)之하여 勿視其巍巍然이니라

맹자가 말했다. "大人에게 유세할 때는 상대를 가볍게 여겨서 그의 높은 지위를 의식해서는 안된다.

【注】 大人은 謂當時之尊貴者也라 孟子言說大人之法은 心當有以輕藐之하여 勿敢視之巍巍富貴니 若此而不畏之면 則心舒意展하여 言語得盡而已[1)]라

1) 而已 : 廖本·孔本·韓本·考文古本에는 '而已'가 없다.(阮元의 〈校勘記〉 참조)

大人은 당시에 신분이 존귀한 사람이다. 맹자가 말하기를, 大人에게 유세하는 방법은 마음속으로 그를 가볍게 여겨서 그가 지니고 있는 높디높은 富貴를 의식하지 말아야 한다고 한 것이다. 이렇게 해서 두려운 마음이 없어지면 마음의 긴장이 풀려서 자신이 할 말을 다 할 수 있게 된다.

堂高數仞과 **榱題數尺**을 **我得志**라도 **弗爲也**하며

堂의 높이가 몇 길이나 되고 처마 길이가 몇 자나 되는 집은 내가 설령 뜻을 이룬다 해도 살지 않을 것이며,

【注】 仞은 八尺也라 榱題는 屋霤也라 堂高數仞과 榱題數尺은 奢太之室이니 使我得志라도 不居此堂也라 大屋은 無尺丈之限이라 故로 言數仞也라

仞은 여덟 자이다. 榱題는 집의 처마이다. 堂의 높이가 몇 길이나 되고 처마 길이가 몇 자나 된다고 한 것은 사치스런 집을 의미하니, 설령 내가 뜻을 이룬다 해도 이런 집에는 살지 않을 것이라는 말이다. 大屋은 규모의 제한이 없으므로 몇 길이나 된다고 말한 것이다.

食前方丈과 **侍妾數百人**을 **我得志**라도 **弗爲也**하며

맛있는 음식을 사방 열 자나 되는 큰 상 위에 늘어놓고 시중드는 여자를 수백 명씩이나 두는 것은 내가 설령 뜻을 이룬다 해도 하지 않을 것이며,

【注】 極五味之饌食이 列於前方一丈하고 侍妾衆多至數百人也라

아주 맛있는 음식이 눈앞의 사방 열 자나 되는 큰 상에 늘어놓여 있고 시중드는 여자가 수백 명이나 되도록 많은 것을 말한다.

般樂(악)**飮酒**와 **驅騁田獵**과 **後車千乘**을 **我得志**라도 **弗爲也**니

크게 음악을 연주하며 술을 마시는 것과 말을 달려 사냥을 하는 것과 뒤따르는 수레를 千乘이나 두는 것은 내가 설령 뜻을 이룬다 해도 하지 않을 것이니,

【注】般은 大也니 大作樂而飮酒라 驅騁田獵과 後車千乘은 般于遊田也라

'般'은 '大'의 뜻이니, 크게 음악을 연주하며 술을 마시는 것이다. 말을 달려 사냥을 하는 것과 뒤따르는 수레를 千乘이나 두는 것은 대대적으로 사냥을 벌인다는 것이다.

在彼者는 皆我所不爲也요 在我者는 皆古之制也니 吾何畏彼哉리오

저들에게 있는 것은 모두 내가 하지 않는 것이고, 나에게 있는 것은 모두 옛 聖人이 만든 법도이니, 내가 어찌 저들을 두려워하겠는가."

【注】在彼貴者驕佚之事는 我所恥爲也요 在我所行은 皆古聖人所制之法이니-謂恭儉也[1]라- 我心何爲當畏彼人乎哉리오

1) 謂恭儉也 : 앞의 '古聖人所制之法'을 부연 설명한 것이다.

저들 존귀한 사람들이 누리는 화려한 생활은 내가 부끄러워하는 것이고 내가 행하는 것은 모두 옛 聖人이 만든 법도들이니,-공손하고 검소함을 이른다.- 내 마음에 어찌 저들을 두려워하겠는가.

【疏】'孟子'至'彼哉'. ○ 正義曰：此章言富貴而驕, 自遺咎〔也〕[1], 茅茨采椽[2], 聖堯表也. 以賤說貴, 懼有蕩心, 心謂彼陋, 以寧我神, 故以所不爲爲之寶玩者也. '孟子曰, 說大人則藐之'至'吾何畏彼哉'者, 孟子言說當時之尊貴爲之大人者, 當輕藐之, 勿視其巍巍然尊貴而畏之也, 以其如是, 則心意舒展, 得盡其言也. 又言堂高數仞,-仞, 八尺也.[3]- 至霤高數尺,-是爲奢汰之室也.[4]- 如我之得志於行道, 不爲此室也. 食之前有方丈之廣, 以極五味之饌而列之, 又有所侍之妾至數百人之衆, 如我得志於行道, 亦不爲之也. 大作樂而飮酒, 驅騁田獵, 有後車千乘之多, 如我得志於行道, 亦不爲之也. 以其在彼驕貴之事者, 皆於我所恥而不爲之也, 在我所行之事, 又皆是古聖王之制度者也, 是皆恭儉而有禮也. 如是, 則於我何有畏於彼之富貴乎哉. 是以說大人則藐之, 而勿視其巍巍然也.

1)〔也〕: 저본에는 '也'가 없으나, 北京大本에 의거하여 보충하였다.
2) 茅茨采椽 : 堯임금이 검소하게 살면서 초가지붕의 띠풀을 가지런하게 자르지 않고 서까래는 깎지 않고 벌채한 그대로 사용한 것〔茅茨不翦 采椽不斲〕을 말한 것이다.(≪韓非

子≫〈五蠹〉)

3) 仞 八尺也 : 앞의 '仞'을 부연 설명한 것이다.

4) 是爲奢汰之室也 : 앞의 '堂高數仞'과 '霤高數尺'을 부연 설명한 것이다.

經의 〔孟子〕에서 〔彼哉〕까지

○ 正義曰 : 이 장의 章指는 다음과 같다. 富貴하면서 교만하면 스스로 허물을 남기게 된다. 초가지붕과 서까래를 다듬지 않고 그대로 쓴 것은 堯임금이 보인 훌륭한 모습이다. 신분이 낮은 사람이 높은 사람에게 유세를 할 때는 두려워 떨리는 마음이 있게 되므로 마음속으로 저들이 비루하다고 생각함으로써 내 정신을 편안하게 해야 한다. 그런 까닭에 저들처럼 하지 않는 것을 보물로 내세운 것이다.

〔孟子曰 說大人則藐之〕에서 〔吾何畏彼哉〕까지

맹자의 말이다. 당시에 신분이 존귀한 大人에게 유세를 하려면 상대를 가볍게 여겨서 그가 지닌 높디높은 존귀한 신분을 의식해 두려워해서는 안 된다. 이렇게 하면 마음의 긴장이 풀려서 할 말을 다 할 수 있게 된다.

맹자가 다시 말했다. 堂의 높이가 몇 길〔仞〕이나 되고-'仞'은 여덟 자이다.- 처마의 높이가 몇 자나 되니,-이는 사치스런 집을 뜻한다.- 내가 만약 道를 행하는 일에 뜻을 이룬다 하더라도 이런 집에는 살지 않을 것이다. 음식을 먹을 때 앞에 사방 열 자 넓이의 상을 두고 거기에 아주 맛있는 음식을 늘어놓으며, 또 시봉하는 여자를 수백 명씩이나 두는 것은 내가 만약 道를 행하는 일에 뜻을 이룬다 하더라도 또한 하지 않을 것이다.

크게 음악을 연주하며 술을 마시는 것과 말을 달려 사냥을 하는 것과 뒤따르는 수레를 千乘이나 두는 것은 내가 만약 道를 행하는 일에 뜻을 이룬다 하더라도 또한 하지 않을 것이다. 저들이 누리는 화려한 생활은 모두 내가 부끄럽게 여겨서 하지 않는 것이고, 반면에 내가 행하는 것은 모두 옛 聖王이 만든 제도로 모두 공손하고 검소하여 예법에 맞는다. 그렇다면 내가 어찌 저들의 부귀함을 두려워하겠는가. 이 때문에 大人에게 유세할 때는 상대를 가볍게 여겨서 그의 높은 지위를 의식해서는 안 되는 것이다.

35. 孟子曰 養心이 莫善於寡欲하니 其爲人也寡欲이면 雖有不存[1]焉者라도 寡矣요

1) 存 : 趙岐는 보존의 대상을 사람의 목숨으로 보았으나, 朱熹는 ≪孟子集註≫에서 그 대상을 本心으로 주해하였다.

맹자가 말했다. "마음을 다스리는 데에 있어 욕심을 적게 하는 것보다 좋은 것이 없다. 그 사람됨이 욕심이 적으면 목숨을 보존하지 못하는 사람이 있다 하더라도 매우 적을 것이며,

【注】 養은 治也라 寡는 少也라 欲은 利欲也라 雖有少欲而亡者는 謂遭橫暴니 若單豹臥深山而遇饑虎[1]之類也라 然이나 亦寡矣라

1) 單豹臥深山而遇饑虎 : 單豹는 魯나라 사람으로 바위굴에 은거하면서 세상 사람들과 이익을 다투지 않아 70세의 나이에도 어린 아기의 피부를 유지하였으나, 불행히도 굶주린 호랑이를 만나 잡아먹히고 말았다고 한다.(≪莊子≫ 〈達生〉)

'養'은 다스리는 것이다. '寡'는 적은 것이다. '欲'은 이익을 추구하는 마음이다. 비록 욕심이 적은데도 죽는 경우는 뜻밖의 사고를 당하는 것을 이르는 것이니, 單豹가 깊은 산중에 은거하며 지내다가 굶주린 호랑이를 만나 목숨을 잃은 것과 같은 경우이다. 하지만 그러한 일은 매우 적을 것이다.

其爲人也多欲이면 **雖有存焉者**라도 **寡矣**니라

그 사람됨이 욕심이 많으면 목숨을 보존하는 사람이 있다 하더라도 매우 적을 것이다.

【注】 謂貪而不亡은 蒙先人德業이니 若晉國欒黶[1]之類也라 然이나 亦少矣니 不存者衆〔也〕[2]라

1) 晉國欒黶 : 欒黶은 춘추시대에 齊나라와 楚나라와 싸워 대승을 거둔 晉나라 대부 欒書의 아들로 그러한 부친의 은덕으로 벼슬을 한 인물이다. ≪春秋左氏傳≫ 襄公 14년 조에, 秦나라 제후와 晉나라에서 온 망명객 士鞅과의 대화에서 士鞅이 欒黶의 사람됨을 평가한 말이 나오는데, 그에 의하면 欒黶은 매우 사치스럽고 잔학한 인물이지만 그래도 죽음을 면할 수 있는 것은 그의 아버지 欒書의 공덕이 아직도 백성들 사이에 남아 있기 때문이라고 하였다.

2) 〔也〕 : 저본에는 '也'가 없으나, 廖本·孔本·韓本·考文古本에 의거하여 보충하였다.

탐욕스러운데도 죽지 않은 것은 조상이 쌓은 德業을 입었기 때문이니, 晉나라 欒黶과 같은 경우가 이에 해당한다. 하지만 그러한 일은 매우 적을 것이니, 목숨을 보존하지 못한 경우가 많기 때문이다.

【疏】'孟子'至'寡矣'. ○ 正義曰：此章言淸淨寡慾, 德之高者, 畜聚積實, 穢行之下. 廉者招福, 濁者速禍, 雖有不然, 蓋非常道, 是以正路不可不由也. '孟子曰'至'雖有不存焉者, 寡矣'者, 孟子言此以教時人養心之術也. 言人之治其心, 莫善於少欲也, 其爲人也少欲, 則不爲外物之汨喪, 雖有遭橫暴而亡者, 蓋亦百無二三也. 然而未必全無也, 以其少也, 是如單豹爲人少欲, 獨隱處於深山而臥, 乃遭遇於饑虎而亡之, 是也. 其爲人也多欲, 則常於外物之所汨喪, 雖間有不亡其(德業於)[1]身者, 蓋亦百無二三也. 然而未必多有者焉, 以其亦少也, 是如欒黶爲人多貪, 乃爲卿而晉國者, 是也. 荀子云, "養心莫善於誠." 蓋亦與此孟子同其旨也.

1) (德業於)：저본에는 '德業於'가 있으나, 문맥이 연결되지 않아 衍文으로 처리하였다.

經의 〔孟子〕에서 〔寡矣〕까지

○ 正義曰：이 장의 章指는 다음과 같다. 욕심을 적게 하여 청빈하게 사는 것은 德이 높은 사람의 삶이고 곡식과 재화를 축적하는 것은 추악한 사람의 삶이다. 청렴한 사람은 福을 불러오고 혼탁한 사람은 禍를 불러오니, 비록 그렇지 않은 경우가 있다 하더라도 그것은 정상적인 것이 아니므로 어느 때든 올바른 길을 걷지 않으면 안 된다.

〔孟子曰〕에서 〔雖有存焉者 寡矣〕까지

맹자가 이 말을 하여 당시 사람들이 마음을 기르는 방법을 가르친 것이다. 즉, 사람이 자신의 마음을 다스리는 데에 있어 욕심을 적게 하는 것보다 좋은 것이 없으니, 그 사람됨이 욕심이 적으면 외물의 유혹에 빠지지 않게 되므로 갑작스레 흉악한 일을 만나 죽는 경우가 있다 하더라도 그것은 백에 두셋도 되지 않을 것이다. 하지만 전혀 없다고 단정적으로 말할 수는 없으니, 그런 일이 조금은 있기 때문이다. 예를 들어 單豹의 사람됨이 욕심이 적어 홀로 깊은 산중에 은거하며 지내다가 그만 굶주린 호랑이를 만나 목숨을 잃은 것이 그 예이다. 그 사람됨이 욕심이 많으면 언제나 외물의 유혹에 빠져서 지내게 되므로 간혹 목숨을 잃지 않는 사람이 있다 하더라도 그것은 백에 두셋도 되지 않을 것이다. 하지만 많이 있다고 단정적으로 말할 수는 없으니, 그런 일이 조금은 있기 때문이다. 예를 들어 欒黶의 사람됨이 매우 탐욕스러운데도 晉나라의 卿

이 된 것이 그 예이다. ≪荀子≫ 〈不苟篇〉에 이르기를, "마음을 기르는 데에는 誠보다 더 좋은 것이 없다."고 하였는데, 대체로 맹자의 이 말씀과 그 뜻이 같다.

36. 曾晳이 嗜羊棗러니 而曾子不忍食羊棗[1)]하시니라 公孫丑問曰 膾炙[2)]與羊棗孰美니잇고

1) 羊棗 : 趙岐는 羊棗를 단지 대추의 일종〔羊棗 棗名也〕이라 하고 孫奭은 단맛이 도는 큰 대추〔羊棗之爲大棗甘者〕라고 하여 대추로 주해한 반면, 朱熹는 ≪孟子集註≫에서 ≪爾雅≫의 郭璞 注에 의거하여 열매가 작고 색깔이 검으며 둥근 모양〔羊棗實小黑而圓〕이라고 구체적으로 설명하였는데, 지금의 대추와는 차이가 있다. 또한 청나라 초기의 학자 何焯(1661~1722)은 ≪義門讀書記≫에서 "양조는 대추가 아니라 감 중에 작은 것으로 처음에는 누른색을 띠다가 익으면 검은색을 띤다.〔羊棗非棗也 乃柿之小者 初生色黃 熟則黑〕"라고 하여 이것이 지금의 고욤에 해당하는 것으로 설명하였다.

2) 膾炙 : 膾炙에 대해 趙岐는 별도의 설명을 하지 않았다. 반면에, 朱熹는 ≪孟子集註≫에서 膾는 고기를 저며서 쓴 것, 즉 육회이고 炙는 구운 고기라고 하여〔聶而切之爲膾 炙炙肉也〕 膾炙를 두 가지 음식으로 주해하였고, 孫奭은 이 구절에 대한 疏에서 '膾炙與羊棗此二味孰爲美'라고 주해하여 하나의 음식으로 설명하였다. 朱熹와 孫奭의 견해를 종합하면 膾炙는 날고기와 구운고기를 모두 아우르는 일반적인 고기 요리를 지칭한 것으로 보인다.

曾晳이 대추를 즐겨 먹었으므로 曾子가 차마 대추를 먹지 못하였다. 공손추가 맹자에게 물었다. "고기와 대추 가운데 어느 것이 맛있습니까?"

【注】 羊棗는 棗名也라 曾子 以父嗜羊棗로 父沒之後에 唯念其親不復食羊棗라 故로 身不忍食也라 公孫丑怪之라 故로 問羊棗與膾炙孰美也라

羊棗는 대추 이름이다. 曾子는 부친이 생전에 대추를 즐겨 먹었기에 부친이 세상을 떠나자 부친이 더 이상 대추를 먹을 수 없다는 생각이 떠올라서 자신이 차마 먹지 못한 것이다.

孟子曰 膾炙哉인저

맹자가 대답했다. "고기가 더 맛있다."

【注】言膾炙固美也니 何比於羊棗리오

고기가 확실히 맛이 있으니, 어찌 대추에 견주겠느냐고 말한 것이다.

公孫丑曰 然則曾子는 **何爲食膾炙而不食羊棗**시니잇고 **曰膾炙**는 **所同也**요 **羊棗**는 **所獨也**니 **諱名不諱姓**하나니 **姓**은 **所同也**요 **名**은 **所獨也**일새니라

공손추가 물었다. "그렇다면 증자는 어찌하여 고기는 먹고 대추는 먹지 않았습니까?" 맹자가 대답했다. "고기는 다 같이 즐겨 먹는 것이고 대추는 曾晳만 홀로 즐겨 먹는 것이기 때문이다. 이것은 마치 군주와 부친의 이름은 부르기를 꺼리고 姓은 꺼리지 않는 것과 같은 것이니, 姓은 다 같이 쓰는 것이고, 이름은 혼자만 쓰는 것이기 때문이다.

【注】孟子言膾炙雖美나 人所同嗜요 獨曾子父嗜羊棗耳라 故로 曾子不忍食也라 譬如諱君父之名이요 不諱其姓이니 姓은 與族同之요 名은 所獨也라 故로 諱〔之也〕[1]라

1) 〔之也〕: 저본에는 '之也'가 없으나, 廖本·孔本·韓本·考文古本에 의거하여 보충하였다.(阮元의 〈校勘記〉 참조)

맹자가 말한 것이다. 고기가 비록 맛있기는 하지만 그것은 사람들이 다 같이 즐겨 먹는 것이다. 반면에 증자의 부친만 유독 대추를 즐겨 먹었다. 그래서 증자가 차마 먹지 못했던 것이다. 이는 비유컨대 군주와 부친의 이름은 부르기를 꺼리고 그 姓은 꺼리지 않는 것과 같다. 그 姓은 종족들과 함께 쓰는 것이고 이름은 혼자만 쓰는 것이기 때문에 부르기를 꺼린 것이다.

【疏】'曾晳'至'所獨也'. ○ 正義曰：此章言曾參至孝, 思親異心, 羊棗之感, 終身不嘗, 孟子嘉之.[1] '曾晳嗜羊棗, 而曾子不忍食羊棗. 公孫丑問曰, 膾炙與羊棗孰美'者, 曾晳, 曾子父也, 曾晳爲人專好羊棗.-羊棗, 棗名也.[2]- 曾晳旣沒, 而曾子常思念其親, 而不忍食羊棗, 公孫丑怪之, 乃問孟子, 以謂膾炙與羊棗此二味孰爲美. '孟子曰, 膾炙哉', 言膾炙固美於羊棗也, 而羊棗何可比於膾炙哉. '公孫丑曰, 然則曾子何爲食膾炙而不食羊棗', 公孫丑又問孟子, 曰如是則曾子何爲獨食於膾炙而不忍食羊棗. '曰, 膾炙所同也, 羊棗所獨也. 諱名不諱姓, 姓所同也, 名所獨也', 孟子又答之. 曰膾炙雖美, 人所同好者也, 羊棗獨曾(子)〔晳〕[3]好之, 故曾子所以思念之而不忍食也. 譬如〔諱〕[4]君父之名, 不諱其姓者, 以其姓爲族之所同, 名爲君父之所獨, 故諱之也.

1) 此章言曾參至孝……孟子嘉之 : 北京大本에는 "이 장의 章指는 다음과 같다. 감정과 예법은 상호 보완적인 관계여서 예법으로 감정을 조절하지만, 사람들이 다 같이 가지는 감정에 대해서는 예법이 금하지 않는다. 曾參이 지극한 효성으로 부친에 대한 그리움이 각별하여 대추에 대한 감회 때문에 종신토록 그것을 먹지 못한 것을 맹자가 아름답게 여겼다. 그래서 윗 章(〈公孫丑 下〉)에서 '어찌 義에 맞지 않은 일을 曾子가 말씀하셨겠는가.'라고 한 것이다.〔此章指言情禮相扶 以禮制情 人所同然 禮則不禁 曾參至孝 思親異心 羊棗之感 終身不嘗 孟子嘉焉 故上章稱曰 豈有非義而曾子言之者也〕"라고 하였다.

2) 羊棗 棗名也 : 앞의 '羊棗'를 부연 설명한 것이다.

3) (子)〔晳〕 : 저본에는 '子'로 되어 있으나, 閩本・監本・毛本에 의거하여 '晳'으로 바로잡았다.(阮元의 〈校勘記〉 참조)

4) 〔諱〕 : 저본에는 '諱'가 없으나, 閩本・監本・毛本에 의거하여 보충하였다.(阮元의 〈校勘記〉 참조)

經의 〔曾晳〕에서 〔所獨也〕까지

○ 正義曰 : 이 장은 曾參이 지극한 효성으로 부친에 대한 그리움이 각별하여 대추에 대한 감회 때문에 종신토록 그것을 먹지 못한 것을 맹자가 아름답게 여겼음을 말한 것이다.

〔曾晳嗜羊棗 而曾子不忍食羊棗 公孫丑問曰 膾炙與羊棗孰美〕 曾晳은 曾子의 아버지이다. 曾晳은 사람됨이 오로지 대추를 좋아하였는데,-羊棗는 대추 이름이다.- 曾晳이 죽은 뒤 曾子가 늘 부친 생각이 나서 대추를 차마 먹지 못하였다. 공손추가 이를 이상하게 여겨 맹자에게 묻기를, 고기와 대추, 이 두 가지 별미 가운데 어느 것이 맛있느냐고 말한 것이다.

〔孟子曰 膾炙哉〕 고기가 대추보다 확실히 맛이 있으니, 대추가 어찌 고기와 견줄 수 있겠느냐고 말한 것이다.

〔公孫丑曰 然則曾子何爲食膾炙而不食羊棗〕 공손추가 맹자에게 다시 묻기를, 그렇다면 증자는 어찌하여 고기는 먹고 대추는 차마 먹지 못한 것이냐고 한 것이다.

〔曰 膾炙所同也 羊棗所獨也 諱名不諱姓 姓所同也 名所獨也〕 맹자가 다시 대답한 것이다. 고기가 비록 맛있기는 하지만 이것은 사람들이 다 같이 좋아하는 것이고 대추

는 曾晳만이 좋아하였으므로 曾子가 아버지 생각이 나서 차마 먹지 못하였던 것이다. 비유컨대 군주와 부친의 이름은 부르기를 꺼리고 그 姓은 꺼리지 않는 것과 같다. 그 姓은 해당 종족이 다 같이 쓰는 것이고 이름은 군주와 부친이 혼자만 쓰는 것이기 때문에 부르기를 꺼린 것이다.

【疏】 ○ 注'羊棗, 棗名也'. ○ 正義曰：蓋樲與棗一物也, 然而有二名, 是樲小而棗大, 樲酸而棗甘耳. 云羊棗, 則羊棗之爲大棗甘者也, 其類則樲棗之屬也. 曾晳者, 曾子父也. 案史記・弟子傳曰"曾蒧-音點[1]-字晳"是也. 孔傳[2]云, "曾參父名點."

1) 音點：앞의 '蒧'을 부연 설명한 것이다.
2) 孔傳：≪論語≫에 대한 孔安國의 주석을 가리킨다. 현재 전하지 않는다.

○ 注의 〔羊棗 棗名也〕

○ 正義曰：樲와 棗는 한 가지 사물이지만 이름이 두 개가 있다. 즉 樲는 크기가 작고 棗는 크며, 樲는 맛이 시고 棗는 달다는 차이가 있다. 羊棗라고 했으니, 羊棗는 단맛이 도는 큰 대추이고, 그 종류를 따지자면 대추의 일종이다. 曾晳은 증자의 부친이다. ≪史記≫ 〈仲尼弟子列傳〉에 "曾蒧-音은 點이다.-의 자는 晳이다."라고 한 것이 그를 설명한 것이다. 孔安國의 傳에 이르기를, "曾參의 부친은 이름이 點이다."라고 하였다.

【疏】 ○ 注'上章稱曰, 豈有非義而曾子言之'[1]者. ○ 正義曰：此謂公孫丑疑曾子爲非義, 而乃不知膾炙所同・羊棗之所獨, 而曾子之心言之是或一於孝道, 故云然也.

1) 上章稱曰 豈有非義而曾子言之：章指의 내용 일부이다.(北京大本 참조)

○ 注의 〔上章稱曰 豈有非義而曾子言之〕

○ 正義曰：이는 公孫丑가 曾子가 이치에 맞지 않은 일을 한 것이 아닌가 의심한 나머지 고기는 사람들이 다 같이 좋아하고 대추는 혼자만 좋아한다는 점을 알지 못한 것이다. 曾子의 마음과 말이 한결같이 孝道에 집중되어 있으므로 그렇게 말한 것이다.

37. 萬章問曰 孔子在陳하사 曰 盍歸乎來리오 吾黨之(小子)〔士〕[1]狂簡하여 進取하니 不忘其初라하시니 孔子在陳하사 何思魯之狂士시니잇고

1) (小子)〔士〕：저본에는 '小子'로 되어 있으나, 宋本・孔本・韓本 및 趙岐의 注와 朱熹

의 ≪朱子集註≫ 해당 經文에 의거하여 '士'로 바로잡았다.(阮元의 〈校勘記〉 참조)

만장이 물었다. "孔子께서 陳나라에 계실 때 '어찌 돌아가지 않겠는가. 우리 고향 사람들이 狂簡하여 적극적이니 그 친구들과 함께 했던 지난날을 잊을 수가 없구나.'라고 하셨는데, 孔子께서 陳나라에 계시면서 어찌하여 魯나라의 狂士들을 생각하신 것입니까?"

【注】 孔子(在)〔戹〕[1]陳은 不遇賢人하여 上下無所交일새니라 蓋歎息思歸는 欲見其鄕黨之士也라 簡은 大也라 狂者는 進取大道而不得其正者也라 不忘其初는 孔子思故舊也라 周禮에 五黨爲州요 五州爲鄕이라하니 故로 曰吾黨之士也라 萬章怪孔子何爲思魯之狂士者也라

1) (在)〔戹〕: 저본에는 '在'로 되어 있으나, 廖本·孔本·韓本·考文古本에 의거하여 '戹'으로 바로잡았다.(阮元의 〈校勘記〉 참조)

孔子가 陳나라에서 곤욕을 당한 것은 賢人을 만나지 못해 위아래 사람들과 교제를 하지 못했기 때문이다. 孔子가 탄식하면서 돌아갈 것을 생각한 것은 고향 사람들을 보고자 한 것이다. '簡'은 대범한 것이다. 狂者는 적극적으로 大道를 추구하지만 그 정확한 길을 얻지 못한 사람이다. '不忘其初'는 孔子가 옛 知人들을 생각한 것이다. ≪周禮≫에 "다섯 개의 黨이 모여 州가 되고, 다섯 개의 州가 모여 鄕이 된다."고 하였다. 그래서 '吾黨之士'라고 한 것이다. 孔子가 어찌하여 魯나라의 狂士들을 생각한 것인지 萬章이 이상하게 여긴 것이다.

孟子曰 孔子不得中道而與之인댄 **必也狂獧乎**인저 **狂者**는 **進取**요 **獧者**는 **有所不爲也**라하시니 **孔子豈不欲中道哉**시리오마는 **不可必得**이라 **故**로 **思其次也**시니라

맹자가 말했다. "孔子께서는 '中道를 실천하는 사람을 얻어서 함께 할 수 없다면 반드시 狂者, 獧者와 함께 하겠다. 狂者는 적극적으로 일을 하고 獧者는 옳지 않은 일은 하지 않는다.'라고 하셨으니, 孔子께서 어찌 中道를 실천하는 사람을 얻고 싶어 하지 않겠는가마는 반드시 얻을 수 있는 것이 아니기에 그 다음을 생각하신 것이다."

【注】 中道는 中正之大道也라 狂者는 能進取하고 獧者는 能不爲不善이라 時無中道之人하고

以狂狷次善者故로 思之也라

'中道'는 어느 한쪽으로 치우치지 않는 大道이다. 狂者는 적극적이고 狷者는 옳지 않는 일은 하지 않는다. 당시에 中道를 실천하는 사람이 없고 단지 狂者와 狷者가 次善에 해당하는 사람들이었으므로 그들을 그리워한 것이다.

敢問何如라야 斯可謂狂矣니잇고

萬章이 물었다. "감히 여쭙건대, 어떻게 해야 狂이라고 말할 수 있습니까?"

【注】萬章曰 人行何如斯則可謂之狂也라

萬章이 묻기를, 사람의 행실이 어떠해야 狂이라 할 수 있느냐고 말한 것이다.

曰 如琴張[1)]曾晳牧皮者 孔子之所謂狂矣니라

1) 琴張 : 趙岐는 琴張을 성이 顓孫, 이름이 師, 자가 子張인 인물로 보았으나, 朱熹는 ≪孟子集註≫에서 이름은 牢이고 자가 子張인 인물로 子桑戶가 죽자 초상집에 가서 노래를 부른 인물이라 주해하였다.

맹자가 대답했다. "琴張, 曾晳, 牧皮 같은 사람이 孔子께서 말씀하신 狂에 해당한다."

【注】孟子言人行如此三人者를 孔子謂之狂也라 琴張은 子張也라 子張之爲人이 踸踔譎詭하여 論語曰 師也僻[1)]이라하니 故로 不能純善而稱狂也라 又善鼓琴하여 號曰琴張이라하니라 曾晳은 曾參父也라 牧皮는 行與二人同하니 皆事孔子學者也라

1) 論語曰 師也僻 : ≪論語≫ 〈先進〉에 나오는 말이다.

맹자가 말한 것이다. 사람의 행실이 이 세 사람과 같은 것을 孔子가 狂이라고 말했다. 琴張은 子張이다. 子張의 사람됨이 독단적이고 변화무쌍하였으므로 ≪論語≫에서 '師(자장)는 한쪽으로 치우쳤다.'고 하였고, 그래서 純善이 되지 못하고 狂이라 불린 것이다. 또 그가 거문고를 잘 연주했다 하여 琴張이라고 부르기도 한다. 曾晳은 曾參의 부친이다. 牧皮는 행실이 두 사람과 동등하니, 모두 孔子를 모시고 배운 사람들이다.

何以謂之狂也니잇고

萬章이 물었다. "어찌하여 이 사람들을 狂이라 합니까?"

【注】萬章問何以謂此人爲狂이라

萬章이 어찌하여 이 사람들을 狂이라 하느냐고 물은 것이다.

曰 其志嘐嘐然曰 古之人古之人이여하되 夷考其行而不掩焉者也니라

맹자가 말했다. "그 뜻이 높아 큰 소리로 '옛사람이여, 옛사람이여' 라는 말을 입에 달고 다니지만 평소 그들의 행실을 살펴보면 행실이 말을 따라가지 못하기 때문이다.

【注】嘐嘐는 志大言大者也라 重言古之人은 欲慕之也라 夷는 平也라 考察其行에 不能掩覆其言이 是其狂也라

'嘐嘐'는 뜻이 높고 말이 큰 것이다. '옛사람이여'를 반복해서 말한 것은 그렇게 되기를 바라고 사모한 것이다. '夷'는 '평소'이다. 그들의 행실을 살펴보면 그들이 한 말을 따라가지 못하였으니, 이를 狂이라 한다.

狂者를 又不可得이어든 欲得不屑不潔之士而與之하시니 是獧(견)也니 是又其次也니라

狂者도 얻을 수 없다면 불결한 행실을 달갑게 여기지 않는 사람을 얻어서 함께 하고자 하셨다. 이런 사람이 獧人이니, 이는 또 狂者 다음가는 사람이다.

【注】屑은 潔也라 不潔은 汙穢也라 旣不能得狂者어든 欲得有介之人能恥賤(惡)〔汙〕[1]行不潔者則可與言矣라 是獧人이니 次於狂者也라

1) (惡)〔汙〕: 저본에는 '惡'으로 되어 있으나, 廖本·孔本·韓本·考文古本과 孫奭의 疏에 의거하여 '汙'로 바로잡았다.(阮元의 〈校勘記〉 참조)

'屑'은 깨끗하다는 뜻이다 . '不潔'은 더럽다는 뜻이다. 狂者도 얻을 수 없다면 지조

가 있는 사람, 즉 불결한 행실을 부끄럽게 여기고 경멸하는 사람을 얻어서 그와 함께 말을 하고자 한 것이다. 이런 사람이 獧人이니, 狂者 다음가는 사람이다.

孔子曰 過我門而不入我室이라도 **我不憾焉者**는 **其惟鄕原乎**인저 **鄕原**은 **德之賊也**라하시니

공자께서 말씀하시기를, '내 집 문 앞을 지나가면서 내 집에 들어오지 않더라도 내가 섭섭하지 않을 사람은 오직 鄕原 뿐이다. 鄕原은 德을 해치기 때문이다.' 라고 하셨다."

【注】憾은 恨也라 人過孔子之門不入이면 則孔子恨之어늘 獨鄕原不入者無恨心耳라 以其鄕原[1]賊德故也라

1) 鄕原 : 宋本·孔本·韓本에는 '鄕原'이 없다.(阮元의 〈校勘記〉 참조)

'憾'은 섭섭하게 여기는 것이다. 사람들이 공자의 문 앞을 지나면서 집으로 들어오지 않는다면 공자가 섭섭해 할 것이지만 오직 鄕原이 들어오지 않는 것에 대해서는 섭섭한 마음이 없을 것이다. 왜냐하면 鄕原은 德을 해치기 때문이다.

曰 何如면 **斯可謂之鄕原矣**니잇고

萬章이 물었다. "어떠하면 鄕原이라고 말할 수 있습니까?"

【注】萬章問鄕願之惡如何라

萬章이 鄕原의 惡行이 어떠하냐고 물은 것이다.

曰 何以是嘐嘐也오 **言不顧行**하며 **行不顧言**하되 **則曰 古之人**이라하여 **古之人行何爲踽踽涼涼**이리오하며 **生斯世也**라 **爲斯世也善**이면 **斯可矣**[1]라하여 **閹然媚於世也者 是鄕原也**니라

1) 何以是嘐嘐也……斯可矣 : 이 구절은 전체의 의미가 명확하지 않으며 후대의 해석들도 큰 차이를 보인다. 즉, 趙岐는 이 구절 전체를 맹자가 鄕原을 비판한 것으로 보았으나, 朱熹는 ≪孟子集註≫에서 '何以是嘐嘐也……古之人'은 鄕原이 狂者를 비판한 것

으로, '行何爲踽踽涼涼……善斯可矣'는 鄕原이 狷者를 비판한 내용으로 주해하였다. 또한 趙岐는 '則曰' 이하를 '古之人', '古之人行何爲踽踽涼涼', '生斯世也', '爲斯世也善', '斯可矣'로 斷句하여 '古之人古之人'을 두 개의 句로 나누었다.(焦循의 ≪孟子正義≫ 참조)

맹자가 대답했다. "鄕原은 어찌하여 높은 뜻을 품고 있는 것처럼 큰소리를 치고 다니는가? 그들이 하는 말은 행실을 염두에 두지 않고 그들의 행실은 말을 따라가지도 못하면서 옛사람을 들먹이고 다니며 옛사람의 행실이 어찌 외롭고 쓸쓸하게 대접받겠느냐고 하며, 한편으론 이 세상에 살면서 이 세상 사람들로부터 좋은 사람이란 평을 들으면 그것으로 충분하다고 하면서 자신의 속마음을 숨기고서 세상으로부터 사랑을 받는 사람이 바로 鄕原이다."

【注】 孟子言鄕原之人言何以〔是〕[1]嘐嘐若有大志也아 其言行不顧하되 則亦稱曰古之人이라하여 古之人行何爲踽踽涼涼이리오 有威儀如無所施之貌也라 鄕原者는 外欲慕古之人하되 而其心曰古之人何爲空自踽踽涼涼하여 而生於今之世하여 無所用之乎아 以爲生斯世하여 但當取爲人所善善人이면 則可矣라하여 其實但爲合衆之行이라-媚는 愛也[2]라- 故閹然大見愛於世也라 若是者謂之鄕原也라

1)〔是〕: 저본에는 '是'가 없으나, 廖本·孔本·韓本에 의거하여 보충하였다.(阮元의 〈校勘記〉 참조)

2) 媚 愛也 : 經文의 '媚'를 설명한 삽입구이다.

맹자가 말한 것이다. 鄕原이란 사람이 말을 할 때 어찌하여 높은 뜻을 품고 있는 것처럼 큰소리를 치고 다니는가? 그들은 하는 말과 행실이 서로 일치하지 않는데도 그들 또한 옛사람을 들먹이고 다니면서 옛사람의 행실이 어찌 외롭고 쓸쓸하게 지내면서 남들로부터 인정을 받지 못하겠느냐고 한다. 즉, 鄕原이 겉으로는 옛사람처럼 되기를 바란다고 하면서도 마음속으로는 옛사람의 행실이 어찌 부질없이 외롭고 쓸쓸하게 이 세상을 살면서 아무 쓸모없이 지내겠느냐고 생각한 것이다. 그들은 이 세상을 살면서 남들로부터 칭송받는 善人이라는 이름만 들으면 충분하다고 하면서 실제로 대중들에 영합하는 행동만 한다.-'媚'는 사랑하다는 뜻이다.- 그래서 속마음을 숨기고 세상으로부터 크게 사랑을 받는다. 이와 같은 사람을 鄕原이라 한다.

萬子[1]曰 一鄕이 皆稱原人焉이면 無所往而不爲原人이어늘 孔子以爲德之賊은

何哉잇고

1) 子 : 朱熹의 ≪孟子集註≫에는 '章'으로 되어 있다.

萬子가 물었다. "온 고을 사람들이 모두 착한 사람이라고 칭송한다면 어딜 가든 착한 사람이 될 터인데, 孔子께서 德을 해치는 사람이라고 말한 것은 무엇 때문입니까?"

【注】萬子는 卽萬章也라 孟子錄之에 以其不解[1]於聖人之意라 故로 謂之萬子라 子는 男子之通稱也라 美之者는 欲以責之也라 萬子言人皆以爲原善이라하고 所至亦謂之善人이라하니 若是로되 孔子以爲賊德은 何爲也오

1) 解 : '懈'의 통용자이다.(焦循의 ≪孟子正義≫ 참조)

萬子는 萬章이다. 맹자가 기록을 하면서 그가 孔子의 의중을 파악하는데 게을리하지 않았기 때문에 萬子라고 일컬은 것이다. '子'는 남자의 통칭이다. 그를 칭찬한 것은 그만큼 요구를 하려는 것이다. 萬子가 말하기를, 사람들이 모두 착하다 하고 가는 곳마다 착한 사람이라고 하는데, 이런 사람을 孔子가 德을 해치는 사람이라고 한 것은 무엇 때문이냐고 한 것이다.

曰 非之無擧也하며 刺之無刺也하고 同乎流俗하며 合乎汙世하여 居之似忠信하며 行之似廉潔하여 衆皆悅之어든 自以爲是나 而不可與入堯舜之道라 故로 曰 德之賊也라하시니라

맹자가 대답했다. "鄕原은 비난을 하려 해도 비난할 거리가 없고 풍자를 하려 해도 풍자할 거리가 없다. 타락한 풍속에 동조하고 더러운 세상에 영합하여 조용히 있을 때는 진실되고 믿음직한 사람처럼 보이고 행동할 때는 청렴하고 결백한 사람처럼 보인다. 그래서 사람들이 모두 좋아하여 칭찬하게 되면 그는 자신이 옳다고 스스로 생각하지만 그런 사람과는 堯舜의 道에 함께 들어가지 못하게 된다. 그래서 德을 해치는 자라고 말한 것이다.

【注】孟子言鄕原之人은 能匿蔽其惡하여 非之無可擧者하며 刺之無可刺者하고 志同於流俗

之人하며 行合於汙亂之世하여 爲人謀에 居其身若似忠信하며 行其身若似廉潔爲行矣하여 衆皆悅美之어든 其人自以所行爲是나 而無仁義之實이라 故不可與入堯舜之道也라 無德而人以爲有德이라 故로 曰德之賊也라하니라

맹자가 말한 것이다. 鄕原이란 사람은 자신의 나쁜 점을 잘 숨기므로 비난을 하려고 해도 비난할 거리가 없고 풍자를 하려고 해도 풍자할 거리가 없다. 그 마음은 타락한 풍속의 사람들에게 동조하고 그 행실은 더럽고 어지러운 세상에 영합하여 남들과 함께 일을 함에 있어 조용히 있을 때는 진실되고 믿음직한 사람처럼 보이고 행동을 할 때는 청렴하고 결백한 사람처럼 보인다. 그래서 사람들이 모두 좋아하여 칭찬하게 되면 그는 자신의 행동이 옳다고 스스로 생각한다. 하지만 仁義라는 실제 내용이 없으므로 堯舜의 道에 함께 들어가지 못한다. 이것은 德을 갖추지 않았음에도 사람들이 덕을 갖추었다고 여기게 만들기 때문에 德을 해치는 자라고 말한 것이다.

孔子曰 惡似而非者하노니 **惡莠**는 **恐其亂苗也**요 **惡佞**은 **恐其亂義也**요 **惡利口**는 **恐其亂信也**요 **惡鄭聲**은 **恐其亂樂也**요 **惡紫**는 **恐其亂朱也**요 **惡鄕原**은 **恐其亂德也**라하시니라

孔子께서 말씀하시기를, '나는 似而非를 미워한다. 가라지를 미워하는 것은 그것이 벼의 싹을 어지럽힐까 두렵기 때문이며, 아첨하는 자를 미워하는 것은 그가 義를 어지럽힐까 두렵기 때문이며, 말솜씨가 뛰어난 자를 미워하는 것은 그가 信을 어지럽힐까 두렵기 때문이며, 鄭나라 음악을 미워하는 것은 그것이 雅樂을 어지럽힐까 두렵기 때문이며, 보라색을 미워하는 것은 붉은색을 어지럽힐까 두렵기 때문이며, 鄕原을 미워하는 것은 그가 德을 어지럽힐까 두렵기 때문이다.'라고 하셨다.

【注】 似眞而非眞者를 孔子之所惡也라 莠之莖葉은 似苗하며 佞人詐飾은 似有義者하며 利口辯辭는 似若有信하며 鄭聲淫人之聽은 似若美樂하며 紫色似朱하며-朱는 赤也[1]라- 鄕原惑衆은 似有德者하니 此六似者는 〔皆〕[2]孔子之所惡也라

1) 朱 赤也 : 앞의 '朱'를 부연 설명한 것이다.

2) 〔皆〕 : 저본에는 '皆'가 없으나, 廖本·孔本·韓本·考文古本에 의거하여 보충하였

다.(阮元의 〈校勘記〉 참조)

진짜 같으면서 진짜가 아닌 것을 孔子가 미워한 것이다. 가라지의 줄기와 잎은 벼의 싹을 닮았으며, 아첨하는 자의 꾸미는 말은 義理에 맞는 말과 비슷하며, 유창하고 번지르르한 말은 信用있는 말과 비슷하며, 사람의 귀를 음탕하게 하는 鄭나라 음악은 아름다운 음악을 닮았으며, 보라색은 붉은색과 닮았으며,-'朱'는 붉은 색이다.- 대중을 현혹시키는 鄕原은 德있는 사람을 닮았으니, 이 여섯 닮은꼴들은 모두 孔子가 미워한 것들이다.

君子는 **反經而已矣**니 **經正**이면 **則庶民興**하고 **庶民興**이면 **斯無邪慝矣**리라

그러므로 君子는 변하지 않는 常道로 돌아가야 한다. 常道가 바로잡히면 백성들이 흥기하게 되고 백성들이 흥기하면 향원과 같은 사악한 행동이 없어지게 된다.

【注】 經은 常也라 反은 歸也라 君子治國家에 歸於常經이니 謂以仁義禮智道化之면 則衆民興起而家給人足矣니 倉廩實而知禮節이면 安有爲邪惡之行也리오

經은 늘 변하지 않는 것을 뜻한다. 反은 돌아가는 것이다. 君子는 나라를 다스림에 있어 변하지 않는 道로 돌아간다. 다시 말해 仁, 義, 禮, 智의 道로 교화를 하면 백성들이 흥기하여 집안과 그에 속한 개인이 풍족해질 것이다. 창고가 차서 예절을 알게 되면 어찌 향원과 같은 사악한 행동이 있겠는가.

【疏】 '萬章曰'至'斯無邪慝矣'. ○ 正義曰：此章言士行有科, 人有等級, 中道爲上, 狂・狷不合. 似是而非, 色厲內荏, 鄕原之惡, 聖人所甚〔戒〕[1]. 反經身行, 民化於己, 子(率而)〔帥以〕[2]正, 孰敢不正也. '萬章問曰, 孔子在陳'至'何思魯之狂士'者, 萬章問曰, 孔子在陳國有戹, 不遇賢人, 上下無有交者, 乃歎曰, 盍歸乎來, 言我黨之爲士, 進取於大道而不得其中道者也, 亦以不忘其初而思故舊也, 故問之孟子, 謂孔子在陳國何爲而思魯國之狂士者也. '孟子曰, 孔子不得中道而與之'至'故思其次也', 孟子答之, 曰孔子不得中正之道者而取與之, 必也思其狂・狷者乎. 狂者以其但進取於大道而不知退宿於中道, 狷者有所不敢爲, 但守節無所爲而應進退者也. 孔子豈不欲中道者而與之哉. 不可以必得中道之人, 故思念其次於中道者爲狂・狷者也. '敢問何如斯可謂狂矣', 萬章又問孟子曰, 人行當何如, 則斯可謂之狂矣. '曰琴張・曾晳・牧皮者, 孔子之所謂狂矣', 孟子又答之, 曰如琴張・曾晳・牧皮三者, 孔子謂爲狂者也. 蓋論語嘗謂古之狂也肆, 今之狂也蕩.[3] 琴張・曾晳・牧皮三者, 皆學於孔子, 進取於道而躐等者也, 是謂古之狂者也. 琴張曰君子不爲利疚我[4], 曾晳風乎舞雩, 詠而歸,[5] 是皆有志於學, 亦志於仕以爲進取者也. 牧皮, 經傳竝無所見, 大抵皆學孔子, 而行有同於曾晳・琴張二人耳. 此孟子所以皆謂之狂士. '何以謂之狂也', 萬章又問, 何以謂此三人爲之狂士也. '曰其志嘐嘐然, 曰古之人, 古之人'至'鄕原, 德之賊也'者, 孟子又答之, 曰其志嘐嘐然大言, 乃曰古之人, 古之人, 及考驗其所行之行, 而未始掩覆其言焉, 是言過於行, 爲之狂者也. 孔子思與狂者, 又不可而必得之, 欲得有介之人, 能恥賤汙行不潔者而與之, 是爲狷者也, 是又次於狂者也. 孔子有曰過我門而不入我室, 我不以恨之者, 其唯獨於鄕原之徒也, 鄕原者, 以其爲賊害於德者也. 然則孔子如以自非鄕原而過其門而不入室者, 是則恨之矣. 此亦見孔子自非鄕原之徒者, 無不與之也, 所以思於中道而不可得, 則思其狂・狷. '曰, 何如斯可謂之鄕原矣', 萬章又問何如則謂之鄕原者矣. '曰何以是嘐嘐也.' 至'是鄕原也', 孟子又答之, 曰鄕原之人其言何以是嘐嘐然若有大〔志〕[6]也. 以其言不顧於行, 行又不顧於言, 則亦稱之曰古之人, 古之人所行之行何爲踽踽涼涼, 有威儀如無所施之貌也. 是言鄕原之人外欲慕古之人, 而其心乃曰, 古之人何爲空自踽踽涼涼, 而生於今之世無所用之乎. 以爲生斯世也, 但當取爲人所善則可矣. 故閹然大見媚愛之於世也者, 是則謂之鄕原者矣. '萬子曰, 一鄕皆稱原人焉'至'何哉'者, 萬章不解孟子之意, 故問之曰, 如一鄕皆稱爲原善之人, 是無所往而不爲善人矣, 孔子乃以爲有賊害於德, 是爲德之賊者, 何爲者哉. '曰非之無擧也'至'斯無邪慝'者, 孟子又答之曰, 言鄕原之人能掩蔽其惡, 使人欲非謗之, 則無可而非者, 使人欲譏刺之, 則無可爲譏刺者, 其志則有同乎流俗之人, 所行又合於汙亂之世, 居其身, 則若有忠信, 而實非忠信也, 行其身, 若有廉潔, 而實非廉潔也, 衆人皆悅美之, 而自以爲是, 而無其實, 故不與入堯舜之正道者也, 是無德而爲有德, 故謂之爲德之賊者也. 孔子有曰, 惡有似眞而非眞者, 惡莠之莖葉秀茂者, 以其似苗, 恐有亂其苗種者也, 惡佞詐飾者, 以其似義, 恐有亂其義者也, 惡利口辯辭, 以其似信, 恐其有亂於信者也, 惡鄭聲之淫哇, 以其似美樂, 恐其有亂於雅樂也, 惡紫之間色, 以其似朱, 恐其有亂於朱者也, 惡鄕原之惑衆, 以其似有德, 恐其有亂於德者也. 凡此六者, 孔子所以惡之, 以其似是而非者也. 君子者, 乃歸其常經而已矣. 云經者, 則義・信・德是也. 如佞〔利〕[7]口鄕原者, 是不經也. 唯君子則反經而已矣, 君子去其不經以反復乎經, 則其經斯適於正而不他, 故義以立而不爲佞亂, 信以立而不爲利口亂, 德以立而不爲鄕原亂, 此庶民所以興行, 又不爲兩疑之惑矣. 庶民旣以興行, 斯無邪慝之行也.

1) 〔戒〕: 저본에는 '戒'가 없으나, 卷頭의 장별 개요에 의거하여 보충하였다.
2) (率而)〔帥以〕: 저본에는 '率而'로 되어 있으나, ≪論語≫ 〈顔淵〉에 의거하여 '帥以'로 바로잡았다.
3) 論語嘗謂古之狂也肆 今之狂也蕩 : ≪論語≫ 〈陽貨〉에 나온다.
4) 琴張曰君子不爲利疚我 : 이 말은 본래 ≪春秋左氏傳≫ 召公 20년 조에, 琴張이 宗魯의 죽음에 문상을 가려 하자 孔子가 이를 반대하며 한 말을 琴張이 변형하여 인용한 것으로 보인다.
5) 曾皙風乎舞雩 詠而歸 : ≪論語≫ 〈先進〉에 나온다.
6) 〔志〕: 저본에는 '志'가 없으나, 趙岐의 注에 의거하여 보충하였다.
7) 〔利〕: 저본에는 '利'가 없으나, 閩本·監本·毛本에 의거하여 보충하였다.(阮元의 〈校勘記〉 참조)

經의 〔萬章曰〕에서 〔斯無邪慝矣〕까지

○ 正義曰 : 이 장은 선비의 행실에는 등급이 있고 사람에도 등급이 있어서 中道를 실천하는 사람이 최상이 되고 狂者와 狷者는 여기에 들지 않으며, 진짜인 듯하면서 진짜가 아니어서 겉으로는 근엄한 얼굴을 하고 있지만 속으로는 겁이 많은 것이 鄕原의 나쁜 점이므로 聖人이 이를 심하게 경계하였으며, 변하지 않는 常道로 돌아가서 몸소 실천하면 백성들이 그에게 교화를 받을 것이니, 그대가 正道로써 솔선수범한다면 누가 감히 바른길로 가지 않겠느냐고 말한 것이다

〔萬章問曰 孔子在陳〕에서 〔何思魯之狂士〕까지

萬章이 물은 것이다. 孔子가 陳나라에서 곤욕을 당한 것은 賢人을 만나지 못해 위아래 사람들과 교제를 하지 못했기 때문이다. 그래서 '어찌 돌아가지 않겠는가.'라고 탄식하면서, 우리 고향의 선비들이 적극적으로 大道를 추구하지만 그 中道를 얻지 못하고 있으니 또한 지난날을 잊지 못해 그 친구들이 생각난다고 말한 것이다. 그래서 맹자에게 孔子가 陳나라에 있을 때 어찌하여 魯나라의 狂士를 생각한 것이냐고 물은 것이다.

〔孟子曰 孔子不得中道而與之〕에서 〔故思其次也〕까지

맹자가 대답한 것이다. 孔子가 中正의 道를 얻어서 함께 하지 못한다면 반드시 狂

者, 狷者와 함께 하겠다. 狂者는 大道를 추구하는 데에 적극적이지만 中道에 물러나 머물 줄을 모르며, 狷者는 옳지 않은 일은 감히 하지 않지만 지조를 지키느라 아무런 進退도 없이 지낸다. 孔子가 어찌 中道를 실천하는 사람을 얻어서 함께 하고 싶지 않겠는가마는 中道를 실천하는 사람을 반드시 얻을 수는 없기 때문에 中道를 실천하는 사람 다음가는 狂者와 狷者를 생각한 것이다.

〔敢問何如斯可謂狂矣〕 萬章이 다시 맹자에게 묻기를, 사람의 행실이 마땅히 어떠해야 狂이라 할 수 있느냐고 말한 것이다.

〔曰琴張曾晳牧皮者 孔子之所謂狂矣〕 맹자가 다시 대답한 것이다. 琴張, 曾晳, 牧皮 이 세 사람은 孔子가 말한 狂者에 해당한다. ≪論語≫에서 일찍이 말하기를, '옛날의 狂은 작은 일에 구애하지 않았는데 지금의 狂은 원칙도 없이 제멋대로 행동한다.'라고 하였다. 琴張, 曾晳, 牧皮 이 세 사람은 모두 孔子의 문하에서 배워 道를 추구하는데 적극적인 나머지 정상적인 단계를 건너뛴 자들이니, 이는 옛날의 狂者에 해당한다. 그 예를 들면 琴張은 君子(孔子를 가리킨다.)가 나를 이익에 병들지 않게 했다고 하였고, 曾晳은 舞雩에서 바람을 쐬고 노래하며 돌아오겠다고 하였다. 이들은 모두 학문에 뜻이 있었으며, 또한 벼슬에 뜻을 두어 적극적으로 나선 사람들이다. 牧皮는 경전에 전혀 나타나지 않으나 모두 함께 孔子에게서 배웠으므로 그 행실이 曾晳과 琴張 이 두 사람과 같을 것으로 보인다. 맹자가 이 때문에 그들을 모두 狂士라 말한 것이다.

〔何以謂之狂也〕 만장이 다시 묻기를, 어찌하여 이 세 사람을 狂士라 부르느냐고 한 것이다.

〔曰其志嘐嘐然 曰古之人 古之人〕에서 〔嘐原 德之賊也〕까지

맹자가 다시 대답한 것이다. 그 뜻이 높아 큰 소리로 '옛사람이여, 옛사람이여'라는 말을 입에 달고 다니지만 그들이 하는 행실을 살펴보면 처음부터 자신들이 한 말을 따라가지 못하였으니, 이는 말이 행실보다 지나친 것이므로 狂者라고 한 것이다.

孔子가 狂者와 함께 할 것을 생각하였으나 그마저도 반드시 얻을 수 없다면 지조가 있는 사람, 즉 불결한 행실을 부끄럽게 여기고 경멸하는 사람을 얻어서 그와 함께 하고자 한 것이다. 이런 사람이 狷者이니, 또한 狂者 다음가는 사람이다.

孔子가 말하기를, 내 집 문 앞을 지나면서 내 집에 들어오지 않더라도 내가 섭섭하지 않을 사람은 오직 鄕原의 무리일 것이다. 鄕原은 德을 해치는 자이기 때문이다. 그렇다면 공자는 鄕原이 아닌 사람이 자기 문 앞을 지나면서 들어오지 않는 사람이 있

다면 섭섭하게 여길 것이라는 말이 된다. 이를 통해 孔子가 鄕原의 무리만 아니면 누구나 함께 하였고, 그런 까닭에 中道를 실천하는 사람과 함께 하려고 생각하다가 그렇게 할 수 없게 되자 狂者와 狷者를 생각한 것임을 알 수 있다.

〔曰 何如斯可謂之鄕原矣〕 어떠하면 鄕原이라 부르는 것이냐고 萬章이 다시 물은 것이다.

〔曰何以是嘐嘐也〕에서 〔是鄕原也〕까지

맹자가 다시 대답한 것이다. 鄕原이란 사람이 말을 할 때 어찌하여 높은 뜻을 품고 있는 것처럼 큰소리를 치고 다니는가? 그들이 하는 말은 행실을 염두에 두지도 않고 그가 하는 행실은 말을 따라가지도 못하면서 그들 또한 옛사람을 들먹이고 다니면서 옛사람이 행한 행실이 어찌 외롭고 쓸쓸하게 지내면서 남들로부터 인정을 받지 못하겠느냐고 말한다. 이는 鄕原이란 사람이 겉으로는 옛사람처럼 되기를 바란다고 하면서도 마음속으로는 옛사람의 행실이 어찌 부질없이 외롭고 쓸쓸하게 이 세상에 살면서 아무 쓸모없이 지내겠느냐고 생각한 것이다. 그들은 이 세상에 살면서 남들로부터 좋은 사람이란 평을 들으면 그것으로 충분하다고 여긴다. 그래서 속마음을 숨기고서 세상으로부터 크게 사랑을 받는다. 이런 사람을 鄕原이라 한다.

〔萬子曰 一鄕皆稱原人焉〕에서 〔何哉〕까지

萬章이 맹자의 말뜻을 이해하지 못했으므로 온 고을 사람들이 모두 착한 사람이라고 칭송한다면 어딜 가든 착한 사람이 될 터인데 孔子가 德을 해치는 사람, 즉 德의 賊이라고 한 것은 무엇 때문이냐고 물은 것이다.

〔曰非之無擧也〕에서 〔斯無邪慝〕

맹자가 다시 대답한 것이다. 鄕原이란 사람은 자신의 나쁜 점을 잘 숨기므로 설사 사람들이 비방을 하려고 해도 비방할 거리가 없고 설사 사람들이 풍자를 하려고 해도 풍자할 거리가 없다. 그 마음은 타락한 풍속의 사람들에게 동조하고 그 행실은 더럽고 어지러운 세상에 영합하여 조용히 있을 때는 진실하고 믿음직한 사람처럼 보이나 실제로는 진실하고 믿음직하지 않으며, 행동을 할 때는 청렴하고 결백한 사람처럼 보이나 실제로는 청렴하고 결백하지 않다. 그 결과 사람들이 모두 좋아하여 칭찬하게 되면 자신의 행동이 옳은 것이라 스스로 생각하지만 실제적인 내용이 없으므로 그와 함께 堯舜의 正道에 함께 들어가지 못한다. 이것은 德을 갖추지 않았음에도 덕을 갖춘 것처럼 여기게 만들기 때문에 德을 해치는 자라고 말한 것이다.

孔子가 말하기를, '나는 진짜 같으면서 진짜가 아닌 것을 미워한다. 줄기와 잎이 무성한 가라지를 미워하는 것은 그것이 벼의 싹을 닮았기 때문에 모종 때 벼의 싹을 어지럽힐까 두려워한 것이다. 아첨하는 자의 꾸미는 말을 미워하는 것은 그것이 義理에 맞는 말과 비슷하여 그 의리에 맞는 말을 어지럽힐까 두려워한 것이다. 유창하고 번지르르한 말을 미워하는 것은 그것이 信用 있는 말과 비슷하여 그 신용 있는 말을 어지럽힐까 두려워한 것이다. 鄭나라 음악의 음탕한 소리를 미워하는 것은 그것이 아름다운 음악을 닮아서 雅樂을 어지럽힐까 두려워한 것이다. 間色인 보라색을 미워한 것은 그것이 正色인 붉은색과 닮아서 붉은색을 어지럽힐까 두려워한 것이다. 대중을 현혹시키는 鄕原을 미워한 것은 그가 德있는 사람과 닮아서 德있는 사람을 어지럽힐까 두려워한 것이다.'라고 하였으니, 이 여섯 가지는 孔子가 미워한 대상으로 그것들이 진짜 같으면서 진짜가 아닌 것이기 때문이다.

君子가 되어야 변하지 않는 道로 돌아간다. '經'이라는 것은 義, 信, 德을 말한다. 예를 들어 아첨하는 자와 말솜씨가 뛰어난 자와 鄕原은 늘 오락가락 변한다. 오직 君子만이 변하지 않는 道로 돌아간다. 君子가 변하는 것을 버리고 변하지 않는 것으로 돌아가면 그 변하지 않는 것이 다른 곳으로 가지 않고 正道로 가게 된다. 그렇기 때문에 君子는 義理를 통해 자신을 세움으로써 아첨하는 사람에 의해 어지럽혀지지 않으며, 信用을 통해 자신을 세움으로써 말 잘하는 사람에 의해 어지럽히지 않으며, 德을 통해 자신을 세움으로써 鄕原에 의해 어지럽혀지지 않는다. 그리되면 庶民이 興起하여 양쪽 중에 어느 쪽이 나은지 더 이상 의심하지 않게 된다. 庶民이 흥기하면 향원과 같은 사악한 행동이 없어지게 된다.

【疏】 ○ 注'周禮五黨爲州, 五州爲鄕, 故曰吾黨之士也'. ○ 正義曰：案論語云, "子在陳, 曰, '歸與歸與, 吾黨之小子狂簡, 斐然成章, 不知所以裁之.'"今云周禮五黨而解其文, 蓋亦不案此論語而有誤也. 誠如周禮五黨言之, 則論語何以云吾黨, 蓋不當引此爲證, 所謂黨者, 蓋五百家爲之黨, 是其旨也.

○ 注의 〔周禮五黨爲州 五州爲鄕 故曰吾黨之士也〕

○ 正義曰：≪論語≫에 이르기를, "孔子가 陳나라에 있을 때 말하기를, '돌아가자! 돌아가자! 우리 고향의 젊은이들이 狂簡하여 문채만 아름다울 뿐 재단할 줄을 모른다.'고 하였다." 하였는데 여기에서는 ≪周禮≫의 五黨을 거론하여 문장을 해석하고 있다. 아

마도 ≪論語≫의 이 구절을 살펴보지 않아서 오류가 생긴 것으로 보인다. ≪周禮≫에 나오는 五黨을 그대로 받아들여 풀이한다면 ≪論語≫에서 어떻게 吾黨이라고 말할 수 있겠는가. 따라서 이 말을 인용하여 증빙을 해서는 안 된다. 이른바 '黨'이란 것은 오백家가 모여서 黨이 된다고 할 때의 黨으로 보는 것이 그 뜻에 부합한다.

【疏】 ○ 注'孟子言'至'學者也'. ○ 正義曰：子張之爲人, 踸踔譎詐. 論語曰, "師也辟." 故不能純善者. 案家語有衛人琴牢字張, 則此與左傳所謂琴張者, 琴牢而已, 非所謂子張善鼓琴也. 趙注引爲顓孫師, 亦未審何據而琴張曰師張. 曰"曾晳, 曾參之父", 蓋言於前矣. 牧皮者, 未詳.

○ 注의 〔孟子言〕에서 〔學者也〕까지

○ 正義曰：注에서, 子張의 사람됨이 독단적이고 변화무쌍하였으므로 ≪論語≫에서 '師(자장)는 한쪽으로 치우쳤다.'고 하였고, 그래서 純善이 되지 못한 것이라고 하였다. 한편 ≪孔子家語≫에서 衛나라 사람 琴牢의 字는 張이라고 하였는데, 그렇다면 이 사람과 ≪春秋左氏傳≫에 나오는 琴張은 琴牢일 뿐이지 이른바 거문고를 잘 연주하는 子張이 아니다. 趙岐의 注에서는 또 다른 인물인 顓孫師를 끌어들였는데, 무슨 근거로 琴張을 顓孫師 子張이라고 말했는지 알 수 없다. '曾晳은 曾參의 부친이다.'라고 한 것에 대해서는 앞에서 설명해 놓았다. 牧皮는 어떤 인물인지 미상이다.

【疏】 ○ 注"似(美)〔眞〕[1]而非"至"孔子所惡也". ○ 正義曰：案論語云, "惡紫之奪朱, 惡鄭聲之亂雅樂, 惡利口之覆邦家." 其序與此不同者, 蓋孟子以亂義不及亂信, 亂信不及亂德, 其所主三者而已, 苗莠・朱紫・聲樂, 所托以爲喩者也, 是所以爲異者也.

1) (美)〔眞〕: 저본에는 '美'로 되어 있으나, 趙岐의 注文에 의거하여 '眞'으로 바로잡았다.

○ 注의 〔似眞而非〕에서 〔孔子所惡也〕까지

○ 正義曰：≪論語≫에 이르기를, "보라색이 붉은색을 빼앗는 것을 미워하며, 鄭나라 음악이 雅樂을 어지럽히는 것을 미워하며, 유창한 말이 나라를 전복시키는 것을 미워한다."고 하여 그 순서가 이와는 서로 같지 않다. 맹자의 경우 義를 어지럽히는 것이 信을 어지럽히는 데까지 미치지 않고 信을 어지럽히는 것이 德을 어지럽히는 데까지 미치지 않아서 그 주관하는 것이 서로 독립적인 세 가지일 뿐으로 여기에서 언급한 벼의 싹과 가라지, 붉은색과 보라색, 鄭나라 음악과 雅樂은 〈鄕原을 말하기 위해〉

가탁하여 비유를 든 것이다. 이것이 서로 다른 점이다.

【疏】○ 注'色厲內荏'至'子帥以正, 孰敢不正'者. ○ 正義曰：此蓋本論語之文而云.

○ 注의 〔色厲內荏〕에서 〔子帥以正 孰敢不正〕까지

○ 正義曰 : 이것은 ≪論語≫의 문장에 의거하여 말한 것이다.

38. 孟子曰 由堯舜至於湯이 五百有餘歲니 若禹皐陶(요)則見而知之하시고 若湯則聞而知之하시니라

맹자가 말했다. "堯舜으로부터 湯王에 이르기까지 오백여 년이 되는데, 禹王과 皐陶는 직접 보고서 알았고 湯王은 들어서 알았다.

【注】言五百歲聖人一出은 天道之常也나 亦有遲速하여 不能正五百歲라 故로 言有餘歲也라 見而知之는 謂輔佐也라 通於大賢次聖者이 亦得與在其間하여 親見聖人之道而佐行之하니 言易也라 聞而知之者는 聖人相去卓遠하여 數百歲之間에 變故衆多하며 踰聞前聖所行하고 追而遵之하여 以致其道하니 言難也라

오백 년에 聖人이 한 번씩 나오는 것은 불변하는 하늘의 이치이지만 여기에도 빠르고 늦은 차이가 있어 정확히 오백 년이라 단정할 수 없으므로 오백여 년이라고 말한 것이다. 직접 보고서 알았다는 것은 옆에서 輔佐한 것을 말한다. 大賢이나 次聖에 해당하는 사람이 그 사이에 참여하여 聖人의 道를 직접 보고서 곁에서 보좌한 것이므로 하기가 쉽다는 말이다. 반면 듣고서 아는 사람은 聖人과의 거리가 멀어서 수백 년 동안에 많은 변고가 있었으며 이전 聖人이 행한 것을 건너서 전해 듣고 뒤따라 이를 실천하여 그 道를 이룬 것이므로 하기가 어렵다는 말이다.

由湯至於文王이 五百有餘歲니 若伊尹萊朱則見而知之하고 若文王則聞而知之하시니라

湯王으로부터 文王에 이르기까지 오백여 년이 되는데, 伊尹과 萊朱는 직접 보고서 알았고 文王은 들어서 알았다.

【注】伊尹은 摯也라 萊朱는 亦湯賢臣也니 一曰仲虺(훼) 是也라 春秋傳에 曰 仲虺居薛하여 爲湯左相이라하니 是則伊尹爲右相이라 故로 二人等德也라

伊尹은 이름이 摯이다. 萊朱 또한 湯王 때의 賢臣으로, 어떤 문헌에는 '仲虺'로 되어 있다. ≪春秋左氏傳≫에서 '仲虺가 薛에 살면서 湯王의 左相이 되었다.'고 하였으니, 그렇다면 伊尹은 右相을 한 것이다. 그래서 두 사람의 덕이 대등해진 것이다.

由文王至於孔子가 **五百有餘歲**니 **若太公望散宜生則見而知之**하고 **若孔子則聞而知之**하시니라

文王으로부터 孔子에 이르기까지 오백여 년이 되는데, 太公望과 散宜生은 직접 보고서 알았고 孔子는 들어서 알았다.

【注】太公望은 呂尙也니 號曰師尙父라 散宜生은 文王四臣[1]之一也라 呂尙은 有勇謀而爲將하고 散宜生은 有文德而爲相이라 故로 以相配而言之也라

1) 文王四臣 : 文王을 보필한 虢叔, 閎夭, 散宜生, 泰顚, 南宮括 가운데 먼저 죽은 虢叔을 제외한 4명의 신하를 가리킨다.(≪尙書≫ 〈君奭〉)

太公望은 呂尙이니 師尙父라고도 부른다. 散宜生은 文王을 보필한 4명의 신하 가운데 한 사람이다. 呂尙은 용맹과 지모가 있어 장수가 되었고, 산의생은 文德이 있어 재상이 되었다. 그래서 서로 짝을 지어 말한 것이다.

由孔子而來로 **至於今**이 **百有餘歲**니 **去聖人之世**가 **若此其未遠也**며 **近聖人之居**가 **若此其甚也**로되 **然而無有乎爾**하니 **則亦無有乎爾**로다

孔子 이후로 내가 사는 지금까지는 백여 년밖에 되지 않는다. 聖人과의 시대적 차이가 이처럼 멀지 않고 聖人이 살던 곳과 이처럼 아주 가까운데 그런데도 聖人의 道를 행하는 자가 없다고 말한다면 앞으로도 계속 나오지 않을 것이다.

【注】至今者는 至今之世니 當孟子時也라 聖人之間에 必有大賢名世[1]者하나니 百有餘年이면 適可以出이요 未爲遠而無有也라 鄒魯相近하여 傳에 曰 魯擊柝聞於邾[2]라하니 近之甚也라

言己足以識孔子之道하여 能奉而行之어니 旣不遭値聖人若伊尹・呂望之爲輔佐나 猶可應備名世如傳說之中出於殷高宗也라 然而世謂之無有라하니 此乃天不欲使我行道也라 故로 重言之하니 知天意之審也라 言則亦者는 非實無有也니 則亦當使爲無有也라 乎爾者는 歎而不怨之辭也라

1) 名世者 : 세상에 명분을 바로 세울 인물을 말한다. 이에 대한 설명은 〈公孫丑 下〉 제13장 '五百年 必有王者興 其間 必有名世者'의 주석 참조.

2) 郰 : 鄒나라의 이전 國名으로 전국시대에 鄒로 이름을 바꾸었다.

'至今'은 '지금의 시대까지'라는 뜻이니, 맹자 당시를 말한다. 聖人과 聖人 사이에 반드시 세상에 명분을 바로 세울 大賢이 나오는 법이다. 백여 년이면 大賢이 나오기에 적절한 시기로 멀어서 나오지 않은 것이 아니다. 그리고 맹자의 鄒나라와 공자의 魯나라가 지리적으로 근접하여 ≪春秋左氏傳≫에서 '魯나라 순라꾼의 딱따기 소리가 郰(鄒)나라에까지 들렸다.'고 할 정도로 매우 가깝다. 이 말은 맹자 자신이 孔子의 道를 충분히 알아서 이를 받들어 실천할 수 있으니, 伊尹과 呂尙처럼 성인을 직접 만나 보좌하지는 못했지만, 그래도 傳說이 殷나라 高宗 때 중간에 나와서 세상의 명분을 바로 세운 것처럼 할 수는 있다는 것이다. 그런데도 세상 사람들은 그럴 사람이 없다고 하니, 이는 하늘이 내가 道를 행하는 것을 바라지 않는 것이다. 그래서 반복해서 말한 것이니, 하늘의 뜻을 정확히 파악한 것이다. '~라고 한다면 또한〔則亦〕'이라고 표현한 것은 실제로 없다는 것이 아니라 만일 그렇게 가정한다면 앞으로도 마땅히 없어야 한다는 말이다. '乎爾'는 탄식을 하면서도 원망은 하지 않을 때 사용하는 말이다.

【疏】'孟子曰'至'無有乎爾'. ○ 正義曰 : 此章言天地剖判, 開元更始, 三皇以來, 人倫攸敍, 弘析道德, 莫貴聖人. 聖人不出, 名世承間, 雖有斯限, 蓋有遇不遇焉. 是以仲尼至"獲麟"而止筆, 孟子(亦)〔以無〕[1]有乎爾終於篇章者也. '孟子曰由堯舜至於湯'至'由湯至於文王', 又至'由文王至於孔子', 又至'由孔子而至於今', 止'無有乎爾'者, 此孟子欲歸道於己, 故歷言其世代也. 言自堯・舜二帝至於商湯, 其年數有五百餘載矣, 如禹・皐陶爲堯・舜之臣, 則親見而知堯・舜聖人之大道而佐行之也, 如湯王之去堯・舜之世, 則相去有數百歲之遠, 則但聞其二帝所行之道, 遵而行之者也. 又自商湯逮至文王周時, 又有五百餘歲, 如伊尹・萊朱, 二者俱爲湯之賢臣, 則親見而知湯所行之道而輔佐之者也, 如文王之去湯世, 則相去有數百歲之遠, 則但聞其湯所行之道而遵之者也.

以自文王之世至於孔子之時，又有五百餘載，如太公望・散宜生，二者爲文王之臣，則親見而知文王所行之道而輔佐之者也，如孔子之去文王世，則相去亦有數百歲之遠，則但聞其文王之道而遵之者也．故自孔子以來逮至於今，但百有餘歲，以其去孔子之世如此之未遠，自鄒國至於魯國其地相去如此之甚近，然而猶可應備名世，如傅說之中出於高宗也．然而世之以謂無有此名世而出於間者，乃天不欲使我行道也，故曰"然而無有乎爾，則亦無有乎爾"矣，此所以欲歸於己而歷擧世代而言之也．

1) (亦)〔以無〕: 저본은 '亦'으로 되어 있으나, 北京大本 章指에 의거하여 '以無'로 바로잡았다.

經의 〔孟子曰〕에서 〔無有乎爾〕까지

○ 正義曰 : 이 장의 章指는 다음과 같다. 하늘과 땅이 갈라져 나라가 세워지고 三皇 이래로 人倫이 바로 잡혔으니, 크게 道德을 밝히기로는 聖人보다 귀한 사람이 없다. 聖人이 나오지 않을 때는 세상에 명분을 바로 세우는 인물이 그 사이에 나오게 되는데 비록 일정한 연한이 있기는 하지만 대체로 사람에 따라 때를 만나기도 하고 만나지 못하기도 한다. 이 때문에 仲尼는 '獲麟'에서 붓을 멈추었고 맹자는 '無有乎爾'로 篇章을 끝맺은 것이다.

〔孟子曰由堯舜至於湯〕~〔由湯至於文王〕~〔由文王至於孔子〕~〔由孔子而至於今〕~〔無有乎爾〕

이상은 맹자가 자신에게 道가 돌아오기를 바랐기 때문에 시대별로 하나하나 언급한 것이다. 堯임금과 舜임금으로부터 商 湯王에 이르기까지 햇수로 오백여 년이 된다. 禹王과 皐陶는 堯임금과 舜임금의 신하였으므로 堯임금과 舜임금이 행한 聖人의 大道를 직접 보고 알아서 보좌한 사람이며, 湯王의 경우는 堯임금과 舜임금의 시대와 수백 년이나 멀리 떨어져 있었으므로 단지 두 임금이 행한 道를 귀로 들어서 그대로 실천한 사람이다. 그리고 商 湯王으로부터 文王의 周나라 시대까지 또 오백여 년이 되는데, 伊尹과 萊朱 두 사람은 모두 탕왕의 어진 신하였으므로 湯王이 행한 道를 직접 보고 알아서 보좌한 사람이며, 文王의 경우는 湯王의 시대와 수백 년이나 멀리 떨어져 있었으므로 단지 湯王이 행한 道를 들어서 그대로 실천한 사람이다. 文王의 시대로부터 孔子의 시대에 이르기까지 또 오백여 년이 되는데, 太公望과 散宜生 두 사람은 文王의 신하였으므로 文王이 행한 道를 직접 보고 알아서 보좌한 사람이며, 孔子의 경우는 文王의 시대와 수백 년이나 멀리 떨어져 있었으므로 단지 文王의 道를 들어서 그대로 실천한 사람이다. 孔子 이후로 지금 孟子의 시대까지는 단지 백여 년밖에 되지 않는다. 맹자가 孔子와의 시대적 차이가 이처럼 멀지 않고 鄒나라로부터 魯나라까지 지리상의 거리가 이처럼 아주 가까워서 傅說이 高宗 때 중간에 나와 세상의 명분을 바로 세운 것처럼 맹자도 그렇게 할 수 있었다. 그런데도 세상 사람들은 이렇게 聖人과 聖人 사이에 나와서 세상에 명분을 바로 세우는 사람이 없다고 하니, 이는 하늘이 맹자가 道를 행하는 것을 바라지 않는다는 것을 의미한다. 그래서 '그런데도 없다고 한다면 앞으로도 나오지 않을 것이다.'라고 말한 것이다. 이상은 맹자가 자신에게 聖人의 道가 돌아오기를 바랐기 때문에 시대별로 하나하나 들어서 언급한 것이다.

【疏】 ○ 注'伊尹'至於'等德也'. ○ 正義曰：史記(之)〔云〕[1], "伊尹名摯, 號爲阿衡也, 爲湯之相. 萊朱, 亦湯賢臣, 一曰仲虺." 是也. '春秋傳曰, 仲虺居薛, 爲湯左相'者, 蓋魯定公元年左丘明之文也. 杜預云, "仲虺, 奚仲之後也."

1) (之)〔云〕: 저본에는 '之'로 되어 있으나, 四庫全書本에 의거하여 '云'으로 바로잡았다.

○ 注의 〔伊尹〕에서 〔等德也〕까지

○ 正義曰：≪史記≫에 이르기를, "伊尹의 이름은 摯이고 호는 阿衡으로 湯王의 재상을 지냈다. 萊朱 또한 湯王의 어진 신하로서 仲虺라고도 불린다."고 한 것이 이에 해당한다. '≪春秋傳≫에서 '仲虺가 薛에 살면서 湯王의 左相이 되었다.〔春秋傳曰 仲虺居薛爲湯左相〕'라고 한 것은 魯 定公 원년 조 左丘明의 傳, 즉 ≪春秋左氏傳≫에 나오는 말이다. 이에 대해 杜預는 "仲虺는 奚仲의 후손이다."라고 주해하였다.

【疏】 ○ 注'太公望・散宜生'. ○ 正義曰：太公望, 於前詳言之矣. 散宜生, 案論語云, "武王曰, '予有亂臣十人.'" 馬融云, "十人而散宜生在焉. 散, 姓, 宜生, 名也."

○ 注의 〔太公望散宜生〕

○ 正義曰：太公望에 대해서는 앞에서 자세히 설명하였다. 散宜生은 ≪論語≫ 〈泰伯〉에서 "武王이 '나에게는 나라를 잘 다스리는 신하 열 사람이 있다.' 하였다."라고 한 것에 대해 馬融이 "열 사람 가운데 散宜生이 들어 있다. 散은 성이고 宜生은 이름이다."라고 주해하였다.

【疏】 ○ 注'至今者'至'而無有也'. ○ 正義曰：云'魯擊柝聞於邾'者, 按魯哀公七年公伐邾之文也, 亦於敍言之詳矣. 云'傳說出殷高宗'者, 亦言於前篇矣. 然而仲尼作春秋, 必至獲麟而止者也, 孟子亦必止於"無有乎爾"而終其篇者, 蓋亦見孟子擬仲尼而作者也. 故哀公十四年春, 西狩獲麟. 杜氏云, "麟, 仁獸也, 聖王之嘉瑞. 時無明王出而遇獲, 仲尼傷周道不興, 感嘉瑞之無應, 故〔因魯〕春秋〔而〕修中興之教[1]. 絶筆於獲麟之一句, 所感而作, 固所以爲終也." 孟子之書, 終於是言者, 蓋亦憫聖道不明于世, 歷三皇已來, 推以世代, 雖有歲限, 然亦有遇不遇焉, 故述仲尼之意而作此七篇, 遂以"無有乎爾"終於篇章之末, 蓋亦深歎而不怨之云爾.

1) 〔因魯〕春秋〔而〕修中興之教 : 저본에는 '因魯'와 '而'가 없으나, ≪春秋左傳注疏≫에 의거하여 보충하였다.

○ 注의 〔至今者〕에서 〔而無有也〕까지

○ 正義曰 : '魯나라 순라꾼의 딱따기 소리가 邾나라에까지 들렸다.〔魯擊柝聞於邾〕'고 한 것은 魯 哀公 7년조의 '公이 邾나라를 정벌했다.'라고 한 기사에 대한 ≪春秋左氏傳≫의 말로서, 또한 敍篇에서 자세히 설명해 놓았다. '傳說이 殷나라 高宗 때에 세상에 나왔다.〔傳說出殷高宗〕'고 한 것에 대해서도 또한 前篇(〈公孫丑 下〉)에서 설명하였다. 그런데 仲尼가 ≪春秋≫를 지을 때 기린을 잡은 사건〔獲麟〕에서 끝을 맺었고, ≪孟子≫ 또한 '앞으로 성인이 나타나지 않을 것〔無有乎爾〕'라는 말로 그 篇의 끝을 맺었으니, 여기에서 또한 맹자가 仲尼를 본떠서 지은 것임을 알 수 있다. 그래서 哀公 14년 봄에 서쪽 교외에서 사냥을 하다가 기린을 잡았다는 ≪春秋≫의 기사에 대해 杜預가 주해하기를, "기린은 어진 짐승으로 聖王을 상징하는 상서로운 징조이다. 당시 훌륭한 왕이 나타나지 않은 상태에서 우연히 기린이 잡힌 것이므로, 仲尼가 周나라의 道가 일어나지 못하는 것을 가슴 아파하고 상서로운 징조에 상응하는 훌륭한 왕이 나타나지 않음을 슬퍼하여 ≪魯春秋≫에 의거해서 周나라를 다시 일으킬 책을 지은 것이다. '獲麟'에서 붓을 멈춘 것은 ≪春秋≫가 기린이 잡힌 것을 계기로 짓기 시작했기 때문에 기린이 잡힌 것으로 끝을 맺은 것이다."라고 하였다. ≪孟子≫가 이 말로 끝을 맺은 것 또한 聖人의 道가 세상에 밝혀지지 않음을 슬퍼한 것이니, 三皇 이래로 世代를 추산해보면 비록 500년에 한 번씩 나타난다는 일정한 연한이 있기는 하지만 여기에서도 사람에 따라 때를 만나고 만나지 못한 차이가 있다. 그래서 仲尼의 뜻을 계승하여 이 7편의 ≪孟子≫를 짓고 마침내 '無有乎爾'라는 말로 篇章의 끝을 맺은 것이다. 이는 자신에 대해 깊이 탄식을 하면서도 하늘에 대한 원망은 하지 않은 것이라 하겠다.

附錄

1. ≪孟子注疏 5≫ 參考書目

◇ 底本 및 주요 참고도서

• ≪孟子注疏≫, 阮元(淸) 校刻, 十三經注疏(淸 嘉慶刊本), 中華書局, 2009.
• ≪孟子注疏≫, 十三經注疏整理委員會 整理, 北京大學出版社, 2000.

◇ 十三經注疏

• ≪論語注疏≫, 阮元(淸) 校刻, 十三經注疏(淸 嘉慶刊本), 中華書局, 2009.
• ≪毛詩正義≫, 阮元(淸) 校刻, 十三經注疏(淸 嘉慶刊本), 中華書局, 2009.
• ≪尙書正義≫, 阮元(淸) 校刻, 十三經注疏(淸 嘉慶刊本), 中華書局, 2009.
• ≪禮記正義≫, 阮元(淸) 校刻, 十三經注疏(淸 嘉慶刊本), 中華書局, 2009.
• ≪儀禮注疏≫, 阮元(淸) 校刻, 十三經注疏(淸 嘉慶刊本), 中華書局, 2009.
• ≪爾雅注疏≫, 阮元(淸) 校刻, 十三經注疏(淸 嘉慶刊本), 中華書局, 2009.
• ≪周禮注疏≫, 阮元(淸) 校刻, 十三經注疏(淸 嘉慶刊本), 中華書局, 2009.
• ≪周易正義≫, 阮元(淸) 校刻, 十三經注疏(淸 嘉慶刊本), 中華書局, 2009.
• ≪春秋穀梁傳注疏≫, 阮元(淸) 校刻, 十三經注疏(淸 嘉慶刊本), 中華書局, 2009.
• ≪春秋公羊傳注疏≫, 阮元(淸) 校刻, 十三經注疏(淸 嘉慶刊本), 中華書局, 2009.
• ≪春秋左傳正義≫, 阮元(淸) 校刻, 十三經注疏(淸 嘉慶刊本), 中華書局, 2009.
• ≪孝經注疏≫, 阮元(淸) 校刻, 十三經注疏(淸 嘉慶刊本), 中華書局, 2009.

◇ 기타 원전자료

• ≪經典釋文≫, 陸德明(唐) 撰, 上海古籍出版社, 1985.
• ≪經傳釋詞≫, 王引之(淸) 撰, 臺灣商務印書館, 1968.

- ≪孔子家語≫, 王肅(魏) 編, 學民文化社, 影印本, 2001.
- ≪管子校正≫, 尹知章(唐) 注, 戴望(淸) 撰, 世界書局, 1990.
- ≪國語≫, 左丘明(周) 撰, 學民文化社, 影印本.
- ≪論語譯注≫, 楊伯峻 譯注, 中華書局, 1980.
- ≪論語集註大全≫, 朱熹(宋) 集註, 胡廣(明) 等編, 成均館大 大東文化硏究院, 影印本.
- ≪道德經≫, 王弼(魏) 注, 文淵閣四庫全書, 臺灣商務印書館, 1986.
- ≪白虎通義≫, 班固(漢) 撰, 臺灣商務印書館, 1968.
- ≪史記≫, 司馬遷(漢) 撰, 裴駰(南朝 宋) 集解, 司馬貞(唐) 索隱, 張守節(唐) 正義, 中華書局, 1997.
- ≪司馬法譯注≫, 李零 譯注, 河北人民出版社, 1992.
- ≪尙書大傳≫, 伏勝(漢) 撰, 文淵閣四庫全書, 臺灣商務印書館, 1986.
- ≪書傳大全≫, 蔡沈(宋) 集傳, 胡廣(明) 等編, 朝鮮內閣本, 學民文化社, 影印本, 1990.
- ≪說文解字注≫, 許愼(漢) 撰, 段玉裁(淸) 注, 上海古籍出版社, 1981.
- ≪水經注≫, 酈道元(北魏) 撰, 文淵閣四庫全書, 臺灣商務印書館, 1986.
- ≪荀子集解≫, 王先謙(淸) 集解, 中華書局, 1988.
- ≪詩傳大全≫, 朱熹(宋) 集傳, 胡廣(明) 等編, 學民文化社, 影印本, 1990.
- ≪新序≫, 劉向(漢) 撰, 臺灣商務印書館, 1968.
- ≪禮記集說大全≫, 陳澔(元) 集說, 胡廣(明) 等編, 學民文化社, 影印本, 2000.
- ≪爾雅≫, 郭璞(晉) 注, 中華書局, 1985.
- ≪莊子集釋≫, 莊周(周) 撰, 郭象(西晉) 注, 陸德明(唐) 釋文, 成玄英(唐) 疏, 郭慶藩(淸) 輯, 王孝魚 點校, 中華書局, 1961.
- ≪周禮今註今譯≫, 林尹 譯注, 臺灣商務印書館, 1997.
- ≪周易傳義大全≫, 程頤(宋) 傳, 朱熹(宋) 本義, 胡廣(明) 等編, 學民文化社, 影印本, 1998.
- ≪中庸章句大全≫, 朱熹(宋) 章句, 胡廣(明) 等編, 成均館大 大東文化硏究院, 影印本.

- ≪晉書≫, 房玄齡(唐) 等撰, 中華書局, 1997.
- ≪春秋經傳集解≫, 左丘明(周) 撰, 杜預(晉) 註, 保景文化社, 影印本.
- ≪春秋釋例≫, 杜預(晉) 撰, 文淵閣四庫全書, 臺灣商務印書館,
- ≪太平御覽≫, 李昉(宋) 等撰, 中華書局, 1960.
- ≪韓非子集解≫, 王先愼(淸) 集解, 中華書局, 1998.
- ≪漢書≫, 班固(漢) 撰, 顔師古(唐) 注, 中華書局, 1997.
- ≪後漢書≫, 范曄(南朝 宋) 撰, 李賢(唐) 等注, 中華書局, 1997.
- ≪淮南子≫, 劉安 撰, 高誘 注, 文淵閣四庫全書, 臺灣商務印書館, 1986.

◇ 번역서 및 주석서

〔韓國〕

- ≪국역 孟子≫, 유교문화연구소, 성균관대학교출판부, 2006.
- ≪신완역 孟子≫, 차주환 역, 명문당, 1988.
- ≪孟子≫, 홍인표 역, 서울대학교출판부, 1992.
- ≪맹자 사람의 길≫, 김용옥, 통나무, 2012.
- ≪孟子註譯≫, 김중식 역, 한국인쇄주식회사, 1956.
- ≪역주 茶山 孟子要義≫, 정약용, 현대실학사, 1994.
- ≪우리말 사서 : 논어·대학·중용·맹자≫, 금장태, 지식과 교양, 2013.
- ≪한글 맹자≫, 이을호 역, 전남대학교출판부, 1958.
- ≪현토완역 孟子集註≫, 성백효, 전통문화연구회, 1998.

〔中國〕

- ≪孟子≫, 金良年 詳解, 上海古籍出版社, 2010.
- ≪孟子今註今譯≫, 史次耘, 臺灣商務印書館, 1978.
- ≪孟子譯注≫, 楊伯峻 譯注, 中華書局, 1960.

- ≪孟子正義≫, 焦循 撰, 中華書局, 1987.
- ≪孟子集註大全≫, 朱熹(宋) 集註, 胡廣(明) 等編, 成均館大 大東文化研究院.
- ≪十三經直解≫, 朱安群, 江西人民出版社, 1993.

〔日本〕

- ≪孟子≫, 金谷治 譯, 東京, 岩波新書, 1966.
- ≪孟子≫, 渡辺卓 譯, 東京, 明德出版社, 1982.
- ≪孟子≫, 貝塚茂樹 譯, 東京, 中央公論新社, 2006.
- ≪新釋孟子全講≫, 宇野精一, 東京, 學燈社, 1959.
- ≪漢文大系≫, 富山房編輯部, 東京, 富山房, 1984.

〔英美〕

- *Mencius*, D.C. Lau., London, Penguin, 2004.
- *Mencius*, David Hinton, Washington, D.C., Counterpoint, 1999.
- *Mencius*, James Legge, New York, BiblioBazaar, 2008.
- *The Essential Mengzi : Selected Passages with Traditional Commentary*, Bryan W. Van Norden, Indianapolis, Ind. : Hackett Pub. Co., 2009.

◇ 電子文獻 및 Web DB

- 동양고전종합DB (http://db.cyberseodang.or.kr)
- 한국고전종합DB (http://db.itkc.or.kr)
- 상우천고 (http://www.s-sangwoo.kr)
- 電子版 文淵閣四庫全書, 上海古籍出版社

2. 戰國七雄圖

* QR코드를 스캔하면 더 선명한 지도를 볼 수 있습니다.

(≪中國歷史地圖≫ 上冊 (程光裕·徐聖謨 主編, 中國文化大學出版部, 1980)에서 轉載)

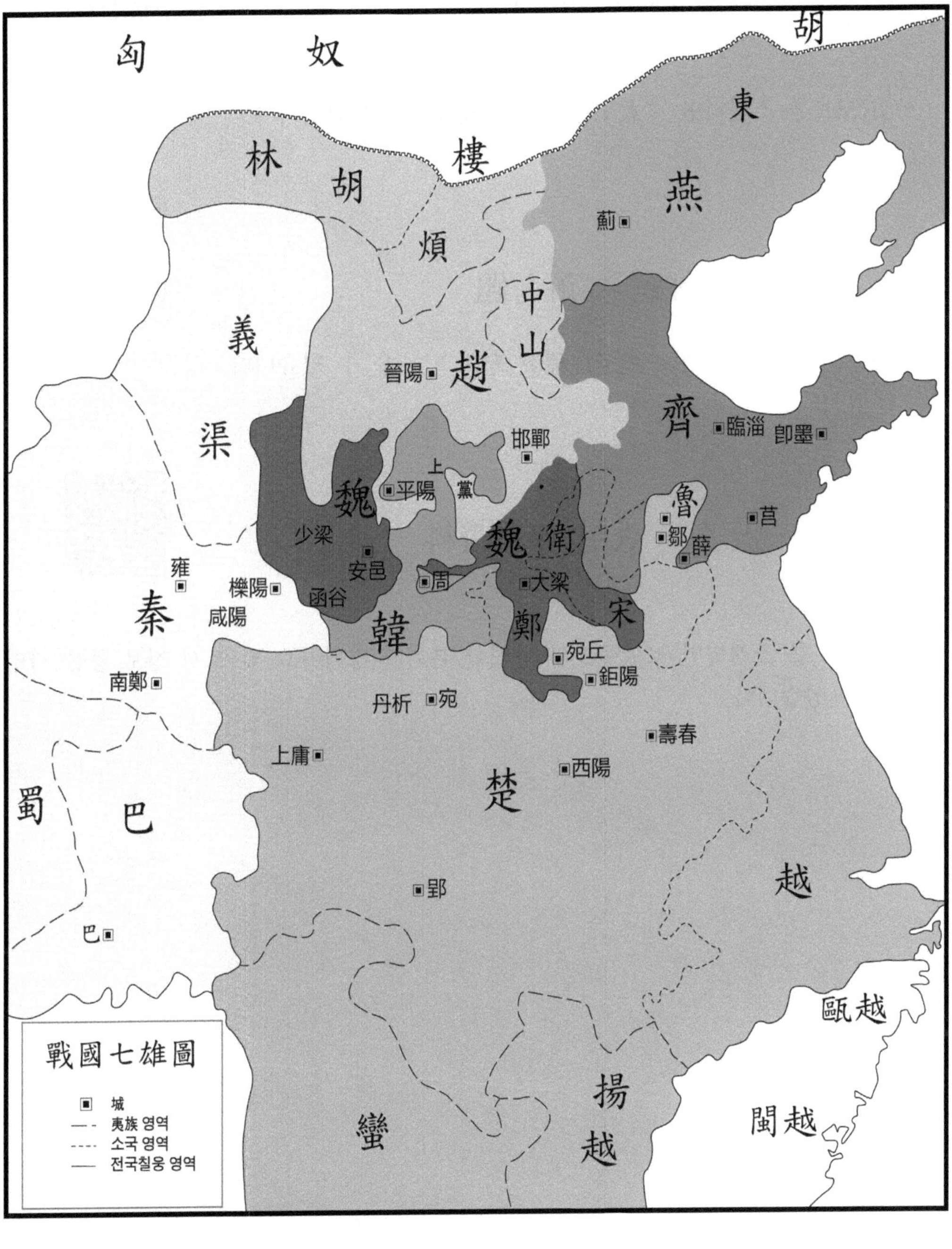

3. ≪孟子注疏≫ 總目次

• QR코드를 스캔하면 ≪孟子注疏≫ 解題를 볼 수 있습니다.

4. ≪孟子注疏≫ 解　題

• QR코드를 스캔하면 ≪孟子注疏≫ 總目次를 볼 수 있습니다.

5. ≪孟子≫ 관련 參考資料

• QR코드를 스캔하면 ≪孟子≫와 관련한 본회의 강의자료 및 도서 정보 등을 확인할 수 있습니다.

共同飜譯

崔彩基

서울大學校 교육학과 졸업
成均館大學校 大學院 文學博士
民族文化推進會 國譯研修院(연수부, 상임연구부) 졸업
韓國古典飜譯院 고전번역교육원 교수(現)

논문 및 역저

論文 〈退溪 李滉의 朱子書節要 編纂과 그 刊行에 관한 研究〉, 〈圃隱集의 編纂과 刊行에 관한 研究〉, 〈한국에서의 朱子文集 수용방식〉 등
譯書 ≪拙藁千百≫, ≪記言≫(공역), ≪明齋遺稿≫(공역), ≪弘齋全書≫(공역), ≪星湖全集≫(공역) 등

梁基正

高麗大學校 한문학과 졸업
成均館大學校 大學院 박사과정 수료
民族文化推進會 國譯研修院 연수부 졸업
韓國古典飜譯院 수석연구위원(現)

논문 및 역저

論文 〈禮記類編의 編刊과 毁板·火書에 관한 연구〉, 〈正祖의 當代 臣僚 文集 命刊에 대한 연구〉, 〈한국고전번역원 출간 한문번역 관련 공구서 현황과 과제〉 등
譯書 ≪明齋遺稿≫(공역), ≪星湖全集≫(공역), ≪樊巖集≫(공역), ≪南冥集校注≫ 등

懸吐監修

吳圭根

江原 平昌 大化 出生
南山 鄭鑽 先生, 祖父 鳳西 先生, 家親 研靑 先生에게 受學
民族文化推進會 國譯研修院 卒業
國譯研修院 講師 歷任
傳統文化研究會 古典研修院 講師 歷任
理事(前)

譯書 및 校勘標點

譯書 朝鮮王朝實錄 ≪宣祖實錄≫, ≪光海君日記≫, ≪中宗實錄≫
≪白湖全書≫, ≪順庵集≫, ≪承政院日記≫(高宗祖) 등
校勘標點 ≪韓國文集叢刊≫ 등

十三經注疏
譯註 孟子注疏 5　　정가 33,000원

2025년 08월 20일 초판 인쇄
2025년 08월 29일 초판 발행

注 趙岐 疏 孫奭

企劃編輯 東洋古典飜譯編輯委員會
飜譯硏究管理 朴相水
共同飜譯 崔彩基 梁基正
懸吐監修 吳圭根
潤 文 李承俊
校 訂 李承俊
編輯出版 白俊哲

發行人 金 炫

發行處 社團法人 傳統文化硏究會

등록 : 1989. 7. 3. 제1-936호
서울 종로구 삼봉로 81 두산위브파빌리온 1332호
전화 : (02)762-8401 전송 : (02)747-0083
전자우편 : juntong@juntong.or.kr
누리집 : www.juntong.or.kr
사이버書院 : hm.cyberseodang.or.kr
온라인서점 : book.cyberseodang.or.kr
총판 : 한국출판협동조합(070-7119-1750)

ISBN 979-11-5794-436-1 94140
978-89-91720-93-0 (세트)

※ 이 책은 2023년도 교육부 고전문헌 국역지원사업 지원비에 의해 번역되었음.